Hermann Knoflacher, *Virus Auto 4.0*

Hermann Knoflacher (*1940 in Villach) studierte Bauingenieurwesen, Mathematik und Geodäsie. Der emeritierte Professor und ehemalige Vorstand des Instituts für Verkehrsplanung und Verkehrstechnik an der TU Wien realisierte zahlreiche Verkehrskonzepte, u. a. in Wien, Graz und Hamburg. Er ist Mitglied des Club of Rome, Präsident des Club of Vienna und war globaler Fußgehervertreter bei den Vereinten Nationen in Wien.

Die Wiener Professorin **Helga Kromp-Kolb** wurde durch ihre Forschungstätigkeit und ihr Engagement im Bereich des globalen Klimawandels bekannt.

Maria Vassilakou war von 2010 bis 2019 zweite Bürgermeisterin der Stadt Wien und maßgeblich für erfolgreiche verkehrsberuhigende Maßnahmen verantwortlich.

Hermann Knoflacher

VIRUS AUTO 4.0

Lebensraum für Mensch und Natur
in Stadt und Land

Mit Beiträgen von
Helga Kromp-Kolb und Maria Vassilakou

Alexander Verlag Berlin

Hinweis:
Aus Gründen der Lesbarkeit wird auf die Verwendung genderspezifischer Sprachformen verzichtet: Es sind ausdrücklich alle Geschlechteridentitäten gemeint.

Erweiterte, aktualisierte und vollständig überarbeitete Neuausgabe

Alexander Wewerka, Fredericiastraße 8, D-14050 Berlin
info@alexander-verlag.com | www.alexander-verlag.com

Soweit nicht anders angegeben, stammen die Handzeichnungen von Hermann Knoflacher; die Abbildungen auf den Seiten 174, 220, 293, 309, 314, 319, 382, 391 und 407 wurden von Antje Wewerka grafisch umgesetzt.
Wir danken dem Carl Ueberreuter Verlag Wien.
Lektorat/Korrektorat: Katja Karau
Satz/Layout/Covergestaltung: Antje Wewerka
Coverabbildungen: Nicolas Bascop. www.nicolasbascop.com

ISBN 978-3-89581-602-4
Printed in the EU (April) 2024

Inhalt

Maria Vassilakou

Vorwort

Wenn ich an meine Kindheit zurückdenke, so ist das erste Alltagsbild, das mir abseits der glücklichen Momente in den Sinn kommt, der Rücksitz unseres Autos. Ich wuchs im Athen der 1970er-Jahre auf und verbrachte meine Kindheit – genauer gesagt ein Viertel davon – im Stau. Das ist keine Übertreibung; allein die tägliche Fahrt zur Schule und zurück nahm drei Stunden in Anspruch, mühsam quälten sich die Autokolonnen während der morgendlichen und nachmittäglichen Rushhour im Schritttempo voran, und das ist mangels brauchbarer Alternativen in vielen Teilen der Athener Metropolenregion auch heute noch so.

Versuche ich heute, meiner Generation den Verlust an Lebensqualität bewusst zu machen, den die Fixierung unserer Lebensstile auf das eigene Auto tagtäglich »kostet«, spreche ich dabei nicht von Geld oder Lärm oder schlechter Luftqualität, sondern in erster Linie von Zeit. Produktive Zeit, Erholungszeit, Zeit mit der Familie und Freunden, Qualitätszeit – Zeit, die wir täglich im Stau verlieren. In der Tat ist Zeit das knappste und kostbarste Gut unserer Generation, und dennoch verschwenden wir in vielen Teilen der Welt täglich im Schnitt bis zu drei Stunden davon im Stau. Übers Jahr zusammengerechnet, ist es ein zweiter Urlaub, den man komplett im Auto verbringt. Würde ich Ihnen zwei Stunden täglich freischaufeln und schenken, wo würden Sie sie verbringen? Doch nicht etwa freiwillig im Auto. Eben …

Doch es sind weder meine Kindheitserfahrungen noch meine lebensphilosophische Auseinandersetzung mit der Zeit und deren Vernichtung, weshalb Hermann Knoflacher mir antrug, das Vorwort zur Neuauflage seines Werkes *Virus Auto 4.0* beizusteuern.

Von 2010 bis 2019 hatte ich als Wiener Stadträtin für u. a. Stadtplanung und Verkehr das Privileg, jene zwei für die Lebensqualität in unseren Städten entscheidenden Handlungsfelder miteinander verbinden zu können, um eine zunächst etwas überraschende Antwort auf die ewige Frage »Für wen wird die Stadt geplant?« zu geben. Eine gute Stadt, eine Stadt, in der wir gerne leben, ist eine Stadt, die für Kinder geplant und gebaut wird. Doch warum ausgerechnet für Kinder?

Zweifelsohne hat die autozentrierte Stadtplanung vergangener Jahrzehnte unsere Städte so weit zerstört, bis nur noch diejenigen in Stadtzentren wohnten, die sich nichts »Besseres« leisten konnten. Von den trostlosen, nach Büroschluss menschenleeren und gefährlichen US-Downtowns über die Tausenden von Menschen, die entlang von Hauptverkehrsadern hinter verschlossenen, verstaubten Fenstern ihr Leben fristen, bis hin zu jenen Vororten, die sich zwischen Autobahnen und Industriegebieten in die Landschaft ausbreiten, so weit das Auge reicht – die autogerechte Stadt ist vor allem mit zwei vollkommen falschen Grundannahmen verbunden:

1. Dass es keine Rolle spielt, wie weit man es von zu Hause zur Arbeit, zur Schule, zum Gemüseladen oder zur Apotheke hat – mit dem Pkw ist das schließlich kein Problem.
2. Dass es in den eigenen Aufgaben- und Verantwortungsbereich fällt, diese Wege – also sämtliche täglichen Mobilitätsbedürfnisse – zu finanzieren und zu organisieren; mit dem Pkw ist das ja kein Problem.

Also hat die öffentliche Hand vorwiegend nur zwei Aufgaben zu erfüllen: nämlich Straßen zu bauen und für billigen Sprit zu sorgen. Alles andere liegt in der Verantwortung des Einzelnen. Nun, und da die Städte, je weiter man Richtung Zentrum fährt, zu unerträglich heißen, lauten, zugestauten und trostlosen »Asphaltwüsten« verkommen sind, bleibt einem kaum etwas anderes übrig, als sich nach dem schöneren Leben, nach dem Häuschen im Grünen am Stadtrand zu sehnen und – spätestens, nachdem sich das erste Kind angekündigt hat – auf dieses Häuschen und ein Zweitauto hin zu sparen. Ein Circulus vitiosus, der jegliche Urbanität erstickt, Städte aus Häuschen wachsen lässt wie endlose Teppiche und Menschen unabhängig von deren Alter, Beruf oder Einkommen in denselben Stau steckt.

Einen anderen Weg der Städteplanung findet man, wenn man sich fragt, was es denn genau ist, was man sich für die eigenen Kinder wünscht. Man möchte ihnen eine schöne Kindheit ermöglichen, das Aufwachsen in einer sicheren und gesunden Umgebung, die Möglichkeit, sich frei zu bewegen, den Zugang zur Natur, Laufen, Schwimmen, mit dem Wasser spielen. All das wünscht man sich genauso für sich selbst. Die Antwort auf »Suburbia« sind Städte, die diese Lebensqualität überall zu bieten haben, vom Stadtrand bis ins Zentrum. Städte, die für Kinder gut sind, sind Orte des Lebens, die gut sind für uns alle.

Was uns bevorsteht, ist der radikale Umbau unserer Städte, um unserer eigenen Definition von Lebensqualität und unser aller Recht auf ein gutes Leben Rechnung zu tragen. Die Vorstellung von einer schönen Stadt, in der man leben will – nicht muss –, für die man den Stadtrand gern hinter sich lässt, ist längst keine Utopie mehr; sie wird von einem stetig wachsenden Teil der Bevölkerung eingefordert und erwartet. Der Trend zum »Outdoor«-Leben im Herzen der Stadt führt unweigerlich zur Wiederentdeckung des öffentlichen Raums und damit zu einer Neudefinition des Straßenraums. »Rethink the Street« lautet denn auch weltweit das Motto, man begreift die Straße als urbanen Lebensraum und die Verwandlung dieser bisherigen transitorischen Nicht-Orte in Orte des guten Lebens schreitet überall voran – von den New Yorker Mini-Piazze und der Umgestaltung des Times Square über das Mailänder Pocket-Park-Programm und die Super-Blocks in Barcelona bis hin zur Umwandlung der Mariahilfer Straße in Wien zu einer Kombination aus Fußgänger- und Begegnungszone, die den Weg für unzählige weitere Verkehrsberuhigungs- und Straßenumwandlungsprojekte ebnete, darunter das Wiener »Coole Straßen«-Programm.

Um Städte fürs Leben zu schaffen, braucht es Raum und Zeit! Die Transformation unserer Städte ist nicht zuletzt eine Frage der Umverteilung dieser zwei knappsten Ressourcen des 21. Jahrhunderts. Es gilt daher, den von Autos okkupierten Raum ebenso wie die im Fahrersitz hinter dem Steuer verbrachte Zeit wieder für andere Zwecke zurückzugewinnen.

Hier stellt sich die Frage, wie man das im großen Maßstab schaffen, wie man über die Ebene der Pilotprojekte und Demonstratoren hinauswachsen kann. Systemischer Wandel kann meines Erachtens nur gelingen, wenn zwei Grundvoraussetzungen zusammenkommen:

Erstens: massive Investitionen in die Entwicklung bzw. den weiteren Ausbau brauchbarer Alternativen, wie es sie seit den Anfängen im späten 19. Jahrhundert nicht mehr gegeben hat. Und zweitens: die Bereitschaft, selbst zu handeln. Ein grundlegender Wandel kann von oben weder verordnet noch umgesetzt werden. Es braucht funktionierende Alternativen und Steuerungsinstrumente, eine Politik, die handelt und neue Perspektiven eröffnet. Beispiele dafür gibt es genug: Umgestaltungen des öffentlichen Raums, Walkability-Strategien, die 365-Euro-Jahreskarte in Wien, die City-Maut in London und Stockholm. Und dennoch ist tiefgreifender Wandel nicht allein eine Frage der Infrastruktur. Gesellschaftlicher Wandel und neue Alltagskulturen brauchen genauso Ermöglichungsräume! Es mag sein, dass die Umwandlung der Mariahilfer Straße in eine Fußgängerzone nach vier Jahren voller Kontroversen alle Aufmerksamkeit auf sich gezogen hat; wirklich entscheidend jedoch sind die bis heute von den Bürgern und lokalen

Communitys aus eigener Kraft und Initiative umgesetzten Grätzel-Oasen: Mehrere hundert kleine lokale Projekte, die mit einfachsten Mitteln umgesetzt wurden und die genauso wie große Umgestaltungsprojekte (wie etwa die Umgestaltung der Herrengasse in eine Begegnungszone), die mit erheblicher finanzieller Beteiligung und auf Initiative der lokalen Immobilienbesitzer erfolgten, eines gemeinsam haben: sie alle wurden von Bürgern initiiert und mit Unterstützung der Stadt umgesetzt. Sie alle belegen eindrucksvoll: Wandel gelingt nur, wenn alle Seiten zur Tat schreiten.

Chancen zum Umdenken gibt es genug, auch wenn wir uns etliche der Anlässe lieber erspart hätten. Extreme Sommerhitze, die Bedeutung großzügiger, nahegelegener, nutzbarer Grünräume während der Pandemie, die infolge der aktuellen Energie- und Inflationskrise galoppierenden Benzinkosten, die bescheidene Erwerbseinkommen auffressen. Die alte Pkw-Gleichung stimmt nicht mehr – falls sie denn je gestimmt hat. Längst fällt auf, dass die oben erwähnten zwei Grundannahmen der 1970er-Jahre nie gestimmt haben, sondern durch die folgenden ersetzt werden müssen:

1. Eine gute Stadt bietet alles, was ich täglich brauche, in Gehdistanz. Von zu Hause in die Schule, in den Gemüseladen oder die Apotheke sollte der Weg zu Fuß nicht länger als fünf bis zehn Minuten dauern.
2. Den Weg zur Arbeit legt man in maximal dreißig Minuten mit den öffentlichen Verkehrsmitteln zurück. Die Kosten fallen weit geringer aus, die Verantwortung für die Bereitstellung wird nicht auf den Einzelnen abgewälzt. Ein fairer Zugang zur Mobilität hat mit weit mehr als mit gewonnener Lebenszeit zu tun.

Anders gedacht, stellt Mobilität allem voran den Zugang zu Ressourcen und somit ein grundlegendes Recht dar. Das Abwälzen der damit zusammenhängenden Kosten und Verantwortung auf den Einzelnen ist eine Form sozialen Versagens.

Bleibt die Frage: Schaffen es unsere Gesellschaften in absehbarer Zeit, Mobilität anders zu denken?

Mein Ausblick fällt diesbezüglich optimistisch aus. Irgendwie ist Andersdenken auch eine Art Virus. Eines mit katalytischer Wirkung. Das gute Virus heißt Entschleunigung und Zeit für Lebensgenuss. Und schöne Städte, in denen man leben möchte! Ob sich dieses Virus schnell genug ausbreitet, daran mögen sich die Geister scheiden. Hauptsache, es breitet sich aus.

Helga Kromp-Kolb

Von Systemen und Szenarien

Das Virus in *Virus Auto 4.0* ist von Hermann Knoflacher durchaus ernst gemeint. Er sieht Parallelen zwischen dem Andockpunkt und dem Wirken eines Virus im Körper des Individuums und als Pandemie in der Gesellschaft und denen des Autos im Individuum und in der Gesellschaft. Wie man mit einem Virusbefall umgeht, insbesondere wenn er nach WHO-Definition zur Pandemie geworden ist, haben wir ja in den letzten Jahren erfahren: Abstand halten, Maske tragen, Lockdowns, sogar Pflichtimpfung. Ob sich die Menschen dem ebenso willig gefügt hätten, wenn COVID-19 nicht mit Fieber, Müdigkeit und Atemnot einhergegangen wäre, sondern Angenehmes bewirkt hätte? Wenn es mit einem Gefühl der Stärke und Macht verbunden gewesen wäre und darüber hinaus so manche Mühsal aufgehoben hätte? Wohl kaum – das Virus hätte sich ziemlich ungehindert ausgebreitet! Und wenn man dann gemerkt hätte, dass im Rausch des Hochgefühls die Lebensgrundlagen – Obdach, Kleidung und Nahrung – verloren gehen? Was dann? Hätte die Vernunft (Knoflacher: »das Gehirn«) über den Bauch (Knoflacher: »das Genom«) gesiegt? Welche Maßnahmen müsste eine Regierung verordnen, die ihrer Kernaufgabe gerecht werden und die Lebensgrundlagen retten will? Was, wenn die Regierungsmitglieder selbst erkrankt sind? Wer kann dann noch das Ruder herumreißen? Die Wissenschaftler? Knoflacher lässt keinen Zweifel daran, dass es auch um diese nicht so gut bestellt ist – zumindest was die Verkehrswissenschaftler angeht. Denn die, so Knoflacher, seien von solchen ausgebildet worden, die ihrerseits vom Autovirus befallen seien, und so pflanze sich die Krankheit von

Professorengeneration zu Professorengeneration fort, das System reproduziere sich selbst.

Er spricht damit eines der Probleme des universitären Systems an. Erfreulicherweise gibt es aber dennoch immer wieder Ausreißer, wie etwa Hermann Knoflacher selbst, die mit erfrischend neuem Denken alte Probleme zerlegen und Lösungsmöglichkeiten aufzeigen. Zu deren Umsetzung können sie aber nur punktuell beitragen, sonst wäre das Buch *Virus Auto 4.0* schon längst nur mehr von historischer Bedeutung, eine aktualisierte Auflage hätte sich erübrigt.

Es ist erstaunlich, dass mehr als fünfzig Jahre nach Erscheinen von *Die Grenzen des Wachstums* und trotz der Übersetzung in mehr als dreißig Sprachen und der weltweit über dreißig Millionen verkauften Exemplare die beiden dieser epochalen Analyse zugrunde liegenden Methoden – Systemdynamik und Szenarientechnik – noch immer nicht zur Allgemeinbildung gehören. Das gilt jedenfalls für die Systemdynamik. Die Szenarientechnik ist mittlerweile in der Klimaforschung gang und gäbe und hat nach dem ersten Ölpreisschock 1973 auch die Wirtschaft erreicht.* Dennoch höre ich immer wieder, dass die »Vorhersagen« der Klimaforscher nicht gestimmt hätten, und dass dies für die »Vorhersagen« bezüglich der Grenzen des Wachstums sowieso gelte. Offenbar können sehr viele Menschen nicht unterscheiden zwischen Szenarien und Vorhersagen.

In der Verkehrsplanung sind Szenarien inzwischen zwar gebräuchlich, es dürfte aber häufig an der vorausgehenden systemdynamischen Analyse fehlen. Zukunftsszenarien gibt

* Pierre Wack hatte wenige Monate vor dem Ölpreisschock 1973 den CEOs der Fa. Shell zwei Szenarien vorgelegt – eines mit ruhigem Fahrwasser für die Firma und eines, in dem die Ölpreise dramatisch ansteigen würden. Wack hatte es auch verstanden, die Firmenleitung davon zu überzeugen, dass sie sich auf ein derartiges Szenarium vorbereiten sollte – und so kam Shell besser durch die Krise als irgendeine andere Ölfirma.

es nämlich unendlich viele, nutzbringend sind aber nur wenige. Extrapolationen bisheriger Trends reichen jedenfalls nicht aus. Auch die Klimaszenarien beruhen nicht auf Temperaturextrapolationen, sondern auf möglichen gesellschaftlich-wirtschaftlichen Entwicklungen, die Demographen, Soziologen, Politologen und Ökonomen beisteuern. Die Kunst der Szenarienwahl liegt nämlich darin, die Grenzen der Systeme, die analysiert werden sollen, richtig zu wählen. Dabei können systemdynamische Modelle hilfreich sein.

Diese systemdynamischen Modelle haben noch einen weiteren Vorteil: Wenn das System verstanden wird, lässt sich abschätzen, welche Eingriffe sich wie auswirken werden. Das kann man sich zunutze machen, indem man selbstverstärkende Rückkopplungen, die eine erwünschte Entwicklung darstellen, unterstützt, und solche, die in unerwünschte Richtungen führen, unterbindet. Fördert eine Schule z. B. das Radfahren durch Bereitstellung überdachter Fahrradständer, werden mehr Schüler zur Schule radeln. Der Bürgermeister gerät unter Druck, die Radwege sicherer zu gestalten. Je besser das gelingt, desto mehr Schüler kommen per Rad zur Schule, desto mehr weitet sich das Radwegenetz aus, desto eher können auch andere über einen geeigneten Radweg zur Arbeit usw. fahren. Der Mobilitätsmix verschiebt sich hin zur aktiven Mobilität – angesichts der Klimakrise, aber auch solcher Faktoren wie Verkehrssicherheit, Luftqualität, Lärm und Gesundheit eine wünschenswerte Entwicklung.

Umgekehrt zeigt ein Beispiel, das wir gerne mit unseren Studierenden bearbeiten, dass man sich durch ein entsprechendes Systemverständnis ungeeignete Maßnahmen ersparen könnte: Ein Politiker ist ratlos, weil die Emissionen des Autoverkehrs wieder einmal zu hoch sind. Zuvor hatte er Druck auf die Industrie ausgeübt, effizientere Automotoren zu produzieren. Kurzfristig war er damit erfolgreich und die Emissionen des Autoverkehrs sanken. Die Bürger waren sehr zufrieden, denn das Autofahren wurde durch den reduzierten Spritverbrauch erschwinglicher. Doch jetzt steigen die Emissionen wieder an und liegen über dem ursprünglichen Wert. Gleichzeitig erreichen Politik und Verwaltung immer mehr Forderungen nach einem Ausbau des Straßennetzes, weil die Menschen auf dem Weg zur Arbeit im Stau stehen. Gibt der Politiker dieser Forderung nach, gerät er in Teufels Küche, die Emissionen werden weiter steigen, und er muss noch weiter ausbauen. Denn – so lautet eines der ständigen Mantras von Hermann Knoflacher – breitere, »schnellere« oder mehr Straßen produzieren auch mehr Verkehr. Selbst eine weitere Erhöhung der Effizienz wird in diesem Fall nicht helfen, denn das wurde ja bereits versucht. Die Systemgrenzen sind offenbar zu eng gesteckt: Die Einführung von ausreichend hoch angesetzten Mautgebühren könnte helfen, ist aber unsozial; Fahrverbote wären zwar gerechter, aber auf andere Weise unsozial. Die eigentliche Lösung bieten sinnvolle Raumplanung und attraktive Alternativen – schattige Fußwege, die zum Verweilen einladen, Fahrradwege, öffentlicher Verkehr. Damit kann der Teufelskreis durchbrochen werden.

Das Faszinierende an der systemdynamischen Betrachtungsweise ist, dass sich typische Zusammenhänge quer durch alle Fachbereiche und Problemstellungen finden lassen, für die es auch prototypische Reaktionen zur Verstärkung oder Auflösung selbstverstärkender Rückkopplungen gibt, und dass ein klares Verständnis dafür existiert, welche Stellschrauben was bewirken. Selbst wenn die Modelle nicht quantifiziert werden, helfen sie bei der Planung enorm.

Hermann Knoflacher beklagt auf amüsante Weise anhand vieler verschiedener Beispiele aus dem Verkehrsbereich dieses mangelnde Systemverständnis, die zu eng gefassten Systemgrenzen und die unausweichlichen, aber sehr unangenehmen Folgen. Wenn sich Betroffene über die teilweise vielleicht auch als beleidigend oder kränkend empfundenen Formulierungen hinwegsetzen können, finden sie in *Virus Auto 4.0* eine Fülle von Anregungen und Ideen, welche Fallen es zu vermeiden gilt und wie das Verkehrssystem klimakompatibel gestaltet werden könnte.

Angesichts des immer dringlicher werdenden Klimaschutzes ist dem Buch eine flächendeckende Verbreitung zu wünschen, vor allem aber die Umsetzung seiner Lehren.

Hermann Knoflacher

Vorbemerkung

Vermutlich hat keine technische Innovation das Handeln des Einzelnen und der Gesellschaft so grundlegend beeinflusst wie das Auto. Abgesehen von einigen Versuchen zu Beginn der Motorisierung, die Vorrechte der Menschen im öffentlichen Raum zu erhalten, hat das Auto die Menschen letztlich wie von selbst dazu gebracht, Straßen in lebensbedrohliche Fahrbahnen umzubauen und mit Abstellplätzen für nicht benutzte Fahrzeuge – vielfach noch immer ohne Gegenleistung – zu versehen. Wenn es hingegen um das Primärbedürfnis Wohnen geht und darum, sich zu diesem Zweck allgemeines Eigentum anzueignen, wird dies von der Gesellschaft nicht toleriert. Im Freiland wird lebendige Natur mit hohem öffentlichen Aufwand unter Streifen und Flächen aus Beton und Asphalt begraben, mit denen Landschaften wie nie zuvor in der Geschichte des Verkehrswesens verändert und bestehende Lebensräume zerschnitten werden.

Was ist passiert, dass aus einer Welt für die Menschen, um die sie sich über die Jahrtausende bemüht haben, innerhalb nur eines Jahrhunderts eine Welt für das Auto und den Autoverkehr wurde – und das offensichtlich mit Zustimmung der Allgemeinheit?

In Büchern wie *Die ruhelose Gesellschaft. Ursachen und Folgen der heutigen Mobilität* (1973) von Vance Packard, *Unwirtlichkeit unserer Städte: Anstiftung zum Unfrieden* (1965) von Alexander Mitscherlich sowie dem 1961 von Jane Jacobs veröffentlichten *Tod und Leben großer amerikanischer Städte* (dt.: 1963) haben die Autoren versucht, anhand der sozialen und städtischen Symptome der Automobilität die Verluste und Gefahren der Motorisierungsentwicklung darzustellen. Das jedoch hat die Gesellschaft nicht davon abgehalten, diese wie unter Zwang weiterzubetreiben.

Erst über die Evolutions- und die evolutionäre Erkenntnistheorie führte der Weg auf der Suche nach den Ursachen dieser Entwicklung in das Stammhirn des Menschen, in dem das Auto seine Wirkungen so entfalten kann, dass sich die Wertesysteme der automobilen Gesellschaft derart verändern, dass sie den menschlichen zuwiderlaufen, dass Beton und Asphalt mehr geschätzt werden als die Natur, dass die Rechte der Autos Vorrang haben vor der Sicherheit und freien Mobilität unserer Kinder. Unsere Vernunft, beruhend auf den 0,1 bis 0,2 PS unserer menschlichen Fußgängermobilität, verliert durch die Hunderte von PS eines Pkw, mit dem wir zu einem Überwesen mit übermenschlichen Ansprüchen verschmelzen, mit Begeisterung den Bodenkontakt. Eine Verwandlung, die mit viel Engagement und Steuergeldern auch durch die Politiker unterstützt wird, in deren Köpfen sich das Autovirus ebenfalls eingenistet hat. Aktuelle Beispiele dafür gibt es allerorten in großer Zahl, ob in Berlin, Wien oder bei der EU in Brüssel, in Peking ebenso wie in unzähligen anderen Städten und Regionen der Welt. Wie alle anderen Viren auch ist das Autovirus global aktiv, umso mehr, wenn es wie bisher von allen Seiten unterstützt wird.

Die Situation der Vernunft scheint aussichtslos, wenn man die Unzahl an Versuchen betrachtet, das Virus auf der Ebene der Symptome zu bekämpfen, die mehr oder weniger sichtbar sind. Sie wäre weit weniger aussichtslos, wenn man stattdessen bei den Ursachen ansetzen würde. Diese aber befinden sich tief in unserem Stammhirn, das, vom Virus befallen, für das Auto denkt, für das Auto handelt, das Auto toleriert, wo es nicht tolerierbar ist, Autorechte fordert, auch wenn dafür fundamentale Menschenrechte drastisch beschnitten werden, ohne dass es die Autogesellschaft überhaupt merkt. Die eigentliche Normalität, dass es keine Autoabstellplätze geben sollte, wird als Anomalie der Autonormalität empfunden. Die Lösungen zur Wiederherstellung von Vernunft und Verantwortung für die Menschen liegen im Rechtssystem, in der Finanzordnung, in der Bildungspolitik, in der Verwaltungspraxis – Ziel muss es sein, die physische, finanzielle und rechtliche Zwangsbindung des Autos an die Menschen wieder aufzulösen. Da Viren bekanntlich ansteckend sind, ist ein permanentes Monitoring mit wirksamen Sanktionen gegen die dem Virus innewohnende Unmenschlichkeit unverzichtbar.

August 2023

DER MYTHOS DES FEUERS UND DIE ERFINDUNG DES RADES

Faszination des Feuers

Rund 800.000 Jahre soll es her sein, dass ein Homo erectus sich das Feuer bewusst zunutze machte. Jedenfalls lässt sich aus den Überresten von verbrannten Samen, Holz und Feuersteinen schließen, dass diese nicht zufällig an dem betreffenden Ort zusammenkamen. Systematischen Gebrauch des Feuers durch den Menschen kann man seit rund 300.000 Jahren nachweisen. Von einem Beherrschen des Feuers kann allerdings bis heute nicht gesprochen werden: Beherrschte die Menschheit das Feuer, dürften dessen Folgen in Form der Klimaerwärmung nicht global zum nahezu unlösbaren Problem werden.

Das Auto ist ein Kind des Feuers. Ohne Feuer gäbe es das Auto nicht und all das, was wir damit anstellen. Bis es allerdings dazu kam, waren die Vorläufer des heutigen Menschen schon fünf bis sieben Millionen Jahre zu Fuß unterwegs. Dabei haben sie das Feuer zunächst als Naturerscheinung kennengelernt, vor der sie sich vermutlich fürchteten und die sie als Bedrohung empfanden. Es mag manchmal vorgekommen sein, dass sie nach einem Brand fallweise in den Genuss verzehrbarer organischer Reste gekommen sind. Dies hat sicherlich ihre Neugier geweckt. Aber eine andere Erfahrung war wichtiger als die Geschmacksfrage, mit der sie es zunächst zu tun hatten: die Erfahrung, dass Fleisch oder Wurzeln so leichter zu zerteilen und zu kauen waren. Sie konnten sich damit Körperenergie für das Zerkleinern und Aufschließen dieser Nahrung sparen. Der Keim zur Bequemlichkeit, der im Homo erectus wie in allen Lebewesen angelegt ist, dürfte auch hier bereits zu finden gewesen sein. Dieses wunderbare Geschehen, das die Naturwissenschaft heute als physikalisch-chemischen Prozess bezeichnet, findet seinen Niederschlag in den Mythen – einst wie heute. Das Feuer: einst ein Geschenk des Himmels und heute eine wunderbare Quelle der Kraft im Motor. Was im Magen passiert, wird bis heute nicht ganz verstanden. So angenehm manche Erfindungen sein mögen, sie bergen oft das Verderben in sich, wenn man die langfristigen Folgen nicht bedenkt.

Feuerbringer Prometheus

Prometheus, dem die Götter Verstand und Vernunft gaben, damit er die Menschen lehre, hat diese Eigenschaften, wie der Mythos berichtet, auch dazu missbraucht, Zeus zu täuschen, als er ihm einen zu opfernden Stier in zwei Haufen zur Wahl darbot, die beide mit Stierhaut bedeckt waren. Der größere Haufen bestand aus Knochen, der kleinere aus Fleisch. Er wäre damit der ideale Schutzheilige der heutigen Verpackungsindustrie.

Er brachte den Menschen aber auch das Feuer, das Zeus ihnen vorenthalten hatte. Um den »Vorausdenkenden«, den Lehrmeister der Menschen zu ehren, wurde sein Altar bei Festlichkeiten mit Fackeln geschmückt. Allzu weit hat er aber nicht vorausgedacht. Vernunft und Verstand haben ihn nicht vor den fürchterlichen Folgen seiner Freveltaten bewahrt. Er wurde in der schlimmsten Einöde des Kaukasus an einen Stein geschmiedet und jeden Tag kam der Adler Ethon und fraß an seiner Leber. Nach Jahrhunderten der Qual erlöste ihn Herakles – zumindest teilweise, denn er musste weiterhin mit dem Eisenring und dem Stein des Kaukasus herumlaufen. Die Fußfessel ist also gar nicht so neu, nur scheint sie zwischendurch aus der Mode gekommen zu sein, denn Prometheus begegnet uns heute in vielfacher Form: unter den Bankern, den Konzernmanagern und Politikern, die in der jüngsten Finanzkrise »Das war nicht vorauszusehen« zur Standardformel für ihre Fehler machten. An den Stein geschmiedet sind aber nicht mehr die Verursacher, sondern die Bürger, denen der Adler täglich an der Leber frisst.

Prometheus' Taten hatten zahlreiche Systemwirkungen zur Folge, die ein Vorausdenkender zu beachten gehabt hätte. Dazu hätte er aber nicht nur in der Lage sein müssen vorauszu*denken*, sondern auch die Fähigkeit besitzen müssen vorauszu*sehen*. Die Griechen führen uns durch ihre Mythen in eindrucksvoller Weise vor Augen, welche Folgen unbedachtes Handeln nach sich ziehen kann.

Die Kunstfigur Pandora, von Hephaistos aus Lehm geschaffen, mit allen denkbaren Reizen ausgestattet, schenkte dem Bruder des Prometheus, dem »Nachherbedenkenden« Epimetheus, eine Büchse mit Unheil bringenden Gaben, die er entgegen einer früheren Warnung des Prometheus auch annahm. Pandora öffnete den Deckel und alles Übel kam heraus, nur die Hoffnung blieb in der Büchse zurück, als diese geschlossen wurde. »Wer nicht hören will, muss fühlen«: Epimetheus wäre der ideale Schutzpatron für all jene, denen der Fortschritt nicht schnell genug gehen kann, unter ihnen die für die Folgen ihrer Erfindungen blinden Wissenschaftler und Techniker wie auch jene, die nicht wissen, woher und wohin der sogenannte Fortschritt uns führt.

Die Bewegungsprothese

Zur Entstehung des Mythos trug auch die Metallverarbeitung bei, für die Hephaistos, der Gott des Feuers, zuständig ist. Mit seinen Gehilfen betrieb er eine Schmiedewerkstatt, in der er seine berühmtesten Werke, unter anderem den Wagen des Helios und Prototypen des Roboters, Schmuck und Produkte der Rüstungsindustrie, herstellte. Hephaistos' körperliche Beeinträchtigung führte in Kombination mit seinem Beruf geradezu zwingend zum Bau von verschiedenen Prothesen wie dem Sonnenwagen, einer Bewegungsprothese für mühelose Erdumkreisungen. Ein Wunschtraum der Menschheit zeichnete sich ab, blieb aber für die Massen lange Zeit unerfüllbar.

Feuer war seit jeher ein Begleitelement von Gotteserscheinungen. Gott selbst erscheint im brennenden Dornbusch, und Abraham wird von ihm aufgefordert, seinen Sohn als Brandopfer darzubringen, nur um schließlich an Ort und Stelle darüber belehrt zu werden, dass mit dieser Unsitte endgültig Schluss sein solle. 2.500 Jahre später war die Menschheit – vom Glauben geleitet – nicht viel weitergekommen, als nämlich Hexen und Andersgläubige verbrannt wurden. Mit Brandopfern wollte man die Götter besänftigen – früher ein ungewisses Unterfangen; heutzutage greift man mithilfe von Naturwissenschaft und Technik gezielt in die göttliche Ordnung ein. Das Feuer macht es möglich. Eingesperrt in einer kleinen Brennkammer – dem Motor des Autos –, gezündet bei hoher Temperatur, ging ein Wunschtraum der Menschheit in Erfüllung: die mühelose Fortbewegung. Nutzen kann man das Feuer sinnvoll, aber auch weniger sinnvoll, wovon schon *Das Lied von der Glocke* von Friedrich Schiller erzählt:

Wohltätig ist des Feuers Macht,
Wenn sie der Mensch bezähmt, bewacht,
Und was er bildet, was er schafft,
Das dankt er dieser Himmelskraft,
Doch furchtbar wird die Himmelskraft,
Wenn sie der Fessel sich entrafft,
Einhertritt auf der eignen Spur
Die freie Tochter der Natur.
Wehe, wenn sie losgelassen
Wachsend ohne Widerstand
Durch die volkbelebten Gassen
Wälzt den ungeheuren Brand!
Denn die Elemente hassen
Das Gebild der Menschenhand.

Eine ziemlich zutreffende Verkehrsprognose des Friedrich Schiller!

Eine Vorausahnung des Autoverkehrs?

Problematisch ist die Unterscheidung von Zweck- und Schadfeuer, denn jedes sogenannte Zweckfeuer ist gleichzeitig auch immer ein Schadfeuer, wenn der Mensch nicht in der Lage ist, die Wirkungen des Feuers zu begreifen. Unmittelbar erlebt, verursacht es weniger Probleme, weil unsere Rezeptoren dem Hirn Informationen liefern. Mittelbar aber wirkt es im scheinbar Verborgenen und man merkt den langfristigen Schaden oft viel zu spät – denken wir etwa an Feinstaub oder CO_2. Es ist immer gefährlich, wenn die »Vorausdenkenden« nicht auch von »Voraussehenden« begleitet oder, besser noch, kontrolliert werden. Seit der technischen Revolution will man aber von Voraussehenden nichts wissen, denn diese behindern, ja gefährden den sogenannten Fortschritt.

Die technische Zähmung des Feuers in der modernen Form ist gar nicht so alt. Erst im 19. Jahrhundert kam der geschlossene Ofen langsam in Verwendung, und der Herd löste die bis dato weitgehend offene Feuerstelle als Kochstelle ab. Das Feuer als Mittel zur Jagd wird sowohl von den Aborigines wie auch von der Gesellschaft der Hochmotorisierten genutzt. Den Aborigines erleichtert das Feuer das Aufscheuchen und Erlegen von Wildtieren, also die Nahrungsbeschaffung; der Autogesellschaft die Jagd auf Schnäppchen in den immer weiter von den Wohnungen entfernt liegenden Shoppingcentern, sichtbaren Auswüchsen der voranschreitenden Wüste der Nahversorgung infolge der Autonutzung. Erhoffte man sich im Altertum durch das Entzünden der Opferfeuer die Erfüllung menschlicher Wünsche durch die auf diese Weise gewonnene Zuneigung und das Wohlwollen der Götter, so ist es uns dank

Naturwissenschaft und Technik in der Zwischenzeit gelungen, die Götter gefügig zu machen und sie durch das Entzünden des Feuers zum unmittelbaren und störungsfreien Einlösen dieser Wünsche zu zwingen. Millionenfach entfachen Autofahrer fast überall auf der Welt in den Motoren ihrer Fahrzeuge das mystische Opferfeuer, um das Wunder der mühelosen Überwindung von Entfernungen und einer hundertfach gesteigerten Körperkraft zu erleben. Die Götter müssen folgen – tun es aber nur scheinbar.

Prometheus und die Folgen

Die griechische Mythologie führt uns, betrachten wir sie evolutionstheoretisch, zur Erkenntnis, dass das menschliche Denkorgan – Prometheus ist zwar ein Titan, aber kein Gott – offensichtlich mehr als mangelhaft ist. Wäre Prometheus tatsächlich der Vorausdenkende gewesen, dann hätte er gewusst, welch fatale Folgen seine Handlungen nicht nur für seine persönliche Zukunft, sondern für die gesamte Menschheit haben würden. Die Zuneigung und das Mitgefühl gegenüber den Menschen haben ihn offensichtlich blind gemacht für die größeren Systemzusammenhänge. Er hätte wissen müssen, dass mit Hephaistos eine Gottheit existiert, der er nicht gewachsen ist, und dass auch Zeus keine verbotenen Handlungen ungestraft geschehen lässt. Ihm wäre erspart geblieben, an die Felsen des Kaukasus geschmiedet zu werden und täglich eine brutale Leberoperation ohne Narkose über sich ergehen lassen zu müssen. Der Menschheit wären zumindest im Autoverkehr jährlich mehr als eine Million Tote bei Verkehrsunfällen und weit über zwei Millionen Tote aus dem Gesamtbereich des Verkehrs erspart geblieben. Auch hätte er wissen müssen, dass der Nachherdenkende sich später zum klassischen Techniker und Naturwissenschaftler entwickeln würde, der aus Neugier und voller Hoffnung die Büchse der Pandora durch seine Grenzüberschreitungen immer wieder neu öffnet, ohne zu wissen, welche Folgen sein Tun nach sich ziehen wird. Und Verantwortung für die Konsequenzen ihrer Eingriffe in die Welt wollen Techniker ebenso wenig übernehmen wie Politiker.

Das Feuer wurde nur vorübergehend gezähmt, verstanden hat man es nie, aber die Nutzung immer mehr intensiviert, so weit, dass heute das gesamte Leben auf der Erde in seiner Existenz bedroht ist. Auch darf nicht vergessen werden, dass zum Prometheus'schen auch das Täuschen und Verstecken gehören, die Mogelpackung sozusagen, die heute zum Standard nicht nur in der Politik geworden ist. Die »Vorausdenkenden« haben auch davor nicht haltgemacht, noch effizientere Formen des Feuers, wie sie glauben, zu entdecken – wenn sie bei der Verbrennung nicht nur Biomoleküle zur Energiegewinnung nutzen, sondern den Atomkern spalten. Und heute stehen sie ebenso verständnislos vor den von ihnen ausgelösten Phänomenen wie der erste Homo erectus vor dem Blitz und dessen feurigen Folgen. Es gibt aber einen grundlegenden Unterschied: Die Folgen waren damals zeitlich und lokal begrenzt. Begrenzt waren auch das Systemverständnis und die Systemsicht des Prometheus, und daran hat sich bis heute nichts geändert. Kaum ein Autofahrer versteht das System, in dem er mit seinem Fahrzeug agiert, ebenso wenig wie die sogenannten traditionellen Verkehrsexperten, die permanent mit der Büchse der Pandora hantieren, gemeinsam mit den politischen Entscheidungsträgern. Was heute fehlt, ist die unmittelbare negative Rückkopplung, die Prometheus erfahren musste. Man ist vom Brauch abgekommen, die Täter an die Felsen des Kaukasus zu schmieden. Gefressen wird, wie schon erwähnt, die Leber der Steuerzahler. Prometheus wollte nur das Beste, brachte aber durch sein Verhalten zahlreiche Leiden über die Menschheit.

Die wechselvolle Geschichte des Rades

Um ein brauchbares Auto zu bauen, wurde aber nicht nur das Feuer benötigt, auch das Rad musste zunächst erfunden werden. »Warum hat die Natur das Rad nicht erfunden?«, wurde ich vor einigen Jahren gefragt. Die Frage ist berechtigt, ist doch die runde Form in den Urformen des Lebens manifest. Es gibt kleine, vielzellige Lebewesen, die als »Rädertierchen« bezeichnet werden. Steine rollen so wie Baumstämme den Abhang hinunter. Betrachten wir die Vielfalt raffinierter, oft verzwickter Lösungen, die die Evolution hervorgebracht hat und deren Sinnhaftigkeit wir oft erst nach jahrzehntelanger Forschung entdecken, und die Bauteile, die ihr zur Verfügung stehen, ist anzunehmen, dass das Rad als Entwurf milliardenfach zum Einsatz kam. Es konnte sich aber offensichtlich nicht durchsetzen. Milliardenfach wurde es verworfen, weil es nicht passte und nicht effizient war: Keinem Lebewesen sind »Räder angewachsen«.

Das hat mehrere Gründe. Ein Rad allein schafft noch kein stabiles System, auch zwei noch nicht. Man braucht mindestens drei. Außerdem müssen diese lenkbar sein und, was das Wichtigste ist, es müssen Bremsen eingebaut sein, die so schnell und stark wirken, dass Kollisionen vermieden werden. Außerdem braucht das Rad Fahrbahnen irgendwelcher Art, die in der Natur in der Regel nicht vorkommen. Die natürliche Umgebung ist voller Hindernisse und Barrieren für ein mit Rädern ausgestattetes Lebewesen.

Bequem, aber ineffizient

Ein Rad hat eine sehr große Oberfläche, über die es abrollt, es erfüllt nur die Funktion des Rollens und das nur auf einer weitgehend ebenen Unterlage. Ein Rad ohne geeignete Oberfläche, auf der es rollen kann, ergibt keinen Sinn. Es bleibt leicht stecken, hat einen relativ großen Verschleiß und nur eine Funktion, nämlich jene der Fortbewegung. Hufe, Pfoten und Füße sind multifunktional und daher ungleich effizienter. Bewegen sich Lebewesen, gelangen sie sehr häufig in Neuland, in dem keine Wege existieren. Und da gibt es wichtigere Dinge als die Fortbewegung, nämlich die Wahrnehmung von Chancen und Gefahren und die rasche Reaktion darauf. Lebewesen, die mit Gliedmaßen ausgestattet waren, mit denen man nicht nur abrollen konnte, sondern auch klettern, bremsen, angreifen, verteidigen und bedrohen, waren den »geräderten« Lebewesen evolutionär, das heißt energetisch, überlegen. Es stand auch nicht so viel Energie zur Verfügung, um sich diese luxuriös große Oberfläche leisten zu können, die ansonsten keinen weiteren Nutzen bot. Es ist daher nicht verwunderlich, dass der Mensch das Rad für Transporte erst dann einzusetzen begann, als er über zusätzliche, nicht körpereigene Energiequellen verfügte. Ob es am Anfang Hunde waren, die seine Wagen zogen, oder domestizierte Rinder, die man vorspannte, um Wagen mit ein- oder mehrteiligen Scheibenrädern zu ziehen, beschäftigt die Archäologen bis heute und wird es wahrscheinlich noch einige Zeit tun. Funde lassen darauf schließen, dass das Rad – als das erste Maschinenelement eine bahnbrechende Erfindung – seit rund 5.000 Jahren in Verwendung steht.

Nicht immer ist die Entwicklung linear

Man könnte nun annehmen, dass der Siegeszug des Rades hätte beginnen müssen, als man damit Lasten leichter transportieren konnte. In manchen Gebieten konnten sich das Rad und der Wagen aber auf Dauer nicht durchsetzen. Topografische Verhältnisse, Flüsse, lange Distanzen oder schwieriges Gelände standen ihrer Ausbreitung im Weg, weil das jeweilige

Eigengewicht des Rades und des Wagenkastens zu groß war. Man wandte sich wieder vom Rad ab und verlegte sich auf die zweckmäßigeren Tragetiere, die im Norden Afrikas, im Nahen und Fernen Osten noch bis heute eine bedeutende Rolle spielen. Diese können sich nicht nur im Gelände viel problemloser bewegen, sie haben auch den Vorteil, auf ein erprobtes Regel- und Steuerungssystem zurückgreifen zu können: ihre Sinnesorgane und das Gehirn. Die Karriere des Rades im Verkehrswesen ist daher zunächst dort gescheitert, wo nicht ausreichend Energieüberschuss zur Verfügung stand, um sich den Luxus von Fahrbahnen und Zugtieren leisten zu können.

Im Handwerk wurden Räder natürlich schon viel früher verwendet, so etwa in der Töpferei, bei der Bearbeitung von Jade in China, aber auch bei den Maya, bei denen sogar Zahnräder in mehr oder weniger feinmechanischen Geräten zum Einsatz kamen – für den Transport allerdings wurden sie nicht genutzt. Dazu wären Fahrbahnen notwendig gewesen – ein Aufwand, den man sich weder im Dschungel noch im Gebirge leisten konnte. Auch das Rad der Eisenbahnen war angewiesen auf Fahrbahnen: Schienenstränge, zunächst aus Holz, dann aus Metall – zunächst gegossen, später gewalzt.

Autoräder stellten, selbst nach Erfindung der Schlauchreifen, noch ein erhebliches Risiko dar; besonders aufgrund der Fahrbahnverhältnisse, spitzer Steine, verlorener Hufnägel und anderer Gegenstände, die für den Luftreifen nicht gerade von Vorteil waren. Der Flächenanspruch beweglicher Räder, heute als Flächenanspruch des Autos bezeichnet, ist enorm, weil ihre Spurführung trotz technischer Unterstützung noch immer von einem Lebewesen bestimmt wird, dessen Sinnesorgane und Informationsverarbeitungssystem für eine Geschwindigkeit von vier bis sechs Kilometern pro Stunde ausgelegt sind. Das Vergnügen an diesem technischen Element ist heute so groß, dass laufend Tonnen von Reifenmaterial als Abrieb in die Umwelt gelangen und mit zu dem beitragen, was man als gefährlichen Feinstaub bezeichnet. Um eine Vorstellung vom Abrieb eines Autoreifens zu erhalten: Wäre die Erde auf die Dimension eines Autoreifens reduziert, wäre die Humusschicht nach 250 Metern Fahrt verbraucht, kein menschliches Leben wäre mehr möglich.

Mit dem Rad allein ist es noch nicht getan

Der Evolution ist die Kreisform von Anfang an eingeschrieben, aber nicht zum Zweck einer ungehemmten Mobilität. Das Rad zum Rollen zu bringen ist im Allgemeinen leichter als ein rollendes Rad aufzuhalten. Das ist sicher eine der Ursachen, warum das Rad in der Natur gescheitert ist. Wo es unkontrolliert und zu schnell rollte, wurde zu viel zerstört. Erfolgreich war es zunächst nur im Kleinen, etwa beim Töpfern oder als Wasserrad, also überall dort, wo das Hirn das Rad beherrscht und nicht umgekehrt. Wie wunderbar die Bremsproblematik in den heutigen Autos gelöst wurde, beweist die Tatsache, dass es inzwischen kaum noch zu Bremsversagen kommt. Das Auto beruht daher nicht nur auf Feuer und Rad, sondern ist das Ergebnis eines komplexen Systems, dessen Wurzeln tief in die Vorgeschichte der Menschheit hineinreichen.

DIE BESCHLEUNIGUNG DER MENSCHHEIT

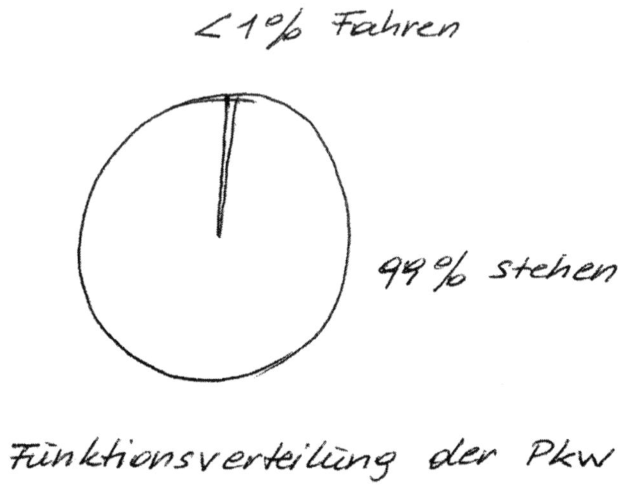

Immer schneller

Eine Frage, die bislang nicht gestellt wurde: Warum gelangte der Nebenzweig der Primaten, der sich zum heutigen Homo sapiens entwickelte, in den letzten 200 Jahren zu einer ständigen Erhöhung seiner räumlichen Geschwindigkeit? Bereits um die Zeitenwende herum hatte unsere Art die ganze Erde zu Fuß besiedelt. Heute sind wir mit hundertfacher Geschwindigkeit unterwegs, weitergekommen sind wir dabei aber nicht.

Energie

»Arbeitsvermögen«, wie Energie bezeichnet wird, bewegt alles im Universum. Dessen Ursprung liegt im Dunkeln, das die Naturwissenschaftler als »Urknall« und religiöse Menschen als Schöpfungsakt bezeichnen. In Erscheinung tritt Energie immer in den Wirkungen, man denke nur an die Gravitation

Die Hauptbeschäftigung der Autos:
allein oder gemeinsam herum- und im Weg stehen.

oder an die starken Kräfte, die den »sozialen Zusammenhalt« im Atomkern beschreiben, oder die Elektronenbindungen, die für den tieferen »sozialen Zusammenhalt« in den Molekülen zur Beschreibung herangezogen werden.

Die Beschreibung ist eine Frage der jeweiligen Art von Illusion. Naturwissenschaften als die »objektive Illusion«, von Gerhard Fasching treffend erkannt und so bezeichnet[1], haben eine Methode entwickelt, die jeden, der sie anwendet, zum gleichen Ergebnis führt – deshalb die objektive Illusion. Seit man den Begriff »Evolution« eingeführt hat und darunter den Aufbau von Ordnung versteht, die sich in verschiedenen Formen manifestiert, spielt Energie die zentrale Rolle. Denn Ordnung in Systemen, insbesondere in lebenden Systemen, kann nur durch den ständigen Zufluss von Energie aufgebaut und erhalten werden. Zwei Strategien haben sich dabei als erfolgreich erwiesen:

1. den Durchsatz an Energie zu maximieren sowie
2. verfügbare Energie so lange wie möglich zu speichern und in Energiekaskaden optimal zu nutzen.

Das Leben in all seinen Formen bedient sich beider Strategien, die, wie alles in der Realität, Chancen und Risiken bergen. Beim Bemühen, den Durchsatz zu steigern, kann man leicht in einen zu mächtigen Energiestrom geraten, der Strukturen zerstört, wenn sich etwa Bedingungen ändern, so zum Beispiel bei den Pflanzen die Austrocknung bei Wassermangel und starker Sonneneinstrahlung. Aber auch das Speichern von Energie ist mit Risiken verbunden, weil die Evolution darauf hinausläuft, Lebensformen hervorzubringen, die vorhandene Energiespeicher erfolgreich nutzen – von Bakterien und Pflanzenfressern, die Zellulose aufschließen, über Vögel und Säugetiere, die hochkonzentrierte pflanzliche Energie in den Samen ausbeuten, bis hin zu Raubtieren, die sich auf in Lebewesen gespeicherte Energie spezialisiert haben. Dazu gehört auch der Mensch. Der Trieb optimaler Energienutzung ist in allen Lebewesen tief verankert, war er doch in ihrer gesamten Evolution eine der erfolgreichsten Strategien, wenn nicht die erfolgreichste. Diese Strategie birgt allerdings das Risiko, dass durch Übernutzung vorhandener Energiequellen gerade diejenige Spezies, die das am besten beherrscht, gefährdet ist, wie es das Aussterben so erfolgreicher Beutegreifer wie Säbelzahntiger und Höhlenbären beweist. Die Verkarstung der Küstenregionen am Mittelmeer durch Übernutzung der Wälder oder der Zusammenbruch der Kultur der Maya sind nicht nur Zeugen für die Übernutzung vorhandener Energiequellen, sondern auch Beweise für den Missbrauch vorhandener Energieressourcen im Interesse nicht systemerhaltender Ansprüche des Menschen.

Neben der bereits erwähnten Nutzung des Feuers haben Menschen aber auch eine ähnliche Intelligenz wie Pflanzen entwickelt. Beide haben, wenn auch in unterschiedlich raffinierter Weise, gelernt, Solarenergie direkt oder indirekt zu nutzen – auch für Mobilität. Pflanzen nutzen nicht nur den Wind und das Wasser, sondern auch verschiedene Tierarten für den Transport und die Ausbreitung ihrer Samen. Und das seit Jahrmillionen. Menschen haben ähnliche Techniken erst in den letzten Jahrtausenden kennen und nutzen gelernt. Wind- und Wasserkraft in der Schifffahrt, in der Flößerei, im Holztransport, der in den Alpen periodisch an die Wasserführung der Flüsse und Bäche und die Schneeschmelze gekoppelt war, erleichterten den Transport auch großer Warenmengen in intelligenter Form. Intelligenz ist ja bekanntlich die Fähigkeit, Aufgaben durch problemlösendes Verhalten zu bewältigen.

Es hat Jahrtausende gedauert, bis die Menschheit in der Lage war, mit den Folgen ihrer Eingriffe in den Energiehaushalt der Natur fertigzuwerden. Zwar brennen heute Städte nicht mehr wie im Mittelalter flächendeckend ab, doch treten nahezu täglich irgendwo auf der Welt unkontrollierte Brände auf, bei denen nicht nur große materielle Schäden, sondern auch Todesopfer zu beklagen sind. Wer nicht in der Lage ist, Energie aus der Sonne und den lokalen Ressourcen zu nutzen, um Ordnung aufzubauen und zu erhalten, muss Körperenergie einsetzen, um an anderen Orten an Energiequellen zu gelangen. Selbst ortsgebundene Lebewesen wie Pflanzen unterliegen diesem Zwang, wenn auch nicht individuell, so doch zur Arterhaltung. Ihr Erfindungsreichtum, vorhandene Energie in ihrer Umwelt zu nutzen, ist nahezu unbegrenzt und überschreitet alles im Bereich der technischen Entwicklung bisher Dagewesene. Pflanzen haben eine Unzahl von Fluggeräten für den Transport entwickelt, raffinierte Befestigungseinrichtungen, um Samen an an ihnen vorbeiziehenden oder rastenden Tieren anzubringen; attraktive Verpackungsmaterialien für den Samentransport gehören ebenso wie Investitionen in wasser- und wetterfeste Verpackungen zu den Strategien, die eigene Immobilität durch Erfindungsreichtum zu kompensieren. Kein Wunder, dass die Pflanzen die mobilen Spezies diesbezüglich bei Weitem übertreffen, haben sie doch Zeit und Muße genug, über clevere Lösungen nachzudenken und diese im täglichen Experiment zu erproben, anstatt Energie fürs Herumrennen zu vergeuden.

Wenn in Australien immer mehr Land zu Wüste wird, weil es dank der Engstirnigkeit der Agrarindustrie und Profitgier in landwirtschaftliche Monokulturen umgewandelt wurde, so ist dies nur die Folge der Unkenntnis der komplexen Wirkungsmechanismen in der dortigen natürlichen historischen Flora. Optimal angepasst an die wechselnden Niederschlags- und Wetterverhältnisse, entstanden im Wissen um die Notwendigkeit der äußeren Rahmenbedingungen symbiotische Beziehungen von Tief- und Flachwurzlern. Tief wurzelnde Pflanzen versorgten die Flachwurzler in den Trockenperioden mit der notwendigen Feuchtigkeit und gaben dem Boden außerdem Festigkeit. Um Getreide anzubauen, wurde die australische Pflanzenwelt gerodet, das vorhandene Beziehungsnetz zerstört. Die Folgen bleiben nicht aus, Farmer verlieren ihr Land, Millionen von Tonnen fruchtbaren Bodens werden bei Stürmen ins Meer verfrachtet und die Wüste wächst.

Über Energie zu verfügen ist lebenserhaltend, über ein bestimmtes Maß hinaus führt es unweigerlich zu Entwicklungen mit – zumindest zeitlich – begrenztem Erfolg. Bequemlichkeit und Luxus sowie das Überschreiten von ökologischen Grenzen gefährden jedes Lebewesen in seiner Existenz – Pflanzen ebenso wie Tiere und Menschen. Überdüngte, im Glashaus aufgezogene Pflanzen erweisen sich unter natürlichen Bedingungen als nicht resistent. Wachsmotten in einem verlassenen Bienenstock entwickeln sich dank fehlender Feinde durch uneingeschränkte Nutzung der Ressourcen exponentiell, um am Höhepunkt ihrer Entwicklung, wenn das letzte Wachs verbraucht ist, kollektiv zu verenden. Erfahrene Systeme gehen mit verfügbaren Energieressourcen intelligenter um, indem sie diese nicht hemmungslos ausbeuten, sondern längerfristig und nachhaltig nutzen und deren Regenerationszyklen beachten.

Nutzung fremder Energie – eine evolutionäre Triebkraft

»Fressen und gefressen werden« ist der volkstümliche Ausdruck für den Aufbau einer neuen Ordnung durch den Abbau einer bestehenden Ordnung durch höhere Lebewesen, seien es nun Pflanzen- oder Fleischfresser. Noch besser ist es, wenn man vorhandene Energie unmittelbar nutzen kann, ohne selbst Verdauungsarbeit leisten zu müssen. Es ist daher nicht verwunderlich, wenn alle Lebewesen versuchen, sich fremder Energie – insbesondere der hochkonzentrierten gespeicherten Energie anderer – zu bedienen, wo es nur geht. So auch der Mensch. Dieser besteht zu zwei Dritteln aus Wasser und betreibt zur Aufrechterhaltung seines auf zwei Beinen bewegten Körpers einen leistungsfähigen »Computer« im Hirn, der über ständige Messung des Gleichgewichtszustandes eine Unzahl von Muskeln präzise steuern muss, um die schwabbelige, wandernde »Wassersäule« vor dem Umfallen zu bewahren.

Die Geschwindigkeit des Menschen im natürlichen Gelände beträgt vier bis sechs Kilometer pro Stunde und kann kurzfristig auf bis zu 20 Kilometer pro Stunde gesteigert werden. Der Mensch hat bei der Energieverrechnung zwei Optima: eines beim Gehen mit etwa vier Kilometern pro Stunde und eines beim Laufen mit etwa zwölf Kilometern pro Stunde. In beiden Fällen wird, misst man den Energieaufwand für eine bestimmte Strecke, ein energetisches Minimum erreicht, das ungefähr gleich hoch ist, beim Laufen ist es sogar etwas niedriger. Warum laufen wir aber nicht? Der Aufwand der Körperenergie wird im Hirn nicht über eine bestimmte Strecke gemessen, sondern sofort, in Nanosekunden oder noch schneller vielleicht. Sonst wären wir wohl nicht mehr da. Nur etwa acht Prozent der Muskelenergie kann der Mensch in Bewegungsenergie umsetzen. Nicht gerade besonders effizient. Pferde verfügen aufgrund ihrer Körperkonstruktion über drei Minima: Schritt, Trab und Galopp. Und auch sie bevorzugen die langsamere Gangart, wenn man sie lässt, außer im Spiel oder auf der Flucht.

Vertreibung aus dem Paradies

Es war daher seit jeher ein Wunschtraum der Menschen, dieser Mühsal, dem Aufwand für räumliche Bewegung zu entgehen. In den Religionen ist der Zwang zur physischen Mobilität eine Form der Strafe. So auch im Alten Testament: Die vergnügliche, sorgenfreie Mikromobilität des Paradieses wurde nach dem Sündenfall durch die erzwungene Makromobilität ersetzt. Liest man den Text sachkundig, wird hier bereits die Ursache jeder Mobilität erkennbar. Denn dort, wo es einem an nichts mangelt, wo man alles hat, was man braucht, gibt es keine Makromobilität. Je größer aber der Mangel an dem Ort ist, wo man sich aufhält, umso größer werden Zwang und Aufwand für die Fernmobilität. Nun scheint man schon zu Beginn der biblischen Gesellschaft nicht begriffen zu haben, wie Systeme funktionieren. Abel als Schafhirte führte unter den damaligen Bedingungen ein Nomadenleben verbunden mit der Ungewissheit und den Risiken langer Wege. Heute würde man das als Makromobilität bezeichnen. Kain hingegen reduzierte als Ackerbauer seinen Mobilitätsaufwand durch eine bessere Kenntnis der Pflanzen. Seine Wege wurden in dem Maße kürzer, in dem er den Boden besser zu bearbeiten und die Natur besser zu verstehen lernte. Doch als Gott die von Abel geopferten Tiere seiner Herde den von Kain als Opfer dargebrachten Früchten des Feldes vorzog, wurde Letzterer so eifersüchtig, dass er Abel erschlug. Die Strafe folgte umgehend: Kain wurde dazu verdammt, ruhelos auf der Erde herumzuwandern und dabei erkannt und möglicherweise getötet zu werden. Der furchtbare Zwang zur Makromobilität wird als Strafe und Fluch sichtbar. Diesem Fluch konnte er erst durch Sozialisierung, durch Eingliederung in eine größere Gemeinschaft entgehen: Kain wurde zum ersten Stadtgründer. Und die Stadt war immer ein Ort der Mikromobilität. Auf diese Art entstand wohl auch der Wunsch nach dem himmlischen Jerusalem, einer in völliger Harmonie mit den Menschen und der Natur organisierten Stadt. Nur über den Weg der geistigen Mobilität, die auch eine Voraussetzung für die Sozialisierung der Menschen ist, kann man sich wieder dem verlorenen Paradies nähern. Dass wir derzeit mit zunehmender Beschleunigung in die Gegenrichtung unterwegs sind, muss nicht mehr extra hervorgehoben werden. Auch scheinen wir aus den biblischen Fehlern nichts gelernt zu haben, weil wir mit immer schnelleren Waffen die Brüder und auch die Schwestern totschlagen und totfahren – allerdings in einem früher undenkbar großen Maßstab.

Zwang zur geistigen Mobilität

Der Drang, der Mühsal der Fernmobilität zu entgehen (möglicherweise wird hier die Auswanderung aus den Savannen Afrikas beschrieben), zwang die Menschen nicht nur zur Sozialisierung, sondern auch zur Suche nach Lösungen, um den Aufwand an Körperenergie für die physische Bewegung zu minimieren. Große Säugetiere waren die Lösung, die sozusagen vor der Nase lag. Als man diese zähmen, also domestizieren konnte, wozu wiederum geistige Mobilität für die Kenntnis ihres Verhaltens notwendig war, wurden sie mehrfach nutzbar; einerseits als wandernde Speisekammer, die sich selbst füllte, wenn man etwa an die Milch oder das Blut (die Massai z. B.

gewinnen das Blut der Rinder durch einen gezielten Aderlass) denkt, andererseits aber auch als Trag-, Zug- und Reittier. Technische Verbesserungen, zum Beispiel die Steigbügel vor rund 2000 Jahren in China, erleichterten die Nutzung nicht nur, sondern verschafften den Reitern gegenüber jenen ohne Steigbügel in Auseinandersetzungen erhebliche Vorteile. Die europäischen Ritter machten auch bald unangenehme Erfahrungen mit der asiatischen Überlegenheit. Dass die Menschheit seitdem nicht klüger geworden ist, ist daran zu erkennen, dass sie jeden noch so kleinen technischen Fortschritt zunächst vor allem dazu nutzt, die Artgenossen auszubeuten, zu unterdrücken oder umzubringen. Dieser rote Faden menschlicher Unkultur zieht sich durch die gesamte Geschichte der Spezies und wird im Zeitalter der Motorisierung zur international tolerierten Form des individuellen Massenmordes, den man mit dem Begriff »Verkehrsunfall« verharmlost.

Auf die Barbarei durch den technischen Fortschritt folgt dann meist eine Form der Zivilisation. So auch bei den domestizierten Großsäugern. Ihr Gebrauch konnte in der Landwirtschaft, im Handwerk und im Landverkehr zu einer nachhaltigen Transportform entwickelt werden, die Jahrtausende erfolgreich im Einsatz war. Der Mensch hatte gelernt, wie man mit der zur Verfügung stehenden Energie auch verantwortlich umgehen kann. Dass sich immer wieder tödliche Auseinandersetzungen ereigneten, liegt wohl an der Mangelhaftigkeit der Kontrolle über kranke Hirne, deren Träger an die Macht gelangten, bevor man deren geistige Defizite bemerkt hatte. Diese Gefahr ist im Laufe der Menschheitsgeschichte leider nicht kleiner geworden, sondern hat sich eher ins nahezu Unendliche gesteigert. Als einem der wenigen Länder ist es der Schweiz gelungen, diese tödliche Bedrohung durch die Praxis der direkten Demokratie bis heute zumindest in Grenzen zu halten, obwohl die Erfahrungen aus der jüngeren Vergangenheit auch daran Zweifel begründen.

Das Fahrrad: maximale Effizienz im technischen Verkehrssystem

Mit dem Fahrrad, das Ende des 19. Jahrhunderts seine heutige Form erlangte, können rund 26 Prozent der Muskelenergie in Bewegungsenergie umgesetzt werden. Vorausgesetzt, es steht eine geeignete Fahrbahn zur Verfügung. Diese Steigerung auf mehr als das Dreifache des Normalwerts von acht Prozent stellt, abgesehen vom Umstand, dass damit dank der Räder auch Lasten bis zu einem gewissen Maß leichter transportierbar werden können, bei technischen Verkehrsmitteln einen einsamen Höhepunkt energetischer Effizienz dar. Theoretisch kann die für die Herstellung eines Rades aufgewendete Energie durch die Einsparung von Körperenergie nach einer Strecke von rund 10.000 Kilometern kompensiert werden. Mit dem Fahrrad können bei geeigneter Topografie Megastädte mit bis zu zehn Millionen Einwohnern versorgt werden, was in China vor dem Beginn der Motorisierung unter Beweis gestellt wurde. Abfallrecycling und die Rückführung der Fäkalien, wie sie in China über Jahrtausende praktiziert wurden, zeigen, wie eine nachhaltige Form der technischen Mobilität möglich ist, wenn die Städte nicht räumlich von der Natur getrennt werden.

Ein anderer, nicht zu unterschätzender Vorteil des Fahrradverkehrs liegt in der sozialen Gerechtigkeit. Denn jeder, egal ob reich oder arm, ist mit seiner eigenen Körperkraft unterwegs, wenn auch mit Rädern unterschiedlicher Qualität. Und wenn der Reiche die auch für die Armen segensreichen Fahrradrikschas in Anspruch nimmt, verschafft er den Rikschafahrern ihr Einkommen. Nun gibt es Einwände gegen diese Transportform, die in Indien unverzichtbar geworden ist. Auch der Verfasser war der Meinung, dass man nicht einen anderen Menschen dazu missbrauchen dürfe, seine eigene Bequemlichkeit zu unterstützen, bis er die Erfahrung vor Ort selbst machen konnte. Rikschafahrer radeln nicht wie Europäer, die ihr Gewicht auf dem Sattel abladen und mit der Kraft der Beine in die Pedale treten, sondern sie gehen sozusagen in der Rikscha, indem sie das Gewicht stehend von einem Bein auf das andere verlagern und so Energie sparen. Sie tun damit genau das, was übersättigte, bewegungshungrige Zeitgenossen in den hochmotorisierten Ländern gegen Bezahlung in den Fitnessstudios machen. Abgesehen davon bestreiten Millionen von Familien in diesen Ländern ihren Lebensunterhalt aus dem Einkommen dieser Fahrer.

Der Radverkehr macht darüber hinaus friedlich, denn er entlässt die Menschen nicht aus dem sozialen Netz, weil sie immer noch an ihrem Gesicht erkannt werden. Sie sind nicht anonym und nur über ein Nummernschild erkennbar. Die begrenzte Körperkraft wird zwar enorm gesteigert, überschreitet aber die evolutionäre Erfahrung nicht ungestraft. Wer sich darüber hinauswagt, lernt die Grenzen durch die Rückkopplung beim Sturz sehr schnell wieder zu beachten. Vielleicht ist die lange friedliche Periode nach dem Zweiten Weltkrieg auch darauf zurückzuführen, dass die bevölkerungsreichsten Nationen der Welt, Indien und China, als technisches Hauptverkehrsmittel das Fahrrad benutzten. Es wäre eine Chance für ein friedliches Zusammenleben auf der Erde gewesen, hätte der Rest der Welt diese Möglichkeit rechtzeitig erkannt und ergriffen. Nie wieder hat ein technisches Landverkehrsmittel eine ähnliche Energieeffizienz erreicht wie das Fahrrad. Dass man mit dem Fahrrad sogar einen Krieg gegen aggressive »Weltmächte« gewinnen kann, haben die Nordvietnamesen eindrucksvoll bewiesen, als sie dem Massenmorden Amerikas in ihrem Land nicht zuletzt dank des im Krieg vielfach eingesetzten Fahrrads ein Ende bereitet haben.[2]

Externe Energie aus fossilen Quellen – Grenzen fallen

Im 18. und 19. Jahrhundert waren es technische Innovationen, die konzentrierte fossile Energie durch Dampfmaschinen und Explosionsmotoren sowie die aus unterschiedlichen Quellen gewonnene elektrische Energie für Arbeitsmaschinen nutzbar machten. Zunächst führte das zu massiver Arbeitslosigkeit in manchen Berufszweigen; bekannt ist das Beispiel der Weber durch die Thematisierung in der Literatur. Bald war man aber in der Lage, diese Energie auch für Mobilität nutzbar zu machen. Was damit in Bewegung gesetzt wurde, hat man bis heute nicht verstanden. Weder die Experten aus den einschlägigen Disziplinen noch die Politik noch die Gesellschaft haben beide Seiten dieser neuen Entwicklung erkannt, vorausgesehen, verstanden und verantwortet. Man war von den neuen Möglichkeiten begeistert. Nicht nur war das Reisen nun für einen größeren Kreis von Menschen möglich, auch konnten Waren in großen Mengen in kurzer Zeit herbeigeschafft werden. Vor allem die Industrie erfuhr entscheidende Impulse. Massenproduktion wurde möglich, die Verteilung erfolgte über das sich immer mehr verdichtende Bahnnetz. Jene Gebiete, die nicht vom Anschluss der Bahn profitierten, blieben jedoch in der Entwicklung zurück. Die Industrie aber brauchte die Landbevölkerung, die sich nun in den Städten konzentrierte und das Arbeiterproletariat bildete. Die Abwanderung aus dem ländlichen Raum führte nicht nur zu Arbeitslosigkeit und zur Aufgabe vieler landwirtschaftlicher Betriebe, sondern auch bald zu sozialen Spannungen unter den Industriearbeitern. Die neue Form der Ausbeutung vor allem jener Menschen, die aus ihren gewohnten sozialen Strukturen herausgerissen wurden, erfolgte in Fortsetzung gewohnter feudaler Strukturen. Für die meisten Menschen begann damit auch die Trennung von Wohnung und Arbeitsplatz. Die technischen Verkehrsmittel legten in derselben Zeit viel größere Entfernungen zurück; soziale Strukturen veränderten sich in einer nie dagewesenen Form; das Pendlerunwesen entstand. Das alles wurde in einer geradezu fatalistischen Art und Weise als Opfer für den »Fortschritt« in Kauf genommen, da das Individuum in der Masse marginalisiert, bedeutungslos wurde. Es zählten der Fortschritt der Technik und der industriell erzeugte materielle Wohlstand. Die Veränderungen der äußeren Strukturen waren unübersehbar, die Veränderungen der inneren – in den Menschen und in ihren Sozialbeziehungen – übersah man, bis sich die sozialen Bewegungen gegen Ende des 19. Jahrhunderts erfolgreich für die Rechte der Arbeitnehmer einzusetzen begannen. Dass diese Entwicklungen auch etwas mit dem Verkehrssystem zu tun haben, wurde selten wahrgenommen. So konnte sich dieses ungestört entwickeln und erhielt zusätzlichen Auftrieb durch die Kriege, insbesondere den Ersten und Zweiten Weltkrieg. Denn wie bei allen technischen Errungenschaften wurde auch hier die Technik zunächst *gegen* die Zeitgenossen eingesetzt. Mit den technischen Verkehrsmitteln wurde der Raum, in dem man lebte, als zu klein empfunden, und man fühlte sich berechtigt und in der Lage, mithilfe der technischen Kriegsmaschinerie Ressourcen, Land und Arbeitskräfte für die eigenen Zwecke zu erobern und nutzbar zu machen. Ein künstliches System aus Technik und Energie begann sich auszubreiten, dessen Vorteile die dem System auch innewohnenden Nachteile in den Hintergrund drängten. Das Hirn war zu stolz auf seine Leistungen, weshalb die schon damals auftretende Kritik nicht ernst genommen wurde. Und die überlebende, von dieser Entwicklung profitierende Wirtschaft dachte nicht daran, ihre Vorteile aufzugeben oder mit den Benachteiligten zu teilen. Das gilt bis heute.

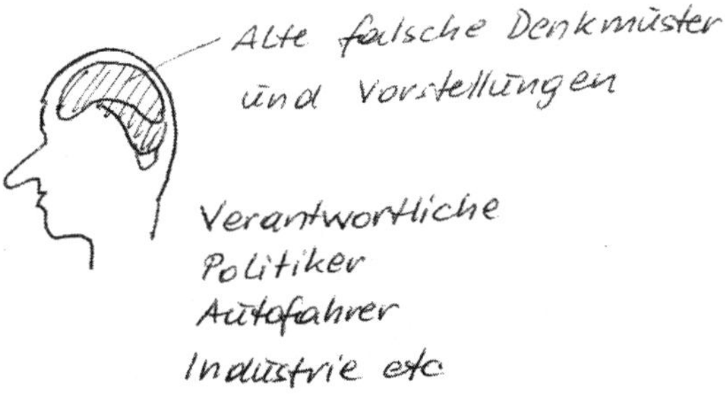

Das Hirn wird bei technischen Verkehrsmitteln nicht mitgeliefert

Es besteht ein grundlegender Unterschied zwischen den technischen Verkehrssystemen, deren Entwicklung im 18. (Dampfschiffe) und im 19. Jahrhundert begann, und allem, was davor war. Während vor den technischen Verkehrssystemen nicht nur die Körperkraft der Reit- und Nutztiere im Einsatz war, sondern auch das Hirn dazu, ist dieses bei den technischen Verkehrssystemen keineswegs von vornherein mit dabei. Die Sinnesleistungen des Menschen sind für seine Fußgängergeschwindigkeit optimiert, gemessen an den technisch möglichen Geschwindigkeiten von heute also nicht ausreichend, ebenso wenig wie für die bewegten Massen. Bei den Eisenbahnen wurde dies noch sehr bewusst wahrgenommen; man versuchte die fehlende Hirnleistung durch umfangreiche Sicherungssysteme auszugleichen, die von einer Unzahl von Personen bedient und gewartet wurden. Der externen fossilen Energie für den Antrieb musste ein kompliziertes externes Informations- und Sicherungssystem beigegeben werden, um nicht nur einen sicheren Transport von Personen und Gütern zu gewährleisten, sondern auch die Umgebung und die Allgemeinheit vor Schäden zu bewahren. Dass dies bis heute noch nicht gelungen ist, beweisen die Mängel dieser technischen

Entwicklung. Immer noch ereignen sich schwere Unfälle sowohl im Personen- als auch im Güterverkehr. Im Vergleich dazu, was der Autoverkehr heute an Schäden für Menschen und deren Lebensgrundlage anrichtet, ist das Ausmaß der durch schienengebundene öffentliche Verkehrsmittel verursachten Schäden zwar nicht vernachlässigbar, aber, allein was die Zahl der unmittelbar Getöteten betrifft, um mehr als eine Zehnerpotenz geringer.* Trotz des behaupteten technischen Fortschritts werden aber technische Verkehrssysteme noch immer weit jenseits der evolutionär erprobten, nicht technischen Mobilitätsformen betrieben, weil es zwar nicht an Energie für den Antrieb mangelt, aber an Hirn, um diese verantwortungsbewusst und verantwortlich zu handhaben.

Ein weiterer Unterschied besteht auch in den für das Verkehrssystem verwendeten Energieformen durch den Übergang von erneuerbarer zu nichtregenerativer fossiler Energie aus Kohle, Erdöl und Erdgas. Die Menschheit verlässt somit die Kreislaufwirtschaft der Ökosphäre und damit das Bewusstsein für deren Grenzen.

Folgen der Beschleunigung – Gefährdung der Sozialbeziehungen

Es ist gut 300 Jahre her, dass man Kohle als fossile Energie in der Dampfmaschine zu nutzen begann, und knapp 200 Jahre, dass man diese Dampfmaschine auf Räder stellte und Transporte so bequem wie nie zuvor und in Mengen, die früher nur mit dem Schiff möglich waren, realisierte. Ungünstige Standorte konnten nun besiedelt werden, weil billige und leicht ver-

---

* Laut Angaben des Statistischen Bundesamtes starben in Deutschland im Jahr 2021 im Straßenverkehr 2.562 Menschen, während im selben Jahr im Eisenbahnverkehr 124 Menschen umkamen (https://www.destatis.de).

fügbare Mobilitätsenergie ihre Mängel durch das Herbeischaffen von Personen und Gütern leicht kompensieren konnte. Städte konnten weit über ihre natürlichen, durch menschliche Mobilitätsenergie gegebenen Grenzen hinaus wachsen, Straßenbahnen und Eisenbahnen durchbrachen diese Grenze mühelos um das Vielfache. Es entstanden Bevölkerungskonzentrationen, aber auch entsprechende soziale Spannungen durch die Beschleunigung und Unausgewogenheit der Entwicklung, weil sich Energie in Form von Geld bei denen anhäufte, die dieses neue Verkehrsmittel vorteilhaft für sich zu nutzen wussten. Für viele andere bedeutete es aber Verzicht, nicht nur auf Luxus, sondern auch auf Grundbedürfnisse des Lebens wie Freizeit und Zugang zur Natur. Der hemmungslose Bauboom der Gründerzeit mit den verdichteten Stadtvierteln musste in den Großstädten bald durch periphere Grünraumnutzung in Form von Schrebergärten ergänzt werden, um der arbeitenden Bevölkerung nicht nur Zugang zur Natur, sondern auch die Befriedigung jahrtausendealter Bedürfnisse wie Gartenkultur und Landwirtschaft zu ermöglichen. Bequemlichkeit war bereits damals die Triebfeder, die viele Menschen vom Land in die Stadt führte, wo das Leben einfacher schien.

Bequemlichkeit bedeutet aber meist nur Nutzung externer Energie zur Erfüllung individueller Bedürfnisse, ohne sich anstrengen zu müssen, weder geistig noch physisch. Maschinenenergie und Mobilitätsbedürfnisse verbanden sich auf nahezu ideale Weise zur Maximierung der Bequemlichkeit und trugen später auch wesentlich zum Wohlstand der Bevölkerung in den industrialisierten Staaten bei. Die durch die Eisenbahn ermöglichte Bevölkerungsballung baute aber auch den zunächst nicht sichtbaren Wunsch nach individueller Freiheit und unregulierter Mobilität auf, die der öffentliche Verkehr nicht leisten kann. Trotz der Energiemengen, die der öffentliche Verkehr im Vergleich zu den nichtmotorisierten Fußgängern oder Radfahrern verbraucht, ist der soziale Zwang durch die räumliche Enge beim Transport meist höher als in allen sonstigen Formen des Lebens. Unter diesen Bedingungen müssen Menschen ihre Individualität weitgehend aufgeben, sie verlieren sozusagen ihr Gesicht, ein Umstand, der einem auffällt, wenn man auf dem Land aufgewachsen ist und erstmals in die Großstadt kommt: massenhaft gesichtslose Menschen in den Straßen- und U-Bahnen. Mit der zunehmenden Urbanisierung breitet sich diese Gesichtslosigkeit auch auf die Eisenbahnen aus, die heute durch die Sitzeinteilung wie im Auto oder Flugzeug der Zerstörung sozialer Bindungen und sozialer Neugier schon längst Rechnung trägt. Soziale Beziehungen entstehen bekanntlich nicht immer nur freiwillig, sondern in der Regel unter Zwang. Ab einer gewissen Bevölkerungsdichte sind die Leute nicht mehr neugierig aufeinander. Dies merkt man, wenn sie einander oder beim Betreten eines Gasthauses, Geschäfts oder einer Veranstaltung nicht mehr grüßen. Diese Grenze hängt von der Dichte der sozialen Beziehungen in einem Gebiet ab.

Die Anordnung der Sitze lässt auf soziale Beziehungen schließen

Dem Zwang zum Aufbau sozialer Beziehungen entgeht man dadurch, dass die Menschen einander nicht mehr gegenübersitzen, wie in den alten Abteilen, sondern hintereinander, in Fahrtrichtung oder dieser entgegengesetzt – zumindest in den Eisenbahnen. Im Flugzeug mit Ausnahme der Personalsitze immer in Flugrichtung, dabei am Beschleunigen und Verzögern das Wirken und die Macht externer Energie verspürend, die einen in die Sitze drückt oder nach vorne zieht. Mit den öffentlichen Verkehrsmitteln ist allerdings Mobilitätsenergie individuell noch nicht beliebig nutzbar. Der Wunsch, Lokomotivführer oder Pilot zu werden, war über Jahrzehnte ein aus dieser Quelle gespeister Kindertraum.

Der mühelose und schnelle Transport ist das Ergebnis von Naturwissenschaft und Technik. Die Industrie löste das Handwerk der Huf- und Wagenschmiede, der Bau von Eisenbahnen den lokalen Brücken- und Fahrbahnbau und die Wegerhaltung ab. Die Entwicklung war so schnell, dass man keine Zeit hatte, sich den Kopf darüber zu zerbrechen, welche Folgen dieses Verkehrsmittel sonst noch auslösen würde. Die Vorteile lagen auf der Hand – zumindest für jene Gruppen, die es für sich zu nutzen wussten, und diese bestimmten und bestimmen noch immer das System. Für die Planung der Eisenbahnen griff man auf das bereits Vorhandene zurück, und das waren damals die normierten englischen Kutschen mit einer Spurweite von 1.435 mm – dieses Maß ist bis heute die »Normalspur« der Eisenbahnen.

Das wirft ein bezeichnendes Licht auf die Praxis des Verkehrswesens. Man nimmt etwas, probiert es aus und wenn es funktioniert, macht man es zum Standard. Daran hat sich bis heute nichts geändert. Stellt man fest, dass es zu Schwierigkeiten kommt, versucht man diese zunächst zu negieren, und erst unter Zwang beginnt man sich mit dem Problem zu beschäftigen – allerdings immer unter der Bedingung, dass die bisherigen Nutznießer des Systems auch weiterhin davon profitieren, wenn möglich, sogar mehr als bisher. Gemeint sind die Bau- und die Verkehrsmittelindustrie, zu denen sich in der Zwischenzeit die Informationsindustrie gesellt hat. Die elementare Logik, »das Problem ist durch Technik entstanden, also muss es auch durch Technik zu lösen sein«, ist einer der fundamentalen Irrtümer unserer Gesellschaft, nicht nur im Verkehrswesen. Der durch keinerlei Zweifel getrübte Blick der Vertreter dieser Auffassung zeigt ihre sachliche Überlegenheit und lässt erahnen, welche Hirnamputation sie durch Ausbildung und erfolgreiche enge Praxis erfahren haben; dass sie kaum unter Zweifeln an den Berechnungsgrundlagen leiden und sich weder um die Einschränkungen noch um die Rahmenbedingungen der Formeln, die sie verwenden, Sorgen machen. So greifen sie bedenkenlos nicht nur im Verkehrs- und Siedlungswesen, sondern auch in der Chemie und Gentechnik in komplexe Systeme ein, ohne auch nur im Geringsten in der Lage zu sein, die Folgen abschätzen zu können. Ein durch Baumaschinen zerstörtes Biotop mit endemischen Arten kann durch keine Technik der Welt wiederhergestellt werden. Und täglich fallen weltweit Tausende solcher unwiederbringlichen Schätze einem blindwütigen Fahrbahn- und Städtebau zum Opfer. Allein in Österreich verschwinden tagtäglich 13 Hektar lebende Erdoberfläche unter Beton und Asphalt, vor zwei Jahrzehnten waren es sogar noch mehr als 20 Hektar.*

Für ein individuelles Verkehrsmittel, das mit billig verfügbarer Energie angetrieben wird und dessen Freiheitsauffassung die Zwänge und die Disziplin, die es von nichtmotorisierten Verkehrsteilnehmern verlangt, selbst vehement ablehnt, war der Boden ideal aufbereitet. Denn die innere Verfasstheit des Menschen ist wie die aller Lebewesen auf optimale Energienutzung ausgerichtet – eine Erfahrung, die Eltern auch mit ihren Babys machen, wenn diese lieber süßen Brei zu sich nehmen, weil dessen Geschmack energiereiche Nahrung signalisiert.

Metamorphose des Autos

So wie in der Evolution der Lebewesen bereits erprobte und entwickelte Teile zu neuen zusammengefügt werden, verläuft auch die Entwicklung vieler technischer Einrichtungen wie dem Auto. Die neuen Motorfahrzeuge wurden aus Teilen bereits vorhandener Verkehrsmittel zusammengesetzt: die Karosserien erinnerten an Kutschen und die Räder glichen denen

---

* In Deutschland werden täglich 55 Hektar Erdoberfläche versiegelt.

der Fahrräder. Auch die Sitzposition entsprach noch der einer Kutsche, bei der sich die Passagiere auf zwei Bänken gegenübersaßen und vorne der Fahrer wie auf einem Kutschbock. Das Fahrgestell der Lastkraftfahrzeuge ist bis heute dem Fuhrwerk nachempfunden, nur größer und schwerer. Handwerkskunst veränderte diese Urformen des Autos zu Beginn des 20. Jahrhunderts zu einer geschlossenen Limousine, in der man vor der Witterung geschützt relativ bequem reisen konnte. Zuvor war es von Vorteil gewesen, dass man, im Freien sitzend, rasch auf- und absteigen konnte, weil die Geschwindigkeiten moderat waren und der Betrieb ohnehin den Einsatz eines sachkundigen Lenkers verlangte, mit genügend Kraft für die Betätigung der zum Starten benötigten Kurbel.

Es gibt allerdings fundamentale Unterschiede zwischen Kutsche und Fahrrad einerseits und dem Auto andererseits. Das Fahrrad wird durch die eigene Körperenergie des Fahrers angetrieben, wobei die positive Rückkopplung der Erfahrung mühelosen Rollens durch die negative Rückkopplung bei Gegenwind, noch mehr bei Steigungen, also durch die begrenzte Körperkraft, schnell kompensiert wird. Abgesehen von der Körperkraft braucht ein Radfahrer, um das Gleichgewicht zu halten, nicht unwesentliche Steuerenergie im Kopf und diese ist teuer im Vergleich zur Muskelkraft. Um das Rad mit seinem instabilen Gleichgewicht sicher zu führen, braucht man Übung. Radfahren muss erlernt werden wie der aufrechte Gang. Auch das Fahrrad hatte seine Evolution, vom Laufrad bis zu den heute üblichen Konstruktionen, die um die Wende vom 19. zum 20. Jahrhundert im Prinzip schon fertig vorlagen. Trotzdem findet die Evolution des Fahrrades immer noch statt: Das Fahrrad hat Zukunft.

Bei der Kutsche ist es das Pferd, das nicht nur die Zugkraft für den Transport mitbrachte, sondern auch die Sinne für seine Geschwindigkeiten. Schnell musste das Pferd bereits in der Anfangsphase seiner Evolution sein, als es als Urpferd noch so klein war, dass es zur Beute riesiger hungriger Vögel wurde, die es jagten. Es hat Millionen von Jahren an Erfahrung mit Geschwindigkeit und verfügt über drei »Gänge«: Schritt, Trab und Galopp; der Mensch aufgrund seines Bewegungsapparates nur über zwei: Gehen und Laufen. Kraft, Geschwindigkeit und Sinnesleistungen sind bei den Lebewesen optimal aufeinander abgestimmt. Denn wozu soll sich die Natur den Luxus leisten, Organe für Funktionen auszubilden, die sie nie gebraucht hat. Automatische Temporegelung wird außerdem gleich mitgeliefert: Schneller als im Galopp kann ein Pferd sich nicht bewegen, und für diese Geschwindigkeit ist es mit seinen Sinnesapparaten in seinem natürlichen Milieu ausgezeichnet ausgestattet.

Völlig anders ist die Situation bei den technischen Verkehrsmitteln, wo dem sprunghaften Zuwachs an Antriebsenergie kein adäquat entwickeltes Hirn beim Menschen entgegensteht, das diesen Energiezuwachs und dessen Konsequenzen verantwortungsvoll verarbeiten kann. Der Mensch wäre ohne technische Hilfsmittel überhaupt nicht in der Lage, ein Auto zu lenken. Hier wird erkennbar, dass das Auto eine Bewegungsprothese ist.

Überfluss lässt Fehlentwicklungen leichter zu

So wie in der Evolution in Zeiten des Überflusses Fehlentwicklungen leichter möglich sind als in Zeiten des Mangels, verläuft auch die Entwicklung der Autobranche seit dem Zweiten Weltkrieg: hin zu mehr Luxus, höherem Gewicht und geringerer Effizienz. Der VW Golf wurde mit einer Masse von rund 750 kg ein Erfolg, heute wiegt dieses Modell über 1,6 Tonnen. Elektroautos, die Dieselfahrzeuge ersetzen, schleppen heute ein Mehrgewicht von einer halben Tonne für die Batterien mit sich herum. Diese Entwicklung wird als Fortschritt gepriesen.

Die Evolution, aber auch die Entwicklung der EDV sind durch das Gegenteil gekennzeichnet. Weniger Masse und effiziente Energienutzung für den Betrieb kennzeichnen den engen Pfad des evolutionären Fortschritts. Dass dieser durch unsinnige Zusatzleistungen der Software wieder überkompensiert wird, liegt in den Geschäftsinteressen der Konzerne. Die Autobranche übertrifft das aber immer noch, nicht nur durch den Wettbewerb an Luxus, sondern auch durch die Erfindung von Sicherheitsproblemen, die den Einbau von gewinnsteigernden Zusatzelementen erzwingen. Obwohl die Pkw immer schwerer werden, wird damit immer weniger transportiert.

Eine nicht ernst genommene technische Entwicklung

In seiner Anfangsphase wurde das Auto von der Gesellschaft zunächst nicht ernst genommen. Es galt als Spleen der Reichen und Verrückten, die aus Langeweile oder Abenteuerlust die Mühen und das Risiko auf sich nahmen, mit diesem störanfälligen und permanent reparaturbedürftigen Vehikel herumzufahren. Es fehlten nicht nur die heute üblichen glatten Fahrbahnoberflächen, sondern auch das Tankstellennetz und die Werkstätten. Der Fahrer musste daher nicht nur ausreichende technische Kenntnisse besitzen, sondern auch über eine gewisse Körperkraft verfügen, allein schon wegen der damals nicht vorhandenen Servolenkung. Die Hartgummireifen trugen auf holprigen Fahrbahnen nicht unbedingt zum Fahrkomfort bei und auch dem Wetter war man ausgesetzt, da das Wagendach fehlte. Lederhaube und Fahrerbrille verstärkten den Eindruck des Abenteuers, das heute in der Nostalgie der Autorennen mit viel Geld nachgeäfft wird. Aber auch die einschlägigen Rallyes in Afrika und anderswo können das seinerzeitige Risiko einer Autofahrt, dank der hochgezüchteten

Technik der Fahrzeuge, dem Begleittross und dem modernen Informationssystem, nicht wiederherstellen.

Hätte man Ende des 19. Jahrhunderts die evolutionäre Verfasstheit des Menschen besser gekannt, wäre es zu einer anderen Einschätzung dieser technischen Innovation gekommen. Rollende Räder kannte man seit Jahrtausenden auf Landstraßen, seit Jahrzehnten auch mit hohen Geschwindigkeiten auf den Schienen, stinkend und laut. Ganz neu war die Sache nicht. Die mit Strom angetriebenen Elektroautos konnten zwar schnell fahren, kamen aber nicht weit; die Energiedichte (Energie pro Gewichts- oder Volumeinheit) war zu klein, um große Entfernungen ohne Aufladen zu überbrücken. Auch stand nicht überall eine Ladestation zur Verfügung. Besser war da schon die erprobte Dampfmaschine, relativ effizient auch der mit Erdölderivaten angetriebene Explosionsmotor. Henry Ford war nicht nur geschickt im Umgang mit seinen Beschäftigten, sondern auch instinktsicher im Umgang mit Energie und damit auch der Gründervater der modernen Ökonomie, die sich ja vor allem damit beschäftigt, jede Art von verfügbarer Energie in Geld und Gewinne umzuwandeln – und seien die Verluste im System noch so groß. Kraftfahrzeuge mussten sich mit den damals bestehenden Straßen zufriedengeben. Die Ansprüche an Fahrzeug und Fahrer waren dementsprechend hoch, die Ebenheit der Beläge ließ zu wünschen übrig, in den Städten waren die Fahrbahnen gepflastert, auch manche Straßen über Land, meist jedoch waren es wassergebundene Fahrbahndecken, sogenannte Makadamdecken, benannt nach dem Erfinder dieses verdichteten Sand-Wasser-Schotter-Gemischs John Loudon McAdam. Das Fahren war eine staubige Angelegenheit, eine Herausforderung in mehrfacher Hinsicht, nicht nur Kraft und technische Fähigkeiten, sondern auch Organisationstalent waren gefragt, um von der Fahrbahn abgekommene Fahrzeuge mithilfe lokaler Unterstützung auf den Weg zurückzubringen. Es war zweckmäßig vorzusorgen und auch einiges an Geld mitzuführen, um nicht nur Fahrzeug und Fahrzeugbenutzer bei unerwarteten längeren Zwischenhalten versorgen zu können, sondern auch für eventuelle Schäden zu haften, weil das Versicherungswesen für diese Art von Mobilität noch nicht entwickelt war. Pferde- und Ochsengespanne stellten nicht nur ein Hindernis dar, sondern hinterließen auch manches auf der Fahrbahn, das sich mit den damals sehr empfindlichen Reifen des Automobils schlecht vertrug, wie etwa Nägel aus den Hufen oder aus Befestigungen des Fuhrwerks. Aber die Vorteile waren schon damals zu erkennen: Man brauchte keine Pferde zu füttern, die erst nach vier Stunden wieder richtig einsatzfähig waren, das Auto war – wenn man Glück hatte – in wenigen Minuten startbereit und man wurde sowohl aufgrund des Lärms, den es machte, der Geschwindigkeit und der Kraft, die es nach außen hin sichtbar demonstrierte, bewundert oder zumindest bestaunt. Vom erhöhten Sitz – vergleichbar mit dem einer Kutsche – übersah man die Straße besser, weil der Blick nicht durch Pferde- oder Ochsengespanne eingeschränkt war. Dass man dabei für die Feinsteuerung, die sonst Ochsen, Esel oder Pferde übernahmen, selbst verantwortlich war, empfand man eher als positiv, konzentrierte man sich doch ganz auf das Lenken dieses Vehikels, das brav folgte, wenn man die richtigen Gänge, Pedale und Schalter betätigte. Für viele Menschen war allein das Zuschauen Spektakel genug, weil bewegte Objekte seit jeher die Aufmerksamkeit auf sich ziehen. Die meisten verspürten wahrscheinlich den Wunsch, auch über so ein Gerät zu verfügen. Das Treiben mit Maschinen zu beobachten, fasziniert bis heute so viele Menschen, dass sie bereit sind, viele Millionen an Eintrittsgeldern auszugeben und das absurde Im-Kreis-Fahren der Formel 1 oder ähnliche Veranstaltungen zu besuchen bzw. wertvolle Lebenszeit dafür zu opfern, dieses Geschehen im Fernsehen zu verfolgen. Dafür wiederum kann man Verständnis aufbringen, ist doch das sie umgebende Milieu durch die Autos und den Autoverkehr so verwüstet, dass sie sich lieber in eine virtuelle Welt flüchten oder wegfahren. Das Wohin ist schon vorgeplant: dorthin, wo es Autoabstellplätze gibt.

Auf niedrigstem Niveau kann man die besten Geschäfte machen

Im Vergleich zur Formel 1, einem Wanderzirkus, dessen Attraktionen durch nichts zu unterbieten sind, ist ein Flohzirkus voller Spannung und Überraschungen. Waren die ersten Rennen noch von Wagemut geprägt, sind sie es heute nur mehr von der Strategie der Boxenstopps und der technischen Ausrüstung der Geräte. Aber der Atem der seinerzeitigen wagemutigen Männer weht für Nostalgiker noch immer und lässt die Zuschauer vergessen, dass sie nichts anderes beobachten als eine in jeder Hinsicht gut geschmierte Maschinerie. Der Zweck ist die Maximierung der Konten bestimmter Figuren in diesem Zirkus. Rechnet man die Durchschnittsgeschwindigkeit des Systems aus, indem man die beim Rennen zurückgelegte Strecke auf die gesamte Zeit umrechnet, die Personen aufwenden, um ein Formel-1-Rennen möglich zu machen, dann beträgt die Geschwindigkeit nur Stundenzentimeter. Den Tausenden Stunden an Vorbereitung, dem Material- und Werbeaufwand, den Fahrten und Flügen der Begleitpersonen usw. stehen ein paar hundert Kilometer im Rennen gegenüber. Auch der langsamste Zuschauer würde die Autos zu Fuß mit Leichtigkeit überrunden, legte man die Systemzeit auf die Rennstrecke um.

Dass der Rallyesport mittlerweile in zivilisierten Ländern keine Zuschauermassen mehr bewegt, deutet immerhin auf eine gewisse geistige Bewältigung dieses atavistischen Spektakels hin. Man muss schon in sogenannte Entwicklungsländer oder Wüstengegenden ausweichen, um noch eine gewisse Aufmerksamkeit zu erregen. Und das zeichnet sich ebenfalls beim Formel-1-Zirkus ab, der zunehmend in den Golfstaaten Zuflucht sucht und findet.

Eine andere Entwicklung als die Eisenbahn

Die Möglichkeiten des Verkehrsmittels Auto stießen in der Praxis an Grenzen, also mussten sie erweitert werden. Techniker, die nahezu ein Jahrhundert lang darum bemüht gewesen waren, die Eisenbahnen zu verbessern, und die gelernt hatten, wie man Schienen, Schwellen, Weichen, Bahnhöfe, mechanische Anlagen und Signalsysteme baut und betreibt, fanden ein neues Betätigungsfeld im Fahrbahnbau, der nicht mehr nur nach bautechnischen Prinzipien und den natürlichen Rahmenbedingungen auszurichten war, sondern nach den fahrdynamischen Ansprüchen der hohen Geschwindigkeiten der Autos. Hier gab es keine Führung mit den Spurkränzen und der Schiene, sondern nur den Radsturz und die Vorspur des Autos, die von den Konstrukteuren aus Gründen der Stabilität und leichteren Lenkbarkeit vorgesehen waren. Bei den Eisenbahnen hatte man in der Zwischenzeit klare Verantwortungsketten eingerichtet und Personal geschult, das für die Betriebssicherheit zu sorgen hatte. Die Betriebsgeschwindigkeiten waren den Anlagen und den beförderten Gütermengen angepasst und durch den Fahrplan kontrolliert. Es entstand ein geordnetes System von Konzessionen, das die Betriebsbedingungen im Einzelfall regelte.

Straßen hingegen waren für alle da, man ging dort zu Fuß, fuhr mit Fuhrwerken, Karren – und neuerdings mit Autos. Geschwindigkeiten und Verkehrsteilnehmer waren ursprünglich angepasst, über Jahrtausende gegenseitig optimiert, der öffentliche Raum war weitgehend uneingeschränkt begeh- bzw. befahrbar. Zwar gab es auch hier bestimmte Regeln, dass zum Beispiel Fuhrwerke auf der linken Straßenseite zu fahren hatten, weil bei der dominierenden Rechtshändigkeit die Zügel beim Danebengehen leichter mit der rechten Hand gehalten werden konnten. Kurven waren bei der beschränkten Zugkraft weniger das Problem als Steigungen. Diesem Umstand haben zahlreiche Orte und Städte im Alpenraum ihre Existenz und ihren Reichtum zu verdanken, denn überall, wo es ins Gebirge ging, benötigte der Langstreckenverkehr zusätzliche Zugtiere, den sogenannten Vorspann. Zugtiere mussten außerdem rasten und Nahrung aufnehmen – und überall dort, wo ein Verkehrssystem zum Stillstand kommt, Personen ein- und aussteigen, Waren umgeschlagen werden, bleibt Geld im Ort, es entsteht wirtschaftliche Aktivität. Der lokale Handel klinkt sich an diesen Stellen in den internationalen Handel ein, man kann Nutzen aus dem vorbeiziehenden Strom von Waren und Personen ziehen. Auch die Eisenbahnen können nur an den Bahnhöfen Geschäfte machen. Umso verwunderlicher ist es, dass die neuen Eisenbahngesellschaften und ihre Manager diese Binsenweisheit offenbar nicht kennen und durch die Aufgabe von Bahnhöfen die Bedeutung des eigenen Betriebs langfristig in Frage stellen, weil man sich bei den Berechnungen des Nutzens von Eisenbahnen bis heute genauso auf dem Holzweg befindet wie beim Autoverkehr.

Wie der öffentliche Raum der menschlichen Gesellschaft durch die Autofahrer still enteignet wurde

An der Geschichte der Tempolimits in England ist der Versuch abzulesen, den Autoverkehr ebenso wie zuvor den Eisenbahnverkehr in geordnete und verantwortbare Bahnen zu lenken. In den *Locomotives Acts* von 1861 und 1865 sowie im *Highway and Locomotives (Amendment) Act* von 1878 ist der Prozess des Lernens und der Verantwortung des Gesetzgebers

Charles Rolls am Steuer eines Peugeot von 1896; vorneweg geht ein Fußgänger mit Warnflagge.

abzulesen. 1861 wurden, vermutlich durch die Erfahrungen mit der Eisenbahn, die Tempolimits im Freiland auf zehn Meilen pro Stunde und im Ortsgebiet auf fünf Meilen pro Stunde festgelegt, bei einer etwaigen Übertretung jeweils mit wirksamen Sanktionen verbunden. 1865 wurden sie auf vier bzw. zwei Meilen pro Stunde reduziert und um die Vorschrift ergänzt, dass bei einer Autofahrt im Ortsgebiet ein Mann mit einer roten Fahne vorauszugehen hatte. 1878 wurde dieses Gesetz trotz des Widerstands der autofahrenden Minderheit ausdrücklich bestätigt.

Mit der im Autoclub organisierten Minderheit der Autofahrer und der Unterstützung durch Vertreter des Adels gelang es 1896 im *Locomotives on Highways Act* die Barriere der menschlichen Geschwindigkeit zu durchbrechen und das Tempolimit auf 14 Meilen pro Stunde (ca. 23 km/h) zu erhöhen. Die kurze Phase der Vernunft und Verantwortung im motorisierten Straßenverkehr dauerte nur drei Jahrzehnte. Seither wird das Verkehrswesen durch das Unvernünftige unserer Vernunft beherrscht, zu dem sich auch noch eine solide

Verständnis von öffentlichen Räumen vor und nach dem Autovirus. Historische Siedlungen, insbesondere Städte, die vor dem Zeitalter der technischen Verkehrsmittel geplant und erbaut wurden, orientieren sich in ihren Dimensionen und der Qualität ihrer Details am Maßstab des Menschen (Foto oben), während die heutige Städteplanung vornehmlich die Bedürfnisse des Autoverkehrs zu berücksichtigen scheint und dabei den Menschen aus dem Blick verliert (Foto unten).

Ignoranz des Systemverhaltens gesellt hat und das Denken und Handeln bestimmt. Das Virus Auto hatte sich in der Zentrale unseres Denkens festgesetzt.

Der bis dahin öffentliche Raum wurde nun zur Fahrbahn und deren »Nebenanlagen«. »Nebenanlagen« sind nach einigen Landesgesetzen »Gehsteige, Grünstreifen und Parkplätze entlang der Straße innerhalb eines Ortsgebietes«. Mit der gesetzlichen Akzeptanz der hohen Geschwindigkeiten jenseits der menschlichen Mobilität wurde der gesamte einstmals öffentliche Straßenraum zugunsten einer privaten Nutzung durch die Autofahrer enteignet. Durch das Risiko, durch den schnellen Autoverkehr verletzt oder getötet zu werden, wurden die Menschen praktisch von der Benutzung der Landstraßen ausgeschlossen. Sie verschwanden damit auch aus den vom Autovirus beherrschten Köpfen der Planenden, der Entscheidungsträger und der Straßenverwaltungen. Ihre planerischen, baulichen und rechtlichen Artefakte in den öffentlichen Räumen der Gemeinden und auf den Landstraßen sind Beweis genug und werden zunehmend zur »Kampfzone« zwischen Autofahrern und Radfahrern – ein Kampf, der meist auf Kosten der Natur ausgetragen wird, anstatt die Geschwindigkeiten des Autoverkehrs wieder auf ein systemverträgliches Maß zu senken.

Die lange Phase zur gedankenlosen Bequemlichkeit

Die technischen Kinderkrankheiten des Autos wurden Zug um Zug überwunden. Dank des Ford'schen Prinzips der mehrfachen Gewinnmaximierung auf Kosten der Gesellschaft und der Entdeckung großer Erdölreserven in den USA 1930 waren die Voraussetzungen für die Massenmotorisierung gegeben. Angetrieben von den Automobilkonzernen, die sehr schnell erkannt hatten, dass ihr Produkt von der Gesellschaft mit großer

Begeisterung aufgenommen wurde, begann zunächst in den USA die Umgestaltung nicht nur der Straßen, sondern auch der Gesellschaft nach deren Wünschen. Die Vorteile in dem großen, relativ dünn besiedelten Land waren so überzeugend, dass nichts diesen Fortschritt bremsen konnte. Man konnte sich nach dem Zweiten Weltkrieg auch den Traum vom Wohnen im Grünen erfüllen und gleichzeitig in der Stadt arbeiten. Der Staat baute Autobahnen ungeheuren Ausmaßes, um die zukünftigen Fahrzeugmengen aufzunehmen. Andere Formen der Mobilität waren in dieser Phase unvorstellbar und wurden nur als Hindernis betrachtet, das es zu entfernen galt.

Noch in den 1970er-Jahren wohnte ich in Washington in einem nur 20 Gehminuten vom Verkehrsministerium entfernten Hotel, das zu Fuß, der fehlenden Gehwege oder Bürgersteige wegen, nicht erreichbar war. Man musste mitten in der Hauptstadt der USA über Böschungen oder entlang der Fahrbahn zur Besprechung gehen oder für diese lächerliche Distanz ein Taxi nehmen. Die amerikanischen Kollegen und Freunde wunderten sich auch, dass jemand auf die Idee kam, zu Fuß zu gehen, weil es »viel zu gefährlich« wäre. »Gated Communities«, jene bewachten und mit hohen Gittern umgebenen Wohngebiete, wie sie etwa entlang dieses Fußweges zu finden waren, waren schon damals ein unübersehbares Krankheitssymptom der amerikanischen Autogesellschaft. Dahinter steht die unglaubliche Bequemlichkeit, die der Autoverkehr bietet – eine physische, mehr noch aber eine geistige – nämlich die der Planer und Entscheidungsträger, die einstmals sichere öffentliche Räume so umgestaltet haben, dass davon nichts mehr übrig ist als Fahrbahnen für Autos, wodurch Gebiete entstanden sind, in denen die Angst vor Kriminalität groß ist, was nicht zuletzt zu dem Bedürfnis geführt hat, sich von anderen Gesellschaftsschichten abzuschotten.

Eine ähnliche geistige Bequemlichkeit ist auch bei regelmäßigen Besuchern von Formel-1-Rennen festzustellen, die etwas

Lebens feindliche Räume meidet man

mit religiösem Verhalten zu tun haben: Gläubige Katholiken beten den Rosenkranz, Autogläubige pilgern zu Rennen auf Rundkursen, die noch mehr Monotonie erwecken als jedes Rosenkranzgebet, weil Autorennen mehr Runden haben als ein Rosenkranz Perlen. Wallfahrten zu Events mit dem einen Unterschied, dass zwar die Spiritualität fehlt, dafür aber ausreichend Sprit verbrannt wird. Und wo die Flaggen der Streckenposten wehen, weht sicher nicht der Geist, der belebt.

Europa erfindet, die USA industrialisieren

Auch in Europa begann man dem amerikanischen Vorbild nachzueifern. Ansätze einer vergleichbaren Zunahme des Autobestands wie in den USA sind schon in den 1930er-Jahren festzustellen. In den historischen Städten und ihren Erweiterungen aus dem 19. Jahrhundert wurden die Probleme mit dem Autoverkehr damals bereits deutlich sichtbar. Es fehlte an Platz. Der Zweite Weltkrieg unterbrach diese Entwicklung zwar, schuf aber durch die Zerstörung vieler deutscher Städte jenen Platz für den Autoverkehr, den es vorher nicht gab. Wo der Platz nicht durch den Krieg entstanden war, wurde er von den Stadtverwaltern und -planern für das Auto geschaffen. Historische Bausubstanz oder öffentliche Verkehrsmittel konnten diese Entwicklung nicht aufhalten. Mit den 1950er-Jahren setzte eine atemberaubende Aufholjagd ein, um das verloren gegangene Terrain der vergangenen 15 Jahre wieder aufzuholen. Nach weniger als 15 Jahren war man mit der Motorisierung dort, wo man auch gewesen wäre, hätte es den Zweiten Weltkrieg nicht gegeben. Die in den 1930er-Jahren geborene Idee, auf der Basis von Mautfinanzierung eigene Fahrbahnen für die Automobilisten zu errichten, wurde im Dritten Reich zur Autobahn weiterentwickelt und wird bis heute nach amerikanischem Vorbild in ganz Europa und anderswo ohne Rücksicht auf die historischen Gegebenheiten mit aller Konsequenz und Brutalität umgesetzt. Allerdings ist der Faktor der Mautfinanzierung dabei in Vergessenheit geraten und die Kosten wurden auf alle Steuerzahler umgelegt. Die Zeit der massiven direkten und indirekten Subventionierung des Autos und des Systems Autoverkehr begann und dauert bis zum heutigen Tage an.

Von Straßen zu Fahrbahnen

Straßen und Wege gibt es seit jeher auch in der Natur, und seit dem Altertum gibt es systematisch angelegte Trassen. Diese wurden unter Rücksichtnahme auf die Topografie optimiert und durch Bauwerke, vor allem Brücken, Stützmauern und Sicherungseinrichtungen, an exponierten Stellen ergänzt. Die Schönheit dieser Wege und Straßen resultiert aus einer idealen Anpassung an die Landschaft auch unter schwierigsten topografischen Verhältnissen. Die Ingenieure mussten die Verkehrsanlagen optimal in die Natur eingliedern, sonst rächte sich diese, was die Erbauer der Glocknerstraße überall dort leidvoll feststellen mussten, wo sie von den alten Römertrassen abwichen und es zu Rutschungen kam, die mit hohem Aufwand saniert werden mussten.

Diese Tradition wurde gebrochen, als man schwere Maschinen auf Rädern zu bewegen hatte, und das auch noch mit hohen Geschwindigkeiten. Fahrbahnen mussten entwickelt werden, die den neuen Anforderungen gewachsen waren. Auch war die Fahrdynamik zu berücksichtigen, um die Eisenbahn, diese kollektive Bewegungsprothese, sicher zu führen. Eingriffe in die Natur wurden in einem Ausmaß wie nie zuvor nötig. Der Eisenbahnbau beschäftigte über Jahrzehnte zahlreiche Menschen und wurde auch dazu genutzt, soziale Unruhen abzuwenden. Der Bau der Semmeringbahn mit ihren zahlreichen Tunneln zum Beispiel war unter anderem von diesem Kalkül getragen. Um die durch die Revolution 1848 entstandene Unruhe innerhalb der Arbeiterschaft zu beenden, schickte man diese auf die Baustelle am Semmering, wo sie anstatt mit Gedanken über soziale Gerechtigkeit mit der Unwirtlichkeit der Natur beschäftigt war. Wir erkennen hier eine wichtige strategische Möglichkeit der Herrschenden, Verkehrssysteme zur Ablenkung von den eigentlichen Aufgaben, die sie zu erfüllen hätten, einzusetzen: eine Form der Zerstörung oder gezielten Verzögerung einer sozialen Entwicklung der Menschheit.

Beschleunigung bei Henry Ford

Als die Fließbandtechnik in den Automobilbau Einzug hielt, setzte bereits eine Beschleunigung ein. Dieses Verfahren hatte Henry Ford von Ransom Eli Olds (Oldsmobile) übernommen und weiterentwickelt. Zwischen der Gründung der Ford Motor Company 1903 und dem von 1908 bis 1927 produzierten Modell T, das bis 1972 das meistverkaufte Automobil der Welt war, lag eine atemberaubende Entwicklungsserie von Modell A bis S. Vom Modell T wurden in den USA bis 1927 15 Millionen Stück gebaut. Kein Wunder, konnte man doch damit statt nur einer Pferdestärke ganze 20 PS dirigieren und mit einer Höchstgeschwindigkeit von 67 km/h jeden Reiter schlagen. Ford wusste, worauf es ankommt: die Überlegenheit, die er selbst 1901 durch seinen Sieg gegen den bekannten Rennfahrer Alexander Winton demonstrierte. Und damals wie heute waren es die Rennfahrer, die für das neue Verkehrsmittel warben, auch wenn der Geschwindigkeitsrekord des Arrow Racer, eines Vorläufers des Modells T, der im Jahr 1904 auf dem Eis des St.-Clair-Sees eine Meile in nur 39,4 Sekunden zurücklegte (das entspricht etwa 147 km/h), aus heutiger Sicht eher bescheiden wirkt.Weniger bekannt ist, dass Henry Ford nach 1918 als Verleger antisemitische Schriften publizierte, von denen Auszüge in die amerikanische Ausgabe von Adolf Hitlers *Mein Kampf* übernommen wurden. Sein Konzern wurde auch in Deutschland tätig. So entstand 1938 ein Fertigungswerk in Berlin, das 78.000 Lkw und 14.000 Kettenfahrzeuge für die deutsche Wehrmacht produzierte.

Trickreicher Henry Ford

Ford bezahlte seine Beschäftigten zwar relativ gut, doch verfolgte er damit nicht nur soziale Ziele, sondern handelte, seinen eigenen Aussagen nach, einem nüchternen wirtschaftlichen Kalkül folgend. Er wollte nicht nur die persönliche Situation seiner Arbeiter verbessern, sondern die Kaufkraft der Arbeiterschaft stärken, um somit den Absatz massengefertigter Produkte, wie z. B. seiner Autos, zu gewährleisten. Damit schuf er jedoch nicht nur die Grundlagen für die Konsumgesellschaft, wie wir sie heute kennen; mit diesem Trick ermöglichte er vielmehr die zweifache Ausbeutung der Beschäftigten, eine Umschichtung des Geldkapitals zu den Konzernen. Die Beschäftigten wurden relativ gut bezahlt mit der Absicht, dieses Geld über den Verkauf der von ihnen erzeugten Produkte wieder in die Kassen der Konzerne als weiteren Gewinn zurückzuführen. Eine raffinierte Methode, die heute weltweit Anwendung findet. Dazu kommen die neu geschaffenen Regeln der Finanzinstitutionen, die dafür sorgen, dass 90 Prozent der Bevölkerung – auch bei uns – permanent an Vermögen verlieren, während sich das Kapital auf den Konten der Reichen und Superreichen – den obersten fünf bis zehn Prozent – immer mehr ansammelt. Die Auslieferung der Menschen an die Konzerne ist insbesondere über die als Kapitalgesellschaften international agierenden Super- und Fachmärkte gewährleistet. Diese stützen sich wiederum auf das Verkehrsmittel Auto, ein Konzernprodukt. Es sind aber nicht nur die Pkw, sondern auch die Lastzüge, die dank der Ausschaltung der Marktwirtschaft im Straßenverkehr so billig unterwegs sind, dass Einkommensunterschiede in verschiedenen Ländern rücksichtslos ausgenutzt werden können. Viele Regionen Europas wurden durch diese Methode – wegen der dadurch erzeugten Arbeitslosigkeit – zu Krisenregionen. Die Verkehrspolitik steht dem Phänomen, dessen Wirkungsmechanismen sie nicht durchschaut, verständnislos gegenüber.

Hinzu kommt, dass durch die industrielle Massenfertigung die Vorherrschaft des Industriekapitals über die Arbeitnehmer ständig ausgebaut und gesichert wird – ein Erbe der Ideologie von Henry Ford – mit dem Ziel, die Macht der Beschäftigten zu brechen und ihren Einfluss auszuschalten. Ford wehrte sich stets gegen die gewerkschaftliche Organisation und war bei der Durchsetzung seiner Methoden nicht zimperlich, er schreckte auch nicht davor zurück, seine Beschäftigten erpressen zu lassen. Seither kommen Menschen nicht nur auf den Fahrbahnen massenhaft unter die Räder, sondern vermehrt auch in den Fabriken.

Verdrängen – privatisieren – liquidieren

Einfache Strategien, um auf dem Markt erfolgreich zu sein, gab es schon damals nicht, aber eine wirkt immer: Preissenkung. Nach der Umstellung auf Fließbandarbeit konnte der Verkaufspreis des Modell T von 850 $ (das entspräche heute etwa 16.500 Euro) auf 370 $ (heute etwa 7.200 Euro) gesenkt werden. Dafür wurde das Modell nur in einer Farbe produziert: schwarz. Für den damaligen Markt allerdings stellte die Farbe kein Kriterium des Erfolgs dar, der mit einer Tagesproduktion von 1.000 Fahrzeugen geradezu durchschlagend war. Platz für die Autos gab es in den USA zunächst genug, auch wenn die Fahrbahnen noch nicht dem heutigen Standard entsprachen.

Das Überzeugende des Ford Modell T war seine einfache Technik, die Verfügbarkeit aller Ersatzteile und seine Robustheit: Eigenschaften, von denen ein von moderner Elektronik geplagter Autofahrer heutzutage nur mehr träumen kann – ein Beweis für die evolutionäre Neigung zur inneren Degeneration als Folge äußerer Erfolge bei fehlender äußerer Konkurrenz. Das Auto stieß aber gerade dort auf einen Konkurrenten, wo seine Vermehrungschancen am größten waren: in den Städten. Dort standen ihm in den USA die beliebten Street Cars und in Europa, vor allem nach dem Zweiten Weltkrieg, die Straßenbahnen im Weg. Um das Auto trotz alledem durchzusetzen, gab es im Wesentlichen drei Strategien:

1. Physische Verdrängung: Mit der Masse der Einzelfahrzeuge allein war das nicht zu machen, aber mit ihrer Zahl. Überall, wo die Straßenbahn fuhr, waren auch Autos unterwegs, ihr Fahrplan wurde gestört und konnte nicht mehr eingehalten werden. Diese Strategie hat in Europa in den 1950er- und 1960er-Jahren in vielen Orten zur Einstellung der Straßenbahnen geführt und in nahezu allen Städten zu einem Rückzug der Straßenbahnen auf Teilstrecken, weil man auf langen Strecken nicht mehr in der Lage war, einen ordnungsgemäßen Betrieb

aufrechtzuerhalten. Durchmesserlinien wurden auf Radiallinien verkürzt, die Benutzer mussten umsteigen, was die Fahrt beschwerlicher und das Autofahren vergleichsweise attraktiver machte. Viele Städte flüchteten mit dem Schienenverkehr überhaupt in den Untergrund, um die Oberfläche ganz dem Auto zu überlassen, eine Strategie, die in den 1970er-Jahren ihren Höhepunkt erreichte.

2. Was man nicht verdrängen kann, versucht man aufzukaufen, um es anschließend physisch zu eliminieren. Das Prinzip des Wirtschaftsliberalismus: Privatisierung der öffentlichen Unternehmen, also Entmachtung der Bürger, um diese von Konzernprodukten abhängig zu machen. Befinden sich öffentliche Verkehrsunternehmen allerdings in öffentlicher Hand, funktioniert das nicht so ohne Weiteres. Also muss zuerst privatisiert werden. Diese Ideologie wurde von den Ökonomen im Neoliberalismus zur vollen Blüte gebracht und hatte in der Politik Ende des 20. Jahrhunderts eine weit verbreitete Hirnlähmung zur Folge. So wie der Rennerfolg des Autos zu Beginn des 20. Jahrhunderts den Verkaufserfolg einleitete, war der Privatisierungserfolg der Straßenbahnen ein Signal für die bis heute konsequent verfolgte Strategie, die Abhängigkeit der Menschen von der Autoindustrie zu festigen. In einer für den US-Senat verfassten Studie aus dem Jahr 1974 wird dokumentiert, wie General Motors (GM), Standard Oil und der Reifenhersteller Firestone mehrere Jahrzehnte lang schienengebundene Unternehmen in US-amerikanischen Großstädten aufgekauft und abgebaut haben. Laut Bradford C. Snell, dem Verfasser des Berichts, war der Großraum Los Angeles im Jahr 1939 das Gebiet mit dem größten Straßenbahn- und S-Bahnsystem der Welt, das im Zweiten Weltkrieg die Spitze der Beförderungszahlen erreichte. Dann sorgten die genannten Firmen dafür, dass Los Angeles auf den Pkw-Verkehr umgestellt wurde, die Busse wurden von GM produziert, den Diesel lieferte Standard Oil. Straßenbahnwagen wurden verschrottet,

elektrische Oberleitungen zurückgebaut und die Schienen aus dem Pflaster gerissen.[3]

3. Die Ausbildung der Stadt- und Verkehrsplaner: Nach dem Zweiten Weltkrieg kümmerten sich die USA systematisch um die Bildung und Ausbildung der Europäer. Dank Rockefeller und anderer Stiftungen konnten vor allem Verkehrsingenieure das amerikanische Handwerk des Autobahnbaus erlernen, das sie an den Universitäten seither an Verkehrsplaner und Techniker weitervermitteln. Die Siegermacht weckte daher bei den Studenten der 1960er-Jahre Erwartungshaltungen, die durch die Selbstdarstellung der USA in Deutschland und Österreich noch verstärkt wurden. Allerdings wurde meine Erwartungshaltung bei meinem ersten Besuch in den USA Ende der 1960er-Jahre schwer enttäuscht, als ich die Primitivität der praktischen Baudurchführung in einer Form demonstriert bekam, für die ich schon ein Jahrzehnt zuvor im hohen Bogen aus der Baufirma geflogen wäre, bei der ich damals arbeitete und Vergleichbares zu erledigen hatte. Von ganz wenigen Ausnahmen abgesehen, folgten praktisch alle westeuropäischen Städte dem amerikanischen Beispiel und machten im öffentlichen Raum Platz für das Auto, wobei nicht nur die Straßenbahnen, sondern ebenso die Fußgänger und Radfahrer im wahrsten Sinne des Wortes unter die Auto-Räder kamen.

Glück gehabt

Nachdem ich 1969 die Verkehrsplanung für die Fußgängerzone im 1. Wiener Bezirk übernehmen durfte, erhielt ich den Auftrag, unter dem Heldenplatz eine Garage für 5.000 Fahrzeuge zu projektieren. Im Wiener Verkehrskonzept von 1969 war beschlossen worden, die Straßenbahnen durch U-Bahnen und Busse zu ersetzen, so auch die Ringlinien auf der das Zentrum umschließenden Ringstraße, sobald die parallel in etwa

250–350 Metern Entfernung geführte U2, welche die auf der gleichen Trasse verlaufenden sogenannten 2er-Linien ersetzen sollte, in Betrieb genommen würde. Auf der Ringstraße verblieb daher eine Straßenbahn-Stammstrecke, die aber, der damaligen Planungsauffassung folgend, auch durch die U-Bahn ersetzt werden sollte. Entgegen den üblichen Gepflogenheiten der Ingenieurbüros, Projekte »auftragsgemäß« zu bearbeiten, wollte ich prüfen, ob das umliegende Straßennetz diesen zusätzlichen Verkehr überhaupt aufnehmen konnte, und erkundigte mich bei der zuständigen Planungsabteilung, wo die Ein- und Ausfahrten vorzusehen waren. Die Antwort: »Na dort, wo heute die Straßenbahngleise liegen – die brauchen wir nach der U-Bahn nicht mehr.« Das rief bei mir jedoch Zweifel hervor, weil mir dank meiner vorherigen Arbeit zur Verkehrsorganisation für die Fußgängerzone die Situation gut bekannt war. Daher ersuchte ich um Prüfung der Studien für diese Entscheidung. Das waren Modellrechnungen, bei denen die Reaktion der Benutzer auf Strecken- und Betriebsänderungen und die damit veränderten Widerstände durch Umsteigebeziehungen nicht berücksichtigt worden waren, sondern einzig die Fahrzeitunterschiede. Aus praktischer Erfahrung wusste ich allerdings, dass Benutzer auf solche Veränderungen sehr empfindlich reagieren und Unterbrechungen wie Umstiege oder die Qualität der Zu- und Abgänge berücksichtigt werden müssen, will man die Verhältnisse realitätsnäher abbilden. Die Überprüfung ergab, dass die Ringstraßenbahnen nicht nur nicht eingestellt, sondern die damals bereits stillgelegten Abschnitte der Durchmesserlinien wieder miteinander verknüpft werden sollten. Zum Glück folgte die Stadt meinen Empfehlungen; die Straßenbahnen blieben erhalten. Heute sind sie nicht mehr wegzudenken, und am 26. Oktober 2008 konnte der Vorschlag des Fahrgastbeirats der Wiener Linien, der im Wesentlichen meinen Vorstellungen vom Beginn der 1970er-Jahre entsprach, umgesetzt werden. Der öffentliche Verkehr ist an der Oberfläche wieder mit drei Durchmesserlinien über den Ring verknüpft. Die sprunghafte Zunahme der Fahrgastzahlen nach dieser Änderung beweist, dass die Benutzerzahlen steigen, wenn man Hindernisse im öffentlichen Verkehr abbaut. Viele Städte können davon heute nur mehr träumen, weil sie dem Druck der Automobilindustrie und ihrer traditionell ausgebildeten Planer folgten und im Stadtgebiet keine Schienennetze mehr haben, obwohl den Stadtverwaltungen inzwischen dämmert, dass sie damit für den Weg in die Zukunft schlecht gerüstet sind.

Gelernt, wie man den Schienenverkehr ruiniert

Die Strategie, die von den um das Auto entstandenen Industrien in den Städten angewandt wurde, wird heute national und international mit ebenso großer, wenn nicht noch größerer Konsequenz gegen die Eisenbahnen eingesetzt. Die Konzerne bleiben dabei im Hintergrund, in Europa wird diese Arbeit von der EU-Kommission erledigt, die – wie ich es bei meiner jahrelangen persönlichen Tätigkeit im Beraterkreis dieser Institution erleben durfte – direkt und indirekt durch diese Industriezweige beeinflusst, ja man kann sagen, geradezu gesteuert wird. Das theoretische Gerüst dafür liefert die Ideologie des Neoliberalismus eines Friedrich August von Hayek und eines Milton Friedman, beide ausgezeichnet mit dem Alfred-Nobel-Gedächtnispreis für Wirtschaftswissenschaften der Schwedischen Nationalbank, der gemeinhin als Wirtschaftsnobelpreis betrachtet wird.

Allerdings ist die Strategie in der Zwischenzeit verfeinert worden; man belässt es nicht bei der Privatisierung, sondern geht nach dem Prinzip »teile und herrsche« vor, indem man die Konkurrenzbetriebe des Autos – die nationalen Eisenbahngesellschaften – in Einzelteile zerlegt. Schon eine Teilprivatisierung kann zu einer Zerstörung des Ganzen führen, wie man mittlerweile weiß. Und so wird bei der Bahn der Betrieb unter dem Vorwand der Effizienz von der Infrastruktur getrennt, um sich über diese in Form von Großbauten gewinnbringend herzumachen. In Österreich wurden die Österreichischen Bundesbahnen (ÖBB) in bis zu 47 Unterbereiche zerlegt mit jeweils parteipolitischen Direktorenposten, die sich gegenseitig die Leistungen verrechnen und zu Einzeloptimierungen gezwungen sind. Die Verkehrspolitik steht diesem Zerstörungswerk entweder hilf- und verständnislos gegenüber, oder aber sie unterstützt es wissentlich oder unwissentlich, was kein Wunder ist, weil es eine wirkliche Verkehrspolitik schon seit längerer Zeit nicht mehr gibt, sondern nur noch Personen, die sich als Verkehrspolitiker ausgeben oder die von den Nutznießern dieser Strategie gezielt ausgewählt werden.

Welche Folgen diese Politik in Los Angeles hatte, ist bekannt. Mit durchschnittlich 102 im Stau verbrachten Stunden pro Kopf und Jahr war Los Angeles 2017 die Stadt mit dem größten Stauaufkommen, noch vor New York City und Moskau mit jeweils 91 Staustunden.[4] Im Jahr 2006 legten die Menschen in Los Angeles tagtäglich mehr als 330 Millionen Kilometer im Auto zurück, eine Strecke, die der doppelten Entfernung zwischen Erde und Sonne entspricht.[5] Das sorgt auch für eine entsprechende Luftchemie und den für viele Menschen tödlichen Cocktail in dieser Stadt. All dies ist den *National City Lines* (NCL) zu verdanken, die von den drei Großkonzernen aus Auto-, Erdöl- und Reifenindustrie finanziert wurden. Zu spät merkten die Menschen, dass das Auto nicht nur ein Segen war.

Nicht nur bei uns, sondern auch bei allen anderen Verliererstaaten des Zweiten Weltkriegs haben die USA dieses für den Autoverkehr erfolgreiche Modell umgesetzt, besonders eindrucksvoll in Japan. Noch übertroffen wird diese Fehlentwicklung allerdings inzwischen durch China, das sich mit atemberaubendem Tempo daranmacht, die Fehler des Westens auf diesem Gebiet noch zu überbieten. In den Entwicklungsländern ist es die Weltbank, die nach dem gleichen Schema vorgeht. Doch wenn sich in der Evolution Strukturen durchsetzen, die nicht zukunftsfähig sind, kann das ganze darauf aufgebaute System in Schwierigkeiten geraten und gar aussterben, wenn sich die Rahmenbedingungen ändern. Sind im Laufe dieses Prozesses irreversible Schäden angerichtet worden, hat man schlechte Karten für die Zukunft.

Die Deutsche Bahn wurde durch ein aus der Autoindustrie und der Luftfahrt kommendes Management, das der Komplexität des Betriebes nicht gewachsen war und systemignorant agierte, in den vergangenen Jahrzehnten in einen Zustand zurückgeworfen, wie sie ihn seit dem Zweiten Weltkrieg nicht erlebt hat. Im internationalen Verkehr werden Routen, die über deutsche Strecken führen, wegen der chronischen Verspätungen und Zugausfälle der Deutschen Bahn gemieden und selbst einige meiner bahnaffinen Freunde buchen notgedrungen wieder Flüge, obwohl sie dies vermeiden wollten. Was die italienischen Bahnen früher durch Streiks leisteten, bewerkstelligen die Deutschen allein durch die Wahl ihrer Bahnmanager. Die Fehler bei den von der Tunnel- und Baukonzernlobby beeinflussten Infrastrukturprojekten schließen nahtlos an dieses Desaster an.

Objekt der Privilegierten

Es hat Zeiten gegeben, da war sich die Gesellschaft der Bedeutung eines sicheren öffentlichen Raumes bewusst – so etwa in England, wo, wie schon erwähnt, die Regel galt, dass Dampfmaschinen auf der Straße nicht schneller als vier Meilen pro Stunde fahren durften. Um sie von parkenden Fahrzeugen zu unterscheiden, hatte ein Mann mit einer roten Fahne vorauszugehen. Die Geschwindigkeit und Kraft dieser neuen individuellen Verkehrsmittel befanden sich damals noch im Rahmen dessen, wofür die menschliche Wahrnehmung evolutionär ausgestattet ist, selbst wenn man vielleicht noch nicht so genau wusste, wie man sich draufzusetzen hatte, ob nur in Fahrtrichtung oder auch dieser entgegengesetzt wie bei den Kutschen. Auch hier kam es zu einer evolutionären Selektion – zuallererst bei den Antrieben. In der Anfangsphase des Automobils stellten Dampfmaschine, Elektro- und Explosionsmotor die häufigsten Antriebsformen dar. Um 1900 dominierte der Elektromotor, gefolgt von der Dampfmaschine. Das erste Auto, das im Jahr 1899 schneller als 100 km/h fuhr, wurde ebenfalls elektrisch angetrieben. Benziner waren damals bei Weitem nicht so zuverlässig, man musste sie mit einer Kurbel anwerfen, sie waren laut und pannenanfällig. Trotz dieser Nachteile verhalfen die Erdölkonzerne dem Verbrennungsmotor zum Durchbruch. Das Gewalttätige, Laute passte zum Sportgerät und zur Männerdomäne Auto, und als in den USA 1930 die große Erdölschwemme begann, schien die Zukunft gesichert – zumindest vorerst. Für die bei Ford Beschäftigten war es bei den damaligen Verhältnissen und Stundenlöhnen von fünf Dollar auch möglich, sich ein Fahrzeug zuzulegen und damit zur mobilen Elite aufzusteigen. In Europa jedoch tickten die Uhren anders, hier konnten sich vor allem der Adel und die Reichen ein Auto leisten. In den USA setzte die Massenmotorisierung bereits in den 1920er-Jahren ein, in Europa gab es Ansätze dazu erst zehn Jahre später. Richtig in Schwung kam die Motorisierung der europäischen Bevölkerung erst nach dem Zweiten Weltkrieg. Vorher war das Autofahren den Privilegierten, den sogenannten »Herrenfahrern«, vorbehalten gewesen, was uns auch heute noch in der Autowerbung vorgegaukelt wird, wo man in einer wunderschönen Landschaft allein auf einer verlassenen Landstraße unterwegs ist, oder aber, von jeder Erdenschwere befreit und den Gesetzen des Universums entrückt, virtuell durch die Großstädte schwebt. Früher stellte man das Auto ab, wo man wollte, auch im öffentlichen Raum, denn wer hätte es schon gewagt, Privilegierte auf ihr asoziales Verhalten aufmerksam zu machen oder sie gar zu bestrafen. Daran hat sich bis heute nichts geändert: Privilegiert sind Autofahrer und Autobesitzer noch immer – dank großzügiger Steuervorteile, offener und verdeckter Subventionen, Gesetzen und Verwaltungspraxis. Sie genießen Sonderrechte, die sich in einer menschlichen Gesellschaft kein Bürger leisten kann. Und wer privilegiert ist, braucht sich auch um die allgemeinen Verhaltensregeln der Gesellschaft nicht zu kümmern.

Macht – nicht nur im Auto

Es ist wirklich ein Wunderding, das Auto: Früher musste man sich den Kopf zerbrechen, wollte man einen entfernten Ort aufsuchen, weil es Zeit, Mühe und Geld kostete. Mit dem Auto, so wie es heute verfügbar ist, ist der zeitliche Aufwand für die gleiche Strecke auf einen Bruchteil zusammengeschrumpft. Aber nicht nur das – statt dass man sich mühen muss, erlebt man das Gefühl der Überlegenheit und Bequemlichkeit in jeder Hinsicht, sowohl körperlich (durch die Vervielfachung der Kraft des Motors bei gleichzeitig weniger Aufwand an Körperenergie) als auch geistig (durch die Zuwendung der Behörden, die anspruchslose Infrastrukturen aller Art zur Verfügung stellen). Wenn man sich dazu noch vom Navigationsgerät leiten lässt, muss man nicht einmal mehr wissen, wo genau man sich gerade befindet. Dass man in Brüssel den Flughafen als Ziel eingibt und erst in Kroatien merkt, dass man sich offenbar verfahren hat, ist wohl eher die Ausnahme. Die allerdings zeigt, wie schnell Außenleistungen zum Verfall innerer Fähigkeiten führen. Auch die laufenden Kosten für das Auto sind geradezu vernachlässigbar, weil jeder Versuch diese zu erhöhen mit Sicherheit zur Wahlniederlage der jeweiligen Partei führen würde, die solche Pläne unterstützt bzw. in die Praxis umzusetzen versucht.

Darüber hinaus eröffneten sich den Autofahrern Möglichkeiten wie sonst niemandem. Sie gelangten viel leichter an attraktive Orte als Bahnreisende, ganz zu schweigen von Fußgängern und Radfahrern. Autofahrer wurden überall freudig als privilegierte und offensichtlich gute Gäste empfangen und auch Parkplätze wurden ihnen entgeltfrei zur Verfügung gestellt – deren Kosten wurden viele Jahre einfach auf alle Gäste umgelegt.

Das Vorurteil, Autofahrer seien reich und Radfahrer Hungerleider, kann aber auch nach hinten losgehen – so wie bei einem Hotelier in Klosterneuburg. Als der Donauradweg zur Touristenattraktion wurde, tauchte ein älterer Herr in typischer Fahrradmontur auf, um Quartier zu nehmen. Der Hotelier belehrte ihn daraufhin, dass er ein vornehmes Haus führe und daher keine Radfahrer beherberge. Worauf dieser schweigend kehrtmachte, das Lokal verließ, sein Fahrrad nahm und es seinem Chauffeur übergab, der in einem großen weißen Mercedes vorgefahren war, auf dessen Dachgestell er das Fahrrad befestigte, dem »armseligen Gast« die Autotür aufhielt und mit ihm wegfuhr. Und wieder bewirkte das Auto ein Wunder – diesmal beim Hotelier: seit diesem Vorfall sind Radfahrer in seinem Haus willkommen, auch wenn er vielleicht noch immer vergeblich darauf wartet, einem Radfahrer sein Quartier anbieten zu können, der in Begleitung eines großen weißen Mercedes mitsamt Chauffeur anreist. Aber man soll ja die Hoffnung bekanntlich nie aufgeben.

Wunder ereignen sich Tag für Tag millionenfach, wenn Menschen ins Auto steigen, der Enge und Ödnis geradezu mühelos entfliehen und über den Boden rollend nahezu jedes gewünschte Ziel erreichen. Und solange die Macht des Autos – dank billigster Energie – größer ist als die des Hirns, werden diese Wunder fortdauern. Je größer das Missverhältnis ist, umso größer oder imposanter muss auch das Auto sein. Die inneren Mängel spiegeln sich oft in den äußeren Artefakten wider, mit denen man sich umgibt. Denn in den Schichten seines Unterbewusstseins verrechnet das Hirn nicht nur körperliche, sondern auch geistige Defizite erfolgreich mit der Außenwelt. Man muss sich daher schon fragen, was in einem Menschen vorgeht, der sich ein Exemplar der sogenannten Luxusmarken kauft, nur um damit genauso im Stau zu stehen wie jemand in einem billigen Gebrauchtwagen. Wunder auf allen Ebenen – viele wundern sich darüber, wie viel Geld für Blech auf einem Fahrgestell ausgegeben wird und wie viel für noch mehr PS oder kW jenseits aller rationalen Bedürfnisse.

VERKEHRSWESEN UND VERKEHRSPOLITIK IM BANN DER MOBILITÄT

Wachstum aus dem Nichts

In der Verkehrspolitik und allen einschlägigen Disziplinen, die sich mit dem Thema Verkehr beschäftigen, gibt es ein Mantra, das unumstößlich zu sein scheint: *Die Mobilität wächst.* Sogenannte Verkehrswissenschaftler belegen dies auch eindrucksvoll, wenn sie empirisch nachweisen, dass die Zahl der Autofahrten mit zunehmendem Motorisierungsgrad, d. h. dem Anteil der Autofahrer an der Bevölkerung, steigt. Sie bezeichnen dies als »Wachstum« und verwenden damit einen Begriff aus der Biologie, der in der Geschichte der Menschheit positiv besetzt war, selbst in der Bibel, wo die Zahl der Nachkommen oder die Größe der Herde bei entsprechendem Segen »wächst«. Und gegen Wachstum kann man ja wohl nichts unternehmen. Es ist sozusagen naturgegeben und unaufhaltsam, man kann sich diesem Wachstum nur freudig anpassen, insbesondere als Autokonzern, Bank oder Straßenbauunternehmen. Das Auto als Konzernprodukt, das vielen Konzernen Gewinn bringt und diese glücklich macht, denn sie haben sich ja im Laufe des letzten Jahrhunderts Schritt für Schritt immer mehr Menschenrechte angeeignet, dabei aber Menschenpflichten ebenso außer Acht gelassen wie menschliche Eigenschaften, so z. B. die Einbindung in die gesellschaftliche Verantwortung und soziale Verpflichtungen oder die begrenzte Lebenszeit. Sie wollen endlos und uneingeschränkt wachsen – wie die Automobilität in den Köpfen von Politikern und einschlägigen »Experten«. Das Wachstum wird gefördert, alle Hindernisse werden aus dem Weg geräumt. Bis 1975 war dies auch für mich ein fester Bestandteil des Lehrprogramms und der Prüfungen. Dann wurde ich 1975 von der Stadt Wien in ein Team von Professoren berufen, um das städtische Verkehrskonzept für 1980 zu erarbeiten, da das bestehende am Widerstand der Bürger gegen den Bau von Autobahnen in der Stadt dank kluger, verantwortungsfähiger Politiker gescheitert war. Mir fielen die Bereiche

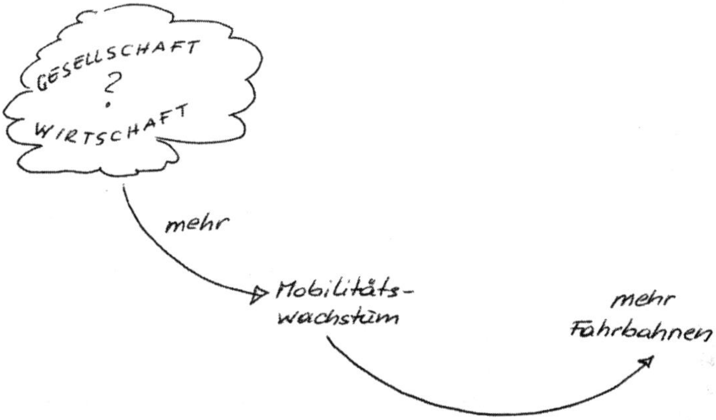

Mythologische Vorstellungen von Ökonomen, Technikern und Politikern

Fußgänger, Ruhender Verkehr (= Parkraum), Verkehrssicherheit und Straßenbahnen zu. Themen, die damals für die anderen Kollegen von geringerem Interesse waren. Fußgänger betrachtete man als Auslaufmodell oder, wie es der Kabarettist Karl Farkas treffend formulierte, als »Rohmaterial für Verkehrsunfälle«; Parkraum wurde immer mehr zum heißen Thema, das man als etablierter Kollege nur ungern bearbeiten wollte, und dem öffentlichen Verkehr war, wie man annahm, ohnehin wenig Zukunft beschieden. Also durfte ich – weil ich mich sowieso schon längere Zeit für diese Verkehrsarten einsetzte – diese Bereiche übernehmen. Allerdings hatte ich damit nicht genug und wollte auch den Radverkehr als eigenen Bereich im Verkehrskonzept vertreten wissen – nicht ahnend, welche Folgen sich daraus ergeben würden.

Eine zweite Quelle des »Mobilitätswachstums« wird entdeckt

1975 war der Fahrradverkehr in Wien kein Thema, weil es schon längst keinen mehr gab. Viele Straßen waren damals noch mit Kopfsteinen gepflastert und daher mit dem Rad – es gab noch keine Mountainbikes – schlecht zu befahren. Von den Radwegen gab es noch sogenannte »Erinnerungsradwege« von elf Kilometern Länge, erfuhr ich aus dem Rathaus. Ein mir bis dahin unbekannter Begriff, der Radwege bezeichnete, die es zwar noch in den Akten, nicht aber in der Natur gab. Wollte man diese finden, musste man in den Außenbezirken suchen. Dabei stellte sich heraus, dass ein Teil davon bereits von der Natur zurückerobert worden war, weil die einst befestigte Oberfläche inzwischen erfolgreich von Bäumen besetzt worden war, die schon eine beachtliche Höhe erreicht hatten, während der zweite, etwas längere Abschnitt von den Autofahrern »okkupiert« worden war, die den Radweg kurzerhand zum Parkplatz umfunktioniert hatten. Mein Vorschlag, diesen Radweg von Autos zu befreien, war damals für die Polizei eine geradezu unvorstellbare Obrigkeitsverletzung. Lieber machte sie Jagd auf die vereinzelten Radfahrer, die gegen die von ihr interpretierten Regeln der Straßenverkehrsordnung – die Privilegienordnung der Autofahrer – verstießen. Auf meinen Vorschlag, den Radverkehr in das Konzept mitaufzunehmen, reagierte der zuständige Stadtrat mit der Bemerkung: »Was wollen Sie? Ich musste im Krieg von Wien nach Prag mit dem Fahrrad fahren. Das hat mir gereicht.« Mir allerdings nicht. Also versuchte ich es über den ARBÖ*, einen Autofahrerclub, der seine Wurzeln im Radverkehr hat und diesen mit dem »R«

---

* ARBÖ steht ursprünglich für »Arbeiter-Radfahrer-Bund Österreichs«, früherer Name des heutigen Auto-, Motor- und Radfahrerbunds Österreichs, der allerdings weiterhin mit ARBÖ abgekürzt wird.

auch noch in seiner Bezeichnung führt. Dank der Initiative des damaligen Vizepräsidenten Hans Hobl, Abgeordneter zum Nationalrat für die SPÖ, der sich für den Radverkehr einsetzte, durfte ich – wenn auch nur mit wenig Mitteln ausgestattet – diese Gruppe der Verkehrsteilnehmer in das Verkehrskonzept, das 1981 beschlossen wurde, aufnehmen.

Wenn man sich schon so exponiert, muss man sich auch gut absichern. Mein damaliger Mitarbeiter Heinz Kloss und ich versuchten daher, solide Grundlagen für die politische Entscheidung zu erarbeiten. Zu diesem Zweck fragten wir bei rund 100 deutschen Städten an, wie viele Radwege dort existierten und wie groß der Anteil der Radfahrer am Gesamtverkehr wäre. Die Auswertung der Daten ergab eine Beziehung, die mit dem bekannten »Wachstumsbeweis für Mobilität« aus dem Autoverkehr nahezu identisch war. Nur war es hier nicht die Zahl der Autos pro Einwohner, die für eine Zunahme der mit dem Rad zurückgelegten Wege sorgten, sondern die Länge der Radwege in Metern. Je mehr Radwege angeboten werden, umso höher der Anteil der Radfahrer. Wir hatten damit eine zweite »Wachstumsquelle« für Mobilität entdeckt. »Mobilität wächst«, wenn die Menschen Autos kaufen. »Mobilität wächst« aber auch, wenn man den Menschen Radwege anbietet. Einer elementaren Logik folgend, müsste daher die Mobilität besonders stark wachsen, wenn die Leute Autos kaufen und man gleichzeitig mehr Radwege baut. Das jedoch scheint ja wohl ein Widerspruch zu sein.

Nach den Regeln der Wissenschaft ist eine Theorie mangelhaft oder falsch, wenn man ein reales Beispiel findet, an dem sie scheitert. Und dieses Beispiel liegt nicht fern. Ein Leuchtturmwärter oder der Wirt einer Schutzhütte, denen man jeweils ein Auto, ein zweites oder ein drittes zur Verfügung stellt, wird dadurch in seiner Mobilität nicht beeinflusst, denn der Erste braucht für seine täglichen Wege seine Beine und ein Boot und der Zweite nur seine Beine. Beide benötigen geeignete Verkehrswege – für die Beine ist es der Boden, für das Boot das Wasser. In der Beziehung zwischen Autobesitz und Autofahrten fehlt aber die dafür nötige Infrastruktur. Die Beziehung täuscht daher einen Zusammenhang vor, der in den Lehrbüchern der Statistik nicht unbekannt ist und immer wieder angeführt wird. Rein statistisch ließe sich nämlich sogar beweisen, dass die Kinder vom Storch gebracht werden, weil sowohl die Geburtenrate als auch die Zahl der Störche auf dem Land deutlich höher ist als in der Stadt. Und so schaut die Grundlage der Verkehrswissenschaft aus, die ich lehrte und die immer noch gelehrt wird.

Was bedeutet Mobilität?

In den Lexika der 1950er-Jahre finden sich für Mobilität drei Erklärungen: die Wohnungsmobilität, also die Häufigkeit des Wohnortwechsels, die soziale Mobilität, also der soziale Auf- und Abstieg, und die geistige Mobilität. Vom Autofahren war damals noch nicht die Rede. Anders schauen die Nachschlagewerke der jüngeren Zeit aus, hier ist vom »Zeitalter der Mobilität« und ähnlich unsinnigen Erklärungsvernebelungen zu lesen. Doch was bedeutet Mobilität im Verkehrswesen tatsächlich? Als Weg wurde damals – heute seltener – nur ein Weg außerhalb des Hauses bezeichnet, und das auch nur, wenn er länger als 300 Meter war. Kürzere Strecken zählten nicht. Nun legen Kleinkinder – auch wenn sie schon gehen können – selten so lange Wege zurück; sie sind demnach nicht mobil, was manche Eltern wahrscheinlich freuen dürfte, wenn sie nicht auch schon in dieser Phase gegenteilige Erfahrungen mit der erstaunlichen Mobilität ihres Nachwuchses haben machen müssen. Das heißt, das Verkehrswesen vernachlässigt ganz entscheidende Teile menschlicher Mobilität allein schon durch diese Definition und das damit verbundene Ausklammern aller kurzen Wege. Dabei müssten die Verkehrsplaner, wenn sie die Geschichte des

Verkehrswesens und die Fachliteratur kennen würden, doch wissen, dass die kurzen Strecken mit Abstand die Mehrheit aller Wege ausmachen. Außerdem beruht das »Wachstum der Mobilität« auf einem schweren Beobachtungsfehler, weil nur die Autofahrten gezählt werden. Wer nicht mit dem Auto fährt, ist nicht mobil – so die Denkweise herkömmlicher Verkehrsplaner und -politiker. Würde das zutreffen, wären unsere Vorfahren vollständig immobil gewesen. Doch seit das Auto aufgetaucht ist, ist der aufrecht gehende Zweibeiner in den Köpfen der Verkehrsplaner nicht mehr präsent.

Es war also der Frage nachzugehen, warum Mobilität außer Haus überhaupt entsteht und wie man diesen Begriff sinnvoll definieren könnte, denn die bisherige Definition war offensichtlich unbrauchbar. Um das Haus zu verlassen, muss ein Anlass vorhanden sein. Auch das hat selbst das herkömmliche Verkehrswesen begriffen, es spricht von einem Mobilitätsbedürfnis; nur die Ursache dieses Mobilitätsbedürfnisses taucht nirgends auf. Es genügt, dass es existiert und befriedigt werden muss, und zwar mit dem Auto.

Nun ist aber jeder Weg in der Realität mit einem Zweck verbunden. Man geht außer Haus oder verlässt einen bestimmten Ort, weil man die Befriedigung eines Mangels, der im Haus oder an diesem Ort besteht, an einer anderen Stelle, dem Ziel des Weges, erwartet. Die Ursache jeder Mobilität außer Haus ist also ein Mangel im Haus. Man geht zur Arbeit, wenn der Arbeitsplatz nicht im Haus ist, wie dies früher vielfach noch der Fall war und selbst heute etwa bei Handwerkern oder Landwirten noch der Fall sein kann. Man muss aus dem Haus, weil man seinen Hunger zu stillen oder Waren zu besorgen hat, die im Haus fehlen. Heute wird das als Einkaufsverkehr bezeichnet und die Informationsquelle ist meist der Kühlschrank oder der Fernseher, durch den die Konzerne ungefragt in unsere Wohnzimmer eindringen, um Bedürfnisse zu wecken, die man sonst gar nicht gehabt hätte. Eine besonders perfide Form der Verkehrsbeziehung. Und schließlich verlässt man das Haus zum Zweck der (Aus-)Bildung, weil man sich keine Hauslehrer leisten kann; zudem gibt es soziale Bedürfnisse, die außerhalb des Hauses möglicherweise angenehmer zu befriedigen sind als daheim. Die Freizeit möchte man vielleicht an einem anderen Ort verbringen, weil das Umfeld unbehaglich ist oder sich dafür wenig eignet, und nicht zuletzt sind auch Dienstwege zu erledigen, weil die Beamten oder Ämter nicht zu uns nach Hause kommen wie seinerzeit zu den Fürsten. Diese konnten sich im Wesentlichen auf ihre Freizeitwege konzentrieren. Das heißt, außerhäusige Mobilität ist immer Ausdruck eines Mangels am Ort.

Schon vor dem Zeitalter des Autos haben unsere Vorfahren mit ihrer Mobilität im Großen und Ganzen die gleichen Zwecke verfolgt. Empirische Ergebnisse belegen, dass sich an der durchschnittlichen Zahl der Zwecke, seit es Aufzeichnungen gibt, nichts geändert hat. Also kann sich auch an der Mobilität nichts geändert haben, wenn man sie sinnvoll definiert. Jede andere Definition für räumliche Mobilität ist daher gleichbedeutend mit zweckloser Mobilität. Wenn man nun eine zwecklose Größe als Grundlage politischer Entscheidungen für Milliardeninvestitionen, für Landschaftseingriffe und Baumaßnahmen verwendet, darf man sich nicht wundern, wenn das Resultat dieser einen zwecklosen Verkehrspolitik zwecklose Investitionen und zwecklose Forschungsergebnisse sind. Sehr zur Freude jener, die diese zum Geschäftsmodell gemacht haben. Es gibt kein Wachstum der Mobilität – außer durch eine Änderung der Bevölkerungszahl. Die Zunahme der Autofahrten ist aber ungleich größer als der Bevölkerungszuwachs. Die Zahl der Wege pro Person und Tag hat sich durch die technischen Verkehrsmittel nicht – oder zumindest nicht direkt – verändert. Der geringfügige Anstieg dieser Größe beruht vielmehr auf den durch die Verkehrsmittel indirekt ausgelösten Strukturveränderungen, wie die Verringerung der Familiengröße oder unerwünschte Konzentrationseffekte.

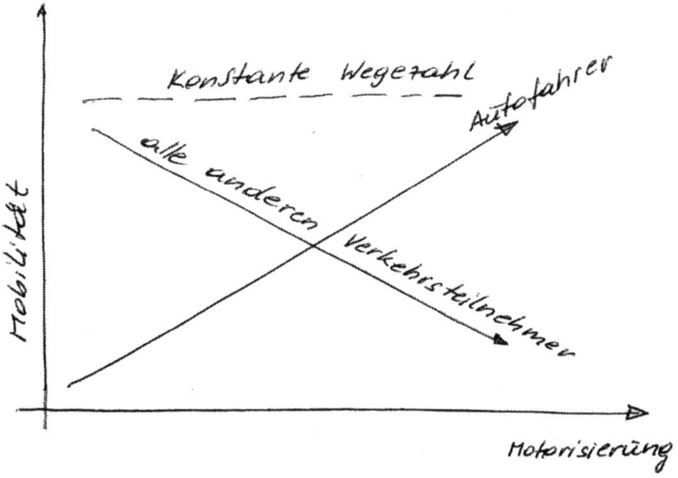

Was an Autofahrten wächst, wird allen anderen weggenommen

Ver-rückte im Verkehrswesen und in der Verkehrspolitik

Wer daher behauptet, die Mobilität wachse, hat eine gegenüber der Realität ver-rückte Weltsicht. Denn in der Realität bleibt die durchschnittliche Zahl der Wege, also die zweckbezogene Mobilität, konstant und verändert sich nur mit der Bevölkerungszahl. Nimmt die Zahl der Wege mit dem Auto zu, weil damit Zwecke erledigt werden, kann man das nicht gleichzeitig zu Fuß, mit dem Fahrrad oder einem öffentlichen Verkehrsmittel tun, das heißt die Zahl der Wege aller anderen Verkehrsformen nimmt im gleichen Ausmaß ab. An der Gesamtwegezahl ändert sich nichts. Das weiß ohnehin jeder Bauer, denn aus dem Nichts wächst auch nichts. Nur im traditionellen Verkehrswesen und in der Verkehrspolitik glaubt man bis heute an dieses Wunder – in den Kommunen, in

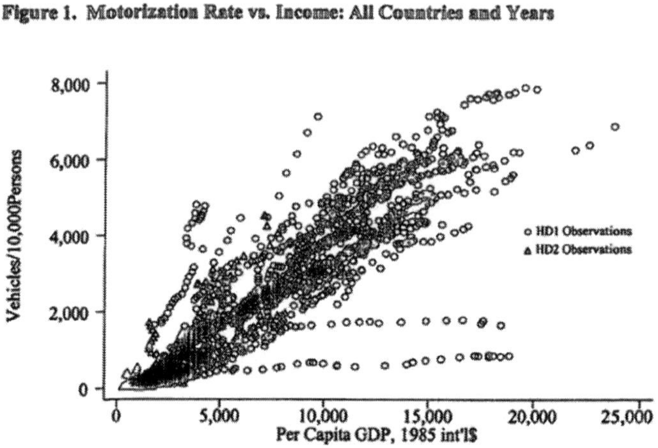

Zusammenhang zwischen Motorisierungsgrad und Bruttonationalprodukt pro Kopf

den Bundesländern, in den Staaten, in der EU-Kommission, an vielen Universitäten, wo noch Verkehrsideologie oder Verkehrstheologie betrieben wird. Wer vom Verkehrswachstum ohne zusätzliche Spezifizierung spricht, meint zwecklose Mobilität – und ist somit ein zweckloser Politiker oder ein zweckloser Experte, und beiden sollte man keine Entscheidungen anvertrauen.

Stößt man also auf die Aussage »Die Mobilität wächst« oder »Die Mobilität nimmt zu«, weiß man, dass man es mit einem Verrückten zu tun hat. Nun hat die Gesellschaft in der Zwischenzeit glücklicherweise gelernt, Verrückte nicht auszuschließen, sondern zu therapieren. Selbst solche, die sich selbst gefährden, werden hospitalisiert. Unbedingt trifft dies aber auf jene zu, die für die Allgemeinheit gefährlich sind. Nur im Verkehrswesen laufen sie immer noch frei herum. Dabei nicht zu vergessen ist natürlich die Weltbank, in deren Publikationen aus diesem Jahrhundert man zwar nicht den direkten Zusammenhang zwischen Auto und Mobilität findet, dafür aber den zwischen Bruttonationalprodukt und Motorisierung, der dann wie eine Art Naturgesetz behandelt wird (s. Grafik links).

Dass in dem veröffentlichten Diagramm zwei Punktreihen nicht diesem Verlauf folgten, sondern trotz eines niedrigen Motorisierungsgrades die gleiche Zunahme des Bruttonationalprodukts wie die übrigen Staaten verzeichneten, wurde und wird bis heute ausgeblendet.[6] Die beiden unteren abweichenden Linien sind Hongkong und Singapur zuzuordnen, die diese Theorie zu Fall bringen, weil dort die durch die Regierung vorgegebenen Rahmenbedingungen die Entwicklung der Motorisierung steuern und nicht umgekehrt – wie im Rest der Welt. Doch diese Abweichungen werden nicht beachtet und als Ausreißer abgetan.

Ja, wenn man nur wüsste, was Daten sind …

… wäre man vorsichtiger im Umgang mit ihnen, zumindest mit den künstlich erzeugten, die leicht mit Informationen verwechselt werden können. Schon da beginnt bei Wikipedia die Verwirrung:

> Information ist in der Informationstheorie das Wissen, das ein Absender einem Empfänger über einen Informationskanal vermittelt. Die Information kann dabei die Form von Signalen oder Code annehmen. Der Informationskanal ist in vielen Fällen ein Medium. Beim Empfänger führt die Information zu einem Zuwachs an Wissen.[7]

Derselben Quelle lässt sich entnehmen, dass »Information« als »Transfer von Wissen« oder »Wissen in Aktion« umschrieben werden kann. Genauer kann Information nur im Zusammenhang mit Daten und Wissen erklärt werden. »Daten« (Angaben, Zeichenfolgen, symbolische Abbildungen von Sachverhalten) werden in Handlungszusammenhängen (-kontexten) zu Informationen und können dann von den Beteiligten in ihren Wissensbestand aufgenommen werden.

Selten sind Daten so einfach zu beschaffen und zu interpretieren, dass sie sofort zu Informationen und Wissen umgewandelt werden können. Hindernisse dafür können u. a. sein:

- Die Quelle der Daten ist unbekannt.
- Es gibt zu viele mögliche Datenquellen.
- Die Anfrage an die Datensammlung wird nicht korrekt formuliert.
- Der Zugriff auf die Daten ist aus wirtschaftlichen, sozialen, psychologischen, sprachlichen, technischen … Gründen erschwert oder unmöglich.
- Für den aktuellen Handlungszusammenhang gibt es keine Daten.
- Für die korrekte Interpretation der Daten ist nicht genügend Wissen vorhanden.

Jedes dieser Hindernisse kann die verschiedensten Ausprägungen haben. So können Daten z. B. in einer unbekannten natürlichen oder Symbol-Sprache oder Terminologie vorliegen. Die Aufgabe der Informationswissenschaft besteht darin, all diese Hindernisse aus dem Weg zu räumen, was aus zwei Gründen eine irreführende Annahme darstellt:

- Daten kommen nicht vor, sondern werden erzeugt, sie sind immer ein Hirnprodukt.
- Die Information kann beim Empfänger zu einem Zuwachs an Unwissen führen.

Daten sind daher ein Ergebnis von Hypothesen und Wahrnehmungsausschnitten, wie zum Beispiel beim traditionellen Verständnis von »Verkehr«.

Jeder Mensch wird täglich mit Daten konfrontiert. Fragt man aber, was Daten sind, gibt es kaum eine brauchbare Antwort. Von Zählungen, Messungen, Erhebungen ist die Rede – also von Methoden, mit denen man Daten erhebt. Es gibt auch Daten über Qualitäten, die man nicht in Zahlen fassen kann. Da wird es dann schwierig.

Daten sind immer das mit einer bestimmten Methode unter bestimmten Bedingungen gewonnene Abbild des Verhaltens einer bestimmten Sache, eines Systems. Je nach Methode kann man aus demselben System unterschiedliche Daten gewinnen, aus einem Patienten etwa eine Unzahl von medizinischen Daten. Das herkömmliche Verkehrswesen reduziert das System auf das Auto bzw. auf technische Verkehrsmittel – der Rest wird ausgeblendet, existiert nicht, wie in der zwecklosen Mobilitätsdefinition. Fragt man nach Zählwerten, gibt es zwar für den Autoverkehr genügend, aber kaum welche für Fußgänger oder Radfahrer. Das herkömmliche Verkehrswesen gewinnt Daten aus dem Verhalten der Autofahrer. Wird, wie meist, nur an bestimmten Querschnitten gezählt, spricht man von der »Verkehrsmenge«. In der Sprache dieser Zunft als DTV bezeichnet, was »durchschnittliche tägliche Verkehrsstärke« bedeutet, die aus der Summe der Fahrzeuge berechnet wird, die in einem Jahr einen bestimmten Punkt passieren, dividiert durch die Zahl der Tage eines Jahres. Ausgeblendet werden dabei die Verhaltensweisen der nichtmotorisierten Verkehrsteilnehmer, der Fußgänger und Radfahrer. Durch eine andere Beobachtungsmethode lassen sich Daten über Verkehrsunfälle oder das potenzielle Unfallrisiko gewinnen, mit wieder anderen Methoden und Messverfahren Daten über Lärm, Abgase oder emittierte Partikel, den sogenannten Feinstaub. Daten sind also methodenabhängig und werden zudem durch Systemabgrenzung, also die jeweilige System- und/oder Weltsicht bestimmt und auch dementsprechend interpretiert. Kennt man weder die Methoden noch die Systemgrenzen,

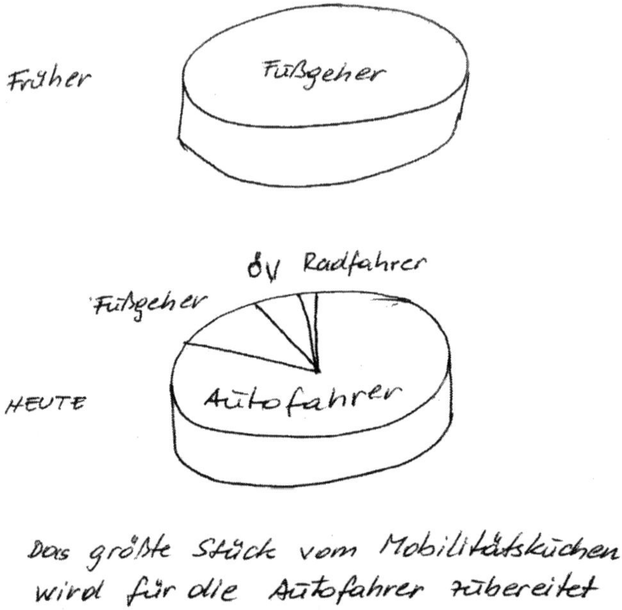

wird es schwierig mit der Dateninterpretation, obwohl die Praxis nahezu selbstverständlich, ohne danach zu fragen, mit Daten umgeht. Den wenigsten ist bewusst, was diese Daten eigentlich abbilden. Einst waren es primär die Fußgänger, die zahlenmäßig das Verkehrsgeschehen dominierten, mit dem Aufkommen des Pkw dominierten optisch die Autos im öffentlichen Raum, obwohl die Anzahl der Fußgänger und der kurzen Wege in den Dörfern und Städten der Welt immer noch deutlich größer ist – mit Ausnahme von amerikanischen und australischen Städten. Der Eindruck kann täuschen, man nimmt wahr, was man zu sehen meint. Daten und Informationen sind bewusst oder unbewusst manipulierbar. Man denke nur an die Art und Häufigkeit der Meldungen über die Probleme der einzelnen Verkehrsteilnehmer. Wie oft wird über die Wehwehchen der Autofahrer berichtet und wie selten über die Probleme, die andere Verkehrsteilnehmer, wie etwa

Der Querschnitt zeigt die Wertehaltung

Fußgänger oder Radfahrer oder auch Nutzer des öffentlichen Verkehrs haben?

Abgebildet wird ein durch eine bestimmte Methode gewonnenes Bild des Verhaltens eines Systems oder Systemteils. Daten entstammen also dem Verhalten. Die Körpertemperatur beispielsweise gibt Auskunft über das Verhalten des komplexen Organismus eines Lebewesens. Um Daten interpretieren zu können, muss man das System und dessen Normalzustand kennen und eine Methode gefunden haben, mit der man Abweichungen von diesem Normalzustand beobachten kann, etwa die Normaltemperatur eines Lebewesens und dazu ein Thermometer. Außerdem muss man wissen, an welchen Stellen und zu welchen Zeitpunkten man messen soll, um brauchbare Aussagen über das Verhalten treffen zu können. Es ist daher eine ganze Reihe von Annahmen und Einschränkungen notwendig, um Daten, die aus komplexen Systemen gewonnen wurden, richtig interpretieren zu können. Den im Verkehrswesen Tätigen ist dieser Zusammenhang, wie ich aus eigener Erfahrung weiß, überhaupt nicht bewusst. Wäre es anders, wäre es niemals zu der irrealen Aussage gekommen, dass die »Mobilität wächst«. Dass bei diesen Prozessen die Wertehaltung der Gesellschaft und ihrer wesentlichen Akteure essenziell ist, zeigt sich in der gebauten »Verkehrsmittelwahl«, in der wir uns befinden.

Was ist »normal«?

Eine Frage, die, hätte man sie Menschen in Bezug auf räumliche Mobilität gestellt, über Tausende von Jahren mit »gehen« beantwortet worden wäre. Im vergangenen Jahrhundert jedoch hat man mit dem Autofahren eine Anomalie zur Norm gemacht. Gewissermaßen aus einer Art Selbstverständlichkeit heraus, die nicht hinterfragt wurde. Wie kein anderes Verkehrsmittel zuvor hat das Auto das Verhalten der Gesellschaft beeinflusst, was an der Zunahme des Autobestandes, dem Motorisierungsgrad, eindrucksvoll nachgewiesen werden kann. Würde man als »Normaltemperatur der Gesellschaft« ihre hunderttausende von Jahren alte Mobilitätsform – die nichtmotorisierte Fortbewegung – betrachten und den Motorisierungsgrad als Temperaturzunahme darstellen, dann wäre das Auftreten des Autos in der technischen Zivilisation gleichbedeutend mit einem rapiden und kontinuierlichen Anstieg der Körpertemperatur – möglicherweise weit über das erträgliche Maß hinaus.

Man muss sich also fragen, wodurch Verhalten bestimmt wird. Und auch hier erhält man selbst in qualifizierten Fachkreisen selten eine brauchbare Antwort, weil das oben beschriebene Selbstverständnis des Datenbegriffs vorherrscht. Verhalten wird immer durch Strukturen bestimmt: das Verhalten eines Materials durch seine Molekularstruktur, das Verhalten eines Menschen durch seine physische und geistige Struktur in seinen Beziehungen zur Umwelt und insbesondere zum selbst geschaffenen Milieu seiner künstlichen Umgebung, das Verhalten der Industrie durch die wirtschaftlichen Strukturen, das heißt die Rahmenbedingungen hinsichtlich Ressourcen, Fähigkeiten der Wirtschaftstreibenden und der Wissenschaftler, der finanziellen Möglichkeiten usw. Bei Letzteren handelt es sich um Superstrukturen, die wiederum auf darunterliegende

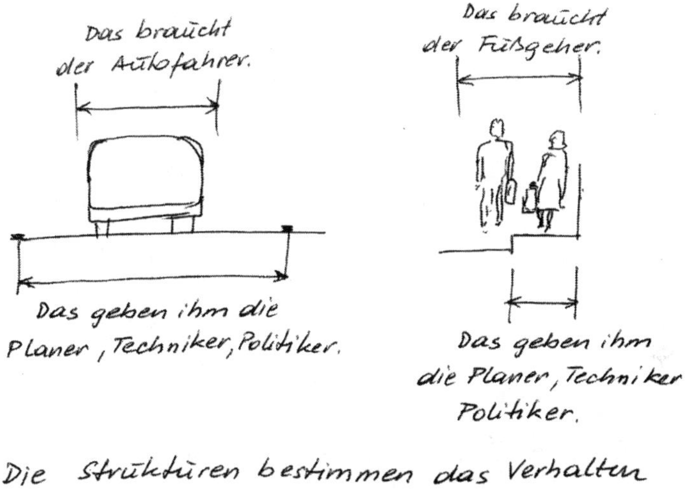

Man muss sich allerdings fragen, warum die enorme Überdimensionierung der Fahrbahnen nicht wahrgenommen wird – ebenso wenig wie die noch größere Problematik der die Bedürfnisse der Menschen missachtenden Zustände für Nichtmotorisierte.

Strukturen aufbauen usw., denn komplexe Systeme setzten sich aus mehreren Schichten von Strukturen zusammen.

Verhaltensänderungen setzen immer Strukturänderungen voraus. Wenn die Motorisierung also rapide zugenommen hat, dann liegt dies an den vorhandenen bzw. veränderten Strukturen. Dazu gehört nicht nur das Auto, sondern auch das gesamte System aus Straßen, Parkplätzen, Energieversorgung, gesetzlichen und finanziellen Rahmenbedingungen etc. Offensichtlich war das Auto im 20. Jahrhundert für die Menschheit so faszinierend, dass sie bereit war, sehr viel Energie, Ressourcen, Freiheit und Lebensqualität aufzugeben, um günstige Strukturen für das Auto zu schaffen – mit allen nur denkbaren Auswirkungen.

Das Wunder der Zeiteinsparung

Was die Physik nicht schafft, gelingt dem Verkehrswesen mit Leichtigkeit: Es kann durch Geschwindigkeiten, wenn auch weit unterhalb der Lichtgeschwindigkeit, »Zeit sparen«. Nachdem das »Wachstum aus dem Nichts« als fundamentaler Fehler in der Systemabgrenzung und der Beobachtungsmethode beschrieben wurde, können wir uns nun dem zweiten faszinierenden Effekt des Autos und aller sonstigen mit externer Energie angetriebenen Verkehrsmittel zuwenden: dem »Phänomen der Zeiteinsparung«. Wie bereits ausgeführt, hatte die Geschwindigkeit besonders am Ende des 19. und zu Beginn des 20. Jahrhunderts eine faszinierende Wirkung auf die Gesellschaft. Mit der Eisenbahn ließen sich in kurzer Zeit große Distanzen überwinden, Waren und Menschen in großen Mengen transportieren wie nie zuvor. Man hat dies, dem damaligen Zeitgeist entsprechend, genutzt: strategisch und in der Folge auch in der Kriegsführung. Die Geschwindigkeiten technischer Verkehrsmittel verkürzten die Reisezeiten dramatisch und befreiten die Städte aus der Abhängigkeit vom Umland und der Vororte. Ressourcen und Arbeitskräfte konnten von weither geholt werden, die Grenzen der größeren Städte waren bald zu eng und wurden durch die Eingliederung der Vororte erweitert. Es war die sogenannte »Gründerzeit«, in Wien etwa in den Außenbezirken an den Wohnblocks für die Arbeiterschaft gut erkennbar, in den USA an der Einfalt der Straßenraster. Damals war das Auto noch nicht raumwirksam, vielmehr bildeten Eisenbahnen und Straßenbahnen das Rückgrat des technischen Verkehrssystems. Die Siedlung wurde immer noch durch Fußgänger zusammengehalten, der Fahrradverkehr gewann an Bedeutung und im Güterverkehr dominierten Pferdefuhrwerke den Straßenraum, die die zahlreichen kleinen Geschäfte und Handwerker belieferten. Die Infrastruktur der bereits vorhandenen Straßen bot die ideale Voraussetzung für die Ausbreitung des Autos.

Dieses hatte bald die Geschwindigkeit der Eisenbahn nicht nur erreicht, sondern diese dank des damals schon vorhandenen verästelten und vielfältigen Wegenetzes sogar übertroffen. Der große Vorteil gegenüber der Eisenbahn bestand in der individuellen Verkürzung der Reisezeit und in der Erweiterung der Möglichkeiten. In der gleichen Zeit konnten wesentlich größere Distanzen zurückgelegt werden und damit hatte man gegenüber allen langsamen Verkehrsteilnehmern Vorteile – hinsichtlich der Einkaufsmöglichkeiten, der Arbeitsplätze, der Auswahl der Urlaubsorte – solange die Strukturen noch vom damaligen Hauptverkehrsteilnehmer, dem Fußgänger, erhalten wurden. In der ersten Phase der Motorisierung genossen die Autobesitzer sowohl die Vielfalt in der Nähe als auch den Reichtum der Ferne und zudem das Vergnügen der mühelosen Fortbewegung sowie die Bewunderung großer Teile der Bevölkerung. Schließlich konnte man damit eine Menge Zeit »sparen«.

Geschwindigkeit wird zur Leitgröße

Bei den Eisenbahnen war man sich sehr schnell darüber im Klaren, dass sowohl ein inneres als auch ein zusätzliches externes technisches Sicherungs- und Leitsystem notwendig war, wollte man Unfälle vermeiden. Es wurde ein umfangreiches Sicherheits- und Sicherungssystem geschaffen, in baulicher, organisatorischer und juristischer Hinsicht, und dieses System besteht bis heute für alle schienengebundenen öffentlichen Verkehrsmittel. Beim Auto verlief die Entwicklung grundlegend anders. Es mischte sich zunächst vereinzelt unter den ohnehin bestehenden Straßenverkehr, wo Linksverkehr vorherrschte, weil die Fuhrwerker meist Rechtshänder waren und außen links vom Fuhrwerk gingen, um den Begegnungsverkehr zu erleichtern. In den Ortschaften wurde die Geschwindigkeit durch das Schritttempo der Fußgänger und den Gang der Zugtiere bestimmt. Beide Gruppen haben ein für diese Geschwindigkeit gut entwickeltes Informationsaufnahme- und -verarbeitungssystem und sind in das Tempo des von Menschen geprägten Milieus gut integriert. Angesichts dieser Bedingungen wurde der Autoverkehr nicht nur durch die anderen Verkehrsteilnehmer behindert, sondern auch durch die Fahrbahnen, die ja nicht für die hohen Geschwindigkeiten ausgelegt waren. Als in den 1930er-Jahren der Autoverkehr auch in Europa zunahm, wurde in den meisten Ländern – aus nicht nachvollziehbaren Gründen – auf Rechtsverkehr umgestellt, was für den Fuhrwerksverkehr nachteilig und gefährlich war. Die individuellen Erfahrungen jener Gruppen, die Nutzen aus den hohen Geschwindigkeiten der Eisenbahnen gezogen hatten, drängten nach weiterer technischer Beschleunigung. Wie es auch die Kunstrichtung des Futurismus zeigt, konnte der technische Fortschritt nach damaliger Auffassung nur in immer größeren Geschwindigkeiten liegen, denn die Welt war damals noch groß und unbegrenzt gestaltungsfähig, je schneller, desto besser. Geschwindigkeit wurde daher zur Leitgröße des Fortschritts, der kein Schritt, sondern eine bequeme Fahrt in eine prächtige Zukunft sein sollte. Und dazu war prinzipiell der Bau von Fahrbahnen notwendig, und dies – im Unterschied zur Eisenbahn – für eine Fortbewegung ohne Geschwindigkeitsbegrenzung. Bei der Bahn ist die zulässige Betriebsgeschwindigkeit stets niedriger als die technisch mögliche. Die geschlossene Verantwortungskette zwischen Erbauer, Betreiber und Benutzer ist als negative Rückkopplung für die Sicherheit des Systems gegeben. Beim Autoverkehr wurde diese bereits um die Wende vom 19. zum 20. Jahrhundert durch die Initiative gut organisierter Autoclubs und einflussreicher Personen durchbrochen. Man stellte allerdings bald fest, dass

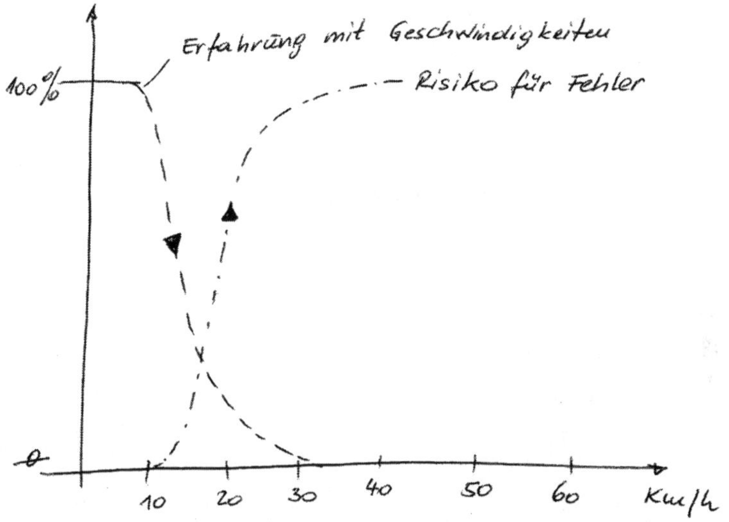

dies nicht nur in den Ortschaften zu vermehrten Verkehrsunfällen führte, weshalb man sich entschloss, Tempolimits einzuführen; diese wurden in Ortsgebieten ohne Begründung auf 50 km/h, in manchen Ländern auch auf 60 km/h festgelegt. Diese Tempolimits liegen jedoch weit über jener Grenze, für die Menschen evolutionär ausgestattet sind.

Unser Sinnesapparat ist für die Geschwindigkeit des Fußgängers optimiert. Informationsaufnahme, -entschlüsselung und -verarbeitung sind dabei so abgestimmt, dass Hindernissen rechtzeitig ausgewichen und die Bewegung verantwortlich kontrolliert werden kann – meistens jedenfalls. Bewegt man sich schneller, gehen Informationen verloren, das Unfallrisiko nimmt zu. Um sich schneller und zugleich sicher bewegen zu können, muss die Informationsdichte im Umfeld so reduziert werden, dass sie von unseren Sinnen noch bewältigt werden kann. Praktisch bedeutet das eine Vereinfachung der Umwelt durch technische Zerstörung, um mit Geschwindigkeit wertvolle Zeit zu sparen, wofür sich eben auch etwas Risiko lohnt und einige Menschenopfer hingenommen werden müssen. Fortschritt ist eben nicht umsonst – zumindest wird das den Verlierern von den Gewinnern so erklärt.

Warum Fahrbahnen Prothesen sind

Wenn wir für Organe technische Hilfsmittel benötigen, spricht man von Prothesen. Fahrbahnen sind daher im Unterschied zu Straßen Prothesen zur Kompensation unserer Unfähigkeit, bei hohen Geschwindigkeiten rechtzeitig Informationen wahrzunehmen und zu verarbeiten. Aus der Vielfalt der Informationen der natürlichen Umgebung wird die Einfalt der Fahrbahnen. Die gebaute Welt ist aber immer auch ein Bild des Denkenden, des Hirns. Sie liefert uns ein Abbild des Inneren dieser Hirne, die sie planen und gestalten. Und je weniger Informationen, je einfältiger das Umfeld, umso schneller kann man fahren. Das niedrigste Niveau findet man auf Autobahnen; dort kann man auch am schnellsten fahren. Das merkt man auch als Lehrender: Während selbst die dümmsten Studenten in der Lage sind, Autobahnen zu projektieren, gelingt es nur den Begabten und Intelligenten, ein Umfeld für Fußgänger zu gestalten.

Geschwindigkeit wurde für alle technischen Entwicklungen des 20. Jahrhunderts zur Leitgröße, dicht gefolgt von ihrer Zwillingsschwester namens Effizienz. Wer schneller unterwegs war, wurde als effizient betrachtet und hatte daher Vorrang, auch wenn er mit seinen Prothesen auf weitere Prothesen angewiesen war. Der langsame Fußgänger hingegen hatte zu weichen.

Zeit ist Geld

Was nicht so falsch wäre, würde man denn verstehen, was beide Begriffe bedeuten. Das ist jedoch nicht der Fall, sondern durch eine einfache Schlussrechnung ersetzt, die der individuellen Erfahrung in einem evolutionär unerfahrenen Milieu entspringt.

Wer schnell ist, spart Zeit, und Zeit ist Geld. Übrigens eine missverstandene Interpretation eines Ausspruchs von Benjamin Franklin, bei der die Leistung mit der Zeit verwechselt wird, denn Leistung ist Geld und nicht etwa Zeit. Für die Geschwindigkeit braucht man natürlich auch »Leistung«, Motorleistung zum Beispiel. Diese Leistung bedeutet allerdings Kosten, ist mithin negativ zu bewerten. Die Motorleistung der Fahrzeuge nahm ständig zu, und damit auch ihr Gewicht. Wie bereits an anderer Stelle erwähnt, war der VW Golf einst mit 750 kg Gewicht ein brauchbares Fahrzeug, mittlerweile jedoch bringt er – dank des technischen Fortschritts im Autobau – 1,6 Tonnen auf die Waage. Der Aufwand für den gewünschten Erfolg steigt damit, weil für den gleichen Zweck mehr Energie, mehr Masse und mehr Geld eingesetzt werden müssen. Aber zumindest in Deutschland wurde so ein neuer Typ Mensch geschaffen: der »freie Bürger«. Dieser sitzt zwar in der Bewegungsprothese Auto, fühlt sich aber dennoch frei und überlegen.

Das Ergebnis dieser Entwicklung im motorisierten Individualverkehr wurde vom deutschen Automobilclub ADAC mit dem Slogan »Freie Fahrt für freie Bürger« auf den Punkt gebracht. Damit wurde bis heute verhindert, dass es auf deutschen Autobahnen ein Tempolimit gibt, dafür aber die meisten Staus. Aus der freien Fahrt wurde der maximale Stau und aus der Freiheit die Gefangenschaft in der Autokolonne.

Geschwindigkeit behindert das Denken

Geschwindigkeit hat noch eine weitere Eigenschaft: sie behindert das Denken. Man kann nicht schnell laufen und gleichzeitig scharf denken, weil zu große Teile des Hirns damit beschäftigt sind, den Körper im Gleichgewicht zu halten. Immer schneller – immer weiter – immer dümmer, das lässt sich besonders im Transportaufwand beweisen. Dass die Geschwindigkeit ein wunderbares Geschäft nicht nur für die Autobauer und die Autoindustrie ist, sondern auch für die Bauindustrie, erkannte man bald, und das hatte dann auch entsprechende Auswirkungen auf die Politik. Die Politik verfügt über die Steuermittel und wer an diese herankommen will, braucht die Hilfe der Politiker. Er muss seine Sache daher zur Sache der Politiker machen, und das erfolgt auf mehrfache Weise. Es gibt den einfachen Weg der Überzeugung, etwa über Argumente. Sachargumente sind bei der Politik nicht unbedingt beliebt, weil sie anstrengend sind, gibt es doch auch Gegenargumente, die es abzuwägen gilt. Wirksamer und verlässlicher sind die sogenannten Bindungen oder Verpflichtungen. Die Politik von heute braucht immer Geld, einerseits für die Parteien und andererseits für sich selbst, denn Politiker fühlen sich grundsätzlich unterbezahlt, seit sie glauben oder glauben gemacht werden, sie führen eine Firma – die Firma *Staat*. Wahlen finden periodisch statt und müssen finanziert werden. Dazu braucht man Sponsoren. Firmen und ihre Banken brauchen Aufträge, vor allem Aufträge der sogenannten »öffentlichen Hand«. Und diese ist für diese Klientel immer offener als für die Steuerzahler. Für die Bauindustrie ist sie sozusagen eine »offene öffentliche Hand«. Übrigens beim Geben wie beim Nehmen: Die Bauindustrie gehört wie die Waffenindustrie zu den korruptesten Branchen. Und da Provisionen üblich sind und in Prozenten verrechnet werden, kann das vielleicht auch die enormen Kosten und Kostensteigerungen öffentlicher Projekte erklären, zumindest teilweise, denn wie bei allen Berufen dieser Welt kommt dazu noch das Problem der fachlichen Qualifikation, von der Forschung über die Lehre, über die Medizin, bei der Rückkopplungen schneller zu Tage treten als in der Planung, bis hin zur Straßenreinigung und zur Müllabfuhr. Die Geschwindigkeit der Standortveränderungen und Konzernkonglomerate ist in einer Welt der kurzen und immer kürzer werdenden Gedächtnisse allemal von Vorteil.

Ein weiterer Effekt der höheren Geschwindigkeit ist der stärkere Verschleiß der Infrastruktur. Je stärker Fahrbahnen und Fahrzeuge dem Verschleiß unterliegen, umso größer ist der Umsatz der Bau- und Autoindustrie und aller damit verbundenen Industriezweige. Je größer der Umsatz, umso stärker wächst, gemessen am Bruttonationalprodukt (BNP), die Wirtschaft. Das Bruttonationalprodukt fragt nicht, wofür das Geld umgesetzt wird, sondern zählt jeden Geldtransfer positiv, auch wenn er den Menschen und deren Lebensgrundlagen noch so schadet. Allein aufgrund der Erkrankungen durch Autolärm werden im Sozialsystem jährlich viele hundert Millionen für Lärmschutzmaßnahmen umgesetzt – wiederum ein Beitrag zur Steigerung des BNP. Selbst Verkehrsunfälle leisten einen wichtigen Beitrag zum Bruttonationalprodukt, auch wenn man berechtigte Zweifel daran haben darf, dass sie zum Wohlbefinden der Bevölkerung beitragen. Das Finanzsystem und jene, die es betreiben und kontrollieren, freuen sich über jede Form von Gewinn.

Vom Fluch zum vermeintlichen Segen: die Automobilität

Technische Verkehrsmittel sind Produkte des Großhirns. Die geringe Geschwindigkeit und der hohe Körperenergieaufwand stellten seit der Entdeckung des aufrechten Gangs bei lokal auftretenden Problemen ein erhebliches Hindernis dar. Man konnte weder so schnell fliehen, wie es oft notwendig war, noch den Nahrungsquellen so schnell folgen, wie es wünschenswert gewesen wäre. Man musste schon ein gerüttelt Maß an Hirnschmalz aufwenden, um zu der begehrten Nahrung vorzudringen. Geistige Mobilität war gefragt, weil die physische nicht das lieferte, was man gerne gehabt hätte. Leider wurde der geistige Höhenflug durch den wassergefüllten Körper, der das Hirn ernährte, stark gebremst. Der Mensch konnte zwar das Spektrum der nutzbaren Ressourcen durch geistige Mobilität, das bessere Kennenlernen der Umwelt, erweitern, und auch das Feuer half ihm dabei, zusätzliche Nahrung aufzuschließen, aber befriedigend war die Situation noch lange nicht. Mobilität war immer beschwerlich und führte schließlich zur Kooperation, zum sozialen Miteinander, zur Arbeitsteilung, zu Dörfern und Städten. Die Genesis beschreibt diesen Prozess in wenigen Kapiteln: Makromobilität als Strafe für die Verletzung bestehender Ordnungsprinzipien, genannt »Vertreibung aus dem Paradies«, und in der nächsten Generation als Strafe für den Brudermord, also wiederum aufgrund eines Verstoßes gegen soziale Prinzipien. Diesem Fluch entgeht man nur durch Stadtgründung.

Das mühelose Dahinrollen einige Dezimeter über dem Boden, das uns der heutige Autoverkehr bietet, sorgt bei den meisten Fahrern für ein angenehmes und erhebendes Gefühl der Stärke und Macht, da sie mit dem Metabolismus und der Kraft des Autos in Interaktion treten. Selbst so mancher mitfahrende Hund scheint dieses Gefühl zu genießen. Es muss daher eine gute Sache sein, weshalb man darüber nicht weiter nachzudenken braucht. Im herkömmlichen Verkehrswesen wird unter Mobilität im Wesentlichen das Autofahren verstanden; und aufgrund der Beobachtung, dass mit zunehmendem Autobesitz die Zahl der mit dem Auto zurückgelegten Wege steigt, wurde jahrzehntelang an den Universitäten gelehrt – und an vielen noch immer –, dass die Mobilität »wachse«.

Nun handelt es sich beim Autoverkehr um keine natürliche Erscheinung, sondern um ein künstliches menschengemachtes Produkt, und als solches kann er nicht wachsen, sondern wird erzeugt. Schon die Begriffe weisen auf die eher der Mystik verhafteten Denkmuster des traditionellen Verkehrsverständnisses hin und erklären auch die Hilflosigkeit herkömmlicher Verkehrspolitik und -planung. Denn wen sollte man von dem wunderbaren Erlebnis des angenehmen Rollens ausschließen? Das wäre ja eine geradezu unsoziale Härte! Das erklärt auch, warum selbst sozialdemokratische Parteien dem Autoverkehr gegenüber eher zugeneigt sind – sie haben nicht erkannt, dass sie statt eines menschenbezogenen Sozialismus längst schon einen maschinenorientierten Sozialismus betreiben. Das Auto wird dem Menschen gleichgesetzt!

Das Dritte Reich entdeckt die Möglichkeit, den Zentralismus zu stärken

Schnelle Verkehrssysteme ermöglichen die zentrale Kontrolle großer Gebiete – das wussten schon die Römer und ließen durch die unterworfenen Völker ihre berühmten Straßen bauen. Auf diesen konnten dann die gewonnenen Beutegüter nach Rom und die Soldaten in großer Zahl schnell in die unterworfenen Provinzen gebracht werden – falls erforderlich. Es ist ein brutaler Kolonialismus, der bis heute fortbesteht und dessen brutalste Form – der Konzernkolonialismus – als »Globalisierung« bezeichnet wird, für den die Verkehrssysteme vom Auto bis zum Internet eingerichtet und ausgebaut werden. Erst durch den Verfall des römischen Hochleistungsstraßennetzes konnten sich die Regionen in Europa zu ihrer unglaublichen Vielfalt entwickeln. Langsame Geschwindigkeiten und hohe Transportkosten stärken immer die Macht der Nähe, und die Nähe ist die Macht der Bürger. Die Bürger lernten, die

Macht zu kontrollieren und sich gegen äußere Bedrohungen zu wehren. Dass diese auch von innen kommen können, daran dachte niemand. Aber das Auto brauchte »Lebensraum« – wie vermeintlich das deutsche Volk unter dem Naziregime. Der Boden für eine passende Entwicklung war bereitet.

Schon in den 1920er-Jahren entwickelte der Italiener Piero Puricelli die Idee einer nur für Autofahrer reservierten Autostraße – eine mautpflichtige Autobahn – bis zur Praxisreife, die daraufhin von einer privaten Errichtungsgesellschaft als erste »Autostrada« von Mailand nach Varese erbaut und 1924 eröffnet wurde. Leider fiel seine Idee in Italien nicht auf fruchtbaren Boden, also warb er im Ausland für seine Vorstellungen, unter anderem in Deutschland. Zunächst stand man dieser Idee auch dort skeptisch gegenüber. Die Wende kam mit Hitlers Rede zur Eröffnung der Internationalen Automobil- und Motorradausstellung am 11. Februar 1933 in Berlin, in der er die »Inangriffnahme und Durchführung eines großzügigen Straßenbauplanes« als einen Punkt zur »Förderung der Automobilisierung« anführte. Damit begann die öffentlichkeitswirksame Inszenierung des Autobahnbaus durch die NSDAP. Wörtlich sagte Hitler: »Wenn man früher die Lebenshöhe eines Volkes oft nach der Kilometerzahl der Eisenbahnen zu messen suchte, wird man in Zukunft die Kilometerzahl der für den Kraftverkehr geeigneten Straßen anzulegen haben.«[8] Am 1. Mai 1933 wurde offiziell der Bau eines Straßennetzes verkündet, das nur dem Automobilverkehr vorbehalten sein sollte. Am 23. September 1933 begann mit dem Spatenstich Adolf Hitlers der Bau der Reichsautobahn am Mainufer bei Frankfurt. Der nächste erste Spatenstich Hitlers erfolgte im Frühjahr 1934 für die Strecke München–Salzburg. Damit wurde die sogenannte »Arbeitsschlacht« eingeleitet, die Schaffung von Beschäftigung durch den Bau von Autobahnen – damals noch in Handarbeit. Aber auch im Dritten Reich dauerte diese Art der »Vollbeschäftigung« nicht sehr lange an, weil die Arbeiter bald durch Baumaschinen ersetzt wurden. Heute gehört der Autobahnbau zu den teuersten und dabei am wenigsten arbeitsintensiven Baubranchen. Bei einem Minimum an Arbeitskräften verschlingt er ein Maximum an Geld. Autobahnbaustellen sind wie alle baulichen Großprojekte im Verkehrswesen praktisch voll mechanisiert. Nur in den Köpfen der Regierenden – und vieler Ökonomen – herrscht nach wie vor die Vorstellung einer Beschäftigungswirkung durch den Fahrbahnbau, obwohl längst riesige Maschinen die meisten der Arbeitsplätze in diesem Bereich ersetzt haben.

Feudale Wünsche werden mit dem Geld der Bürger erfüllt

Stand zunächst die Publikumswirksamkeit der Aktion im Vordergrund, hatte Fritz Todt, der Generalinspektor für das deutsche Straßenwesen, zunehmend die Wünsche der Regierungsmitglieder, aber auch anderer einflussreicher Persönlichkeiten zu befriedigen. Beispielsweise teilte er am 1. März 1934 mit, dass den »Wünschen der Frau von Bismarck, die Autobahnlinie näher an das Gut Wollig heranzurücken«[9] entsprochen worden sei. Der Autoverkehrsfeudalismus begann im Dritten Reich, er besteht bis heute und wurde immer mehr zu einer bestimmenden Größe. Ein Landesrat in Oberösterreich zerstörte Biotope in seiner Wohngemeinde und einen Gutsbesitz, um eine Landesstraße von seinem Haus weg zu verlegen. Um das Holz aus seinen tschechischen Besitztümern möglichst günstig nach Italien transportieren zu können, bemühte sich Fürst Schwarzenberg um bereits totgesagte Autobahnprojekte wie die Nordautobahn, mit der das Weinviertel verwüstet wurde. Unter der Herrschaft von Banken und ihren Baufirmen erfüllten Land und Bund diesen Wunsch auf Kosten der österreichischen Steuerzahler und durch Opferung deren Lebensraums. In weit größerem Maßstab wird der Bau von Autobahnen von den neuen Feudalherrschern der Welt, den internationalen Konzernen, eingefordert. Von den Regierungen verlangen sie diese Tributleistung mit dem Versprechen, dann Betriebe und Arbeitsplätze anzusiedeln. Allerdings kann man heute schon vorhersehen und vorausberechnen, dass damit gerade das Gegenteil bewirkt wird. Aber Herrschaftsgefühle sind mit dem Auto immer noch untrennbar verbunden und wirkungsvoll. Dass die Politiker dem Auto geistig nicht gewachsen sind, beweisen sie uns täglich, werden sie doch ständig auf Rädern in Bewegung gehalten; man weiß eben, wie man das Denken behindern oder verhindern kann. Anstatt das Pendlerdasein durch politische Maßnahmen abzuschaffen, wird es aus sozialen Gründen finanziell unterstützt, die Zersiedelung verstärkt, die Bevölkerung in räumlicher Bewegung gehalten und vom Auto abhängig gemacht. Hier wird angezündet, was man gleichzeitig zum Zwecke der Milderung der Klimakatastrophe zu löschen versucht. Ein Kreislauf des Irrsinns mit dem Auto im Kopf, zum Wachstum der Gewinne und zur Steigerung des Bruttonationalprodukts.

Besatzungsmacht im öffentlichen Raum

Es waren die Wohlhabenden und Einflussreichen, die ihre Fahrzeuge einfach im öffentlichen Raum der Städte abstellten und damit den Stadtverwaltungen zunehmend Sorgen bereiteten, weil ja der Straßenraum dafür nicht vorgesehen war. Der wachsende Autobestand stellte die Stadtverwaltungen zunehmend vor Probleme, als sie sich mit dieser neuen Herausforderung konfrontiert sahen. Interessant ist, dass es den Fuhrwerkern und Kutschern in vielen Städten, wie etwa in Wien, nicht erlaubt war, ihre Fahrzeuge im öffentlichen Raum abzustellen. Aber diese Ordnungsmaßnahmen betrafen ja die Bevölkerung und nicht die damals Einflussreichen (woran sich bis heute nicht viel geändert hat). Daher hatte man zunächst keine Handhabe dagegen, denn bei den Autobesitzern handelte es sich um einflussreiche Personen und vonseiten der Ordnungshüter war es nicht angebracht, sich mit diesen anzulegen. In den USA war die Motorisierung in den 1920er-Jahren schon weiter fortgeschritten. Europa, insbesondere Deutschland, folgte dieser Entwicklung. Mit der Machtübernahme durch die Nationalsozialisten wurde die Automobilisierung Teil des politischen Programms. Was früher eine Angelegenheit für wenige Sportfahrer war, sollte zu einer Sache der Massen gemacht werden. Das Ziel aus dem Jahr 1933, die Automobilisierung zu fördern, wurde konsequent weiterverfolgt. Man hatte mittlerweile erkannt, dass das Volk vom Auto, ja schon von der Vorstellung, einmal ein solches zu besitzen, so begeistert war, dass man dies auch für strategische Zwecke nutzen konnte. Das half der Regierung, jenes Kapital aufzutreiben, das zum Aufbau der deutschen Schwer- und Waffenindustrie notwendig war. Eine Strategie, die im heutigen China mit großem Erfolg wiederholt wird. Auch dort ist das Ziel, mit den durch die zunehmende Verbreitung des Autos gewonnenen Geldern die Rüstungsindustrie zu finanzieren, die China zur Weltmacht führen soll. Offiziell lautet das Programm: Das Auto ist ein kurzlebiges Konsumgut, das die Menschen wollen und das hilft, die »Wirtschaft« zu entwickeln. China hat zudem die Strategie der US-Regierungen übernommen, so wie diese seinerzeit die Logik des Henry Ford, aus den Löhnen seiner Beschäftigten Gewinne zu generieren.

Ein genial teuflisches Gesetz

Diese Politik hatte und hat Folgen für die Städte und Gemeinden, die mit der wachsenden Flut von Autos zu kämpfen haben. Es ist daher nicht überraschend, dass die Stadtverwaltungen in

Deutschland ein Gesetz »von oben« begrüßten, das ihnen die Möglichkeit geben sollte, diesem Missbrauch des öffentlichen Raumes ein Ende zu bereiten. Am 17. Februar 1939 wurde im Deutschen Reichstag die sogenannte Reichsgaragenordnung verabschiedet. In deren Präambel ist das Ziel klar formuliert: »Die Förderung der Motorisierung ist das vom Führer und Reichskanzler gewiesene Ziel.« Welche Wirkungen von dieser Verordnung ausgehen würden, konnte man sich damals nicht vorstellen. In § 2 wird festgelegt: »Wer Wohnstätten, Betriebsstätten, (...) baut, hat für die vorhandenen und zu erwartenden Kraftfahrzeuge (...) Einstellplatz (...) auf dem Baugrundstück oder in der Nähe zu schaffen.« Die Reichsgaragenordnung trat am 1. April 1939 in Kraft. Die Verwaltung war erleichtert, hatte der Führer doch damit diesen gordischen Knoten praktischer Stadtverkehrspolitik durchschlagen. Seither klammern sich alle Verwaltungen und alle Bundesländer an diesen Paragrafen, ohne zu ahnen, welche Folgen er im System anrichtet. Sie waren zunächst von einer Sorge befreit und hatten ein Instrument zur Hand, das sie bis heute nicht verstanden haben, um damit die Zerstörung der Städte, ihrer Lebensqualität, ihrer lokalen Wirtschaft und des Klimas zu betreiben. Was man damit anrichtet und welche Probleme dadurch erzeugt werden, hat man bis heute nicht begriffen – auf allen Ebenen des Verkehrswesens und all seiner Disziplinen und praktischen Anwendungen. Wie an früherer Stelle bereits ausgeführt, sind wir evolutionär nicht gut dafür ausgestattet, die indirekten und längerfristigen Wirkungen unserer Handlungen und Eingriffe in die Welt vorauszusehen. Indirekte, nicht lineare Folgen mit verzögerten Rückkopplungen in komplexen Systemen waren auch nur selten zu bewältigen, und wenn doch, dann waren es die Götter, die für unser Fehlverhalten Rache übten – Ende des Denkens. Für das Leben und Überleben genügte im Rahmen der damaligen Eingriffe die Kenntnis der unmittelbaren Folgen. Natürlich haben wir die daraus resultierenden Wirkungen und mittelbaren Folgen in vielen Bereichen erkannt und daraus gelernt, besonders in überschaubaren Bereichen. Der fragliche Bereich war zwar überschaubar, die Wirkungen hatten jedoch schon damals gelegentlich unerwartete Überraschungen zur Folge. In der Medizin etwa ist es heute nicht mehr üblich, eine entzündete verletzte Hand zu amputieren, weil man weiß, dass sie später noch gebraucht wird – nicht so in der Stadtplanung und dem Verkehrswesen. Wenn es um Autoabstellplätze geht, scheinen die Eingriffe, ebenso wie deren Wirkungen, in der Vorstellung der Ordnungsämter, der Stadtpolitiker, der Bevölkerung, der Wissenschaftler und Gesetzgeber nur lokaler Natur zu sein, tatsächlich jedoch sind sie nicht nur überregionaler, sondern genau genommen globaler Natur. Aber das merkt man selbstverständlich nicht, wenn der eigene Horizont auf den Hubraum oder den Rotor eines Elektromotors reduziert ist.

Die Vorstellungen des Führers erfüllt

Zunächst galt es, das Versprechen des Führers – die Lieferung der »Volkswagen« – einzulösen, die mit den KdF-(Kraft-durch-Freude-)Anzahlungen finanziert worden waren. Im Krieg war das nicht umsetzbar, weil mit dem Geld kriegstaugliche Fahrzeuge gebaut werden mussten, um den »Endsieg« zu erzielen. Nach dem Ende des Zweiten Weltkriegs fand das sogenannte deutsche Wirtschaftswunder auf Rädern statt, maßgeblich geprägt von Ludwig Erhard (1897–1977), dem ersten Wirtschaftsminister und zweiten Bundeskanzler der Bundesrepublik Deutschland. Er hatte die Einführung der sozialen Marktwirtschaft vorangetrieben, die für die Wohlstandsentwicklung in Deutschland entscheidend war. In den 1950er-Jahren entwickelte sich die Motorisierung geradezu explosionsartig; betrachtet man das Phänomen über einen längeren Zeitraum, stellt man fest, dass es nichts anderes war als eine Aufholjagd angesichts der bereits in den 1930er-Jahren begonnenen Motorisierung Deutschlands, die durch den Krieg unterbrochen worden war. Die Siegermacht USA zeigte, wo die Zukunft des Verkehrs lag: im Autoverkehr. Die von Zimmermann 1955 erstellte Prognose[10] für die Vollmotorisierung Deutschlands mit 58,4 Pkw auf 1.000 Einwohner bis zum 1. Juli 1963 wurde schon nach weniger als vier Jahren erreicht, 1963 war der Wert bereits um das Doppelte überschritten, und bis heute ist kein Ende absehbar, obwohl der Motorisierungsgrad, auch als Pkw-Dichte bezeichnet, im Jahr 2021 bei 580 Pkw pro 1.000 Einwohner lag. Von der Autolobby wurde und wird dieser Wert als Indikator für die Wirtschaftsentwicklung genutzt, ganz zur Freude der Autobesessenen in der Politik, die sich dieser Meinung angeschlossen haben. Und das mit vollster Überzeugung, denn sie wissen nicht, dass ihr Klein- und Stammhirn vom Autovirus befallen ist. Daher ist selbst den Linken und den Grünen nicht bewusst, dass sie mit ihrer Politik das Programm des »Führers« umsetzen, indem sie die Welt der Menschen zu einer Welt der Autos und der Autofahrer umbauen. Auf Teufel komm raus werden bis heute Infrastruktureinrichtungen für Autofahrer geschaffen, in Städten und Dörfern werden Häuser abgerissen, um Fahrbahnen zu verbreitern, Gehsteige werden aufgegeben oder schmaler gemacht, Radwege zugeparkt oder dem Verfall preisgegeben. So wurde das Autobahnnetz zwischen 1995 und 2020 allein in den östlichen Bundesländern um 57 Prozent vergrößert.

Zuerst mussten die Wünsche des Fließverkehrs befriedigt werden, in der Folge stellte man allerdings fest, dass es auch beim Abstellen der Fahrzeuge Engpässe gab – die bis heute nicht behoben sind. Denn Autofahren darf nichts kosten oder zumindest so wenig wie möglich. Daher hat die Besetzung der öffentlichen Räume kostenlos zu sein. Hier übernahm der Autoverkehr die grundlegenden Regeln des damaligen und heutigen Feudalismus: Die Kosten haben die anderen zu zahlen, die Lasten werden auf die unteren Schichten abgewälzt. Und die unteren Schichten, das waren und sind in den Köpfen der meisten Verwaltungen noch immer die nicht motorisierten Verkehrsteilnehmer. Die Autofahrer beanspruchten öffentliche Verkehrsflächen für sich und verbreiteten über ihre Lobbyorganisationen die Mär von der »Melkkuh der Nation«. Dabei muss es sich offenbar um eine ganz spezielle Art von Paarhufer handeln, die, obwohl ausgebeutet, die Eigenschaft hat, ständig zuzunehmen und immer fetter zu werden, was sich beispielsweise am Gewicht und auch an der Erscheinungsform der SUV eindrucksvoll zeigt. Wäre die Klage der Autolobby berechtigt, müsste sowohl die Zahl als auch das Gewicht der Autos immer mehr abnehmen – während gleichzeitig die potenzielle Geschwindigkeit und die Kraft der Motoren immer mehr schwinden. Diese Vorstellung einer Melkkuh, die ständig zunimmt und immer fetter wird und allen anderen Verkehrsteilnehmern und der Natur immer mehr Platz raubt, steht gleichsam für den durch das Autovirus hervorgerufenen Realitätsverlust in den Köpfen der Käufer dieser aufgeblähten Bewegungsprothese.

Macht der Autolobby – Ohnmacht der Verkehrspolitik

In dem Maße, wie der Autofahrer zur politischen Macht wurde, verfiel die reale Verkehrspolitik. Ihre Gestaltungskraft ging verloren und wurde zunehmend durch den Lobbyismus von Autofirmen, Banken und ihren Baufirmen ersetzt. Man ließ den öffentlichen Verkehr verkommen und stellt bis heute Eisenbahnlinien ein. Getragen wird diese Gesinnung von der irrealen Erwartungshaltung, dass billige, leicht verfügbare Energie bis in alle Ewigkeit zur Verfügung steht, oder aber von dem Glauben, dass man rechtzeitig neue, ebenso billige und massenhaft verfügbare Energiequellen auftun wird, die die Menschheit von der Sorge der Energieknappheit befreien. An den Universitäten wurden in den 1950er-Jahren Lehrstühle für ein Verkehrswesen eingerichtet, das sich ausschließlich mit dem Autoverkehr zu beschäftigen hatte und in jeder Hinsicht dessen Förderung dienen sollte. Der Städtebau und das Siedlungswesen hatten schon seit den 1930er-Jahren, fasziniert von der Entwicklung in den USA, ihre Entwürfe nach den Bedürfnissen dieses zukünftigen Verkehrssystems ausgerichtet. Breite Fahrbahnen sollen die Siedlungsgebiete miteinander verbinden und erschließen. Dass damit die Struktur der Siedlungen in Wirklichkeit zerschnitten wird, erkannte man nicht. Der Blick war jener über das Lenkrad. Einst vom Clubgedanken geleitet ins Leben gerufen, wurden Automobilclubs mehr und mehr zu mächtigen Lobbys, die die Regierungspolitik mitbestimmten und damit auch die Verwendung der Steuermittel. Dass dabei alle anderen Verkehrsträger benachteiligt wurden, ist bis heute geübte Praxis. Millionen für die Autos, Peanuts – wenn überhaupt – für den Rest. Ganze Industriekomplexe wurden errichtet und Finanzierungsinstrumente auf allen Ebenen der Verwaltung geschaffen, um die der »Freiheit« dienende Mobilität der Bürger zu garantieren und durch billige Kredite zu finanzieren. Die Möglichkeiten waren so faszinierend, dass kaum jemand auf den Gedanken kam, dass dies auch Folgen haben könnte.

Disziplinen, die dem Auto dienen und an ihm verdienen

Ganze Disziplinen stellten sich in den Dienst des Autos, um das Wunder möglich zu machen und daran teilzuhaben. Techniker – auf lineare Ursache-Wirkungs-Zusammenhänge hin ausgebildet – widmeten sich begeistert dem Bau von Fahrzeugen, ihrer permanenten Verbesserung und Ausstattung mit sinnvollen und weniger sinnvollen Zusatzelementen. In den Baufakultäten wurden die Projektierung und der Bau von Verkehrsanlagen gelehrt, meist in Anlehnung an amerikanische Vorbilder, ohne lange nach der Sinnhaftigkeit oder eventuell verfügbaren wissenschaftlichen Grundlagen zu fragen. Das war auch nicht notwendig, solange alles funktionierte und ausreichend Fahrbahnen zur Verfügung standen. Denn all die Jahrtausende des Verkehrswesens auf dem Land waren bestimmt vom Bau tragfähiger Brücken, passierbarer Straßen, d. h. sicherer Verkehrswege vor allem für die jeweils Herrschenden. Die Sicherheitsbedrohung kam allerdings nur selten aus dem Verkehrssystem selbst, sondern aus dem Umfeld. Es waren Abgaben zu leisten, um bestimmte Strecken passieren zu können oder ein sicheres Geleit zu bekommen. Mit dem Aufkommen des Autos änderte sich die Aufgabenstellung nun grundlegend. Die Fahrbahnen mussten für den Autoverkehr adaptiert werden, wofür alle Bürger Steuern zahlen mussten, damit es für die Autofahrer billiger wurde. Heute übernimmt ein Pkw-Halter weniger als die Hälfte der entstehenden Kosten, die Besitzer schwerer Lkw zahlen gar weniger als ein Sechstel. Das Recht wurde umgeschrieben, an die Bedürfnisse der Autofahrer angepasst, um deren Privilegien auch noch auf diesem Wege zu zementieren. Die Rechtswissenschaften wurden umstrukturiert und Menschenrechte den Autorechten untergeordnet, die Hierarchie der menschlichen Werte auf den Kopf gestellt. Leben und Gesundheit wurden der Freiheit des Autofahrens unterworfen, Lebensräume durch Fahrbahnen fragmentiert.

Wie sich früher Wirtschaft und Verkehr entwickelten

Pferde können unterwegs grasen – zumindest von Frühjahr bis Herbst. Mit den Besitzansprüchen auf Grund und Boden war das aber nicht mehr so einfach. Man musste Energie zukaufen. Und so blieb entlang der Wege und Straßen immer Geld »liegen«. In Tagesabständen musste man übernachten, die Waren mussten geschützt und die Personen untergebracht werden. Überall, wo Aufenthalte notwendig waren, entstanden im Laufe der Zeit feste Siedlungen und in der Folge Städte. In ganz Europa findet man daher dieses Muster der meist aus dem Mittelalter stammenden Bezirks- oder Kreisstädte in Entfernungen von 25 bis 40 Kilometern. Meist liegen sie an exponierten Punkten wie Flussquerungen, wo vom Wasser- auf Landtransport umgeladen wurde und umgekehrt. Wo der Verkehr zum Stehen kam, Waren aus-, ein- oder umgeladen wurden, wo man zum Aufenthalt gezwungen war, konnten sich Geschäfte, Handwerk, die Wirtschaft entwickeln. Besonders vorteilhaft erwiesen sich diese Gegebenheiten für die Bewohner der Alpen, die die Unerfahrenheit der Flachländer und deren Furcht vor dem Gebirge zu ihrem Vorteil zu nutzen wussten. Führer, aber auch zusätzliche Zugkraft waren erforderlich, der »Vorspann« erwies sich als ein derart lukratives Geschäft, dass daraus der erstaunliche Reichtum vieler Alpenstädte resultierte, die sich an strategisch günstigen Punkten wie Talmündungen ihre Handels- und Stapelrechte sicherten. Es wurde eine Maut erhoben, die dann im Ort oder zumindest in der Region blieb. Im Mittelalter waren einige Regionen so clever, Regeln zu erlassen, nach denen die Güter, die bei einem Verkehrsunfall oder einer Fuhrwerkspanne beschädigt wurden, dem Grundbesitzer am Unfallort gehörten. Dass man unter diesen Bedingungen nicht unbedingt auf gute Straßenverhältnisse achtete, ist wirtschaftlich verständlich. Auch wusste man noch aus Erfahrung, dass gute Straßenverbindungen – wie etwa die Römerstraßen– weniger der Region als vielmehr der Zentralmacht dienten. Erst als die Zentralmacht verfiel und damit auch ihr Straßennetz, konnten sich die Regionen wirtschaftlich erholen und in der Vielfalt entwickeln, die heute noch den Reichtum Europas ausmacht. Die USA – begründet auf dem Genozid an den hochkultivierten indigenen Bevölkerungsgruppen Amerikas – haben diese Wurzeln zerstört und damit die Voraussetzungen für schnelle Verkehrssysteme geschaffen, die ihre Hegemonie sowie die Vorherrschaft der internationalen Konzerne unter der Schutzmacht des Staates weltweit begründen. Europa folgte diesem Beispiel – womit einmal mehr bewiesen ist, dass man aus der Geschichte offensichtlich nichts lernt.

Siedlungen jener Qualität, wie wir sie in Europa kennen, wird man in den USA vergeblich suchen. Von den alten Städten sind bestenfalls noch Ruinen erhalten; was später gebaut wurde, hat mit dem menschlichen Maß eines gebauten Lebensraums sehr wenig zu tun – mit Ausnahme mancher historischer Kerne wie in Boston oder New York.

Architekten und Städteplaner kennen die Zusammenhänge und Beziehungen zwischen Verkehrssystem und gebauten Strukturen offenbar nicht, sonst hätte die »Charta von Athen« – 1933 unter entscheidender Mitwirkung von Le Corbusier formuliert – anders ausgesehen. Aber damals wollte man die USA nachäffen. Was dabei herausgekommen ist, kennen wir zur Genüge. Fehlentwicklungen im Verkehrssystem haben zwingend Fehlentwicklungen der Städte und Dörfer zur Folge.

Verkehrswege- und Städtebau brauchen Rechtshilfe

Diese beiden Disziplinen reichen aus, um eine Welt zu gestalten, die sich dem Auto immer mehr anpasst. Erstere sorgt für Verkehrswege, die nicht mehr begehbar sind – wie es Menschen seit Jahrtausenden gewohnt waren –, sondern die sich ausschließlich zum Befahren eignen. Und das mit Geschwindigkeiten, die weit jenseits der Werte liegen, die die Menschheit bis zu diesem Zeitpunkt begleitet haben. Geradezu berauschend für jene, die mitfahren können. Man erreicht mehr Ziele und spart Zeit. Zumindest damals. Der Städtebau wiederum durchbricht die Enge der alten Siedlungen und schafft Platz für das Auto. In beiden Disziplinen lernt man, den Maßstab des Autos als den einzig wichtigen zu erachten. Damit dies auch in der Praxis sichergestellt wird, erlassen die Regierungen Bauordnungen und »verbindliche Richtlinien« (ein Widerspruch in sich).

Im Laufe der Zeit entwickelte sich eine Straßenverkehrsordnung, in Österreich erhielt sie 1961 ihre heutige Grundstruktur, in Deutschland trat die StVO bereits am 1. Januar 1938 in Kraft. Wird das Gesetz – wie es in Österreich der Fall war – von einem klugen Juristen gemacht, dürften die heute zu beobachtenden Auswüchse gar nicht möglich sein. Die Auslegung des Gesetzes erfolgt jedoch nicht durch sachkundige Juristen, sondern durch sachunkundige Gutachter, wie etwa »technische Sachverständige«, die den Verkehr allein auf den Autoverkehr reduzieren. Und das hat Folgen. Denn auf deren Aussagen stützen sich die Vertreter des Rechts, ohne zu ahnen, dass in den Köpfen der sogenannten Sachverständigen das Auto als einziges Verkehrsmittel verankert ist. Alles wird allein aufs Auto bezogen, und um diesem zu seinem Recht zu verhelfen, muss ihm alles andere untergeordnet werden.

Wegbauen, wegsignalisieren, wegmanagen

Da man nicht durchschaute, wie die Systeme funktionierten, die man eingerichtet hatte, entstanden zunehmend Probleme oder Abweichungen von der Erwartung bzw. dem Versprechen, das man der Bevölkerung gegeben hatte. Staute der Autoverkehr, wurde ausgebaut, was das Zeug hielt. Der Staat machte Schulden, um die »Straßeninfrastruktur für die Wirtschaft der Zukunft« zu schaffen, und errichtete Verkehrsanlagen, deren Lebensdauer mindestens ein Jahrhundert betragen sollte. Die Vermessenheit einer Gesellschaft, die über keinerlei Erfahrung mit den Auswirkungen dieses neuen technischen Verkehrsmittels verfügte. Es ist geradezu lächerlich, wenn sich sogenannte Wissenschaftler anmaßen, Grundlagen für Entscheidungen mit einem derartigen Zeithorizont zu liefern, obwohl sie nicht einmal in der Lage sind, die Entwicklungen der nächsten Jahre mit einiger Sicherheit vorauszusehen, was schon die bereits erwähnte Zimmermann-Prognose zur Pkw-Dichte aus dem Jahr 1955 bewies. So wurden und werden mit kurzfristigen Maßnahmen langfristige Wirkungen ausgelöst. Verantwortung dafür übernahm und übernimmt aber niemand. Die Menge des Autoverkehrs nahm immer mehr zu, weshalb man meinte, die Verkehrsanlagen wären nicht ausreichend dimensioniert. Also versuchte man das »Verkehrsproblem«, nämlich die Störung der freien und ungehinderten Autofahrt, durch weitere Fahrbahnen zu lösen. Man glaubte, das Problem »wegbauen« zu können.

Die Methode ist jener der Schildbürger nicht unähnlich, die das fette Gras auf einer Mauer ihrer Kuh dadurch zuführen wollten, dass man diese mit einem Strick um den Hals die Mauer hinaufzog. Als das arme Tier die Zunge herausstreckte, war das für sie die Ermunterung, noch fester zu ziehen, weil die Experten der Schildbürger mit messerscharfer Logik feststellten, dass die Kuh das Gras schon rieche und ihre Zunge gierig danach ausstrecke. Das Ergebnis ist bekannt. Nicht aber jenen, die diese Methode der linearen Prognose von Erscheinungsformen im Verkehrswesen noch immer anwenden.

Da sich mittlerweile auch die Elektronik zu veritabler Konzerngröße entwickelt hatte und Konzerne in der Regel eine intensive Beziehung zu öffentlichen Mitteln entwickeln, um ihre Gewinne auf leichte Art zu maximieren, war es nur naheliegend, dass sie sich auch dem Verkehrswesen als »Problemlöser« anboten. Man begann, an Kreuzungen und wo sich sonst eine Gelegenheit ergab Lichtsignalanlagen einzurichten und zu betreiben. Dazu mussten die bereits eingerichteten und funktionierenden Kreisverkehre wieder in Kreuzungen umgebaut werden, die durch die Ampelanlagen gesteuert werden konnten. Denn es kommt hier wie anderswo vor allem auf den Umsatz und nicht so sehr auf den Sinn an. Aber die Gesellschaft war damit einverstanden, da der Löwenanteil der Grünphasen immer dem Autofahrer vorbehalten war. Wer nicht im Auto saß, hatte entweder das Pech, überhaupt nicht berücksichtigt zu werden, oder musste sich mit den Restzeiten zufriedengeben. So versuchte man die Verkehrsprobleme »wegzusignalisieren«.

Nach wie vor fließen Milliarden in diese Art von Tätigkeiten, unter anderem in eine Forschung, die besonders von der europäischen Kommission vorangetrieben und von der dahinterstehenden Industrie gelenkt wird. Wo es möglich war, wurden ohne Rücksicht auf andere Verkehrsteilnehmer sogenannte »grüne Wellen« für den Autoverkehr – für wen sonst – eingerichtet. Fußgänger, Radfahrer und öffentlicher Verkehr hatten sich diesen unterzuordnen und ja auch genügend Zeit zu warten, damit der Autoverkehr ungehindert fließen konnte.

In England hingegen konnte sich der Kreisverkehr halten, ist er doch rational jeder signalisierten Kreuzung verkehrs- und sicherheitstechnisch überlegen. Die nüchternen Engländer konnten diese Lösung trotz des Signalisierungsfiebers über Jahrzehnte nicht nur erhalten, sondern auch »ausbauen«, indem sie die Vorrangregeln dem Kreisverkehr anpassten – bei Linksverkehr Rechtsvorrang. Heute wird auch in Europa wieder häufiger auf den Kreisverkehr gesetzt, wenn auch meist mit einer bewundernswerten Unbeholfenheit der Planer, an der zu erkennen ist, dass sie nach wie vor allein an das Auto denken. Kreisverkehre sind nur dort von Vorteil für das System, wo alle anderen Verkehrsteilnehmer eindeutig Vorrang vor dem Auto haben und man eine Selbstregelung des Autoverkehrs akzeptieren kann. Wo man allerdings den Autoverkehr regeln will, also seine Menge dosieren möchte, sind Lichtsignalanlagen erforderlich, ebenso dort, wo man dem öffentlichen Verkehr seinen Raum gegenüber dem aggressiven Auto sichern möchte.

Da man jedoch mit beiden Versuchen scheiterte, versucht man seit den 1990er-Jahren etwas, das man »Verkehrsmanagement« nennt. Und wieder fließen Milliarden in Forschungen und Einrichtungen, um Informationen über den Verkehrszustand – den des Autoverkehrs, versteht sich – zu erhalten, in der Hoffnung, damit das in den Autoverkehr und seine Proponenten zu bringen, was offensichtlich fehlt: Hirn. Und wo man die natürliche Intelligenz verloren hat, hofft man diesen Mangel durch künstliche Intelligenz (KI, auch AI, Artificial Intelligence) kompensieren zu können. Ungefähr genauso sinnvoll, wie ein echtes Menü durch ein virtuelles Menü zu ersetzen. Der Magen lässt sich als älteres Organ nicht so leicht täuschen wie das neue unerfahrene Großhirn. Es ist auch in der Forschung angebracht, dem Bauchgefühl mehr zu vertrauen.

Auch Ökonomen kennen die Eigenschaften des Verkehrssystems nicht

Woher auch, wenn der Rauminhalt auf den Geldwert und die Zeit auf die Zinsrate reduziert werden? Das Bemühen der Techniker war es – und ist es leider heute noch immer – die

Geschwindigkeiten für das Einzelfahrzeug möglichst hochzuhalten und den »Verkehrsfluss« auch in der Masse zu garantieren. Weiter reicht die Systemkenntnis im Allgemeinen nicht. Die Eigenschaften wurden und werden an einem Querschnitt beobachtet und erforscht und daraus wird dann auf ein Systemverhalten geschlossen, das aber nicht nur aus einem Fahrbahnquerschnitt besteht und auch nicht dem realen Verhalten entspricht. Das aber ist bisher noch niemandem aufgefallen. Was damit angestellt wurde, hat man lange Zeit nicht beachtet; erst als die Folgewirkungen unübersehbar waren, begann man zu reagieren und weiter zu investieren, unterstützt von Ökonomen.

Letztere sind denn auch eine weitere wichtige Gruppe, die sich des Verkehrswesens angenommen hat, weil dieses ja für seinen Bau und seine Erhaltung großer Finanzmittel bedarf, Güter und Personen befördert und auch für die Wirtschaftsabläufe wichtig ist. Eine zentrale Größe in den Berechnungen der Ökonomen, Techniker und Entscheidungsträger ist neben den Kosten die Transportzeit. Verkürzungen der Transportzeit werden als Nutzen betrachtet und so in die Berechnungen eingeführt. Ökonomen berechnen »Zeiteinsparungen durch Geschwindigkeitserhöhung«, multiplizieren diese Werte mit dem Geldwert je Zeiteinheit und ermitteln so den Nutzen, der sich aus der Geschwindigkeitserhöhung auf einer bestimmten Strecke ergibt. Sie extrapolieren dabei die Einzelerfahrung auf ein System, das auf jeden Eingriff in komplexer Form reagiert – gerade in Bezug auf die Wirtschaft. Das passt auch zu der irrigen Annahme ihrer Disziplin – »was für den Einzelnen gut ist, muss auch für die Gemeinschaft gut sein«. Die Summe der wirtschaftlichen Einzeloptima soll das Gesamtoptimum ergeben – leider ein Irrtum, wie die Erfahrung zeigt. Denn das Gesamtoptimum eines Systems ergibt sich nicht aus der Addition der Einzelteile, sondern aus deren optimaler Abstimmung im Interesse des Ganzen. Genauer gesagt entsteht erst aus den Erfahrungen mit dem »Ganzen« dessen Sinn und Zweck.

Nun gibt es im Verkehrssystem so etwas wie Zeiteinsparung durch Geschwindigkeitserhöhung gar nicht. Steigt die Geschwindigkeit durch schnellere Verkehrsmittel oder den Ausbau von Fahrbahnen oder Eisenbahnen, dann kommt es zwar auf diesen Teilen des Netzes zu einer vorübergehenden Zeitverkürzung auch im System, allerdings nur, bis sich dieses auf die neue Situation umstellt und durch einen scheinbar geheimnisvollen Vorgang anpasst. Bereits nach wenigen Jahren stellt sich ein neuer Gleichgewichtszustand ein, mit dem Ergebnis, dass die Mobilitätszeit im System wieder die gleiche ist wie vor der Beschleunigung. Denn die Reisezeit ist weltweit konstant. Durch die Geschwindigkeitserhöhung werden nur die Wege proportional verlängert, weil sich die vom Menschen geschaffenen Strukturen – Wohnungen, Arbeitsplätze, Einkaufsmöglichkeiten – verlagern. Die unsichtbare Wirkung der Geschwindigkeiten ist nicht unmittelbar beobachtbar, sondern nur an den Veränderungen der Strukturen im Raum. Den Zusammenhang verdecken aber die Unterschiede in den Zeitskalen und die Zeitversätze zwischen Eingriff und Folgen. Die Geschwindigkeiten im Verkehrssystem nahmen mit der Motorisierung zu und beeinflussten nach und nach auch die Raumstrukturen, was in den Gemeinden eine bis dahin nicht mögliche Ausweitung von Baugebieten zur Folge hatte. Spätestens seit 1974 ist es empirisch erwiesen, dass die Zeiteinsparung im System null ist, weil mit der Geschwindigkeit die Längen der Wege proportional zunehmen.[11] Daher kann man daraus auch keinen Nutzen ziehen, selbst wenn systemunkundige Ökonomen, Techniker und fachignorante Entscheidungsträger dies glauben. Multipliziert man den Wert null mit irgendeinem Geldbetrag, ist das Ergebnis immer wieder die Null und nicht etwa der »Nutzen«, wie ihn Ökonomen und Planer bei Verkehrsprojekten berechnen. Verkehrsökonomen scheinen das nicht zu wissen, daher bemühen sie sich ständig um schnellere und leistungsfähigere Verkehrssysteme. Was für einen Betrieb kurzfristig vorteilhaft ist, trifft leider nicht auf das System als Ganzes zu. Steigen die Geschwindigkeiten im System, hat das Wettbewerbsvorteile nur für die Großen, was die Ökonomen durch die Theorie des Skaleneffekts *(Economies of scale)* erklären, und es verschwinden alle kleinen Konkurrenten, weil die Ökonomen noch nicht begriffen haben, dass dieser Theorie der Bezug zur Realität fehlt – dem Verkehrssystem und seinen Kosten.

Solche irrealen Berechnungen dienen aber nach wie vor als Grundlage für verkehrspolitische Entscheidungen. Werden die negativen Auswirkungen unübersehbar, versucht man den Fehler nur noch größer zu machen, indem man noch schnellere Systeme fordert. Aber bekanntlich wird ein Problem nicht dadurch gelöst, dass man es größer macht. Sämtliche wirtschaftlichen Begründungen und Berechnungen, die heute für Investitionen in schnelle Verkehrssysteme herangezogen werden, sind daher falsch. Sie stützen sich auf eine Größe, die im System nicht existiert. Das bleibt den Ökonomen aber verborgen, weil die Zeitverkürzung im Einzelfall ja jederzeit nachgewiesen werden kann, die langsam reagierenden Strukturen des Systems aber nicht gesehen werden. Daher versuchen sie das Sterben der kleinen Geschäfte und Betriebe mit Rationalisierungs-Hokuspokus zu erklären. Vorstellungen wie der »Skaleneffekt« oder die »Theorie der komparativen Kostenvorteile« wurden entworfen, die das verbindende Element des wirtschaftlichen Geschehens – den Verkehr und den damit verbundenen Aufwand – einfach ignorieren. Der gesamte Zweig der sogenannten Betriebs- und Verkehrslogistik baut auf diesen Annahmen auf, wobei sie auf der Ebene des Betriebes durchaus berechtigt sind, nicht hingegen auf der Ebene der planerischen Projektentscheidungen. Dass ein Betrieb unter den gegebenen Rahmenbedingungen seine wirtschaftliche Position optimieren muss, ist selbstverständlich. Dass die Optimierung eines Betriebes auf die Rahmenbedingungen zurückwirkt, wird allerdings nicht bedacht. Und so haben Ökonomen in gutem Glauben mitgeholfen, ganze Branchen zu zerstören und das Pendlerunwesen hervorzubringen.

Ökonomen, die selbst die Marktwirtschaft prägten, haben die Regeln ebendieser Marktwirtschaft im Autoverkehr von vornherein außer Kraft gesetzt. Um nur ein Beispiel zu nennen: Der monatliche Marktpreis einer innerstädtischen Fläche von der Größe eines Parkplatzes liegt in Mitteleuropa bei 300 Euro aufwärts und kann in größeren Städten ein Vielfaches davon betragen. 150 Euro als jährliche Verwaltungsabgabe für die Erlaubnis des Parkens auf öffentlichen Flächen, wie sie in manchen Städten erhoben werden, empfinden die verwöhnten Autofahrer bereits als unzumutbare Belastung. In einer nach dem Verursacherprinzip funktionierenden Marktwirtschaft wird jeder Autoabstellplatz, ob im öffentlichen Raum oder nicht, jährlich mit 2.000 bis 5.000 Euro an Abgaben belastet. Allein diese Information hätte eine entsprechende Änderung des Verhaltens und auch des Selbstverständnisses der Autobesitzer zur Folge. Das aber wird selbst in der »Verhaltensökonomie« als Tabu betrachtet. Dem wird nachzugehen sein.

Setzt man die Gesetze der Marktwirtschaft außer Kraft, darf man sich nicht wundern, dass genau das auftritt, was man auch in den totalitären kommunistischen Staaten beobachten konnte: es kommt zum Stau – damals vor den Geschäften, weil die Waren knapp waren, heute auf unseren Fahrbahnen, weil die Menschen mit dem falschen Verkehrsmittel unterwegs sind, und dies noch dazu jenseits aller rationalen Auslastung mit einem durchschnittlichen Besetzungsgrad von 1,5 Personen auf fünf Sitzplätzen.[12]

Zauberformel »externe Kosten«

Wenn der Unsinn, den Verkehrsökonomen betreiben, sichtbar wird, retten sie sich in einen wunderbaren Begriff, nämlich jenen der »externen Kosten«. Damit meint man Kosten, die außerhalb der jeweiligen Systemgrenzen, die mehr oder weniger willkürlich festgelegt werden, entstehen. Im Autoverkehr etwa die Kosten für die Anrainer als Folge der Lärm- und Schadstoffbelastungen oder auch die Folgekosten für das Klima. Kosten also, die zwar durch das Auto und den Autoverkehr, jedoch außerhalb des Autoverkehrs entstehen. Dass die Defizite des öffentlichen Verkehrs auch dazugehören, überschreitet aber selbst den Horizont der progressiven Ökonomen. Dafür forscht man dann trefflich und endlos über die Irrtümer, denen man selbst aufgesessen ist. Millionen von Euro werden darauf verwendet zu ermitteln, was nicht ermittelt werden kann: die eingesparten Reisezeiten im System. Clever sind sie, die Ökonomen, das muss man ihnen lassen, zumindest im Vergleich zu den Technikern. Diese glauben zumindest, bei der Bemessung ihrer Geräte, Maschinen und Gebäude alle auftretenden und denkbaren Kräfte berücksichtigen zu müssen, anstatt sich das Leben so leicht zu machen wie ihre Kollegen in der Ökonomie. Wenn ein Gebäude unter Schneelast zusammenbricht oder bei starkem Wind Schaden erleidet, dann suchen sie den Fehler in den eigenen Berechnungen und Konstruktionen, anstatt wie die Ökonomen den Begriff der »externen Kräfte« als Entschuldigung für ihre Berechnungsfehler und falschen Grenzziehungen bei der Systembetrachtung heranzuziehen. Falls also ein Koch die Suppe versalzen sollte oder etwas anbrennen lässt, sei ihm die Wunderformel von den »externen Wirkungen« empfohlen. Die Banker und Finanzmanager wenden sie ohnehin so erfolgreich an, dass sie nicht nur sorgenfrei jede Untat begehen können, sondern dafür auch noch fette Prämien kassieren.

Das Rechtssystem: zu langsam und ohne Verständnis für die Gesetze des motorisierten Individualverkehrs

Eine weitere Disziplin im Bunde, die bei der allgemeinen Zerstörung durch das Autovirus eine wesentliche Rolle spielte und spielt, ist die Juristerei, haben doch die Juristen im 20. Jahrhundert nicht nur ein Rechtssystem zugunsten des Autoverkehrs errichtet, sondern praktizieren dieses Recht auch in dessen Sinne. Schon die Straßenverkehrsordnung wird in der Praxis zur Privilegienordnung für Autobesitzer. § 1 der österreichischen StVO, der den Geltungsbereich regelt, lautet: »Dieses Bundesgesetz gilt für Straßen mit öffentlichem Verkehr. Als solche gelten Straßen, die von jedermann unter den gleichen Bedingungen benützt werden können.« Nimmt man ihn wörtlich und stellt etwa ein »Gehzeug« ab wie ein Fahrzeug, wird man schnell feststellen, dass die weiteren Paragrafen offensichtlich den ersten, der ja deshalb der erste ist, weil er die Basis für alle folgenden Paragrafen bildet, offensichtlich nicht mehr beachten. Denn was genau bedeutet »von jedermann unter den gleichen Bedingungen benützt werden können«? Die Sicherheitsbedingungen für Autofahrer und Nichtmotorisierte sind grundsätzlich nicht miteinander vergleichbar. Gemessen am Autolärm müsste es allen Betrunkenen erlaubt sein, die ganze Nacht zu randalieren, was vergleichsweise harmlos wäre, denn niemand könnte auf Dauer den Lärmpegel halten, wie er den Menschen durch den Autoverkehr zugemutet wird. Dass sich aus diesem ersten Paragrafen geradezu zwingend die Forderung ergibt, den Autoverkehr aus bebauten Gebieten zu verbannen, beginnt sich erst in Ansätzen durchzusetzen. Denn das Auto hat sich in den Hirnen der Juristen ebenso eingenistet wie in denen der Entscheidungsträger und großer Teile der Bevölkerung. Es ist daher auch nicht verwunderlich, dass Verkehrsjuristen unter

»Leichtigkeit, Sicherheit und Flüssigkeit des Verkehrs« (§ 36 der österreichischen StVO) ausschließlich den Autoverkehr verstehen. Wenn aber Sicherheit, Leichtigkeit und Flüssigkeit auch für nichtmotorisierte Verkehrsteilnehmer gefordert wird, um etwa den Zugang zu einer Schule zu sichern, ruft diese exotische Forderung bei Verkehrsjuristen nachgerade Erstaunen hervor. Das bestehende Recht, wie zum Beispiel die österreichische Straßenverkehrsordnung, bietet jede Handhabe dazu, Schäden direkt und indirekt von der Bevölkerung abzuwenden – würde es nur sachkundig interpretiert. Das Autovirus jedoch scheint die Richtung des Denkens abzuschneiden, in der es um seine Hegemonie geht.

Rechtsmissbrauch als Rechtspraxis

Die Entwicklung des Autoverkehrs hat an vielen Orten dazu geführt, dass die Bevölkerung zunehmend unter Lärm und Abgasen leidet. Um diese Probleme zu beheben, wird die Forderung laut, Ortsumgehungen zu bauen. Meist mit dem Ergebnis, dass sich die Situation dadurch nicht verbessert, sondern nun auch noch das Umland verlärmt und als Naherholungsgebiet entwertet wird und im Ort selbst bald wieder die gleichen Probleme auftreten wie zuvor. Der Durchgangsverkehr nimmt zu, weil er schneller über die neuen Fahrbahnen rollt, um dann den nächstgelegenen Ort umso mehr zu belasten. Und so unterstützt die gängige Rechtspraxis eine immer stärkere Versiegelung der Landschaft und eine Zerstörung der Umgebung. In einem geordneten Rechtsstaat mit einer wirksamen Straßenverkehrsordnung hätte es aber eigentlich gar nicht erst so weit kommen dürfen. Doch die österreichische Straßenverkehrsordnung hat mit ihrem § 43 (Verkehrsverbote, Verkehrserleichterungen und Hinweise) auch dafür vorgesorgt:

> (1) Die Behörde hat für bestimmte Straßen oder Straßenstrecken oder für Straßen innerhalb eines bestimmten Gebietes durch Verordnung
> a) (...)
> b) wenn und insoweit es die Sicherheit, Leichtigkeit oder Flüssigkeit des sich bewegenden oder die Ordnung des ruhenden Verkehrs, die Lage, Widmung, Pflege, Reinigung oder Beschaffenheit der Straße, die Lage, Widmung oder Beschaffenheit eines an der Straße gelegenen Gebäudes oder Gebietes oder wenn und insoweit es die Sicherheit eines Gebäudes oder Gebietes und/oder der Personen, die sich dort aufhalten, erfordert,
> 1. dauernde oder vorübergehende Verkehrsbeschränkungen oder Verkehrsverbote, insbesondere die Erklärung von Straßen zu Einbahnstraßen, Maß-, Gewichts- oder Geschwindigkeitsbeschränkungen, Halte- oder Parkverbote und dergleichen, zu erlassen,
> 2. den Straßenbenützern ein bestimmtes Verhalten vorzuschreiben, insbesondere bestimmte Gruppen von der Benützung einer Straße oder eines Straßenteiles auszuschließen oder sie auf besonders bezeichnete Straßenteile zu verweisen;
> (...)

Sachkundig interpretiert, darf es bei einer solchen Rechtsgrundlage niemals zu einer Forderung nach einem Ausbau von Fahrbahnen kommen, weil die Verkehrsbehörde dafür zu sorgen hat, dass alle Störungen der Umgebung, der Bevölkerung, der Anrainer wirksam unterbunden werden. Fahrverbote, etwa in der Nacht, Tempolimits, die wirksam überwacht werden, oder Lkw-Durchfahrtsverbote *müssen* geradezu erlassen werden. Wie wirksam diese sind, zeigt sich beispielsweise in der Wachau, wo durch eine Bürgerinitiative der Fahrbahnausbau verhindert und der Paragraf von der Behörde somit sinngemäß umgesetzt wurde. Die Region und ihre Wirtschaft haben davon profitiert, Radtourismus wurde ermöglicht, Arbeitsplätze wurden erhalten und neue geschaffen – und schließlich wurde dieser Teil der Donauregion gar zum Weltkulturerbe erklärt. Wäre hingegen das umgesetzt worden, was die Niederösterreichische Straßenverwaltung geplant hatte, hätte die Wachau nun eine Autobahn und keine Arbeitsplätze, dafür aber Lärm und Abgase.

Leider jedoch ist das die Ausnahme. In der gängigen Praxis wird der Paragraf in der Regel nur für die Autofahrer zur Anwendung gebracht und nicht für die Menschen, die neben den Fahrbahnen wohnen. Man mag vermuten, dass dies an der Leseschwäche der heutigen Akteure im österreichischen Verkehrswesen liegt. (Fehlt ein solcher Paragraf in der StVO anderer Länder gänzlich, so liegt das jedoch an der Hirnschwäche ihrer Verfasser.)

Wird zum Beispiel die Luftqualität in einem Tunnel so schlecht, dass dadurch die Gesundheit der Autobenutzer gefährdet ist, greift die Verkehrsbehörde konsequent ein. Nicht aber, wenn es um die Gesundheit der Anrainer oder um die Umwelt geht. Wenn die Schadstoffbelastung durch den Autoverkehr in einem ganzen Bundesland gesundheitsschädigende Grenzwerte überschreitet, kommt es weder der Verkehrsbehörde noch der Landesregierung in den Sinn, den Autoverkehr zu begrenzen. Stattdessen werden, wie in Vorarlberg dokumentiert, Appelle an die Bevölkerung gerichtet, sich nicht mehr im Freien aufzuhalten, sondern in geschlossenen Räumen, auch die Kinder sollten ihre Freizeit besser dort verbringen. Auf diese Weise wird in Österreich das Recht gebeugt, ja selbst vom Verfassungsgerichtshof übergangen – auch die Richter unterliegen offenbar der Faszination des Autos. Das hat der Verfassungsgerichtshof durch seine Entscheidungen mehrfach unter Beweis gestellt, etwa wenn er der ungehemmten Entfaltung des Autoverkehrs Vorrang vor grundlegenden Menschenrechten wie dem auf Gesundheit eingeräumt hat, wie zum Beispiel bei der Pyhrnautobahn. Durch eine sachlich nicht begründbare Schnellstraße wird im aktuellen Fall der Nationalpark Donau-Auen bedroht und in seiner Existenz gefährdet. Er soll für den Bau eines acht Kilometer langen Tunnels geopfert werden, der die Grundwasserschichten durchschneidet, was zu einem quantitativ nachweisbaren Schaden der Stadt Wien und ihrer Wirtschaft ebenso wie zu einer weiteren Verwüstung im niederösterreichischen Umland führen wird. Zwar wurde das Projekt im Dezember 2021 von der zuständigen Bundesministerin gestrichen, was jedoch die SPÖ, die ÖVP und die FPÖ nicht daran hindert, diese Entscheidung gemeinsam mit der ASFINAG mit allen rechtlichen Mitteln anzufechten und unbekümmert Vorbereitungen für den Bau zu treffen. Bereits 1983 wurde diese Schnellstraße auf der Grundlage des damaligen zukunftsweisenden Verkehrskonzeptes aus dem Bundesstraßennetz gestrichen, tauchte allerdings 2003 wieder auf, gestützt auf ein dafür erstelltes, nachweislich fehlerhaftes Gutachten. Dies ist nur eines von mehreren Beispielen, wie in Österreich Tunnelgroßbauten, die sich sachlich nicht begründen lassen, durch den Einfluss cleverer Baulobbyisten finanziert und realisiert werden.

Auch das kostenlose Abstellen von Fahrzeugen im öffentlichen Raum ist zur rechtlichen »Normalität« geworden. Und das selbst in Zeiten, wo die steigenden Mietpreise zunehmend die finanziellen Belastungsgrenzen vieler Menschen erreichen. Will hingegen jemand seine nicht mehr benutzte Wohnungseinrichtung im öffentlichen Raum lagern, so ist das nicht gestattet.

In den meisten Staaten gibt es ein Gesetzbuch, das die Rechte, Pflichten und das Verhalten der Menschen in der Gesellschaft regelt. In Deutschland ist dies das Bürgerliche Gesetzbuch (BGB), in Österreich das Allgemeine bürgerliche Gesetzbuch (ABGB). Für den Autoverkehr haben die Juristen das BGB und das ABGB allerdings außer Kraft gesetzt. Das Rechtssystem ist durch das Auto so weit gebeugt, dass das Leben der Menschen und deren Gesundheit weniger Gewicht haben als das ungehemmte Autofahren. Der österreichische

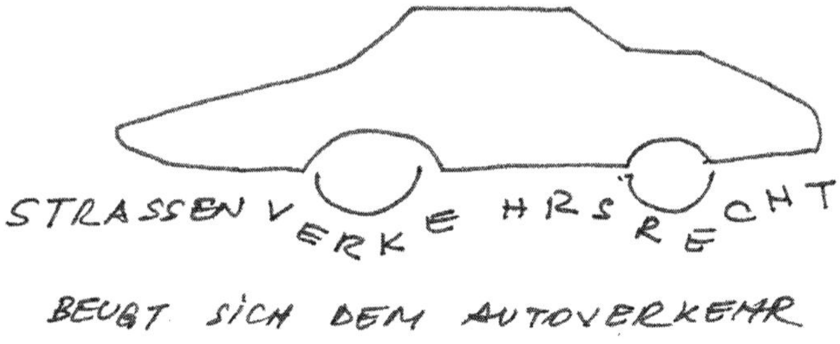

Verfassungsgerichtshof stellte in seinen Urteilen das Recht ungehinderter Automobilität über das Recht auf Gesundheit und Erhaltung der Lebensgrundlagen.

Der Raum – ein Raum für Autos

Städteplaner und Architekten vor und besonders seit Le Corbusier sind ohnehin in der Regel von den neuen technischen Möglichkeiten des Autoverkehrs so fasziniert, dass sie ihnen alles unterordnen. Die Zukunft der Städte stellte sich Le Corbusier in dreißig Jahren (von damals aus gesehen) so vor, dass die Erdoberfläche den Autos vorbehalten sein würde. Jedes Grundstück wäre für den Autoverkehr erschlossen; ob es auch zu Fuß noch erreichbar sein würde bzw. ob man von dem Grundstück auch die komplementären Funktionen einer lebendigen Siedlung würde erreichen können, kümmerte niemanden.

Raumplaner zerlegen die lebendige Stadt in Einzelfunktionen, räumlich möglichst weit voneinander entfernt, sodass sie nur mehr mit dem Auto erreichbar sind. Die Abmessungen des öffentlichen Raums werden auf den Autoverkehr zugeschnitten; die Kosten für die längeren Leitungen, die zusätzliche Beleuchtung und die Erhaltung werden auf die Allgemeinheit umgelegt. Der Autofahrer hat den Nutzen, alle anderen tragen die Kosten.

DIE ZERSTÖRUNG DES LEBENSRAUMS DURCH DAS AUTO

Erste Wahrnehmungen von Zerstörung

Zerstörungen werden selten an ihren Ursachen erkannt. Was zunächst wahrgenommen wird, sind Symptome. Besonders in komplexen Systemen tauchen diese unerwartet und sehr häufig weit entfernt von den Ursachen auf, und es dauert lange, bis man erkennt, wie die Auswirkungen mit den dahinterliegenden Ursachen zusammenhängen. Gemessen an sonstigen evolutionären Entwicklungen wurden die Symptome der Zerstörung beim Autoverkehr relativ schnell sichtbar, so schnell, dass man sie überhaupt nicht als solche wahrhaben wollte und stattdessen – bis heute – Strategien entwickelte, sie zu negieren, zu unterdrücken und unter den Tisch zu kehren. Christian Morgenstern gehörte zu den wenigen, die das sehr früh erkannt haben, und hielt seine Erkenntnisse 1910 in seinem Gedicht *Die unmögliche Tatsache* fest:

> Palmström, etwas schon an Jahren,
> wird an einer Straßenbeuge
> und von einem Kraftfahrzeuge
> überfahren.
>
> »Wie war« (spricht er, sich erhebend
> und entschlossen weiterlebend)
> »möglich, wie dies Unglück, ja –:
> daß es überhaupt geschah?
>
> Ist die Staatskunst anzuklagen
> in bezug auf Kraftfahrwagen?
> Gab die Polizeivorschrift
> hier dem Fahrer freie Trift?
>
> Oder war vielmehr verboten,
> hier Lebendige zu Toten

umzuwandeln, – kurz und schlicht:
Durfte hier der Kutscher nicht –?«

Eingehüllt in feuchte Tücher,
prüft er die Gesetzesbücher
und ist alsobald im klaren:
Wagen durften dort nicht fahren!

Und er kommt zu dem Ergebnis:
»Nur ein Traum war das Erlebnis.
Weil«, so schließt er messerscharf,
nicht sein *kann*, was nicht sein *darf*.«

Verkehrsunfälle waren nicht mehr zu übersehen, weil sie immer häufiger auftraten. Die Schuld wurde natürlich nicht beim neuen System gesucht, sondern entweder beim Unfallopfer, wenn es ein Fußgänger war, oder aber bei dem Menschen, der das Auto gelenkt hatte. Es wurde ein System konstruiert, bei dem 95 Prozent der Schuld dem Fahrer zugewiesen wurde, die Restschuld wurde technischen Fehlern des Autos oder der Verkehrsanlage zugeschrieben. Schuldlos blieben dagegen all jene, die dieses System geplant und errichtet haben und die es bis heute nach ihren Vorstellungen gestalten und betreiben. Dabei wurden und werden Verkehrsunfälle durch ebendieses System hervorgerufen. Bis heute bezieht sich das Recht allein auf die oberflächlichen Erscheinungsformen und nicht auf die tieferen Ursachen des Systemversagens. Die Tatsache, dass hier ein System errichtet wurde, das außerhalb der evolutionären Wahrnehmungs- und damit Reaktionsgrenzen des Menschen liegt, wird von der Rechtsprechung nicht zur Kenntnis genommen, wodurch all jene exkulpiert werden, die dieses System errichten, betreiben oder damit Geschäfte machen. Übrig bleibt der einzelne Verkehrsteilnehmer, der allzu häufig gar nicht weiß, wie es zu dem jeweiligen Unfall gekommen ist. Dies soll nicht als Entschuldigung für den Autofahrer dienen, der fahrlässig handelt, doch durch die Verkehrsanlagen und Verkehrsmittel werden Bedingungen geschaffen, für deren eigenverantwortliche Handhabung der Mensch evolutionär nicht ausgestattet ist. Wie bei den Eisenbahnen müssten externe Kontrollmechanismen eingerichtet werden, gegen die sich der Autofahrer jedoch aus Angst vor einer Beschränkung seiner »Freiheit« vehement wehrt. Technologisch gesehen ist es ein Leichtes, die Geschwindigkeiten nicht nur innerhalb des Autos, sondern auch nach außen deutlich sichtbar zu machen. Über das heute übliche eingebaute GPS-System wäre es zudem möglich, für jeden Punkt der Straße etwaige Geschwindigkeitsübertretungen wirksam zu erfassen, entweder direkt oder durch eine gut sichtbare Anzeige und eine daran gekoppelte Sanktion in Form einer automatischen Abbuchung der fälligen Strafgebühren vom Konto des jeweiligen Autofahrers mit entsprechender Anzeige am Armaturenbrett. Damit kann die heute dem System längst nicht mehr adäquate Überwachung mithilfe von Radarfallen oder eine Geschwindigkeitsüberwachung durch Fahrzeugverfolgung oder Ähnliches abgelöst werden. Mit der heutigen Technologie ist es ohne Probleme möglich, die Geschwindigkeit jedes einzelnen Verkehrsmittels ebenso zu erfassen wie dessen Position, sodass es durchaus machbar ist, ein den Gefahren dieses Verkehrsmittels adäquates automatisches Kontrollsystem einzurichten. Offenbar kann man alle Freiheiten einschränken, wie es die USA unter George W. Bush als Reaktion auf die Terroranschläge des 11. September getan haben, nur die des ungehemmten Autofahrens nicht, und dies, obwohl dort monatlich mehr als 3.000 Menschen bei Verkehrsunfällen ums Leben kommen.

Das zweite Symptom, das bewusst wahrgenommen wurde, war die Lärmbelastung durch den Autoverkehr. Lärm transportiert Informationen schneller ins Gehirn als das Auge und löst dort Reaktionen aus, die z. B. beim Schlafen zu einem höheren Adrenalinausstoß führen, der – wenn er nicht in Aktion umgesetzt wird – zur Erhöhung des Blutdrucks, zur Gesundheitsstörung und sogar zum Tod führen kann. Das ist medizinisch längst nachgewiesen. Bei sensiblen Menschen beginnen die Störungen bereits bei Werten ab 35 db(A)*, einem Lärmpegel, der praktisch der Waldesruhe entspricht. Aufgrund dieser gesundheitlichen Aspekte gibt es daher Grenzwerte, die in bewohntem Gebiet – und noch mehr in der Nähe von Krankenhäusern oder Schulen – eingehalten werden müssten. Diese Werte liegen bei 40–45 db(A). Die Straßenverwaltungen in Österreich erachten Lärm überhaupt erst dann als störend, wenn er tagsüber Werte von 65 db(A) und in der Nacht Werte von 55 db(A) überschreitet. Damit Autofahrer auch nachts ungehindert lärmen können, nimmt man schwere gesundheitliche Schädigungen der Bevölkerung in Kauf. Hier beginnt die Faszination für das Auto ins Kriminelle umzuschlagen. Würde ein privater Betrieb es wagen, Lärm in dieser Intensität zu emittieren, würde er stillgelegt werden. Nicht hingegen der Autoverkehr. Dank der Rücksichtslosigkeit der EU-Kommission ist in den Alpentälern nicht einmal ein Nachtfahrverbot für Lkw durchsetzbar, obwohl der Lärmpegel dort auch nachts gesundheitsschädigende Spitzen erreicht. Der verzweifelte Kampf der Tiroler um ihre Lebensqualität, die ihnen verloren ging, als die Falle der Brennerautobahn zuschnappte, offenbart die Missachtung fundamentaler menschlicher Werte, wie sie heute von der EU-Kommission betrieben wird. Die Schweiz erlebte weder einen wirtschaft-

* Für die Beurteilung einer Schallquelle im Hinblick auf das menschliche Hörvermögen wird die Lautstärke in db(A) angegeben. Der (A-)bewertete Schalldruckpegel berücksichtigt die natürliche frequenzabhängige Gehörempfindung des Menschen und unterscheidet sich daher vom unbewerteten Schalldruckpegel (db).

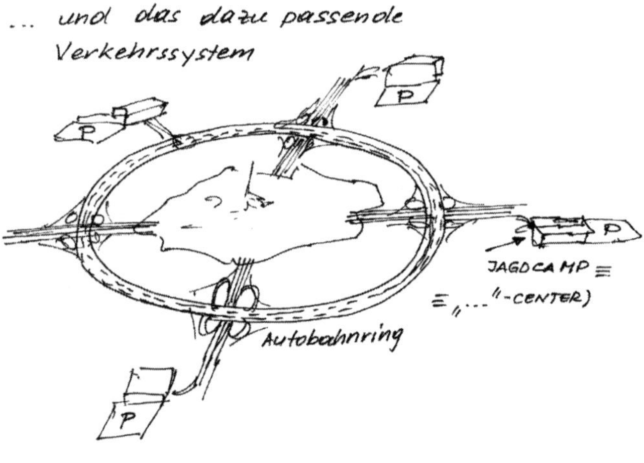

lichen Niedergang noch ist sie in Armut gefallen, seit dort für Lkw ein allgemeines Nachtfahrverbot besteht. In Wien ist es mir gemeinsam mit Bürgermeister Helmut Zilk gelungen, ein Lkw-Nachtfahrverbot zwischen 23 Uhr und 5:30 Uhr durchzusetzen, ohne dass die Versorgung der Bevölkerung deshalb zusammengebrochen wäre oder die Wiener Wirtschaft darunter gelitten hätte. Das Gegenteil war der Fall. Rational ist es nicht nachvollziehbar, dass der aktuelle Bürgermeister den Bau von Autobahnen vorantreibt, die der Stadt und ihrer Wirtschaft massiven Schaden zufügen werden, wenn man die unsichtbaren Beziehungen zwischen Baukonzernen, Banken und Politik, die es überall dort gibt, wo viele Steuergelder zu holen sind, außer Acht lässt. Ein solches Beziehungsgeflecht gibt es überall. Deutschland kann man in diesem Zusammenhang komplett außen vor lassen, weil dort solche Vorstellungen noch weit außerhalb des von der Politik, der Wirtschaft und weiten Teilen der Bevölkerung vorgegebenen Denkrahmens liegen. Und dennoch würde ein europaweites Nachtfahrverbot für Lkw zahlreiche positive Effekte nach sich ziehen. Es würde

- die lokale Wirtschaft stärken,
- den Gütertransport auf die Eisenbahn verlagern,
- die Defizite im öffentlichen Verkehr abbauen,
- die Gesundheit großer Teile der Bevölkerung verbessern,
- die massive soziale Benachteiligung der Lkw-Fahrer verhindern und
- den Finanzbetrug durch fingierte Transporte reduzieren.

Umformung der Lebensräume nach den Bedürfnissen des Autos

Da die Menschen noch keine Erfahrung mit dem »Neuen Straßenbau« hatten, tolerierten sie die Verwüstung ihres Lebensraumes. In den 1960er- und 1970er-Jahren zerstörten die gänzlich auf den Autoverkehr fixierten Verwaltungen und Ingenieurbüros die Ortschaften, indem sie Fahrbahnen verbreiterten, Häuser abrissen und bestehende Fußgängerverbindungen kappten – und das größtenteils mit Zustimmung der Bevölkerung. Erst zwei Generationen später erkannte man diese Fehler und begann sich gegen weitere Zerstörungen zu wehren. Die Verwüstung ganzer Landschaften durch Autobahnen wurde lange Zeit nicht so bewusst wahrgenommen wie die im Inneren der Ortschaften. Diese Landschaftseingriffe wurden für notwendig erachtet. In den 1930er-Jahren wurde man sogar dafür bewundert, wenn man Fahrbahnen in bislang unberührte Landschaften hineinbaute, um dem Autofahrer den Zugang zu den Sehenswürdigkeiten der Natur zu erleichtern, wie es z. B. bei der Glocknerstraße der Fall war. Die Reaktion der Natur blieb auch hier nicht aus, wenn sie auch neunzig Jahre auf sich warten ließ: Die Sehenswürdigkeit dieser Alpenstraße, der Pasterzengletscher, der größte Gletscher Österreichs und der längste der Ostalpen, hält offensichtlich nichts von diesem Projekt und zieht sich beschleunigt zurück, so dass davon auszugehen ist, dass er in den nächsten Jahren verschwinden wird. Es bleibt der Blick in die Schottermoränen, die an die Verwüstungen in den einstigen Industriegebieten erinnern. In Zukunft werden sie von den Fahrern von E-Autos zu bewundern sein. Die Landschaftszerstörung durch den Straßenbau hat heute ein Ausmaß erreicht, das noch vor fünfzig Jahren unvorstellbar war. In allen Ländern Europas sind die Eingriffe in die Landschaft inzwischen unübersehbar. Ganze Täler haben ihren Reiz verloren, nachdem ihr optisches und akustisches Profil durch den Bau von Straßen und den ausufernden Autoverkehr zerstört wurde. Das einstmals faszinierende Erholungsgebiet des Wörthersees wurde durch den Bau einer Autobahn landschaftlich, mehr noch aber gesundheitlich entwertet, weil die Autoabgase das nördliche Ufer vollkommen überziehen – nur die Touristen merken es nicht. Es wäre ein Gebot der Fairness, würden die Tourismusbetriebe – wie in den autofreien Schweizer Orten üblich – die Menschen laufend über die aktuelle Luftqualität informieren.

In der Folge erzeugen Fahrbahnbauten neue Strukturen. Plötzlich tauchen in unversehrten Landschaften Supermärkte, Fachmärkte und Verteilerzentren der internationalen Konzerne als Verkehrsverursacher und Ausbeuter von Landschaft und Beschäftigten auf, einer direkten Beobachtung oder Kontrolle durch die Gesellschaft entzogen. Der Autoverkehr macht die Konzernherrschaft über die Wirtschaft erst möglich und die Regierungen lassen dies zu. Zum Nachteil der lokalen Wirtschaft, der Bevölkerung, der Landwirtschaft, der Natur und der Zukunft. Die Gesellschaft und die Demokratien sind der Geschwindigkeit dieses Verkehrsträgers nicht gewachsen und merken dies nicht einmal. Ein typischer Fall: Dort, wo früher der Lebensraum der Großtrappe war – auf der Parndorfer Platte –, steht heute ein Factory-Outlet-Center, das gemeinsam mit den internationalen Lebensmittelketten die gesamte Kaufkraft aus dem nördlichen Burgenland, aber auch aus Teilen Wiens und aus Bratislava abzieht und die Geschäfte in diesen Ortschaften zerstört. Überall, wo eine Autobahn gebaut wird, entstehen – entgegen allen Zielen der Raumplanung infolge der Macht des internationalen Kapitals – an den Anschlussstellen die »Jagdcamps« der internationalen Konzerne.

Der sichtbaren Zerstörung folgt die unsichtbare

Wird die gebaute Fahrbahn – diese Voraussetzung für die Benutzung der Bewegungsprothese – durch die eigentliche Bewegungsprothese Auto in Betrieb genommen, breitet sich das Zerstörungswerk weit über die baulichen Grenzen der Anlage hinaus aus. Dazu gehören die bekannten Gefahren durch den Lärm und die Abgase. Ersteren sieht man natürlich nicht, sondern hört ihn nur. Wesentlich tückischer sind dagegen die Abgase, weil man die darin enthaltenen krebserregenden Moleküle nicht riecht. Besonders verheerend sind in diesem Zusammenhang die Umgehungsstraßen, die den Gemeinden von den ausschließlich auf Neubauten dressierten Beamten und Ingenieurbüros als *die* Verkehrslösung schlechthin verkauft werden. Traditionell ausgebildete Verkehrsexperten haben für alle Verkehrsprobleme nur eine Antwort parat: weiter ausbauen, um den Fluss des Autoverkehrs sicherzustellen. Sie erkennen nicht einmal, dass sie damit das von ihren Vorgängern begonnene Zerstörungswerk in den Gemeinden und Regionen nur fortsetzen und erweitern. Nachdem man in den Jahrzehnten nach dem Zweiten Weltkrieg vor allem das Ortsinnere für den Autoverkehr hergerichtet und damit dessen Leben zerstört hat, vernichtet man durch die Umgehungsstraßen nun auch noch das Umland. In Tälern wirken sich diese besonders nachteilig aus. Das akustische Profil eines Alpentales kann durch den Autoverkehr auf einer schnell befahrenen Straße so weit zerstört werden, dass es die für eine Erholung und Regenerierung notwendige Nachtruhe nicht mehr zulässt. Wer die Ruhe eines Alpengipfels kennt, kann ermessen, was hier zerstört wurde, wenn man inzwischen auch dort die brutale akustische Belastung durch den Autoverkehr in den tief darunter liegenden Tälern über sich ergehen lassen muss.

Lärm: das Krebsgeschwür der Autogesellschaft

Schon 1910 prophezeite Robert Koch: »Eines Tages wird der Mensch den Lärm ebenso unerbittlich bekämpfen müssen wie die Cholera und die Pest.«

Leider hat er sich geirrt. Die motorisierte und digital vernetzte Gesellschaft hat sich in einem Ausmaß verlärmt, dass sie die Ruhe als bedrohlich empfindet. Wäre das nicht der Fall, würden aus den Köpfen der Jugendlichen und auch mancher Älterer nicht die Geräusche einer entfernten Schmiede oder Metallwerkstatt zu hören sein, wenn man an ihnen vorbeigeht oder im öffentlichen Verkehrsmittel in deren Nähe sitzt.

Angriffspunkt des Lärms ist nicht das Ohr, sondern die Störung des Hormonhaushalts durch Stresshormone, insbesondere Cortisol und Corticosteroide. Cortisol gehört zu den Glucocorticoiden und hat ein sehr breites Wirkungsspektrum; im

Stoffwechsel beeinflusst es vor allem den Kohlenhydrathaushalt, den Fettstoffwechsel und den Proteinumsatz. Eine krankhafte Überproduktion oder eine lang andauernde Einnahme von Glucocorticoiden erzeugt ein charakteristisches Krankheitsbild (Cushing-Syndrom) mit zahlreichen Symptomen wie Fettsucht, Diabetes, Osteoporose und Muskelschwund. Zu hohe Konzentrationen von Mineralocorticoiden, die zu den Corticosteroiden gehören, stören den Wasser-Elektrolythaushalt und schädigen die Nieren. Robert Koch hatte schon 1910 erkannt, was heute sicher einen nicht unerheblichen Beitrag zur Steigerung des Bruttonationalprodukts leistet. Denn die Behandlung der durch die Lärmbelastung und die Luftverschmutzung verursachten gesundheitlichen Schädigungen ist nicht nur teuer, sondern auch langwierig und sichert damit die Umsatzsteigerungen und Gewinne der Pharmakonzerne. Dass Letztere an der Förderung des Autoverkehrs zumindest Gefallen finden, ist naheliegend, eröffnet und sichert ihnen dieser doch ertragreiche Geschäftsfelder. Dass dabei Menschen zerstört werden, wird angesichts der zu erwartenden Gewinne billigend in Kauf genommen.

Lärm als Waffe war schon im Altertum bekannt. Heute kommen sogenannte Schallkanonen etwa beim Kampf gegen Schiffspiraten zum Einsatz. Auch die New Yorker Polizei benutzte bis 2021 bei Demonstrationen *LRADs* (= *Long Range Acoustic Devices*). Dabei werden Personen mittels gerichteter Lautsprecher mit unerträglichem Lärm beschallt. Dieser zeichnet sich durch ein speziell für Menschen unangenehmes Frequenzspektrum und besonders großen Schalldruck aus. Für den Verkehrslärm trifft beides zu: das unangenehme Frequenzspektrum und der relativ große Schalldruck, besonders bei hohen Geschwindigkeiten und beim Schwerverkehr. Während im Flachland der Lärmpegel bereits 400 Meter neben einer stark belasteten Autobahn auf ein erträgliches Maß reduziert wird – besonders bei seitlicher Bepflanzung oder

Bebauung –, breitet sich der Lärm an Hängen aufgrund der geringen Luftschalldämmung über zwei Kilometer und weiter aus. Der Schalldruck steigt vor allem mit der Geschwindigkeit, während er mit der Menge nur logarithmisch zunimmt. Eine Verdopplung der Menge bewirkt bei gleicher Geschwindigkeit nur eine Zunahme um 3 db(A) und ist gerade noch wahrnehmbar. Eine Reduktion der Geschwindigkeit um 20 km/h, beispielsweise von 50 km/h auf 30 km/h, senkt hingegen den Lärmpegel um 8 db(A). Man kann daher in Orten durch eine gut überwachte Temporeduktion mehr erreichen als durch eine Umfahrung, wenn das Auto auch weiterhin in und durch die Ortschaft fahren darf. Ortsdurchfahrten waren und sind ohnehin auf den langsamen Verkehr ausgerichtet. Wenn man Ortskerne nicht zu einer Fußgängerzone umgestalten kann, ist eine Umgehungsstraße also sinnlos und zerstört zudem das Umfeld des Ortes.

Die Zerstörung der Qualität des Umfeldes erreicht ein Ausmaß, das mittlerweile auch quantitativ bekannt ist. Eine Lärmpegelerhöhung um 1 dB(A), beginnend bei 30 dB(A), führt zu einer Verringerung der Mietpreise und damit einer Entwertung der bewohnten Objekte von 1,4–1,7 %. Wo die Wohnungen von der Natur umgeben sind, genießen die Menschen einen Lärmpegel, der bei 30–35 dB(A) liegt und dem entspricht, was man als Nachtruhe bezeichnet; unter diesen Verhältnissen kann man bei offenem Fenster ungestört schlafen. 200 Meter neben einer schnell befahrenen, weil für hohe Geschwindigkeiten angelegten Umgehungsstraße, hat man immer noch einen Lärmpegel von 60 dB(A) – und mehr, wenn Lkw vorbeidonnern.

Das Verhalten der Behörden ist auch in diesem Fall irrational, weil sie nicht die Ursache beseitigen, die zu hohen Geschwindigkeiten und Verkehrsmengen, insbesondere beim Straßengüterverkehr führt, sondern diese geradezu tabuisierend umgehen, dafür aber die Bürger hinter Lärmschutzwände verbannen und in durch Lärmschutzfenster problematisch gewordenen Wohnungen von der Außenwelt akustisch zwangsisolieren. Woher dieser Wertewandel kommt, wird zu untersuchen sein.

Abgase und Feinstaub: die unsichtbaren Gefahren

Man sieht sie nicht, man hört sie nicht und man riecht sie nur, wenn sich die Sinne nicht bereits an ein bestimmtes Niveau angepasst haben. Fährt auf einem Almweg ein einziges Auto vorbei, riecht man die Abgase minutenlang. In den Städten hingegen, wo die Atemluft voller Autoabgase ist, registriert kaum jemand diese Gefahr, die Sinne haben sich auf dieses Niveau eingestellt. Radfahrer wiederum nehmen die mit Schad- und Giftstoffen belastete Luft deshalb wahr, weil sie in kurzen Abständen immer wieder reinere oder stärker belastete Luft einatmen. Autofahrer, die im Auto ohnehin einer hohen Konzentration von Schadstoffen ausgesetzt sind, sind sich der Gefahr überhaupt nicht bewusst, weil der Anstieg der Schadstoffe in der Innenkabine langsam und damit unterhalb der Wahrnehmungsgrenzen erfolgt. Auch Fahrzeuge mit Luftumwälzung schützen ihre Insassen nicht vor dem Einatmen kanzerogener (krebserregender) und mutagener (die Erbmasse verändernder) Moleküle. Hier genügen bereits geringste Konzentrationen, um den Prozess der Krebsentstehung auszulösen, der vielleicht erst nach Monaten, ja nach Jahren zum Ausbruch kommt. Chemikern und Medizinern ist die Gefährlichkeit dieser Giftstoffe aus den chemischen Verbindungen der Verbrennungsrückstände im Fahrzeugmotor seit nahezu einem Jahrhundert bekannt.

Auch Kinder in Schulen (oder Wohnungen), die sich in der Nähe von vielbefahrenen Straßen befinden, bemerken diesen

Giftcocktail nicht, den sie einatmen und zu dem auch ihre Eltern beitragen, indem sie sie mit dem Auto zur Schule bringen. Und da sich die Klassenzimmer der jüngsten Jahrgänge meist in den unteren Geschossen befinden, sind diese der größten Belastung ausgesetzt.

Aus dem Auspuff eines mit fossilen Treibstoffen betriebenen Autos ebenso wie durch den Reifenabrieb werden zahlreiche chemische Verbindungen freigesetzt, viele davon krebserregend und einige auch mutagen. Für diese Stoffe gibt es keine Grenze, unterhalb derer sie als ungefährlich eingestuft werden könnten. Sie sind es immer – wenn auch nicht unmittelbar und unter allen Bedingungen. Für diese potenzielle Gefahr sieht unser Recht keine Vorkehrungen und auch kein Verständnis vor; es hält mit der technischen Entwicklung nicht Schritt. Und so sterben jährlich Abertausende Menschen vorzeitig und oft qualvoll an den Folgen der Abgase. Die vom Autoverkehr emittierten Abgase breiten sich gewissermaßen grenzenlos aus und so gelangen die Schadstoffe in der Luft links und rechts der Autobahn bis in Entfernungen von sechs Kilometern und darüber hinaus; innerhalb dieser Distanz lagern sich Partikel aus den Verbrennungsprodukten mit den giftigen chemischen Verbindungen auf den Pflanzen und im Boden ab. Das Phänomen dieser flächendeckenden Abgasverschmutzung wird von der Mehrheit der Gesellschaft, der Politik und auch der Wissenschaft bis heute entweder negiert, unterschätzt oder mit wirkungslosen Methoden zu bekämpfen versucht. An der Priorität des Autoverkehrs gegenüber den Menschenrechten darf schließlich nicht gerüttelt werden!

Das Rechtssystem schützt die Menschen nicht gegen diese tödlichen Gefahren, weil es die komplexen Wirkungen zwischen den technisch veränderten Lebensbedingungen und der dadurch hervorgerufenen Bedrohung für die Gesellschaft überhaupt noch nicht berücksichtigt. Es hinkt der technischen Entwicklung hinterher und erweckt nicht den Eindruck, jemals mit ihr Schritt halten zu können, geschweige denn die Menschen vor deren negativen Folgen wirksam zu schützen. Von Juristen wird der direkte Nachweis eines Zusammenhangs zwischen Ursache und Wirkung verlangt – in komplexen Systemen ein Ding völliger Unmöglichkeit, selbst bei Kenntnis der Systemwirkungen. Komplexe technische Systeme entziehen sich einfachen Ursache-Wirkungs-Beziehungen. Es wird vermutlich niemals gelingen, den Verursacher eines krebserregenden Moleküls, das aus einem bestimmten Auspuff eines bestimmten Fahrzeugs emittiert wurde, mit dem Opfer, einem in der Folge an einer Krebserkrankung vorzeitig Sterbenden, juristisch einwandfrei und eindeutig in Beziehung zu bringen, wie es das Rechtssystem verlangt. Auf diese Weise macht sich unser Rechtssystem mitschuldig am Tod von Millionen Menschen.

Dabei wäre es ganz einfach, würde sich das Rechtssystem der elementaren Wertesysteme zivilisierter und kultivierter Gesellschaften bedienen. *Der Wert des Lebens und der Gesundheit ist nicht ersetzbar*. Der Wert des ungehemmten Autofahrens ist in dieser Werteskala beinahe bedeutungslos, weil es durch andere Verkehrsformen nahezu sofort und durch andere Strukturen immerhin mittelfristig ersetzbar ist. Eine Gesellschaft mit einem Rechtssystem, das die Hierarchie der Werte missachtet, ist auf Dauer nicht lebensfähig.

Der Auto- und Erdölindustrie ist es aufgrund ihrer finanziellen Macht und politischen Einflussnahme darüber hinaus gelungen, die wissenschaftlichen Erkenntnisse über die Gefahren der Abgase und des Feinstaubs jahrzehntelang unter dem Deckel zu halten, obwohl es epidemiologische Studien gibt, die diesen Zusammenhang nachweisen. Meist sind es aber kombinierte Wirkungen von Abgasen, Feinstaub und Lärm, die dazu führen, dass Menschen, die an vom Autoverkehr hochbelasteten Straßen wohnen oder arbeiten, häufiger Lungenerkrankungen oder Herzinfarkte erleiden.

Behördenverhalten: irrational und verantwortungslos

Die Einstellung der Behörden zu diesem Thema ist nahezu unfassbar. Anstatt den Verursacher – wie es etwa die (österreichische) Straßenverkehrsordnung und das deutsche Grundgesetz vorschreiben – an der Schädigung der menschlichen Gesundheit, aber auch des Ökosystems zu hindern, wird die Bevölkerung, wenn infolge der Autoabgase Ozonbelastungen in bestimmten Regionen gesundheitsschädigende Werte (die ohnehin viel zu hoch angesetzt sind) überschreiten, aufgerufen, sich in ihren Wohnungen aufzuhalten und Aktivitäten im Freien zu unterlassen.

Hier ist derselbe Mechanismus wie bei der Lärmbelastung festzustellen: nicht der Verursacher wird bestraft, sondern das Opfer muss zusätzliche Opfer bringen, damit der Verursacher – der Autofahrer – weiterhin ungehemmt agieren kann. Damit dieses Treiben möglichst ungestört stattfinden kann, werden große Summen an Steuermitteln für die Ausweitung und Vergrößerung der Abgasproduktionsanlagen und Lärmzonen – soll heißen: Fahrbahnen für den Autoverkehr – eingesetzt. Volkswirtschaftlich im Sinne des heute scheinbar einzigen politischen Zieles »Wachstum des Bruttoinlandsprodukts« betrachtet, eine durchaus sinnvolle Tätigkeit. Je mehr Krebserkrankungen, je teurer und häufiger die Behandlung –, umso stärker wächst das Bruttoinlandsprodukt (BIP) –, umso größer die Gewinne der Pharmakonzerne. Je mehr Lärm, desto mehr Lärmschutzfenster müssen eingebaut werden und umso mehr Klimaanlagen werden verkauft, weil die Fenster nicht mehr geöffnet werden können – was wiederum dafür sorgt, dass der Schimmelbefall in den betroffenen Wohnungen umso wahrscheinlicher wird, in der Folge muss mehr saniert werden, umso größer der Beitrag zum BIP. Je mehr Abgase und Feinstaub emittiert werden, umso mehr Waschmittel wird ver-

Art. 1 GG – Einzelnorm: »Die Würde des Menschen ist unantastbar. Sie zu achten und zu schützen ist Verpflichtung aller staatlichen Gewalt.«

kauft, weil die Umgebung wirksam verschmutzt wird. Dies alles trägt zum Bruttoinlandsprodukt bei und sorgt für Jubel unter den Politikern, die ihren Erfolg allein an dieser Größe messen. Je größer das Leid, umso größer die Geschäfte – umso leistungsfähiger der Staat.

In vielen städtischen Straßen sind übrigens die Lungen die einzigen Filter, um die Schadstoffe aus der Luft zu holen, weil man die Bäume, die früher dazu beigetragen haben, die Luft reinzuhalten, inzwischen beseitigt hat, um Platz für parkende

Autos zu schaffen. Langsam beginnt man zwar in den Städten umzudenken und pflanzt wieder Bäume, dafür jedoch holzt man außerhalb der Städte die Alleen ab, um Straßen zu verbreitern. Während in der Straßenplanungs- und -baupraxis ländlicher Gebiete nach wie vor die längst überholten Vorstellungen vorherrschen, versucht man in vielen Städten, dieser nicht nur für das Klima gefährlichen Dynamik entgegenzuwirken. Aufgrund der Angst der Politiker vor den Autofahrern und der in den Verwaltungen verbreiteten Systemunkenntnis bleibt es aber oft bei einer vorsichtigen Begrenzung der exzessiven Ansprüche des Autoverkehrs, während man auf die für den Verkehrs- und Klimawandel notwendigen drastischeren Maßnahmen verzichtet. Für Laien mögen das schöne Bilder sein, mit viel Grün und weniger Autos – wenn auch immer noch genug, um die kritischen Augen der Autofahrer zu beruhigen. Kennt man das Systemverhalten, schmerzt diese Täuschung durch die Symptombehandlung. So wenig, wie man die stoffwechselbedingte Ursache einer Hautunreinheit allein durch Schminken beseitigen kann, so wenig lassen sich Städte oder Landschaften durch eine oberflächliche »Behübschung« sanieren.

Die Verteidiger des tödlichen Treibens gegen die Gesundheit der Menschen argumentieren insbesondere beim Thema Feinstaub damit, dass die lokalen Emissionen aufgrund der Verfrachtung über große Distanzen ohnehin nicht bedeutungsvoll wären. Was aber verfrachtet wird, stammt wiederum zum Großteil aus dem Autoverkehr und den Industriezweigen, die ihn produzieren, selbst wenn diese im Ausland liegen. Immissionen in der Feme sind bekanntlich immer auf Emissionen in der Nähe zurückzuführen. Die chemischen Verbindungen in der Photonenküche der Sonneneinstrahlung vermehren die Zahl der Giftstoffe, welche auch Pflanzen über ihre Blattöffnungen oder nach einem Regen über das Wurzelsystem aufnehmen. Bei Pflanzen lassen sich Schäden viel leichter direkt nachweisen, da sie nicht mobil sind und daher nicht flüchten können, sondern schlicht und einfach leiden und sterben. Untersuchungen der Waldschäden haben ergeben, dass die größten Schäden im Ökosystem nicht immer in der unmittelbaren Umgebung einer Fahrbahn auftreten, sondern erst ab einer bestimmten Entfernung. Dort entsteht in der atmosphärischen Chemieküche jene Mischung, die die Substanz der Bäume und anderer Pflanzen angreift. In den Alpen, zum Beispiel in Tirol, treten die größten Schäden ab einer Höhe von 800 Metern auf, obwohl der Emissionsort einige hundert Meter darunter liegt.

Sind Denken und Handeln von Gutachtern und Experten im Unterbewusstsein durch das Auto geprägt oder werden diese durch die Macht der mit dem Auto verbundenen Industrien ausgewählt, führt das zu massiven Verzögerungen bei den notwendigen Maßnahmen. Beispiele dafür liefert die Geschichte der Grenzwerte in Bezug auf Abgase und Lärm, während eine notwendige Redimensionierung, also eine Reduktion der hypertrophen Gewichte und Abmessungen der SUV oder der fahrbahnschädigenden Lkw, der sogenannten Megatrucks, noch nicht einmal angedacht ist.

Auf einer Autobahn, die täglich 20.000 Fahrzeuge verzeichnet, werden pro Kilometer Tag für Tag rund zwei Tonnen Erdöl verbrannt und die dabei entstehenden Abgase in die Umgebung freigesetzt. Bei einer Gemeinde von fünf Kilometern Länge entspricht dies täglich zehn Tonnen Erdöl, die verbrannt werden. Arbeitsplätze oder gar Nutzen bringt diese Verkehrsanlage der Gemeinde allerdings nicht, sondern nur direkten und indirekten Schaden. Und dennoch gibt es noch immer Bürgermeister, die den Bau solcher Straßen fordern! Man stelle sich stattdessen einmal vor, ein Betrieb, der täglich die gleiche Menge Erdöl verbrennt, Feinstaub emittiert und die Abgase einfach in die Luft abgibt, wolle sich in einer Gemeinde ansiedeln. Welche Auflagen müssten in diesem Fall erfüllt werden, um eine Betriebsbewilligung zu erhalten! Nicht so bei Anlagen für den Autoverkehr. Gemeinden, die sich immer noch darum bemühen, eine Autobahn in der Nähe zu haben, oder Städte, die zusätzliche Fahrbahnen in oder um ihre verbauten Gebiete fordern, handeln nach einer unmenschlichen Ratio. Deren politische Vertreter und Bürger sind offensichtlich nicht in der Lage, die Folgewirkungen ihres Handelns auch nur im Entferntesten abzuschätzen.

Lösungen in der Sackgasse

Die Lösungen des Abgasproblems werden allein auf die Automobiltechnik reduziert. Geschickt ist diese Strategie nicht nur, weil sich die Autoindustrie damit wieder neue lukrative Geschäftsbereiche erschließt – wie die Lösung der Klimaproblematik im Verkehr durch das E-Auto –, sondern weil sie damit das Heft in der Hand behält und Maßnahmen so weit verzögern kann, dass man auch weiterhin mit den alten Fehlern bequem gute Geschäfte machen kann. Die anhaltende Faszination für das Auto überdeckt dieses unmenschliche Verhalten nach wie vor. Die Gefahr, die aus den Autoabgasen und dem Feinstaub hervorgeht, ist aber nicht allein durch die Technik zu bekämpfen, sondern sie betrifft das gesamte System. Denn die Menge der Abgase wird nicht zuletzt durch zwei Größen bestimmt, die man geflissentlich unerwähnt lässt oder tabuisiert: die Menge des Autoverkehrs und die Geschwindigkeit. Der Energieaufwand eines bewegten Objekts steigt proportional zum Quadrat seiner Geschwindigkeit. Eine Geschwindigkeitsreduktion stellt daher im Vergleich zu den Bemühungen um eine technische Verbesserung der Fahrzeuge die wesentlich wirksamere Maßnahme dar: Sie wirkt nämlich sofort. Und doch darf sie nicht mehr diskutiert werden, obwohl überzeugende Ergebnisse aus den in Vorarlberg und Tirol durchgeführten Versuchen mit Temporeduktion seit Jahrzehnten vorliegen. Diese werden verdrängt und von der Politik, den Medien und der Gesellschaft ausgeblendet. Und dies alles abgesehen von dem bereits erwähnten Faktum, dass sich hohe Geschwindigkeiten im System ohnehin nicht mehr begründen lassen, seit man weiß, dass sie keine Einsparung an Reisezeit bringen. Oder genau genommen seit man weiß, dass die Erde eine Kugel ist, die sich mit der Geschwindigkeit der technischen Verkehrssysteme nicht proportional ausdehnt, sondern dass ihr Inhalt ganz im Gegenteil schrumpft.

Bilanz zwischen Sterben und Geschäft

Erst die unübersehbare Gefährdung der menschlichen Gesundheit durch den Feinstaub hat zumindest in einigen Gegenden dazu geführt, dass man begonnen hat, den Autoverkehr oder Teile davon zu verbieten, sobald die Feinstaubbelastung festgelegte Schwellenwerte überschreitet. Diese Schwellenwerte sind dabei ohnehin ein Kompromiss zwischen Geschäft und medizinischer Verantwortung. Das Ergebnis dieser politisch ausgehandelten Grenzwerte hat folglich nichts mit Vorsorge im Sinne der Medizin zu tun. Gemessen an den verbleibenden Gesundheitsrisiken liegen diese »Grenzwerte« – ebenso wie jene beim Lärm – weit jenseits jeder medizinischen Verantwortung. Menschen kann man mit falschen Toleranzen täuschen, die Natur nicht. Die Schäden, die in der Tierwelt angerichtet werden, wenn ganze Populationen durch Straßenbau und Verkehr ausgerottet oder durch Wildsperrzäune fragmentiert werden, sind weitgehend unbekannt oder waren lange Zeit kein Thema in der Gesellschaft. Die rücksichtslose Zerstörung ökologischer Netze zugunsten neuer Autobahnnetze wird bewusst in Kauf genommen. Beispiele dafür gibt es nahezu unbegrenzt.

Von Norddeutschland bis zum Mittelmeer sind Landesregierungen noch immer dabei, die wenigen noch verbliebenen unzerschnittenen Naturräume weiter zu fragmentieren. Durch das bisherige Ausmaß der Zerstörung und die Anpassung der Menschen an die jeweils gegebene Situation ist die Gesellschaft auch gar nicht mehr in der Lage, den absoluten Schaden überhaupt wahrzunehmen. Dazu kommt dann noch das bekannte Mantra, dass man die Not dadurch beseitigt, dass man die Frequenz des Schlachtens der Natur beschleunigt und vergrößert. Und Schlachtinstrumente dafür werden in immer größerem Ausmaß angeboten und bestimmen zunehmend die Wettbewerbsbedingungen der naturschlachtenden Baukonzerne. Die Natur reagiert auf diese permanenten Angriffe zunächst gelassen mit Elastizität – aber in der Folge immer konsequent: Wir können uns noch auf einiges gefasst machen. Was man mittlerweile erkannt hat, ist der Wandel des Klimas infolge der maßlosen Emissionen von CO_2 und anderen klimaschädlichen Gasen. Hier ist die Zerstörung allerdings nicht mehr aufzuhalten, was später noch auszuführen sein wird. Der Autoverkehr ist einer der Hauptverursacher des Klimawandels und dennoch ist die motorisierte Gesellschaft nicht gewillt oder bereit, ihr Verhalten zu ändern. Die Faszination Auto macht die Menschen blind für die Zukunft

Von Landschaftspflege zur Landschaftsverwüstung

Bis zum Beginn des 20. Jahrhunderts war der Straßenbau durch Rücksichtnahme auf die Landschaft, optimale Anpassung an die Topografie, Integration landschaftlicher Elemente und Rücksichtnahme auf bereits bestehende Bebauung gekennzeichnet. Wunden, die man der Landschaft schlug, wurden so schnell wie möglich geheilt, um die Bausubstanz zu schützen und zu erhalten. Die Zerstörung der Landschaft ist in dem Ausmaß, wie sie heutzutage durch den Straßenbau – und in jüngerer Zeit auch durch den Eisenbahnbau – betrieben wird, ein neues Phänomen.

Über Jahrhunderte hinweg waren Straßen in vielen Ländern landschaftsprägende Elemente. Sie waren das Ergebnis der Erfahrungen einer an der Natur orientierten Ingenieurskunst. Bei der Planung und dem Bau von Verkehrswegen wurden die Gesetze der Natur geachtet und die Bedingungen der Nachhaltigkeit erfüllt, lange bevor es diesen Begriff überhaupt gab. Diese Verkehrswege waren ökonomisch, ökologisch und sozial nachhaltig, weil man nicht nur um die Verletzlichkeit von Boden und Natur wusste, sondern auch, wie wertvoll eine Kooperation mit den Pflanzen und dem natürlichen Milieu war. Alleen sind Beispiele für dieses tiefere Wissen, dass man Wunden, die man der Natur schlägt, wieder heilen muss, indem man das, was man unten an Boden wegnimmt, oben durch den Kronenschluss der Bäume zumindest teilweise wieder repariert. Können war gefragt an der TU Wien, als die Bauingenieure noch die lateinischen Namen der für die Alleen in den jeweiligen Regionen geeigneten Bäume lernen mussten. Was diese Bäume dem Boden unten an Wasser entziehen, kommt der Tragfähigkeit und Haltbarkeit des Straßenkörpers zugute, und von dem, was sie oben an Wasser verdunsten, profitieren alle, die die Straßen und Wege nutzen, sowie das gesamte Umfeld. Eine Win-win-Situation für die Natur, die Menschen und die Infrastruktur. Der Nachteil: sie passt nicht in den Beschleunigungswahn des neoliberalistischen Geldsystemwachstums unserer Zeit der maschinellen Verwüstung, weil diese Leistungen der Natur keine Kosten verursachen und daher gewinnneutral sind, weil sie nachhaltig sind und daher keinen Gewinnfluss durch ständigen Ersatz produzieren und weil man durch die Bewahrung der lokalen Gleichgewichte der Natur ganzen Branchen die wirtschaftliche Grundlage entzieht, von den Kanalbaufirmen, der chemischen Industrie, der Zement- und Betonindustrie bis hin zu den Herstellern von Lärmschutzwänden. Bleibt die Natur stattdessen außen vor, entstehen neue Geschäfts- und Gewinnfelder, die einen Beitrag zum Wachstum des BIP »leisten«, ganz nach dem Motto »Leistung durch Zerstörung«.

Seit der zweiten Hälfte des 20. Jahrhunderts sind Straßenplanung und Straßen- bzw. Fahrbahnbau blind für die Schönheit der Landschaft, die Erfordernisse der Zukunft, die Notwendigkeit, das Ökosystem zu schützen und zu bewahren. Wegen unserer begrenzten Sinne muss die Umgebung vereinfacht werden; bei hohen Geschwindigkeiten spielt die Landschaft sowieso keine Rolle mehr, weil der Blick auf die Fahrbahn konzentriert sein muss. Man hat gar keine Zeit, sich der Landschaft zu widmen und ist getrennt von ihr, was die Bauindustrie als lukratives Geschäftsmodell für Tunnelbauten entdeckt hat. Die Landschaft wird entwertet, was wiederum den Vorteil hat, dass man sie leichter zerstören kann. Der Reichtum der Welt in der Nähe gerät aus dem Blick, der in die Ferne gerichtet ist, und wenn man am Ziel ankommt, sucht man ohnehin nur einen Parkplatz.

Im Straßenbau war Geschwindigkeit fortan die zentrale Größe, der alles unterzuordnen war. Mithilfe mächtiger Baumaschinen wurde nun nicht mehr die Fahrbahn der Landschaft, sondern umgekehrt die Landschaft den für die willkürlich festgelegten Geschwindigkeiten projektierten Fahrbahnen angepasst, Talbrücken wurden ohne Rücksicht auf eine Eingliederung in die Landschaft gebaut, Berge der Länge und Breite nach durchlöchert, Flüsse verlegt, Bäche zugeschüttet, riesige Dämme als optische und physische Barrieren auch im Flachland aufgeschüttet, die Landschaft zerstückelt. Die ehemaligen Wegkreuzungen wurden zu riesigen Anlagen zur Vermeidung unerwünschter individueller Geschwindigkeitseinbußen ausgebaut, die mehr Fläche benötigen als einst viele historische

Städte. Würde man die Fahrbahnen aller Wegenetze für den Autoverkehr in Österreich als Raster über das Land legen, wäre die Maschenweite dieses Netzes bereits kleiner als 300 Meter. Beispiele für die Landschaftsverwüstung gibt es ohne Zahl:

- Eine der empfindlichsten Fremdenverkehrsregionen, der Wörthersee, wird an seinem Nordufer der gesamten Länge nach von einer Autobahn gesäumt, an den Raststätten im Stile des amerikanischen Mittleren Westens wird »Kärntner Urlaubsflair« durch ein Potpourri internationaler Konzerne vermittelt.
- Die Zerstörung der niederösterreichischen Landschaft wird mit aller Vehemenz gleich an einem Dutzend Autobahnen und Schnellstraßen weiterbetrieben, an denen auch die Stadt Wien zu ihrem eigenen Schaden und Nachteil beteiligt ist, weil sie diesbezüglich geschickt übertölpelt wurde. Mit den Autobahnen verkommt die Landschaft zu einer Ansammlung von Industrieparks internationaler Konzerne, wie man sie aus den Wüstengebieten Nevadas kennt.
- In Klosterneuburg, der Babenbergerstadt an der Donau, wurde der empfindlichste und wertvollste Teil der Au, ein Naherholungsgebiet im Bereich des weltberühmten Klosters, einem Betonschlauch abscheulichster Art geopfert. Die politischen Vertreter einschließlich der Landesregierung freuten sich so auf den zunehmenden Autoverkehr, dass sie wertvolle Feuchtbiotope in eine Wüste von Einkaufszentren, Baumärkten, Altstoffsammelstellen und Fahrbahnen umwandelten und die Täler für Investoren zur Verbauung mit einer gesichtslosen Baublockarchitektur leichter nutzbar machten, mit der die einst einladenden Dörfer nun verunstaltet werden.
- Das größte unzerteilte Naturgebiet am Fuße des Dobratsch mit einer einmaligen ökologischen Vielfalt wurde mutwillig durch den sogenannten »Gailtalzubringer« zerschnitten und damit zerstört.

- In der Steiermark bemüht sich die Landesregierung seit Jahrzehnten, das Ennstal durch den Bau einer Schnellstraße zu vernichten; bisher konnte sie nur durch den entschlossenen Widerstand lokaler Bürgerinitiativen daran gehindert werden. Da aber die ASFINAG (= Autobahnen- und Schnellstraßen-Finanzierungs-Aktiengesellschaft) wie ein Krebsgeschwür konzipiert ist, das immer stärker wird, je mehr es sich ausbreitet, wird das Vorhaben mit projektkonformen und willigen Lokalpolitikern und Vertretern des Verkehrsministeriums immer weiter vorangetrieben.

Auf die zahlreichen mir bekannten Beispiele in Deutschland oder Italien will ich an dieser Stelle nicht eingehen, da es derer so viele gibt, dass man daraus ein eigenes Buch machen könnte.

Millionen von Euro werden ausgegeben, um zukünftigen Generationen die Lebensgrundlagen zu entziehen, und das, obwohl man die Folgewirkungen dieses Treibens schon längst an den Fehlern der Vergangenheit in den Alpentälern, aber auch im Flachland nachweisen kann. Die schlauen Vinschgauer sind hier als rühmliche Ausnahme anzuführen: Sie haben die Augen offen gehalten und sind dem Rat des Verfassers gefolgt, den Bau einer Schnellstraße durch ihr Tal zu verhindern und stattdessen die stillgelegte Vinschger Bahn wieder ins Leben zu rufen. Der eigentliche Anstoß kam dabei nicht von mir, sondern von der Umweltschutzgruppe des Vinschgau in Mals, einem Ort, der auch durch seine Weigerung bekannt wurde, im Obstbau weiterhin die Unmengen an Umweltgiften einzusetzen, um genormte Formen massenvermarktbarer Einheitsäpfel zu produzieren, die kaum jemand essen würde, der über die »chemische Vergewaltigung« der Bäume, auf denen sie gewachsen sind, Bescheid wüsste. Heute ist der Vinschgau ein attraktives Tourismusgebiet mit einem boomenden Radverkehr, einer noch weitgehend intakten Landschaft und einer Eisenbahn, deren Fahrgastzahlen Jahr für Jahr steigen. Inzwischen wird die Strecke elektrifiziert und man denkt über eine weitere Taktverdichtung und sogar über einen zweigleisigen Ausbau nach.

Schaut man in die EU-Erweiterungsländer, muss man fassungslos feststellen, wie – angetrieben durch die Gier westlicher Konzerne – wertvollste Landschaftsgebiete dem Bau von Fahrbahnen für eine Verkehrsart ohne Zukunft geopfert werden. Besonders emsig wird diese Landschaftsvernichtung in den neuen Bundesländern Deutschlands und in Polen betrieben. Wahrscheinlich spielt dabei auch die Hoffnung auf eine Wiederbelebung durch den Autoverkehr eine Rolle. Und nicht zuletzt muss Europa sein Straßennetz den Bedürfnissen der von den USA dominierten NATO anpassen und es damit auch konzerngerecht gestalten. Schon 1983 hat Herbert Rosendorfer in seinem Buch *Briefe in die chinesische Vergangenheit* einen Besucher aus der Song-Dynastie erkennen lassen, dass es nicht gut ausgeht, wenn ein Land von den Händlern – den heutigen Konzernen – regiert wird. Diese aber bilden inzwischen vielerorts den sogenannten *Tiefen Staat*, jene nicht sichtbare Regierung, die immer bleibt, unabhängig davon, welche Partei an die Macht gewählt wird.

Der Zerstörungsprozess wird nicht begriffen

Dass jeder so schnell, mühelos, billig und bequem von einem Punkt zum anderen – genau genommen muss es heißen »von einem Autoabstellplatz am Beginn zu einem Abstellplatz am Ende des Weges« – fahren möchte, liegt auf der Hand. Was dazwischen ist, stört nur und kostet Zeit. Dass dies mit dem Auto derzeit immer noch am einfachsten ist, liegt aber nicht am Auto selbst, sondern am System, das für das Auto und um das Auto errichtet wurde – was nicht begriffen wird. Die negativen Folgen werden ausgeblendet, die Zerstörung wird erleichtert, finanziell gefördert und der Zerstörer belohnt. Es

Der Schlüssel zur Lösung der Probleme liegt nicht immer dort, wo der Lichtkegel der Fachgebiete, die sie erzeugen, hinfällt.

handelt sich um ein System, das mehrfach positiv rückgekoppelt wird. Das Ergebnis dieser unkontrollierten positiven Rückkopplungen ist immer Zerstörung. Keine der Disziplinen, die bisher im Verkehrswesen tätig sind, hat sich mit diesen Wirkungen auseinandergesetzt.

Die Ingenieure bauen Fahrbahnen und Fahrzeuge, Informationssysteme und Sicherungseinrichtungen; die Ökonomen berechnen wirtschaftliche Effekte, die sie über Annahmen begründen, ohne zu prüfen, ob diese stimmen; die Juristen erhalten ein unmenschliches Rechtssystem für den Autoverkehr aufrecht und sind nicht in der Lage, komplexe Wirkungen, die sich aus der rasanten technischen Entwicklung ergeben haben, zu erkennen, geschweige denn zu berücksichtigen. Wenn eine Disziplin dem »Versteinerungsprinzip« huldigt, kann man ja kaum erwarten, dass sie dynamisch oder gar präventiv wirksam wird. Entstanden ist so ein System mit einer nahezu unaufhaltsamen Eigendynamik, angetrieben von fossiler Energie und mächtigen Lobbys. Dazu gehören in erster Linie Banken und Baukonzerne, Erdölindustrie, Schwerindustrie, elektronische Industrie, Autoindustrie sowie Medien und Politik, die in deren Diensten stehen, und nicht zuletzt die Lobbyorganisationen der Autofahrer ebenso wie alle weiteren Verästelungen in die nationalen und internationalen Organisationen und deren Verwaltung.

Hilflosigkeit bis zum heutigen Tag

Die Zerstörungswirkung des Autoverkehrs wurde von manchen Stadtplanern – etwa in Deutschland – bereits in den 1950er-Jahren erkannt. Ihre Bedenken wurden jedoch nicht zur Kenntnis genommen, stattdessen wurde das amerikanische Modell auf einen Kontinent übertragen, der mit den Gegebenheiten der USA nicht vergleichbar ist. In Europa mit seiner Vielfalt der Kulturen, dem reichen historischen Erbe – etwas, das in den USA im Zuge eines der größten Genozide der Geschichte von den europäischen Einwanderern vernichtet wurde – ist die Siedlungsdichte und Siedlungsstruktur seit Jahrhunderten vorgeprägt. Viele europäische Städte weisen nicht nur eine historische Stadtstruktur nach dem Maß des Menschen auf, sondern verfügen außerdem über ein dichtes öffentliches Verkehrsnetz aus der Zeit vor der allgemeinen Motorisierung. Letztere sorgte schließlich dafür, dass jahrhundertelang bewährte Baustrukturen und jahrzehntelang bestens funktionierende Verkehrsmittel ohne Rücksicht auf Verluste beseitigt wurden.

Weltweit mehr als eine Million Unfalltote und ein Vielfaches an Verletzten sowie lebenslang geschädigten Menschen sind nur die Spitze des Eisbergs einer Zerstörung, die sich bis zum Weltklima fortsetzt. Dabei täuschen die Statistiken über die tatsächlichen Auswirkungen hinweg, weil darin nur die direkten Folgen erfasst werden, die durch den Betrieb dieses Verkehrsmittels entstehen. Doch schon allein bei der Autoproduktion, um nur ein Beispiel zu nennen, verzeichnet ein Pkw mit einem Gewicht von 1,5 Tonnen einen durchschnittlichen Verbrauch von 70 Tonnen an Materialien und Ressourcen, was natürlich gravierende und meist irreversible Spuren im Ökosystem hinterlässt.[13] Im Produktionsprozess werden selbstverständlich auch bei Elektroautos Kohle und Erdöl eingesetzt. Der Strom, mit dem Elektroautos betrieben werden, stammt in den USA, Europa und insbesondere in China noch immer aus fossilen Energiequellen, in China vorwiegend aus Kohle. Der tatsächliche Anteil des Autoverkehrs am Energieverbrauch ist daher weit höher, als es die üblichen Statistiken ausweisen.

Die Regierungen bis hin zur EU-Kommission glauben noch immer, man könne die Verkehrsprobleme durch eine bauliche Beseitigung von Engstellen lösen, obwohl sie längst gemerkt haben müssten, dass dies nicht zum Ziel führt, sondern immer wieder neue und noch größere Probleme erzeugt. Sie sind wie Goethes Zauberlehrling in den Netzen der eigenen fachlichen und politischen Ignoranz gefangen. Dazu gehört auch der Irrglaube, man könne durch technische Maßnahmen wie eine Verbesserung der Motoren das Abgasproblem lösen; dass trotz allen technischen Fortschritts die Gesamtbelastung im System nicht ab-, sondern zunimmt, wird dabei nicht zur Kenntnis genommen. Man versucht mit – angesichts der Systemwirkungen – geradezu lächerlichen Preiskorrekturen, den Autoverkehr zu reduzieren oder gar zu kanalisieren, und muss feststellen, dass das nicht funktioniert. Man will die Probleme »wegbauen«, »wegsignalisieren« oder »wegpreisen«. Diese Hilflosigkeit führt angesichts der Unsummen, die von der EU zur großen Freude der Konzerne vergeudet werden, zu geradezu skurrilen Auswüchsen, die an den mittelalterlichen Sündenerlass erinnern, wo man sich durch Geldspenden das ewige

Seelenheil erkaufen konnte. Genauso wie damals bietet aber diese Hilflosigkeit den idealen Boden für die Entwicklung von Sekten mit Heilsversprechungen technischer, chemischer oder sonstiger Art. Sie agieren nach dem Motto: »Macht euch keine Sorgen, wir haben die Sache im Griff.« Leider entwickeln sich aber die Probleme beschleunigt weiter. Allein die sogenannte Abwrack- oder Verschrottungsprämie, die von zehn Regierungen innerhalb der EU gezahlt wurde, beweist den mystischen Zugang der Verantwortlichen in Politik, Verwaltung und EU-Kommission. Milliarden von Forschungsgeldern werden in vorgegebenen, meist von der Industrie vorpräparierten Forschungsfeldern vergeudet, ohne dass es irgendjemandem auffällt, dass damit praktisch nichts bewegt wird und das System weiterhin in die falsche Richtung rollt (denn gehen tut heute nahezu niemand mehr). Der Patient wird immer kränker, die Probleme nehmen zu, die Therapie wird immer teurer – ein sicherer Beweis für die Hilflosigkeit der »Ärzte«. Nüchtern ausgedrückt bedeutet dies nichts anderes, als dass denjenigen, die sich heute mit dem Verkehr beschäftigen, die Systemkenntnis fehlt. Man ist dem amerikanischen Verkehrsmodell zwar nicht blind, aber häufig wider besseres Wissen gefolgt und sitzt nun in der Falle, ohne in der Lage zu sein zu erkennen, wo die Ansatzpunkte liegen, um sich aus ihr zu befreien.

Erkennen von Systemwirkung und Systemverhalten

Es ist eine Tragödie der europäischen Verkehrswissenschaft, dass die im 19. Jahrhundert in Europa und auch in Österreich entstehenden Ansätze einer disziplinübergreifenden Erfassung neuer Systeme nicht erkannt wurden. Rückblickend ist es nicht verwunderlich, dass diese Ansätze gerade in einer Zeit entstanden, als das Denken noch nicht durch den sogenannten »technischen Fortschritt« derart getrübt war, dass die Menschen, einschließlich aller Wissenschaftler, den Boden unter den Füßen verloren. Grundlegende Ansätze für das Systemverständnis, die über hundert Jahre verschüttet waren, stammen aus der Psychophysiologie des 19. Jahrhunderts, aus der Ökonomie, aber auch aus der Verkehrswissenschaft.

Eduard Lill, ein ambitionierter Oberinspektor der k. k. privilegierten Österreichischen Nordwestbahn, analysierte den Fahrscheinverkauf seines Bahnunternehmens und stellte dabei fest, dass viel häufiger Fahrscheine für kurze Distanzen gekauft wurden als für längere. Bei der Überprüfung anderer Eisenbahnlinien und Verwaltungen stellte er das gleiche Phänomen fest. Aus diesen Beobachtungen leitete er das sogenannte »Lillsche Reisegesetz« ab, das er 1889 als Auszug aus seiner gleichnamigen Dissertation an der TU Wien veröffentlichte. Im Wesentlichen besagt es, dass Reisehäufigkeit multipliziert mit der Reiseweite eine Konstante ergibt. Diese Konstante ist von den jeweiligen Strukturen bestimmt. Für Russland ergab sich ein anderer Wert als für die damalige k. u. k. Monarchie. Dieses Gesetz wird auch in den Wirtschaftswissenschaften und an der TU Wien erwähnt, wo ich ihm während meines Studiums begegnet bin; in der Fachwelt und in den einschlägigen Wissenschaften wurde es aber nicht weiter behandelt. Außerdem beschreibt Lill in seiner Arbeit den Lagewert eines Bahnhofs, also Verhaltensweisen der Bahnbenutzer, auch wenn er sie damals nicht quantitativ erfassen konnte. Er erkannte aber, dass die Eisenbahn nur Teil eines viel größeren Systems ist, und daher nicht losgelöst von diesem betrachtet werden kann, wie dies leider heute noch immer der Fall ist. Dieser integrative Ansatz von Lill wurde jedoch kaum beachtet und ging nach dem Zweiten Weltkrieg praktisch verloren. Stattdessen wurden die Primitivannahmen des 1950 erschienenen amerikanischen *Highway Capacity Manual* auch in Europa übernommen. Die Eisenbahn war out, stattdessen wurde die Landschaft versiegelt, um möglichst bequem, schnell und billig Autoverkehr betreiben zu können. Dabei hätte der Ansatz von Lill, wäre man seinen Überlegungen gefolgt, zu Einsichten und Schlussfolgerungen führen können, die parallel und unabhängig davon bereits entwickelt worden waren – wie die Evolutionstheorie von Charles Darwin, die Erkenntnisse aus der Psychophysiologie und der Wirtschaftslehre eines Hermann Heinrich Gossen. Voraussetzung dafür wäre allerdings eine disziplinübergreifende Sicht gewesen, die es damals ebenso wenig gab wie heute, obwohl Lill diese im Grunde genommen bereits verfolgte – wenn auch ohne sich dessen bewusst zu sein. Denn die »Umgebung und Attraktivität« bzw. die »Kraft eines Bahnhofes« ist ja das Produkt menschlichen Verhaltens, politischer Entscheidungen, gegebener Strukturen, also physiologischer, psychologischer und ökonomischer Prozesse. Im Ingenieurwesen wurde Lills Gesetz zwar in den Eisenbahnvorlesungen erwähnt, dessen Tragweite für das Gesamtsystem allerdings in keiner Weise erkannt, und so ist es den meisten bis heute verborgen geblieben. Dabei hätte ein wenig Mathematik genügt, um mit einer einfachen Modifikation des Gesetzes die Wechselbeziehungen zu den damaligen Erkenntnissen herzustellen. Das liegt an den Ausbildungsstrukturen, in denen zwar die für das Eingreifen in die Welt notwendigen Formeln vermittelt werden, nicht aber das Nachdenken über den Ursprung dieser Formeln, ihre Grenzen und ihre verantwortungsvolle Anwendung. Dank meines Studiums dreier Fachbereiche (Bauingenieurwesen, Geodäsie und Mathematik) sowie meines Interesses für Biologie und Psychologie war mir das Verkehrswesen schon im Studium verdächtig. Im Unterschied zu den klaren konstruktiven Fächern, wo man auf der Hookeschen Gerade sicher in einem linearen Zusammenhang zwischen Spannung und Dehnung lebt oder den Gesetzen der Hydraulik und Hydrodynamik des Ingenieurwesens folgt, erschienen mir im Verkehrswesen viele Annahmen willkürlich, Abmessungen unerklärt und Extrapolationen erstaunlich. Mit dem erweiterten Blick auf andere in diesem Gebiet tätige Fachdisziplinen verstärkte sich dieser Eindruck noch. Die eigenartige »Normalspur« der Eisenbahnen war von den englischen Kutschen übernommen worden – woher aber stammten die damaligen »Richtlinienbreiten« für die verschiedenen Straßenkategorien, die keinerlei Zusammenhang zwischen Fahrzeug- und Fahrbahnbreite erkennen ließen. Warum mussten Fahrstreifen für maximal 2,55 m breite Lkw bzw. 1,70 m breite Pkw 3,50 m oder 3,75 m breit sein? In den mir damals zugänglichen Unterlagen der internationalen Literatur fand sich dafür keine Erklärung, wohl aber die Erkenntnis, dass sich die Richtlinien in den verschiedenen Ländern scheinbar durch das Abschreiben bereits bestehender Richtlinien erklären ließen. Sozusagen Forschungsergebnisse durch gemeinsame Meinungsbildung auf Grundlage gegenseitigen Abschreibens. Auch der methodische Erkenntnisvorgang verwunderte mich damals, aber inzwischen weiß ich, dass er auf die meisten Disziplinen zutrifft, wenn man sich nur näher mit ihnen befasst – selbst für die weit außerhalb der technischen Dimension angesiedelten. Einer Reihe von Zufällen und nicht zuletzt dem Verlassen der Universität habe ich es zu verdanken, dass ich schließlich die einfache Frage »Wie breit müssen verantwortbare Fahrstreifen sein?« scheinbar beantworten konnte. Ausgangspunkt war allerdings nicht diese Frage, sondern eine aus der Praxis, die von den Firmen für Bodenmarkierungen aufgeworfen wurde. In Österreich waren die Längsmarkierungen am Fahrbahnrand damals weiß und die in der Fahrbahnmitte gelb, was den Arbeitsaufwand erhöhte, sodass sich die Fragen stellten: »Braucht man beide Markierungen?« und »Welche Wirkungen haben diese auf das Verhalten der Autofahrer?«

Wollhandkrabben und Geschwindigkeitsverhalten

Die meisten Menschen kennen Krabben von ihrem Urlaub am Meer, wo sie bei Ebbe den Sand nach Essbarem absuchen und, nähert man sich ihnen, mit erstaunlich hoher Geschwindigkeit seitlich davoneilen, um in ihrem Sandloch zu verschwinden. Um diese Geschwindigkeit soll es hier aber nicht gehen, sondern um eine andere Eigenschaft, die man bei ihnen entdeckte. Was hat das allerdings mit der Breite von Fahrsteifen oder Fahrbahnen zu tun? Denn mich beschäftigte die Frage: Welche Wirkungen haben eine Randmarkierung, eine Mittelmarkierung oder beide auf das Verhalten der Fahrzeugführer? Braucht man beide oder genügt entweder nur die in der Mitte oder die am Fahrbahnrand? Um diese Frage fachlich zu beantworten, brauchte ich ein einfaches Messgerät, um die jeweilige Position der Fahrzeuge auf der Fahrbahn zu bestimmen. Von berührungslosen Messmethoden war man Anfang der 1970er-Jahre noch weit entfernt, also galt es ein eigenes Gerät zu bauen, das in Abständen von jeweils 20 cm das Überrollen der Räder messen konnte. Außerdem brauchte man vergleichbare Strecken, auf denen man das Verhalten der Autofahrer unter verschiedenen Markierungsbedingungen bei Tag und Nacht beobachten konnte. Auf neue Fahrbahndecken wurden unterschiedliche Markierungen aufgebracht: entweder nur Randmarkierungen, auf vergleichbaren Streckenabschnitten nur Mittelmarkierungen oder aber beides. Die Verteilung der Seitenabstände ergab eine eindeutige Spitze für die Position der Fahrzeugmitte im Querschnitt der Fahrbahn mit beidseitigem starkem Abfall, eine Funktion, die im Verkehrswesen zuvor nicht bekannt war. Durch den Hinweis eines Kollegen stieß ich in einem amerikanischen Handbuch der Psychologie auf die gleiche Funktion. Diese stammte allerdings von einer Versuchsanordnung mit Wollhandkrabben, die man in eine dunkle Box gesetzt hatte und beobachtete, wie sie auf Lichtblitze reagierten, die in konstanten Abständen ausgesandt wurden. Dazu wurden Sensoren an den Augennerven der Wollhandkrabben (sie haben »Stielaugen«) angebracht, die zeigten, dass die Tiere nach relativ kurzer Zeit in der Lage waren, die Augen ziemlich genau zum Zeitpunkt des Blitzes zu schließen. Die Abweichungen ergaben genau den gleichen Verlauf, den ich auch bei den Seitenabständen der Autofahrer beobachtet hatte. Erklärt wurde dies im Fall der Wollhandkrabben durch einen *periodischen, latenten Mechanismus*, über den sie verfügen müssen, um in kurzer Zeit auf die Frequenz dieser Reize so präzise reagieren zu können. Damit waren für mich die Schlüsselwerte gefunden – »periodisch« war bereits bekannt: Selbst auf ganz geraden Strecken fahren Autofahrer immer eine »Schlangenlinie« (auch wenn sie nüchtern sind). Bei einem geübten Autofahrer erfolgt das Lenken des Fahrzeuges unbewusst. Jeder wird sich daran erinnern, dass er, als er das erste Mal ein Auto steuerte, Schwierigkeiten hatte, dieses auf der Fahrbahn bzw. Fahrspur zu halten und gleichzeitig auch noch zu kuppeln, zu schalten und alle anderen Handgriffe und Beobachtungen zu machen, die für ein sicheres Fahren notwendig sind. Solange das Großhirn mit dem Lenken beschäftigt ist, hat es kaum freies Potenzial für anderes. Das führt dazu, dass es in seiner evolutionären Geschichte, dem Archiv seiner evolutionären Erfahrungen, nach einer Antwort sucht. Hat es diese gefunden, werden optische Informationen vom Unterbewusstsein direkt in sinnvolle Handlungen umgesetzt, ohne das langsame und schwerfällige Großhirn damit zu belasten. Dieser Mechanismus, der uns befähigt, unbewusst ein Auto zu lenken, muss daher mindestens so alt sein wie jener, der sich bei den Wollhandkrabben manifestiert hat. Er wurde zu einer Zeit entwickelt, als es darum ging, gezielt ein Ziel anzusteuern, entweder um Beute zu machen oder einem Angreifer zu entkommen.

Als ich 1963 als Assistent an das Institut für Straßenbau

und Verkehrstechnik der TU Wien kam, interessierten mich die Grundlagen dieses Fachgebiets. Durch mein Studium der Mathematik und der naturwissenschaftlichen Geodäsie hatte ich erkannt, dass je nach Studium unterschiedliche Denkmuster vorliegen. Die Naturwissenschaftler interessiert das Wie; den Bauingenieuren hingegen werden Methoden und Wissen vermittelt, wie tragfähige, dauerhafte Bauwerke zu entwerfen, zu berechnen und zu bauen sind, wobei es gilt, Normen und Richtlinien einzuhalten, deren wissenschaftliche Begründungen nicht hinterfragt werden, wie etwa die Breiten von Fahrbahnen oder Gehsteigen.

Die Arbeiten aus der Zeit, als ich mich an dem Institut der Unfallforschung und Verkehrssicherheit widmete, ließen mich erkennen, dass ein Faktor in den Denkmodellen des Verkehrswesens, das sich auf Fahrzeuge, Infrastruktur, Wirtschaftlichkeit, Preise, Prognosen und Modellbildung bezog, fehlte: der Mensch und seine Fähigkeit, auf Reize zu reagieren, seine unterschiedlichen Reaktionszeiten. Man arbeitete mit Annahmen über »Augenhöhe«, »Sichtweiten« und Wahrnehmung als Voraussetzung für das Funktionieren des motorisierten Straßenverkehrs. Mit welchen Eigenschaften ist der Mensch gut und mit welchen ist er schlecht ausgestattet und welche fehlen ihm komplett für dieses neue Verkehrsmittel, das er in die Hand bekommt, das ihm aber gleichzeitig die Füße »raubt« – all diese Fragen waren nicht Gegenstand der Ingenieursausbildung.

Gegenwart ist immer Vergangenheit

Zwischen Informationsaufnahme und Informationsverarbeitung vergeht immer Zeit und von der Verarbeitung bis zur eigentlichen Handlung meist noch mehr. Man reagiert immer verzögert auf die Realität, obwohl man den Eindruck von Gegenwart hat. Weicht man von der Ideallinie ab, die

die Spitze dieser Seitenabstandsverteilung bildet, wird der Abstand von der Ideallinie durch die Geschwindigkeit bestimmt. Man kann ja nicht schneller reagieren, nur weil man schneller unterwegs ist, und braucht daher bei höheren Geschwindigkeiten mehr Platz als bei geringerem Tempo. Der Platz, den man dafür braucht, entspricht genau dem Unterschied zwischen Fahrstreifenbreite und Fahrzeugbreite. Je breiter daher ein Fahrstreifen ist, umso schneller kann man auf ihm fahren.

Dieser Mechanismus war nun entschlüsselt, sodass man erstmals in der Lage war, naturwissenschaftlich fundiert Fahrstreifenbreiten in Hinblick auf die erforderliche zulässige Geschwindigkeit festzulegen. Dazu musste, da es sich um statistische Verteilungsfunktionen handelte, ein Grenzwert dafür festgelegt werden, in welchem Ausmaß etwaige Überschreitungen toleriert werden sollten. Das traditionelle Verkehrswesen ignoriert diese Erkenntnisse jedoch und baut nach dem Prinzip der konstruktiven Fächer, dass man mit der Überdimensionierung auf der sicheren Seite ist, weiterhin viel zu breite Fahrbahnen – je breiter, desto sicherer. Da man weder gelernt noch verstanden hat, dass es sich hier nicht um Kräfte im Sinne der Physik, sondern um intelligente Menschen handelt, die sich an das neue Angebot anpassen, verleitet man Autofahrer so zum Schnellfahren und zu Geschwindigkeitsüberschreitungen, für die man sich allerdings nicht verantwortlich fühlt. Denn das fällt in den Kompetenzbereich der Behörden und der Polizei. Um das dadurch entstehende Risiko zu verringern, versucht man mit Tempolimits gegenzusteuern. Es ist geradezu ein Akt der Bosheit: Man baut Fahrbahnen, die zum Schnellfahren verleiten, um Autofahrer anschließend dafür zu bestrafen, dass sie sich dieser gebauten Umwelt mit ihrem Geschwindigkeitsverhalten anpassen. Ein Tempo von 50 km/h im Ortsgebiet erfordert bei Gegenverkehr Fahrbahnbreiten von 4,80 m bis 5,20 m. Gebaut aber werden Fahrbahnen mit einer Breite von 6,00 m bis 6,50 m. Dafür fällt der Platz für die Fußgänger entsprechend geringer aus.

Mit diesen zu breit angelegten Fahrbahnen zerschneiden Planer und Politiker den öffentlichen Raum und beeinträchtigen im Interesse der Freiheit des ungehemmten Autofahrens die Sozialbeziehungen der Gemeinschaft, die Aufenthaltsqualität, die lokale Wirtschaft und die Freiheit der optimalen Ausrichtung von Gebäuden. Denn breite Fahrbahnen verleiten zum schnellen Fahren, was wiederum zu mehr Lärm und Abgasen führt. Wohnungen orientiert man nicht mehr zur Gesellschaft, also zum öffentlichen Raum hin, sondern weg davon. Denn der öffentliche Raum wird zur Gefahrenzone, von der man nichts wissen, hören, sehen und riechen will. Auf diese Weise zerstört das Auto die Dörfer ebenso wie die Ge-

Grundanforderung an die Seitenraumbreite

Kurzbeschreibung bzw. Nutzung	DTV [Kfz]	Breite im Seitenraum
Wohnstraße, offene Bebauung Einfriedungen ≤ 0,50 m Einfriedungen > 0,50 m	 < 5000	 2,10 m 2,30 m
Geschlossene Bebauung, geringe Dichte, max. 3 Geschosse	< 5000	2,50 m
Geschlossene Bebauung, mittlere Dichte: 3–5 Geschosse	< 5000	3,00 m
Gemischte Wohn und Geschäftsnutzung, mittlere Dichte: 3-5 Geschosse	< 5000	3,30 m
Gemischte Wohn und Geschäftsnutzung mit häufig frequentierter ÖPNV-Linie, hohe Dichte	< 5000 < 10000	4,00 m 5,00 m
Ortsdurchfahrt, geringe Dichte, landwirtschaftliche Nutzung	< 15000 ≥ 15000	3,30 m 4,00 m
Geschäftsstraße mit Auslagen, hoch frequentierter ÖPNV-Linie	< 15000 ≥ 15000	5,00 m 6,00 m

Nach: Forschungsgesellschaft für Straßen- und Verkehrswesen; Empfehlungen für Fußgängerverkehrsanlagen – EFA 2002, Köln 2002

meinschaften in den Städten. Gleichzeitig zerstört werden so die jüngsten Schichten der Evolution, die Sozialbeziehungen zwischen Menschen, die sich in den vergangenen 10.000 Jahren in den Siedlungen entwickelt haben. Ein Umstand, der durch den altbekannten Witz unterstrichen wird, in dem jemand an einer stark befahrenen Straße einen Passanten fragt, wie man auf die andere Seite hinüberkomme, und dieser antwortet: »Das kann ich Ihnen nicht sagen, ich bin auf dieser Seite geboren.«

Die Fachwelt nimmt diese wissenschaftlichen Erkenntnisse nur widerwillig zur Kenntnis und versteht sie wahrscheinlich gar nicht, sobald sie über das Gebiet des Ingenieurwesens hinausreichen. Das Ergebnis sind mutwilliger Landschaftsverbrauch, hohe Kosten für Bau, Erhaltung und Instandsetzung,

Sichtbarer Ausdruck des vom Autovirus beeinflussten Denkens: Vertreibung der Menschen aus dem öffentlichen Raum.

höhere Unfallzahlen, starre Richtlinien ohne wissenschaftliche Grundlagen und das Festhalten an einer auf Annahmen basierenden Willkür bei der Gestaltung der baulichen Anlagen. So werden – um an dieser Stelle ein Beispiel anzuführen – durch die in der niederösterreichischen Bauordnung festgelegten Querschnitte für Anliegerstraßen mit einer Breite von 6,00 m bei 1,25 m breiten Gehsteigen die Bewegungsbedürfnisse der Fußgänger überhaupt nicht, die der Autofahrer dafür zu weit mehr als 100 Prozent erfüllt. Wenn man also Soll und Ist einander gegenüberstellt, zeigt sich die Wirkung des Autovirus in den Köpfen der Techniker und Beamten sehr deutlich.

Menschen reagieren auf die Umwelt ebenso intelligent wie Tiere. Mit solchen Bauordnungen und Richtlinien werden Fußgänger ausgerottet und Autofahrer generiert: die vom Autovirus befallenen Planer zerstören die menschlichen Formen der Mobilität, um sie durch unmenschliche Formen zu ersetzen. Dass die traditionell ausgebildeten Techniker nicht von Zweifeln darüber geplagt werden, ob man nun dem Menschen oder dem Auto mit den jeweiligen Sicherheitsansprüchen den Vorrang im öffentlichen Raum geben soll, lässt sich an ihren Taten ablesen, die sich von den Städten bis ins letzte Bergdorf hinein auswirken.

Das Märchen von der »Freiheit der Verkehrsmittelwahl«

»Freiheit« ist ein Wort, das verlockend klingt, weil es in unserer individualistischen Gesellschaft immer einseitig interpretiert wird und suggeriert, es gäbe eine unbegrenzte Menge davon und man könne sie sich einfach »nehmen«. Die Freiheit des Einzelnen kann jedoch nur so weit gehen, dass sie die Freiheiten anderer Menschen, seien es die gegenwärtigen oder die zukünftigen, nicht beeinträchtigt, deren Möglichkeiten reduziert oder irreversible Folgewirkungen nach sich zieht. Von diesen Rahmenbedingungen der Freiheit will man im Autoverkehr allerdings nichts wissen. Freiheit war über Jahrzehnte allein die des Autofahrens, ohne Rücksicht auf etwaige Folgen. Als Feigenblatt wird von den Fundamentalisten die »freie Wahl des Verkehrsmittels« sowohl im Personen- als auch im Güterverkehr wie ein Mantra immer wieder wiederholt und von

Politikern, wenn sie nicht über entsprechende geistige Fähigkeiten verfügen, gedankenlos nachgeplappert. Die EU hat sich das Recht auf freien Warenverkehr für aus den Mitgliedstaaten stammende Waren sowie für diejenigen Waren aus Drittstaaten »gegeben«, die sich in den Mitgliedstaaten im freien Verkehr befinden – das gehört ebenso zu den Grundsätzen des *Vertrags über die Arbeitsweise der Europäischen Union (AEUV)* wie der freie Kapitalverkehr und die »Niederlassungs- und Dienstleistungsfreiheit«. Freiheit ist natürlich immer eine bedingte Freiheit – durch die physiologischen, psychischen, physikalischen, sozialen, finanziellen und kulturellen Rahmenbedingungen bestimmt. Die Autoindustrie und die Autofahrerlobby beanspruchten in den letzten Jahrzehnten den Freiheitsbegriff sozusagen für sich. Zwar klagen Mütter und Väter über die eingeschränkte Bewegungsfreiheit ihres Nachwuchses, wenn es aber darauf ankommt, ist ihnen die Freiheit, ihr Auto uneingeschränkt zu nutzen, immer noch wichtiger als die sichere Mobilität ihrer Nachkommen, und sie begründen ihre Autonutzung nicht selten mit der Notwendigkeit, die Mobilitätsbedürfnisse ihrer Kinder erfüllen zu müssen.

Physik und Zeit

Unter Zeit versteht man heutzutage im Allgemeinen jenen von einer Maschine mechanisch oder elektronisch vorgegebenen Takt, der Dinge aufeinander abstimmt, etwa für die Genauigkeit der Fahrpläne sorgt, Arbeitsprozesse koordiniert und weltweit ein gewisses Ordnungsmuster gewährleistet – zumindest für jene, die sich diesem Maschinentakt unterwerfen. Im Unterschied zu chemischen sind die meisten physikalischen Prozesse zeitinvariant, reversibel – zumindest theoretisch. Mit Ausnahme der Entropie, dem Maß der Unordnung, hier gibt es eine klare Zeitachse: In geschlossenen Systemen nimmt das

Maß der Unordnung stets zu. Zum Messen der Zeit verwendet man verschiedene Geräte, Uhren unterschiedlicher Bauart, die Zeit in Einheiten zerlegen, die weltweit genormt sind. Alle technischen Geräte, in denen dynamische Prozesse ablaufen, werden nach dem Zeitmaß der Maschine, der Uhr, gesteuert. Obwohl ihre heute übliche Präzision noch nicht so lange existiert, wurde die Uhrzeit zum Zeitbegriff schlechthin, dem sich das gesamte menschliche Leben unterworfen hat. Unsere industrialisierte Gesellschaft funktioniert wie ein »Räderwerk«, auch wenn heute die meisten Uhren keine Räder mehr haben.

Dass es auch andere Zeitbegriffe gibt, hat die Forschung erst vor Kurzem entdeckt und spricht in diesem Zusammenhang von sogenannten Eigenzeiten, die, je nach System, aber auch für verschiedene Lebewesen, unterschiedlich sind. Jedes Lebewesen hat gewissermaßen seine Eigenzeit. Nun lassen sich technische Verkehrssysteme bekanntlich schlecht nach der individuellen Eigenzeit entwerfen, daher bedient man sich der physikalisch gemessenen Zeit.

Das Problem falscher Systemabgrenzungen ist uns bereits bekannt, wie etwa der Irrglaube, aus kürzeren individuellen Reisezeiten eine Zeiteinsparung im System aufaddieren zu können, um dann mit Verwunderung feststellen zu müssen, dass es diese nicht gibt, weil sich die Strukturen geändert haben. Die Reisezeit ist offensichtlich eine Konstante menschlichen Verhaltens. Eine allgemeine Geschwindigkeitserhöhung führt also nicht zur Zeitverkürzung, sondern nur zur Wegverlängerung. Es ist eine geradezu teuflische Täuschung, den Menschen eine Zeitverkürzung vorzugaukeln, für die sie die Natur zerstören, fossile Energieressourcen unwiederbringlich und zum Schaden von Umwelt, Mensch und Klima vergeuden, ohne dadurch erreichen zu können, was sie wollen, nämlich eine Zeiteinsparung. Doch damit nicht genug. Hat sich ein System erst einmal auf höhere Geschwindigkeiten eingestellt, ist es auf den ständigen Zustrom billiger Energie angewiesen. Die

Menschen in diesem System sitzen in der Falle, weil sie auf die ständige Verfügbarkeit technischer Unterstützung angewiesen sind und damit in die Abhängigkeit von Konzernen geraten, deren Interesse aber keineswegs das Wohlbefinden der Gesellschaft ist, sondern eine rücksichtslose Gewinnmaximierung, für die sie sich selbst die erforderlichen Regeln und Machtstrukturen eingerichtet haben. Sie haben alle Brücken zu einer nachhaltigen Lebensweise abgebrochen und glauben, es gäbe kein Zurück mehr. Die lokale Nahversorgung wurde durch das Auto ruiniert, weit entfernte Supermärkte durch überdimensionierte Fahrbahnen und kostenloses Parken subventioniert – ein Fortschritt weg von nachhaltiger Entwicklung auf den brüchigen Ast einer aufwändigen Energieabhängigkeit, und das alles basierend auf einer Formel, die es im System nicht gibt: Zeiteinsparung durch Geschwindigkeit.

Busbenutzer und Bienensprache

In seiner Dissertation *Nachfrageorientierte Bewertung der Streckenführung im öffentlichen Personennahverkehr* führte Klaus Walther Anfang der 1970er-Jahre in Bielefeld Befragungen unter Busfahrgästen durch, die den Zeitbegriff quantitativ relativierten. Die Wahrnehmung von Zeit ist im Verkehrssystem von der Art der Mobilität abhängig. Die Fahrgäste wurden danach befragt, wie hoch sie den Anteil der Fußwegzeit an ihrer Gesamtreisezeit einschätzten, wo der Ausgangspunkt ihres Weges und die Einstiegshaltestelle war, wo die Endhaltestelle und wo ihr endgültiges Ziel. Die Länge der Zu- und Abgangswege war bekannt. So ließ sich unter Annahme einer durchschnittlichen Gehgeschwindigkeit auch die tatsächlich benötigte Fußwegzeit berechnen. Über die Bezugsgröße der Fahrzeit konnte damit der »objektiv« ermittelte Anteil der Fußwegzeit an der Gesamtreisezeit errechnet werden. Würde eine Minute Fußweg als ebenso lang empfunden wie eine Minute im Bus, dann wäre das Verhältnis der geschätzten zur gemessenen Zeit genau 1. Denn eine Minute ist ja bekanntlich eine Minute, wenn man sie mit der Uhr misst, und das ganz unabhängig davon, wo sie gemessen wird. Nun stellte sich aber heraus, dass die Gehzeit – je länger der Fußweg wurde – gegenüber der Fahrzeit exponentiell überschätzt wurde. Eine Minute Fußwegzeit entsprach bei der Schätzung wie erwartet etwa einer Minute Fahrzeit im Bus; sechs Minuten Fußwegzeit hingegen wurden bereits so lange eingeschätzt wie 18 bis 24 Minuten Fahrzeit. Die Relation von geschätzter zu gemessener Zeit stieg mit jeder Minute exponentiell an. Walther bezeichnete dieses Verhältnis vom geschätzten zum gemessenen Anteil der Fußwegzeiten in Abhängigkeit von der Länge des Fußweges als den Zeitbewertungsfaktor. Der Reziprokwert dieses Zeitbewertungsfaktors wird in seinen Arbeiten als »Ansprechbarkeit« der Haltestelle bezeichnet und in Prozenten über die Fußwegdistanz angegeben. Ich verwende dafür den Begriff »Akzeptanz des Fußwegs«. Bei einem Zeitbewertungsfaktor von 2 wird die Fußwegzeit als doppelt so lang empfunden, wie sie tatsächlich ist, und man ist nur noch zu 50 Prozent bereit, sie hinzunehmen. Das heißt, kurze Fußwege werden zu 100 Prozent akzeptiert und je länger ein Fußweg wird, desto seltener wird er in Kauf genommen. Im Unterschied zur Laplace-Verteilung, der spitzen Funktion bei den Seitenabstandsmessungen, mit der die Breite der Fahrstreifen erstmalig fundiert in Beziehung zur Geschwindigkeit gesetzt werden konnte, war mir diese Funktion allerdings schon lange bekannt. Der Bienenforscher und Nobelpreisträger Karl von Frisch hatte in den 1940er-Jahren die »Bienensprache« erforscht und festgestellt, dass Entfernungen durch die Frequenz der Schwänzeltänze, die die Bienen auf den Waben im Stock ausführen, präzise wiedergegeben werden. Die Bienen laufen eine Art Achterschleife mit gerader Achse, wobei sie auf der Linie, die die beiden Kreise trennt, mit dem Hinterteil schwänzeln. Die Zahl der Tänze pro Zeiteinheit ergibt exakt die gleiche mathematische Funktion – eine e-Potenz mit negativem Exponenten –, wie sie Walther aus den Befragungen der Kunden der Bielefelder Busbetriebe ermittelt hatte. Der Schwänzeltanz – mit dem übrigens auch die Richtung zum Sonnenstand angegeben wird, und zwar durch den Winkel der Geraden, auf der das Schwänzeln erfolgt, zur Vertikalen – beginnt nach der Interpretation von Frisch aufgrund der damaligen Beobachtungsmöglichkeiten erst bei einer Entfernung von über 80 Metern (bei näher liegenden Futterstellen wird bei dieser Bienenart übrigens ein einfacher Rundtanz aufgeführt). Bei dieser Distanz ist die Frequenz am höchsten und nimmt mit wachsender Entfernung zur Futterstelle exponentiell ab, so wie die Fußwege mit zunehmender Länge bei den Fahrgästen in Bielefeld an Attraktivität verloren. Für mich ein Glück, weil diese von Frisch festgestellte Änderung des Verhaltens damals noch deutlich ausgeprägt war, da wegen der seinerzeit schwierigeren Datenerfassung genau und mehr gedacht werden musste und das Ergebnis nicht durch eine massenhafte Sammlung detaillierter Daten, wie sie heutzutage üblich ist, derart verschleiert wurde, als würde man ein impressionistisches Gemälde aus nächster Nähe betrachten und es nicht mehr als solches erkennen können, sodass einem selbst ein Van Gogh als ein wertloser Haufen von Farbklecksen erscheint.

Beschäftigt man sich mit der Evolutionstheorie und der evolutionären Erkenntnistheorie, wie sie von Konrad Lorenz und Rupert Riedl entwickelt wurden, ist an dieser Stelle eine sogenannte Homologie zu vermuten. Die gleiche Erscheinungsform tritt in zwei unterschiedlichen evolutionären Systemen auf: zum einen bei den Bienen und zum anderen bei den Benutzern des öffentlichen Verkehrs in Bielefeld. In beiden Fällen handelt es sich um eine Längen-Akzeptanzfunktion, die eine physikalische Größe, nämlich die Körperenergie, in Relation zu einer Verhaltensgröße beschreibt und die mathematisch als Funktion identisch ist, obwohl es sich dabei um zwei unterschiedliche Stämme handelt – bei Walther um Wirbeltiere und bei Frisch um Insekten. Ich konnte daher von der begründeten Annahme ausgehen, dass es sich hier um eine gemeinsame Ursache handeln dürfte.

Als Mathematiker weiß man, dass die e-Potenz die inverse Funktion (Umkehrfunktion) des natürlichen Logarithmus (Logarithmus mit der Basis e) ist, wie ich sie schon bei mehreren Arbeiten, die sich auf das Verhalten der Menschen in einem technischen Umfeld bezogen, ermittelt hatte. Die Geschwindigkeit etwa steigt mit dem Logarithmus der Fahrstreifenbreite. Die Lärmempfindung steigt mit dem Logarithmus der Verkehrsmenge und auch die Wahrnehmung des Lichts folgt dieser Funktion. Eine direkte Übertragung des Verhaltens der Bienen auf die Menschen wäre wohl gewagt, weil deren Wahrnehmung schon allein aufgrund der Konstruktion der Augen unterschiedlich ist. Es war daher naheliegender, die Beobachtungen von Walther in Wien zu überprüfen, wozu ich eine Diplomarbeit vergab, in der der Kandidat mit einer anderen als der von Walther verwendeten Methode herausfinden sollte, ob die Studie in Wien zum selben Ergebnis kommen würde. Dazu hatte er die an den Haltestellen wartenden Fahrgäste zu befragen, woher sie kamen. Aus den Ortsangaben und der Zahl der Befragten konnte in Abhängigkeit von der Entfernung zur Haltestelle ermittelt werden, wie groß der Anteil der Benutzer an der gesamten Einwohnerzahl war. Wenig überraschend stellte sich die gleiche mathematische Beziehung zwischen Entfernung und Akzeptanz des öffentlichen Verkehrs heraus. Zwar bedingt durch die unterschiedlichen Gegebenheiten und Strukturen der öffentlichen Verkehrsmittel beider Städte mit jeweils anderen Parametern, ging es doch in Bielefeld um Bus und Eisenbahn, während in Wien noch die Straßenbahn hinzukam.

Was »erzählen« die Bienen daheim?

Menschen kann man befragen – was jedoch mit vielen Fehlern behaftet sein kann. Denn unser Großhirn erzeugt Bilder von der Welt, die mit der Realität nicht unbedingt identisch sein müssen. Die fundamentalen Irrtümer bezüglich »Mobilität« und »Zeiteinsparung durch Geschwindigkeit« haben wir ja bereits kennengelernt. Immerhin sind ganze Disziplinen und Generationen von Universitätslehrern, Forschern und Ingenieuren auf diesen Irrtum hereingefallen. Technische Systeme überschreiten die menschliche Erfahrung. Ist diese Überschreitung so astronomisch wie durch die Eisenbahn oder das Auto und wirkt sie physisch, dann wird der Irrtum nicht so leicht erkannt, da Aktion und Wirkung zeitlich und sachlich weit auseinanderliegen. Man muss daher zu einer ähnlichen Beobachtungsmethode greifen wie in der Zoologie oder Biologie. Denn Antworten hängen von den gestellten Fragen ab und von den Bildern, die die befragten Personen von der Umwelt haben, die ja technisch verändert wurde und für die sie keine ausreichenden evolutionären Erfahrungen besitzen.

Bienen muss man beobachten und aus diesen Beobachtungen auf die übertragene Information schließen. Hier kam mir Karl von Frisch zu Hilfe, der 1956 einen für das Verkehrswesen nicht unwesentlichen Versuch durchführte. Er baute die Welt der Bienen nach seinen Vorstellungen um, und nicht etwa nach denen der Bienen. Diese errichten ihre Brut- und Vorratswaben in einem Hohlraum, heute ist es meist der Bienenstock, mit einem möglichst kurzen Weg zum Flugloch. Das wurde in dem Versuch verändert. Frisch baute einen Kanal an das Flugloch an und zwang die Bienen so, zu Fuß zur Futterstelle zu gehen. Als er beobachtete, was sie zu Hause »erzählten«, war er nicht überrascht, dass sie einen Rundtanz aufführten – die Entfernung zur Futterschale war ja nicht weit. Daraufhin wurde der Kanal allerdings schrittweise verlängert, ohne dass sich ansonsten viel veränderte: Immer noch wurde daheim »erzählt«, dass die Futterstelle weniger als 80 Meter entfernt war. Doch als der Kanal etwa vier Meter lang war, änderte sich das Verhalten der Bienen schlagartig. Der Rundtanz wurde zum Schwänzeltanz – wie beim Überschreiten einer Flugdistanz von 80 Metern. Frisch und seine Mitarbeiter schlossen daraus, dass die Bienen zu Hause nicht über die Entfernungen und die Richtung informierten, sondern über den Aufwand an Energie, der nötig ist, um eine bestimmte Strecke zurückzulegen, entweder fliegend oder zu Fuß. Der Informationsinhalt ist also der Bedarf an Körperenergie. Und das war für mich entscheidend für die Erklärung des von Walther beobachteten Verhaltens der Fahrgäste anhand der Daten aus der Ergonomie.

Es ist immer gut, auch die »Rückseite« zu beachten, und sei es nur die inverse Funktion

Bienen sind für das Fliegen optimiert, nur unter Zwang oder wenn sie nicht mehr fliegen können, krabbeln sie auf dem Boden herum. Interessant ist, dass Frisch die mathematische Funktion dadurch – formal richtig – erklärte, dass er annahm, die Bienen vergäßen jeweils die Hälfte des gerade zurückgelegten Wegs. Eine für mich zu anthropozentrische Sichtweise, die außerdem nicht erklärt, warum in den Schwänzeltänzen selbst ein Faktor wie der Gegenwind berücksichtigt wird. Die inverse Funktion, der Logarithmus, der mir schon früher aufgefallen war, wurde von Frisch nicht erkannt. Bei mir »fiel der Groschen«, als ich die Arbeit von Frisch mit meinem Hintergrund mathematischer, evolutionärer und erkenntnistheoretischer »Vorbelastungen« las. Wenn bei den Bienen die Körperenergie den Inhalt der Informationen bildet, dann auch bei uns Menschen. Es muss die Körperenergie sein, die das Verhalten bei der Zeiteinschätzung der Menschen bestimmt. Was ich schon aus der psychologischen Literatur kannte, war eine logarithmische Beziehung, die zwei Forscher im 19. Jahrhundert entdeckt hatten, nämlich dass die Empfindung von Außenreizen immer dem Verhältnis der Reizänderung im Vergleich zur Intensität des Ausgangsreizes entspricht, unabhängig von der Höhe des Ausgangsreizes. Ernst Heinrich Weber stellte 1834 die Beziehung in dieser Form dar und Gustav Theodor Fechner formulierte das heute bekannte Weber-Fechner-Gesetz. Wir sind nun, ausgehend von der Frage nach der Bedeutung von Bodenmarkierungen auf Fahrbahnen, über die Zoologie und die Biologie wieder in einer unserem Bewusstsein näheren Sphäre angekommen, der Psychophysiologie. Allein schon die Begriffskombination zeigt die Richtung, in der wir unterwegs sind; quer zu den Schichten der Evolution und damit auch zu den Schichten der einschlägigen Disziplinen. Der Mensch zwingt uns diesen Weg auf, wenn wir versuchen wollen, ihn in seinen Stärken und Schwächen, Chancen und Risiken zu begreifen. Das Verkehrswesen ist, will man es verantwortlich betreiben, nur als Längsschnittdisziplin möglich. Das begriff ich in der ersten Hälfte der 1980er-Jahre – eine unangenehme Position, weiß man doch in jeder Schicht besser, was Wahrheit ist, und verteidigt den jeweiligen Tellerrand mit allen Mitteln. Ein Problem für die Forschung, denn kaum ein Gutachter will sich über seinen fachlichen Tellerrand hinaus exponieren, sondern schiebt das Thema den jeweils anderen zu – und interessiert sich erst dann für das Thema, wenn die anderen das heiße Eisen aus dem Feuer geholt haben und es zu einem lukrativen Geschäft zu werden verspricht. Dann fühlen sich alle einstigen Spötter und Kritiker berufen, an der Geldverteilung teilzuhaben, sobald sie sich wenigstens einige Fachbegriffe angeeignet haben, wie es meine Erfahrungen der vergangenen vierzig Jahre beweisen. Geschickt in die Erwartungsbegriffe der geldgebenden Politiker verpackt, werden dann autofreundliche Mogellösungen für viel Geld geplant, verbaut und diverse Symptome behandelt.

Die inneren Strukturen bestimmen nicht nur die Informationsaufnahme, sondern auch unser Verhalten

Empfindungen nehmen mit der Intensität der Reize nicht proportional, sondern logarithmisch zu. Wiederholen sich die Reize, nehmen die Empfindungen ab. Wir kennen dies bereits vom Lärm und von den Abgasen. Kommen wir in eine Umgebung, in der es unerträglich stinkt, etwa in der Nähe einer Zellstofffabrik, und halten uns dort einige Zeit auf, fällt uns der Geruch irgendwann nicht mehr auf. Unser Geruchssinn hat sich angepasst. Auch das Licht wird nach diesem Mechanismus verrechnet, wir passen uns an die durchschnittliche Lichtstärke innerhalb breiter Bereiche an. Es sind offensichtlich alle Außenreize, die, über unsere Sinne verrechnet, die jeweilige »Normalität« für uns konstruieren. Diese Eigenschaften unserer sinnlichen Ausstattung haben uns in der Evolution begleitet und bisher unser Überleben gesichert. Voraussetzung für ihre lebenserhaltenden Funktionen sind aber direkte Rückkopplungen mit der Außenwelt, und das war für die meiste Zeit unserer Spezies die Natur. Erfolgen die Rückkopplungen auf unsere Handlungen unmittelbar, können wir uns darauf rechtzeitig einstellen – je schneller, desto besser! Reagieren wir zu spät, kann das fatale Folgen haben.

Dies sind aber auch die Strukturen, die nach wie vor unser Verhalten prägen, obwohl wir schon kaum mehr direkt in unsere natürliche Umwelt eingreifen, und wenn, dann nur in eine von uns gestaltete künstliche Umwelt. Was Weber und Fechner, die zwar den Logarithmus der Beziehung zwischen der Intensität der Reize und den Empfindungen erkannten, jedoch außer Acht ließen, war die Bedeutung des Vorzeichens. Dieses aber ist entscheidend, denn die inverse Funktion des Logarithmus, die e-Potenz, wird bei einem positiven Exponenten durch Rückkopplung zu unkontrolliertem Wachstum und damit zur tödlichen Gefahr, und das überall dort, wo die Wirkungen außerhalb unserer Wahrnehmung Prozesse auslösen.

Unsere Empfindungen – energiegesteuert

Aus der Zusammenführung dieser Beobachtungen ergab sich die Erkenntnis, dass Empfindungen energiegesteuert sind, und zwar durch Körperenergie. Diese setzt sich aus der physischen Energie, also der Muskelenergie, die relativ »billig« ist, aber auch aus der geistigen, relativ »teuren« Energie des Großhirns zusammen. Körperenergie ist begrenzt und war in der Evolution ein erfolgreicher und bewährter Selektionsmechanismus, denn nur jene, die über mehr Körperenergie verfügten oder besser mit ihr haushalten konnten, haben alle anderen überlebt. Unser Vorteil war – bislang – nicht die rohe Körperkraft oder die Schnelligkeit im Raum, sondern die geistige Beweglichkeit, die Elektromobilität sozusagen, die uns zu Kooperation und Sozialverhalten geführt hat. Informationsaufnahme, -analyse und -selektion sowie eine komplexe dynamische Vernetzung der Informationsspeicherung im Hirn stellten unsere Vorteile gegenüber den schnellen mobilen Mitlebewesen dar. Unser Großhirn ist der beste Beweis für die Überlegenheit dieser Eigenschaften. Allerdings birgt alles, was Vorteile bietet, auch entsprechende Risiken. Wenn es nämlich möglich ist, Körperenergie zu sparen, tut man dies auch, ohne lange zu fragen, warum. Und zwar zunächst immer eigennützig im Hirn, von dem man heute weiß, dass es egoistisch ist. Es steht ja in puncto Mobilität nur vor der Wahl, die verfügbare Körperenergie entweder für räumliche oder aber für geistige Prozesse einzusetzen und dabei genau abzuwägen, was lohnender ist. Und das in jedem Augenblick. Empfindungen sind gefragt. Und das Auto ist dafür eine wunderbare Einrichtung.

13 kJ/min
Langsam gehen

4–5 kJ/min,
aber
10 x schneller

Schichten der Evolution

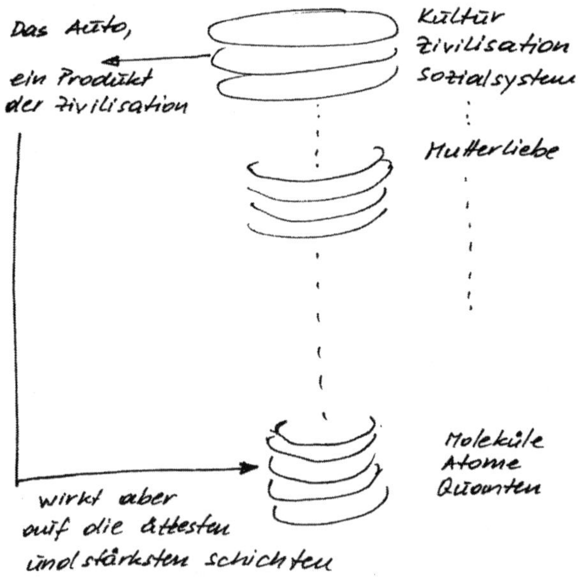

Wo greift das Auto auf den Menschen zu?

Mit diesen Werkzeugen ausgestattet, war es dann nicht mehr schwierig, sich an den reich gedeckten Tisch der Ergonomie zu setzen. Dort gibt es sozusagen alles, was man braucht, um die Mathematik lebendig zu gestalten. Der aufrechte Gang ist – trotz sechs Millionen Jahren an Erfahrung – nach wie vor eine ziemlich ineffiziente Art der Fortbewegung. Je nach Geschwindigkeit, mit der man sich bewegt, muss im Vergleich zum Fahren mit dem Auto das Doppelte bis Sechsfache allein an physischer Energie aufgewendet werden. Ganz zu schweigen von der geistigen Energie, die es kostet, sich in einem für Fußgänger schwierigen und unangenehmen Umfeld zu bewegen, wie es in den vergangenen zwei Jahrhunderten geschaffen wurde. Trotz dieses enormen Körperenergieaufwandes wird dabei lediglich eine Geschwindigkeit von vier bis sechs Kilometern pro Stunde erreicht. Will man schneller sein, steigt der Energieaufwand proportional zur Geschwindigkeit.

Da kann man sich kaum vorstellen, was in unserem Hirn beim Autofahren vor sich geht. Man braucht pro Zeiteinheit weniger als die Hälfte der Körperenergie und kann sich mit einer für Fußgänger unvorstellbaren Geschwindigkeit von 30 km/h, 50 km/h, 100 km/h, 130 km/h und mehr auf das Angenehmste fortbewegen. Die erste Information, nämlich dass man weniger Körperenergie braucht, stammt aus dem Inneren des Körpers, die zweite, dass wir uns sehr schnell fortbewegen, erreicht uns von außen. Beide werden mit Exponentialfunktionen positiv rückgekoppelt und nicht wie beim Fußgänger, wenn er sich schneller bewegen will, vom Hirn negativ verrechnet. Dass daraus ein atemberaubendes, berauschendes Überlegenheitsgefühl entstanden ist, das die Menschen geradezu vom Hocker gerissen hat, ist nicht verwunderlich. Denn die externe Energie, die dazu aufgewendet werden muss, hat mit dem unmittelbaren Erleben des Autofahrens ja nichts zu tun; sie geht nicht in die erlebten Empfindungen ein. Für ein Joule eingesparter Körperenergie des Autofahrers werden im System 200–400 Joule oder noch mehr aufgewendet, allerdings ohne Wahrnehmung und Rückkopplung auf unsere Sinne. Würden die Verbrennungsabgase, die beim Autofahren entstehen, über unseren Organismus direkt verrechnet, würde kein Mensch auch nur das Starten eines Autos mit Verbrennungsmotor überleben. Die Lunge und die Leber wären hoffnungslos überfordert. Auch die Menge an Strom, die ein Elektroauto benötigt, vertrüge sich schlecht mit unseren Lebensprozessen, würde sie in den Kreislauf eingebunden werden. Dank der Technik ist das aber nicht der Fall. Alle schädlichen Wirkungen werden auf die Allgemeinheit, die Natur, die nächsten Generationen verlagert. Und da all diese Wirkungen sinnlich nicht wahrnehmbar sind, hat kaum jemand ein schlechtes Gewissen dabei.

Am Anfang des Lebens

Diese Energieverrechnung muss sich schon zu Beginn der Evolution herausgebildet haben, und es muss sich um einen erfolgreichen evolutionären Mechanismus handeln, da er bis heute in allen Lebewesen wirksam ist. Wenn das Auto daher auf den Menschen in seiner tiefsten Evolutionsschicht zugreift, übersteigt die Macht dieses Eingriffs alles, was später hinzukam. Die Wirkungen, die sein Verhalten auslöst, sind ihm als Rädchen in diesem neu geschaffenen System, das seine Fähigkeiten bei Weitem übersteigt, weder innerlich noch seitens der Außenwelt bewusst. Weder die Physik noch die Ökonomie versorgen den Autofahrer mit Informationen über diese Prozesse und Mechanismen, die er in diesem System auslöst. Energie als Treibstoff ist nach wie vor enorm billig, die Folgekosten werden auf die nächsten Generationen verlagert, die

Klimaschäden aus Industrie und Autoverkehr treten erst langsam zu Tage, Gleiches gilt für die Zerstörung des Ökosystems. Was man jedoch unmittelbar erlebt, sind die mit dem Auto verbundenen Möglichkeiten der individuellen Mobilität. Und je schlechter die Lebensverhältnisse für Menschen, also Fußgänger, werden, umso stärker wird der Drang zum und die Abhängigkeit vom Auto. Denn schließlich ist es ja das Gerät, mit dem man meint, diesem Desaster entkommen zu können.

Innere Veränderungen bewirken eine Veränderung der Außenwelt

Sofern die äußeren Rahmenbedingungen stimmen, sind die Erfahrungen mit technischen Verkehrsmitteln individuell immer positiv, bei keinem Verkehrsmittel allerdings so dramatisch wie beim Auto. Es sorgt nicht nur für mehr Bequemlichkeit, sondern auch für ein höheres Ansehen in der Gesellschaft. Geistige Ansprüche können reduziert, soziale Verbindlichkeiten abgeschüttelt werden, lokalen Problemen kann man räumlich entkommen: Anstatt Probleme zu lösen, kann man ihnen einfach davonfahren. Die Chancen nehmen zu, die Risiken werden verlagert oder verschoben. Unfähigen Politikern, die nicht in der Lage sind, Probleme in ihrem lokalen Bereich zu lösen, bieten sich ungeahnte Möglichkeiten der Wählertäuschung; sie leiten Arbeits-, Sozial- und viele andere Probleme über die Grenzen ihrer Verantwortung hinweg einfach an die nächsthöhere Instanz weiter. Die Inkompetenz dieser Politiker lässt sich zudem unschwer an ihrer Vorliebe für schnelle Verkehrsmittel und -systeme erkennen.

Die tiefen inneren und individuell extrem positiven Erfahrungen mit dem Auto waren zunächst den Reichen und Einflussreichen vorbehalten. Nachdem sie in den Genuss müheloser Mobilität gekommen waren, begannen sie auf Kosten der Allgemeinheit Strukturen zu errichten, die ihnen maximale Vorteile und vor allem Macht über die Langsamen verschafften. Macht jedoch will erhalten und ausgebaut werden. Da die wirkliche Macht nicht sichtbar ist, geht sie geheime Wege, so auch bei der Entwicklung technischer Verkehrsmittel. Die Forschung stellte schon immer eine der wirksamsten Methoden zur Erhaltung, zur Festigung und selbst zur Erlangung von Macht dar.

Lehrstühle und Institute wurden eingerichtet, um für die technischen Verkehrsmittel eine eigene Welt zu schaffen. Ein Jahrhundert lang haben Ingenieure, Techniker, Ökonomen und Juristen alles unternommen, um aus einer Welt der Menschen eine Welt der Autofahrer zu machen, mit Freiheiten, wie sie in einer Gesellschaft keinem Menschen jemals zugebilligt worden wären. Die Autofahrer dürfen die Menschen bedrohen, die Umgebung verlärmen, die Luft vergiften, Menschen aus dem öffentlichen Raum vertreiben, den Kindern ihre Spielplätze wegnehmen, Eigentum entwerten, den Menschen Flächen wegnehmen, wenn nötig, durch Enteignung, sie dürfen Tiere töten, ohne dafür bestraft zu werden, sowie Orte und Landschaften verunstalten. Ihre Zerstörungen werden toleriert. Die Autofahrer selbst sind zu einer Macht geworden und verteidigen diesen Status mit allen Mitteln. Wehe den Politikern, die Hand an ihre Privilegien legen. Wer das wagt, so die beliebte Mär, hat in der Politik nur eine kurze Lebensdauer, und allen Tatsachen zum Trotz wird diese Fama noch immer erfolgreich verbreitet und verstärkt die Angst der ohnehin nicht sehr mutigen politischen Marionetten.

Umkehr der Werte

Über Jahrtausende haben menschliche Gesellschaften, aus ihren Erfahrungen lernend, Werte geschaffen, die sich bei allen Kulturvölkern gleichen. Es entstand eine Wertehierarchie, deren Verletzung mit Sanktionen geahndet wurde. An erster Stelle stand der Schutz des Lebens und der Gesundheit. In allen überlebenden Kulturen gehörten dazu auch die Achtung und die Erhaltung der Lebensgrundlagen. Man machte die Erfahrung, dass es zweckmäßig ist, sich an diese Regeln zu halten, um längerfristig in der Welt und der Gesellschaft bestehen zu können. Um sich in dem komplexen System des Lebens einigermaßen nachhaltig einrichten zu können, braucht man Zeit. Zeit zum Lernen, Zeit, um die Wirkungen der Eingriffe, die man vollzieht, kennenzulernen. Die geradezu stürmische naturwissenschaftlich-technische Entwicklung der vergangenen Jahrhunderte jedoch nimmt sich diese Zeit nicht mehr. Und das Auto ist ein Kind dieser Epoche, das Lieblingskind sozusagen – in den hochmotorisierten Ländern übertrifft seine Vermehrungsrate gar die der Menschenkinder.

Jährlich mehr als eine Million Tote durch Verkehrsunfälle und die große Anzahl der nachweislich an den Folgen von Abgasen und Verkehrslärm frühzeitig Verstorbenen sind ein Indiz dafür, dass sich eine Umkehr der Werte vollzogen haben muss. Ungehemmtes Autofahren und die Bequemlichkeit dieser Verkehrsteilnehmer werden von der Gesellschaft höher priorisiert als das Leben und die Gesundheit der Menschen. Werden Grundstücke für den Bau von Fahrbahnen enteignet, handelt es sich um Rechtsbeugung, wenn man sich dazu auf das Eisenbahn-Enteignungsgesetz beruft, das einst beschlossen wurde, um das Verkehrsmittel Eisenbahn überhaupt erst zu ermöglichen, für das es damals keine vergleichbaren Alternativen gab. Nicht so heute, denn in Mitteleuropa herrscht kein Mangel, sondern ein Überangebot an Straßen. Und für jeden geforderten Fahrbahnneubau gibt es zahlreiche Alternativen, die jedes Enteignungsgesetz überflüssig machen.

Alle Lebewesen versuchen die Sicherheit und Gesundheit ihrer Nachkommen selbst unter Einsatz ihres Lebens zu verteidigen und zu schützen. Autofahrende Eltern hingegen zer-

stören die Lebensräume ihrer Nachkommen im unmittelbaren und weiteren Umfeld aus Rücksichtslosigkeit, Bequemlichkeit, Ignoranz und Blindheit gegenüber den Bedürfnissen ihrer Kinder. Indem sie zulassen, dass jedes Objekt und jede Aktivität der Menschen unmittelbar mit dem Auto erreichbar werden, begehen Stadtplanungsämter und Raumplanungsabteilungen einen Rechtsbruch gegenüber den Zielen der Raumordnungsgesetze, die

- eine Sparsamkeit im Flächenverbrauch,
- eine Förderung umweltfreundlicher Verkehrsarten,
- eine Verringerung der Abhängigkeit von fossilen Treibstoffen sowie
- eine Schonung von Landschaft und Ortsbild verlangen.

Lebensraum für Autos, aber nicht für Kinder

Dass jedes Haus und jede menschliche Aktivität mit dem Auto erreichbar sein müssen, widerspricht allen oben angeführten Prinzipien. Eine Rechtsordnung aus dem Dritten Reich wird von den gegenwärtigen Demokratien rücksichtslos und bedingungslos umgesetzt. Die Reichsgaragenordnung verfolgte die Absicht, die Motorisierung zu fördern, um so die Mittel für den Aufbau der Kriegsmaschinerie zu generieren. Deshalb wurde jedem, der eine Wohnung oder Arbeitsstätte bauen wollte, vorgeschrieben, für die vorhandene und in Zukunft zu erwartende Zahl von Fahrzeugen Parkplätze auf eigenem Grund oder in der Nähe bereitzustellen. Die heutigen Bauordnungen haben dies übernommen und schreiben für jede Wohnung einzurichtende Parkplätze vor, nicht aber Kinderzimmer. Die Gesellschaft wird verpflichtet, Lebensraum für die Produkte der Autoindustrie zu schaffen, nicht selten zulasten des Lebensraums der eigenen Nachkommen.

Die Menschen reagieren intelligent, sie passen sich den geänderten Bedingungen an. Statistisch ist es eindeutig nachweisbar, dass die zunehmende Motorisierung nicht nur in den Städten, sondern auch auf dem Land zu einer Verringerung der Kinderzahl und der Familiengröße führt. Die Menschen passen sich der menschenfeindlichen Umwelt ebenso an wie die Lurche und Kröten an eine Fahrbahn, die sie von ihren Laichgebieten abschneidet: Die Zahl der überfahrenen Kröten oder Lurche reduziert sich innerhalb weniger Jahre auf null. Sie passen sich durch Aussterben an.

Wird die Umwelt so verändert, dass der Mensch zu Fuß nichts mehr erreicht, wie es in australischen oder amerikanischen Siedlungen, aber auch in unseren auf das Auto zugeschnittenen Vororten der Fall ist, mutieren die Menschen zu einer anderen Lebensform – sie werden zu Autofahrern.

Autofahrer: eine neue Spezies

Es hat nahezu zwei Jahrzehnte gedauert, bis ich verstanden hatte, dass der Zugriff des Autos auf die energetische Ebene des Menschen einen Zugriff auf die älteste Evolutionsschicht im Hypothalamus bedeutet. Hier findet die innere Veränderung statt, die zwangsläufig zur Veränderung aller späteren Evolutionsschichten führt und daher diese Werteverschiebung sozusagen naturgemäß zur Folge haben muss. In dem Augenblick,

in dem sich der Mensch mit dem Auto verbindet, geistig und physisch, erfolgt diese grundlegende Wesensänderung. Diese Änderung ist eine physische, sie kann daher nicht durch psychische, finanzielle oder andere Einflüsse aufgehoben werden.

Lebewesen, die sich auf der Ebene der Energieverrechnung grundlegend voneinander unterscheiden – wie Menschen und Autofahrer –, unterscheiden sich in ihrem Wesen mehr als etwa Menschen und Insekten, die sich beide mit eigener Körperkraft bewegen. Autofahrer hingegen bewegen sich nicht mit eigener Körperkraft, sondern mithilfe externer Energie. Während Insekten und Menschen den Lebensraum ihrer Nachkommen verteidigen und diesen sicher zu gestalten versuchen, verteidigen Autofahrer nicht etwa den Lebensraum ihrer menschlichen Nachkommen, sondern den ihrer Fahrzeuge. Es gibt keine Insekten, die sich in ihrem natürlichen Umfeld so schnell bewegen, dass sie sich selbst töten – ebenso wenig wie Menschen. Bei Autofahrern allerdings kommt das gar nicht so selten vor, wie es die große Zahl der »Einzel- oder Alleinunfälle« in den Statistiken belegt.

Autofahrer sind eine neue mächtige Spezies, die sich dank fossiler Energie mühelos gegen die Menschen durchgesetzt hat – und damit auch gegen die Macht des Großhirns und des Verstands. Es gibt eine Fülle von Beweisen, die diese Hypothese untermauern. Gesellschaftliche Institutionen wurden eingerichtet, um die Rechte der Autofahrer gegenüber den Menschen durchzusetzen. An den Universitäten wird gelehrt, wie diese Rechte zu verteidigen, baulich zu manifestieren und strategisch zu sichern sind. Ganze Verwaltungen auf Ebene des Bundes, der Länder und Kommunen stehen allein im Dienst des Autoverkehrs und positionieren sich damit gegen das Recht der Menschen auf sicheren, gesunden Lebensraum, auf Freiheit der Mobilität auch für Kinder und ältere Menschen, auf das Recht der Nahversorgung und auf nahe gelegene Arbeitsplätze usw.

Regierungen und Gewerkschaften als unbeabsichtigte, aber wirksame Zerstörer von Arbeitsplätzen

Lokale Handwerksbetriebe und kleine Geschäfte sichern nicht nur die Vielfalt der Arbeitsmöglichkeiten und damit die Vielfalt der Chancen sowie die Freiheit der Berufswahl, im Vergleich zu den Konzernen beschäftigen sie auch ein Vielfaches an Menschen. Kleinere Geschäfte in der Stadt müssen bei gleichen Umsätzen rund fünfmal mehr Beschäftigte einsetzen als vergleichbare Handelseinrichtungen in peripheren Supermärkten. Die Gestaltung öffentlicher Räume für Fußgänger und Radfahrer beschäftigt bei gleichem Geldmitteleinsatz rund zehnmal mehr Personen in der Bauwirtschaft und den angeschlossenen Betrieben als der Bau von Autobahn- oder Tunnelanlagen durch die Baukonzerne. Kleine Geschäfte und damit vielfältige Strukturen sind allerdings nur in einem Verkehrssystem mit niedrigen Geschwindigkeiten möglich. Langsame Verkehrsteilnehmer haben einen geringeren Platzbedarf und passen deshalb ideal in Dörfer und Städte. Wird dieser Platz durch Autos besetzt, ersticken sie die Vielfalt der kleinen Strukturen und die damit verbundenen menschlichen Möglichkeiten. Arbeitsplätze in der Nähe gehen verloren, es entsteht das Unwesen der Berufspendler. Anstatt dieses Unwesen jedoch zu sanktionieren, wird es in der Autogesellschaft sogar noch belohnt. Die Regierungen gewähren den Pendlern Zuschüsse, für deren Erhöhung sich die Gewerkschaften einsetzen, sobald die Kraftstoffpreise steigen. Damit fördert die öffentliche Hand nicht nur den Autoverkehr, sondern gleichermaßen die großen, auf den hohen Geschwindigkeiten des Autoverkehrs basierenden Wirtschaftsstrukturen – die Konzerne. Mit diesen Maßnahmen greifen Gewerkschaften und Regierungen zugunsten der großen Strukturen und zum Nachteil der kleinen lokalen Betriebe massiv in die Wettbewerbsverhältnisse ein. Im guten Glauben, den Beschäftigten zu helfen, vernichten sie zugunsten des zentralistischen Kapitals vielfältige und damit krisensichere Arbeitsplätze. In Unkenntnis des Systems und mit Blindheit für die Wirkungen ihrer Handlungen geschlagen, erreichen sie das Gegenteil dessen, was sie anstreben. Sie werden zu Zerstörern menschengerechter und siedlungskonformer Arbeitsplätze. Ob den Nutznießern diese Mechanismen bekannt sind, mag bezweifelt werden. Sie fordern und fördern dieses Treiben aber umso heftiger, je mehr die Wirkungen anhand der Schäden, die sie mit ihren Handlungen nicht verknüpfen können, sichtbar werden.

Mit der zunehmenden räumlichen Trennung von Arbeit und Wohnung, die mit diesen Maßnahmen unterstützt wird, entstehen nicht nur für den Einzelnen und die Gemeinschaft immer höhere Kosten, man zerstört damit auch die lokalen Wirtschaftskreisläufe, sozialen Strukturen und mittelfristig das lokale soziale Kapital, d.h. das informelle soziale Netzwerk zwischenmenschlicher Beziehungen, das den Menschen immer geholfen hat, Schwierigkeiten gemeinsam zu meistern.

Ein Kleinunternehmer, der sozial integriert ist, wird auch in schwierigen Zeiten die sozialen Umstände seiner Beschäftigten berücksichtigen, so wie er es immer getan hat, weil er weiß, dass dies von der Gemeinschaft langfristig honoriert wird. Er will den Kredit, den diese ihm entgegenbringt, nicht verspielen. Konzernen und Kapitalgesellschaften hingegen ist das egal, die Beschäftigten stellen für sie lediglich einen Faktor zur Gewinnvermehrung dar, möglichst ohne Verpflichtungen. Mithilfe des Autos können sie die Menschen aus ihren dichten, stabilen und in Krisenzeiten bewährten sozialen Netzwerken mühelos herauslösen, sie fallen ihnen geradezu freiwillig in die Hände, sind Gefangene in einem System, das sie nicht verstehen.

Die scheinbare Freiheit des Autofahrens erweist sich für den Menschen, seine Familie und seine Zukunft als Falle. Nicht nur das individuelle Gehirn wird durch das Auto zerstört, sondern auch das gemeinschaftliche, gesellschaftliche, die Solidarität in der Familie, in der Gemeinschaft, im Dorf und in der Stadt.

EINGRIFF IN DIE MENSCHLICHE EVOLUTION: GEHIRN UND GENOM

Eingriff in die Evolution

Die Evolution lebendiger Systeme ist gekennzeichnet durch Strukturen, die der Entropie, also zunehmender Unordnung, erfolgreich entgegenwirken. Effizienz im Energie- und Ressourcenverbrauch ist ein Grundprinzip dieser Entwicklung, sein Ergebnis des Lebens Vielfalt und Fülle (die grüne Außenministerin Baerbock kommentierte diese Erkenntnis beim Petersberger Klimadialog allerdings mit: »Das ist neu.«). Leben in einem System omnipräsenter Entropie ist das Unwahrscheinliche. Durchgesetzt haben sich jene Systeme, die effizienter mit Energie und Ressourcen umgehen können als andere. Der Mensch ist unter den Säugetieren sicher die erfolgreichste Spezies, was die Besiedlung von Lebensräumen und die Ausbeutung lokaler Ressourcen betrifft. Unter den Primaten bilden die Menschen aber auch jenen Zweig, dem es gelungen ist, dem Planeten und der Ökosphäre innerhalb kürzester Zeit die größten Schäden zuzufügen. Erfolgreich waren sie, solange die Folgewirkungen ihrer Handlungen noch unmittelbar wahrgenommen wurden und sie sich rechtzeitig anpassen konnten. Durch die industrielle Entwicklung des 19. und 20. Jahrhunderts jedoch wurden diese unmittelbaren Lern- und Anpassungsprozesse unterbrochen. Die Ziele veränderten sich: Fortan ist nicht mehr das Glück der Menschen Ziel der Politik und auch der Wirtschaft, sondern die Maximierung der Kapitalgewinne eines künstlichen Wesens – des Konzerns. Dessen einzige Maßeinheit ist das Geld. Also diente die Politik fortan im Wesentlichen dazu, Gesetze zu erlassen und Maßnahmen zu ergreifen, die die Gewinne der Kapitalgesellschaften maximieren und den Interessen der Mächtigen dienen, die über dieses Kapital verfügen. Rückkopplungen mit unerwünschten Wirkungen, selbst wenn sie lebens- und systemerhaltend, weil stabilisierend und begrenzend sind, werden ignoriert oder aber so verlagert, dass sie nicht oder zumindest nicht rechtzeitig wahrgenommen werden. Für Ersteres bedient man sich des Informationsverkehrs, für Letzteres nutzt man die globalen Transportsysteme.

Auf diese Weise wird mithilfe von Technik, Wirtschaft und Rechtssystem das erzeugt, was in den Naturwissenschaften ohnehin angelegt ist: die »objektive Illusion«. Die effizienteste Mobilitätsform des Systems – der Fußgänger – wurde durch die ineffizienteste der technischen Entwicklung – den Autofahrer – verdrängt. Es ist daher geradezu zwingend, dass das Ergebnis die Zerstörung von Vielfalt und Fülle sein muss. Diese manifestiert sich nicht nur in der Ödnis der Straßen, insbesondere der Autobahnen, und in der Verwüstung der öffentlichen Räume, die einst die Lebensräume der Bewohner waren, sondern auch in der Einfalt der autoorientierten Siedlungsstruktur, dem Verfall der Qualität der Architektur. Die bis zur Unerträglichkeit verödeten Siedlungsformen können nur von Autofahrern ausgehalten werden. Für Menschen, also Fußgänger, sind weder die endlosen Einfamilienhauskolonien noch die im Zuge der Motorisierung entstandenen Blockbebauungen zu ertragen. Das Auto hat indirekt auch bestehende Gesellschaftsformen zerstört, nämlich die Integration von Kindern und älteren Menschen in die Gesellschaft. Beide wurden zu Randgruppen – die man natürlich nie als solche bezeichnen würde – und in von der übrigen Gesellschaft isolierte Altenheime und Kindergärten abgeschoben, weil die produktive Generation das Auto und dessen Infrastruktur auszubauen, zu erhalten und zu pflegen hat.

In einer Gesellschaft, die durch das Privatauto zur räumlichen Mobilität verleitet wird, wie es Vance Packard bereits 1973 in seinem Buch *Die ruhelose Gesellschaft. Ursachen und Folgen der heutigen Mobilität* beschrieben hat, ist die für die Weiterentwicklung notwendige Stabilität der Strukturen und die Generationenfolge nicht mehr gegeben.[14] Soziale Bindungen bleiben oberflächlich, die Weiterentwicklung zu größeren sozialen Gemeinschaften wird unterbrochen. Ersatzweise versucht man die Menschen entweder mit der Illusion der globalen Einigkeit oder der sogenannten »Corporate Identity«, dem Zugehörigkeitsgefühl zu einem Konzern, zu täuschen. Unter diesen Bedingungen sind die Menschen immer weniger in der Lage, Einigkeit und Solidarität selbst in den kleinsten Einheiten – den Familien – zu erhalten, geschweige denn in größeren Gemeinschaften. Künstliche Gemeinschaften, wie sie in Konzernen geschaffen werden, halten nur so lange, wie diese auf Kosten anderer erfolgreiche Beutezüge durchführen können. Solidarität gilt nur gegenüber dem Gewinn, nicht aber gegenüber anderen Mitmenschen oder Mitlebewesen, denen man nicht mehr durch Inkaufnahme eigener Nachteile zu helfen bereit ist.

Das Auto hat dessen Besitzern zwar ein gewisses Maß an räumlicher Freiheit verschafft, doch die Freiheiten des Kapitals in Bezug auf die Menschen sind schier unbegrenzt. Gleichzeitig haben sich die Wahlmöglichkeiten für den einzelnen Menschen reduziert. In der fußläufigen Entfernung meines Heimatdorfes und der umliegenden Dörfer war die Vielfalt möglicher Arbeitsplätze ungleich größer als in der heute mit dem Auto erreichbaren Distanz. Das Know-how der Gemeinschaft zur Nutzung vorhandener Ressourcen überstieg das heute vorhandene um Längen; Mühlen, Schmieden, Hammerwerke, Obstpressen, die Verarbeitung der verschiedenen Produkte und Lebensmittel, die Vielfalt der Obst- und Gemüsesorten waren lokal ungleich größer als das gegenwärtige Angebot in den Supermärkten. Die Vielfalt des selbst gezüchteten Gemüses, die verschiedenen Kartoffel- und Getreidearten, mit denen die Bedürfnisse der Menschen und der Tierwelt befriedigt wurden, findet man heute nur noch in Spezialeinrichtungen, die man nicht zu Unrecht als »Arche Noah« bezeichnet. Heute sind viele Dörfer zu Satelliten-Schlafgesellschaften der Städte geworden, die einst belebten Straßenräume zu Parkplätzen für

Autos, deren Besitzer meist eintönigen Beschäftigungen in der Stadt, in der Industrie oder in Super- und Fachmärkten nachgehen und kaum mehr in der Lage sind, selbst etwas zu produzieren. Die meisten sind vom Auto abhängig, von den Konzernen, von der künstlichen Fütterung durch die Supermärkte, wo ihnen statt Vielfalt Massenware angeboten wird. Knoblauch aus China oder Ägypten, Tomaten aus Holland, Äpfel aus Argentinien, Paprika aus Spanien. Wie diese produziert werden, weiß man nicht. Über die Inhaltsstoffe geben nur die periodischen chemischen Analysen Bescheid. Mögen ihre Herkunftsorte auch verschieden sein, so ist diesen industriell produzierten Produkten dennoch eines gemein: der Geschmack – nach wässriger Zellulose. Der Gaumen wird nicht befriedigt, dafür aber das Auge. Denn allein auf das Aussehen kommt es an, nicht auf die innere Qualität. Bei einem langsamen Verkehrssystem würden die meisten dieser Produkte den Transport nicht überleben. Deshalb muss der Lkw-Verkehr Tag und Nacht durch Europa rollen, damit Wasser aus den Alpen nach Hamburg und Erdbeeren aus Mitteleuropa nach Finnland gekarrt werden können.

Fortschritt oder Fortfahrt

»Das ist ja gegen jeden Fortschritt – wir brauchen den Autoverkehr!« So lautete der empörte Ausruf eines Bezirkshauptmanns in Oberösterreich angesichts der Forderung, ein Straßenbauvorhaben aufzugeben, das eine blühende Region zu einer Transitgegend abgewertet hätte. »Kann man etwas als Fortschritt bezeichnen, das um den Preis der Aufgabe des aufrechten Gangs erkauft werden muss?«, war meine Gegenfrage. Fortschritt hat ja mit dem Gehen, dem aufrechten Gang des Menschen zu tun. Und dieser aufrechte Gang hat in der Evolution des Gehirns in Wechselwirkung mit den frei gewordenen Händen aus dem Zweibeiner den Menschen von heute gemacht. Die direkte Rückkopplung von Sehen, Handeln und Begreifen führte zur Überlegenheit gegenüber den Konkurrenten. Und was sich in dieser Zeit erfolgreich bewährt hat, individuell und kollektiv, war vor allem eine Leistung des Hirns und seine Dominanz über das Genom. In der Geschichte der Menschheit war Fortschritt immer der Sieg des Gehirns über das Genom. Siegte umgekehrt das Genom über das Gehirn, führte das im Ergebnis zu Mord und Krieg, Zerstörung und Rückschritt. Mit seinem Zitat »Der Krieg ist der Vater aller Dinge« hat sich Heraklit als maskuliner Anthropozentrist geoutet, weshalb er von solchen auch gerne zitiert wird. Hätte er damit recht, wäre eine menschliche Gemeinschaft nie entstanden und auch die Wertehierarchie der überlebenden Kulturen hätte es so nicht gegeben.

Auch im Verhalten der Autofahrer zeigt sich die Dominanz des Genoms über das Gehirn. Es handelt sich dabei eindeutig um einen Rückschritt, der dem Fortschritt des Menschen und der Menschheit entgegengesetzt ist. Wer – wie der Bezirkshauptmann – die bedingungslose Erfüllung aller Wünsche der Autofahrer als Fortschritt bezeichnet, zeigt damit nur, dass er selbst sich geistig vom Fortschritt abgewendet hat.

Denn schließlich kann man mit dem Auto nicht »fortschreiten«, sondern nur »fortfahren«. Und wenn man das macht, verlässt man den Ort, wo der Fortschritt stattfinden muss. Man flüchtet in den Rückschritt und hält das dann noch für Fortschritt.

Fortschritt, selbst wenn man ihn lediglich auf die eigene Bewegung bezieht, ist nicht nur mit einem Energieaufwand verbunden, in körperlicher, aber auch geistiger Hinsicht – selbst wenn es geradeaus geht –, sondern immer mit Risiken verknüpft. Fortschritt, im üblichen Sinne als Höherentwicklung oder Verbesserung verstanden, vergrößert die Fallhöhe und birgt das Risiko einer Verschlechterung, was jedoch bei einseitiger Betrachtung häufig ausgeblendet wird. Zudem stellt man sich nie die Frage: »Fort – wovon?«

Autofahren ist aufgrund der Bequemlichkeit ein Vergnügen und dank der Technik eine Gedankenlosigkeit. Wer seine Laufgeschwindigkeit von vier auf acht Stundenkilometer erhöhen möchte, bekommt den dafür zu zahlenden Preis sofort zu spüren und muss daher innovativ werden, um sich diese körperliche Mühe zu sparen – auf diese Weise entsteht Fortschritt. Wer die Geschwindigkeit aber nicht nur verdoppeln, sondern vervielfachen kann und den dafür notwendigen Aufwand noch als Gewinn verbucht, braucht nicht mehr innovativ zu sein.

Gesellschaft und Virus; Gehirn und Genom – die Konsequenzen einer Entdeckung

Als mir 1975/76 klar wurde, dass das Verhalten von Menschen und Bienen eine Homologie darstellt und die Ursache dafür auf der Ebene der Energieverrechnung in sehr alten Evolutionsschichten liegen musste, herrschte noch Frieden zwischen Religion und Evolutionstheorie. Wenn, wie durch immer mehr empirische Befunde bestätigt wurde, die Funktionen des Logarithmus und der e-Potenz nicht nur das Individualverhalten, sondern jedes Verhalten lebendiger Systeme steuern, dann muss dies wohl auch auf den Beginn der evolutionären Entwicklung zutreffen.

Evolution entsteht aus dem Wechselspiel von Versuch und Irrtum oder, anders ausgedrückt, aus Erwartung und Erfahrung und der Rückkopplung auf die Erwartung; ein Vorgang, der sich ständig wiederholt. Konrad Lorenz hat das durch die Wechselbeziehung von Informationsgewinn und Energiegewinn beschrieben, beides unter den Bedingungen zur Erhaltung des Lebens. Daraus entstanden alle Strukturen und ihre optimale Einfügung in das Bestehende. Auf Dauer hat nur das Bestand, was sich optimal in die sich laufend ändernden Rahmenbedingungen der Welt eingliedern kann. Fehlentwicklungen müssen daher so schnell wie möglich erkannt werden, um Energievergeudung und Substanzverluste zu vermeiden, die lebensbedrohlich wären. In diesem System ständiger Wechselbeziehungen ist derjenige am erfolgreichsten, der schneller als alle anderen auf Fehler reagiert und Strukturen bildet, die angesichts sich ändernder Bedingungen möglichst stabil sind. Es gibt eine mathematische Funktion, die unter allen Potenzfunktionen, mit denen solche Prozesse beschrieben werden können, hervorsticht: die Exponentialfunktion und ihre inverse Funktion, der natürliche Logarithmus. Und beide findet man in lebenden Systemen. Sie haben zudem den Vorteil, aus der einfachsten Beziehung, nämlich der von null und eins, gebildet zu werden.

Wenn sie sich an der knappen Ressource Energie orientiert, findet man mit dieser Methode am schnellsten zu einer energetisch optimalen, strukturellen Lösung. Hat die Evolution dieses Prinzip erst einmal etabliert – warum sollte sie es dann durch ein schlechteres ersetzen? Dass sie in Zeiten des Energieüberschusses zu allen möglichen Eskapaden neigt, kann man sowohl in der Natur als auch in der menschlichen Gesellschaft beobachten. In der Evolution sind Zustände des Energieüberschusses allerdings nur vorübergehende Episoden, weil sich auf Dauer immer nur optimierte, effiziente Systeme durchsetzen. Dieses raffinierte Prinzip der Evolution, sich bei der Leitgröße auf die Energie festzulegen, passt auch zu dem, was Einstein 1905 mathematisch formulierte, nämlich die Äquivalenz von Masse und Energie.

Diese Äquivalenz von Masse und Energie, ausgedrückt durch die Formel $E_{Ruhe} = mc^2$, beinhaltet die Erkenntnis der relativistischen Physik, dass sich die Energie E_{Ruhe} eines jeden ruhenden Teilchens und seine Masse m gegenseitig festlegen. Die Ruheenergie ist doppelt so groß wie in der Newtonschen

Mechanik die kinetische Energie des Teilchens wäre, wenn es sich mit Lichtgeschwindigkeit c bewegte. Damit kam Einstein auf die Formel $E_{Ruhe} = mc^2$ – mit weitreichenden Konsequenzen.

Aus dieser Formel folgt, dass die Bindungsenergie eines Systems selbst zur Masse beiträgt, und da die Bindungsenergie stets negativ ist, bedeutet dies, dass das gebundene System weniger Masse hat als die aneinander gebundenen Objekte. Man spricht hier vom »Massendefekt«. Für die meisten Systeme der Physik ist dieser Massenunterschied allerdings so gering, dass man ihn nicht messen kann. Aber aus dem Massendefekt verschiedener Elemente stammt die Energie der Kernspaltung und Kernfusion. Hier wird Masse direkt in andere Energie umgesetzt.

Was in der Physik gilt, trifft auch auf die sozialen Beziehungen und deren Ausnutzung zum Zwecke der Kapitalgewinnung zu. Durch die Zerstörung sozialer Beziehungen lässt sich Energie erfolgreich für eigene Gewinne nutzen. Ganze Branchen beschäftigen sich heute mit der Umwandlung sozialer Beziehungen in Geld, um die unstillbare Gier des Kapitals zu befriedigen. Die Strategie der Werbung ist es, den Menschen zu suggerieren, sie seien unglücklich und allein das beworbene Produkt könne ihnen wieder zum Glück verhelfen. Bekanntlich kann man einem zufriedenen Menschen nichts verkaufen. Also muss er erst unzufrieden gemacht werden. Man spricht in diesem Zusammenhang von der Nutzung des »Sozialkapitals« – ein verschleiernder, verharmlosender Begriff für ein kriminelles Unterfangen.

Im Kontext unserer Fragestellung haben wir es mit beiden Phänomenen zu tun. Wenn wir in die Tiefe – die Vorgeschichte unserer alten Hirnschichten – gehen, stoßen wir auf das Genom und seine Bauteile, die Basen. Basen (griechisch für: Grundlage) im engeren Sinn sind alle Verbindungen, die in wässriger Lösung in der Lage sind, Hydroxid-Ionen zu bilden, also den pH-Wert einer Lösung zu erhöhen. Eine Base ist das Gegenstück zur Säure und vermag diese zu neutralisieren – was zu Beginn der Evolution wahrscheinlich notwendig war.

Als Genom oder auch Erbgut eines Lebewesens bezeichnet man die Gesamtheit aller Träger der vererbbaren Informationen einer Zelle. Dazu gehören Chromosomen, Desoxyribonukleinsäure (DNA) oder Ribonukleinsäure (RNA). Das Genom enthält somit die Informationen, die zur Entwicklung (Ontogenese) und zur Ausprägung der spezifischen Eigenschaften eines Lebewesens oder Virus notwendig sind. Diese Informationen sind u. a. in der Basensequenz der DNA enthalten. Die DNA-Moleküle in Form von Sequenzen der Basen Adenin, Guanin, Cytosin und Thymin (A, G, C, T) können in codierende und nichtcodierende Abschnitte eingeteilt werden. Die codierenden Abschnitte (Gene) enthalten die Erbinformationen für bestimmte Proteine. Die Genomgröße eines Organismus bezieht sich auf die vorhandene Menge an DNA pro haploidem Zellkern. Mit etwa drei Milliarden Basenpaaren erreicht der Mensch dabei noch längst nicht die Spitzenposition – die gebührt dem Lungenfisch, der mit seinen 43 Milliarden Basenpaaren vierzehnmal mehr besitzt. Auch bei der Zahl der Gene ist der Mensch keineswegs führend; Kohl (das Gemüse, nicht der Politiker) verfügt trotz seines wesentlich kleineren Genoms über viermal so viele Gene wie der Mensch.

Rund 95 Prozent der Nukleotide in der menschlichen DNA werden zurzeit als nichtcodierende DNA betrachtet. Das heißt, maximal fünf Prozent der Nukleotide, aus denen die DNA besteht, codieren Erbinformationen für Proteine. Der große Rest wurde lange Zeit als Junk-DNA, als Plunder aus unserer Vorgeschichte, bezeichnet. Allein das Verhältnis von 95 zu fünf Prozent zeigt in erschreckender Form, wohin unsere Wissenschaft heute gekommen ist. Bekanntlich wirft die Evolution nichts weg, was sich als brauchbar erwiesen hat. Wenn die Gentechnik, die derzeit als »Spitze der Wissenschaft« betrachtet wird, zu dieser Auffassung kommt, beweist dies nicht nur ein enormes Maß an Arroganz, sondern ein ebensolches an Ignoranz.

Aus der über die Homologie gewonnenen Erkenntnis geht hervor, dass der Zugriff des Autos auf den Menschen in den ältesten Evolutionsschichten erfolgt, in jenen Bereichen also, die wir gerade behandelt haben, dem Genom. Dieser früher relativ konfliktfreie Bereich ist heute zu einer gefährlichen Zone geworden, wo zumindest verbal scharf aufeinander geschossen wird. Bestimmte Gruppen der Evolutionisten sind mit bestimmten, vor allem christlichen Religionen aneinandergeraten. Jede der beiden Gruppen verteidigt ihr »umfassendes Weltbild« mit einer solchen Verbitterung, dass sie gar nicht merken, dass es auch eine Sicht gibt, die die andere nicht ausschließt, weil man ja in beiden Fällen die Grenzen des Systems nicht kennt. Naturwissenschaftler verstehen immer besser, wie die ganze Sache funktioniert, ohne jedoch erklären zu können, wozu. Der Zweck ergibt sich sozusagen im Nachhinein. Welche Folgen das hat, können wir heute hautnah erleben, z. B. anhand des Klimawandels, der weltweiten Verseuchung des Wassers durch chemische Produkte, anhand der leichtfertigen Eingriffe in den Atomkern und der dadurch verursachten Belastungen nach Nuklearunfällen, die noch Hunderttausende von Jahren nachwirken werden. Der einst angestrebte Zweck der Forschung und der Eingriffe in unsere Umwelt, nämlich das Leben der Menschen zu verbessern, verwandelt sich zunehmend in eine Bedrohung für die Ökosphäre und die Zukunft der menschlichen Gesellschaft. Den Wissenschaftlern gegenüber steht eine mindestens ebenso fundamentalistische Gruppe, die meint, Gott für sich gepachtet zu haben und im Besitz der letzten Weisheit über die Causa finalis zu sein, ohne sich darum zu kümmern, dass die Welt ohne Material und Form und Effizienz, also Energie, gar nicht bestehen könnte. Während also die einen bedenkenlos mit Material und Form und Energie umgehen, ohne sich die Frage nach dem einen übergeordneten Zweck, der Causa finalis, zu stellen, glauben die anderen, diesen voraussetzen zu können. Jedenfalls nutzen beide Gruppen begeistert das Auto, ohne zu verstehen, was es mit ihnen angestellt hat. Die einen sind stolz darauf, die Voraussetzungen für dessen Bau, Betrieb und das damit verbundene Vergnügen geschaffen zu haben; die anderen betrachten es mit noch größerer Verständnislosigkeit als einen Segen, was sie nicht zuletzt durch ihre Autosegnungen demonstrieren.

Aufgeweckte Schläfer

Eine lebende Zelle ist, betrachtet man sie in den grafischen Darstellungen der Zellforscher, eine komplexe, hochorganisierte Struktur verschiedenster Gruppierungen und Funktionen mit unterschiedlichen Interessen, die sich zu übergeordneten Funktionen zusammengeschlossen haben und denen es gelungen ist, im Interesse eines größeren Gemeinsamen mit ähnlichen Gruppierungen weitgehend friedlich zusammenzuarbeiten. Allein die drei Milliarden Basenpaare der menschlichen DNA müssen nicht nur gut organisiert sein, sondern ihre Ordnung muss trotz sich ständig ändernder Außenbedingungen aufrechterhalten werden. Wehe, sie geht verloren.

Einen Agenten, Informanten oder Agitator, der in eine Organisation eindringt und dort (verdeckt) Informationen beschafft oder die Organisation im Sinne seiner Auftraggeber beeinflusst, steuert und manipuliert, bezeichnet man als »Schläfer«, insbesondere wenn er erst nach längerer Zeit in Aktion tritt. Dass die menschliche Gesellschaft dazu in der Lage ist, setzt voraus, dass solche Fähigkeiten im Menschen angelegt sind, möglicherweise ja in der sogenannten »Junk-DNA«, wo sie nur darauf warten, aktiviert zu werden. Die tiefgreifenden Veränderungen in den Menschen und in der Gesellschaft infolge technischer Verkehrssysteme, insbesondere des Autos, führen uns zu Erklärungen abseits ausgetretener Pfade, die sich in der Regel mit Symptombeschreibungen begnügen. Das Auto wirkt sich nicht nur auf das Verhalten des einzelnen Individuums aus, wie ich es zu Beginn dieser Entdeckung in den 1970er-Jahren vermutet habe – das Auto verändert das Verhalten der gesamten Gesellschaft, sodass wir es mit zwei Arten von Phänomenen zu tun haben, die zu untersuchen sein werden.

Auf der Individualebene ist es das Genom, das grundlegendes Verhalten steuert und beeinflusst; auf der Ebene der Gesellschaft sind es deren komplexe Strukturen, die durch das Auto beeinflusst und in seinem Sinne gesteuert werden. So wie ein Virus in eine Zelle eindringt und diese zur Replikation der Viren-DNA/RNA umfunktioniert, ist das Auto in die »Zellen« der Gesellschaft – den Menschen – eingedrungen, wo es wie ein Virus in der Lage ist, das Verhalten der Gesellschaft in seinem Sinne zu beeinflussen. In der Genforschung wurden im Zusammenhang mit Viren einige neue Moleküle interessant, von denen man annimmt, dass es sich bei einem Teil ihrer nichtcodierenden RNA um molekulare Fossilien aus der RNA-Welt handelt, weshalb sie für das Verständnis der Evolution der Lebewesen von Bedeutung sind. In diese uralten Schichten wirkt nun das Auto hinein, wenn es den inneren energetischen Haushalt eines Menschen so verändert, dass es zu dem beschriebenen, der Vernunft zuwiderlaufenden Verhalten kommt. Man kann daher vermuten, dass es in uns »Schläfer« gibt, die nur darauf gewartet haben, aktiv zu werden. Dringt also ein Virus, das weder eigene Energie besitzt noch sich selbst vermehren kann, in eine Zelle ein, besetzt es deren Steuerzentrale und nutzt die Energie der Zelle für seine eigene Vermehrung. Die komplex strukturierte Gesellschaft der Zelle beginnt nun – sozusagen aus innerem Antrieb – genau das zu tun, worauf es das Virus abgesehen hat, nämlich die RNA des Virus zu replizieren.

Wenn das Auto in die Gesellschaft eingedrungen ist, gehen auch die Menschen von innen heraus dazu über, nicht nur mit ihrer eigenen Energie, also dem Geld, durch die Autoproduktion in die Welt einzugreifen, sondern auch ihre Siedlungen, Wirtschaftssysteme und Kulturen zu verändern, die sie für sich selbst geschaffen und über Tausende von Jahren entwickelt und in denen sie gelebt haben. Sie beginnen, all diese Strukturen zugunsten des Autos umzuwandeln und neue allein nach dessen Bedürfnissen zu gestalten. Nicht mehr Lebensräume, sondern Fahrbahnen werden angelegt, nicht mehr Kinderzimmer und Spielplätze für den Nachwuchs, sondern Parkplätze für das Auto. Dass in dem vom Autovirus befallenen Organismus, nämlich dem Ökosystem der Erde, im Kampf gegen das Virus die Körpertemperatur steigt – so wie es bei Viruserkrankungen auch in unserem Körper der Fall ist –, ist nicht verwunderlich. Wenn wir Menschen in ein komplexes System wie die Natur eingreifen, fällt auch deren Reaktion darauf komplex aus, sodass die Menschen sie in ihrer Tragweite gar nicht begreifen können und in ihrer Einfalt glauben, eine Klimaerwärmung um wenige Grad bedeutete nichts anderes als eine Verschiebung der Klimazonen. Eigentlich müssten sie es besser wissen, denn, wenn sie selbst von Viren angegriffen werden, hat ihre eigene »Klimaerwärmung« massive Auswirkungen auf ihr Wohlbefinden, selbst wenn die Temperatur nur um ein, zwei Grad steigt. Kaum jemand wäre wohl damit einverstanden, unter diesen Bedingungen sein Leben fristen zu müssen – der Erde aber mutet man das zu. Man spricht sogar von einem Temperaturanstieg von sechs Grad – und weiß doch dabei, dass für den Organismus des Menschen schon fünf Grad das Todesurteil bedeuten können.

Der Vorteil der Kernspaltung

Die Spaltung bringt dem Kern einen »Energievorteil« – sozusagen auf der individuellen Ebene zu Lasten der vorherigen Gemeinschaft, die durch die Spaltung aufgelöst wurde. Analog passiert seit der allgemeinen Motorisierung Ähnliches auch mit der Gesellschaft. Die baulichen Spaltprodukte einer Stadt findet man im Umland; die Spaltprodukte der einstigen Gesellschaft, der Familien in ihrem Generationenzusammenhang, findet man in den zunehmenden Scharen der Singles, der Alleinerziehenden und der auf zwei Generationen reduzierten Familien, von der Soziologie als erfolgreiche Befreiung aus gesellschaftlichen Zwängen gefeiert wie einst die Kernenergie als sorgenfreie und nie versiegende Energiequelle von der Technik. Beide Phänomene sind kurzfristig erfolgreich, wenn man die langfristigen Folgewirkungen außer Acht lässt. Die Evolution jedoch arbeitet langfristig und konsequent. Aufbau und Höherentwicklung sind mühselige und langsame Prozesse, eine Vernichtung hingegen kann rasch erfolgen und bei komplexen Systemen Prozesse einleiten, die zu irreversiblen Zuständen führen. Die Evolution geht weiter – aber anderswo.

Es wäre ein Irrtum zu glauben, die Wirkungen auf das Individuum wären von der Wirkung auf die Gesellschaft zu trennen. Vielmehr besteht zwischen beiden Ebenen eine enge Wechselbeziehung, denn die Individuen – je nach ihrer Position in der Gesellschaft – beeinflussen diese, und umgekehrt wirkt das Verhalten der Gesellschaft auf das Individuum. Wirkungen und Verhaltensweisen werden daher auf beiden Ebenen zu beschreiben sein. Auch beim Menschen wirken virale Effekte nicht nur auf die Zelle, sondern auf den Gesamtorganismus und umgekehrt. Sehr häufig ist ja das Verhalten des Gesamtsystems die Ursache dafür, dass es überhaupt zu diesen viralen Effekten kommen kann. Die Prädisposition der Gesellschaft für das Autovirus war seinerzeit geradezu ideal. Es standen genügend Wege zur Verfügung, auf denen es seine Macht aus- und verbreiten konnte.

Hirn ohne Chance gegen Genom und Auto

Wenn durch das Auto die tiefsten Schichten unserer Evolution angesprochen werden, dann wirkt es tief unterhalb der Wirkungsmacht der Vernunft im Reich des Genoms. Im Gehirn werden Signale in neurophysiologische Daten verwandelt, klassifiziert und verarbeitet. Der Zoologe Wolfgang Wieser schreibt:

> Die für derartige Tätigkeiten des Gehirns benötigte Verschaltungsarchitektur ist (…) zum größten Teil genetisch festgelegt und somit angeboren. Das tatsächliche *Verhalten* des Organismus ist jedoch größtenteils autonom bestimmt, denn es beruht weitestgehend auf den bis zu diesem Zeitpunkt erworbenen Erfahrungen des Individuums. Um in einer spezifischen Situation eine rasche Entscheidung fällen zu können, muss das Gehirn nicht etwa mit dem Genom verhandeln, sondern es bedient sich seines eigenen Datenspeichers samt der dazugehörigen Subroutinen. Es ist nicht schwer, sich vorzustellen, dass es bei dieser Verfahrensweise zu Konflikten zwischen ererbten und erworbenen Direktiven kommen kann. (…) Heutzutage haben »Genom« und »Gehirn« die Rollen der im Konflikt vereinten Partner übernommen. Doch scheinen jene das Spiel am besten zu verstehen, die zugeben, dass sie vor jeder guten Tat erst den »inneren Schweinehund« besiegen müssten.[15]

Dieser Konflikt, auf der Bühne der Evolution ausgefochten, hat meist etwas mit menschlichen Beziehungen zu tun. Dabei steht dem Gewissen (was immer das sein mag) der Egoismus gegenüber. Menschen haben aber auch gelernt, dass sich brutaler Egoismus längerfristig nicht rentiert. Allerdings sind diese Fähigkeiten im Reich des Hirns und nicht des Genoms angesiedelt. Wie Wieser weiter ausführt, reagiert das Genom »auf langfristige, über zahllose Generationen mit großer Verzögerung wirksame Herausforderungen der Umwelt, während das Gehirn die in einer einzigen Generation stattfindenden Vorgänge quasi in Echtzeit registriert und verarbeitet«[16], aber offensichtlich nicht die Fähigkeit hat, die Langzeitwirkungen des kurzfristigen Handelns zu begreifen, überschreiten diese doch die unmittelbare Wahrnehmung. Wenn die Rückkopplung fehlt, greift es ins Leere. Und damit betritt durch die technische Entwicklung ein neues Phänomen in der Geschichte der Menschheit die Bühne der Evolution, das folgende, vom Zoologen Wieser gewählte Formulierung relativiert: »Auf jeweils ein Begriffspaar reduziert könnte man sagen, das Genom stehe für *Programmatik und Nachhaltigkeit*, das Hirn hingegen für *Individualisierung und Improvisation.*«[17] Man hat zwar erkannt, dass die weitere menschliche Existenz etwa bei einer unkontrollierten Fortsetzung der nuklearen Rüstung grundsätzlich in Frage gestellt würde, weil die Folgen dieser Technologie – sowohl kurz- als auch mittelfristig – so verheerend sind, dass sie nicht fortgeführt werden kann. Bei anderen Eingriffen hingegen, bei denen uns die Rückkopplungen im System nicht unmittelbar vor Augen geführt werden, versagt die evolutionäre Ausstattung nahezu völlig. So auch beim Auto und dessen Zerstörungswerk. Hier breitet sich die langsame Zerstörung kultureller und zivilisatorischer Leistungen der Menschheit kaum wahrnehmbar, doch ungehindert und tatkräftig gefördert immer weiter aus. Alle Indizien sprechen dafür, dass unsere kulturellen und zivilisatorischen Errungenschaften am Ende durch das Auto ausgelöscht werden.

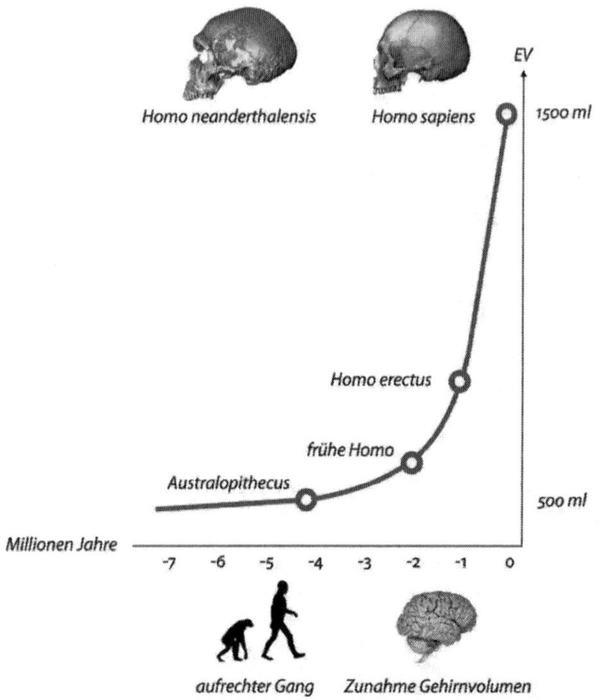

Das Prinzip ist alt, das Ausmaß neu

Der radikale Egoismus des Genoms, ein Erbe aus der tiefen Vergangenheit unserer Evolution, war so erfolgreich, dass es sich bis heute immer wieder, wenn auch immer seltener, durchsetzen konnte. Der von Wolfgang Wieser aufgezeigte Konflikt zwischen Genom und Gehirn ist auf den oben dargestellten Unterschied der beiden im Hinblick auf die Dimension der Zeit zurückzuführen. Wenn Wieser im Zusammenhang mit dem Genom den Begriff der Nachhaltigkeit verwendet, dann ist damit wohl das Individuum bzw. die Spezies gemeint, die es geschafft hat, alle Herausforderungen der Umwelt über längere Zeitperioden zu bewältigen.

Die Konzentration der Nerven im Gehirn im Zuge der Evolutionsgeschichte zeigt, dass im Laufe von Millionen von Jahren eine deutlich nachweisbare positive Rückkopplung stattgefunden hat, eine exponentielle Konzentration der Nervenzellen im Hirn der Lebewesen, die aber bei den Hominiden bis hin zum Menschen in den vergangenen vier Millionen Jahren mit dem aufrechten Gang besonders beschleunigt wurde und bisher an keine Grenzen gestoßen ist. Ein Indiz dafür ist die Vergrößerung des Hirnvolumens mit Beginn des aufrechten Gangs, wie in der nebenstehenden Grafik der Max-Planck-Gesellschaft dargestellt.

Wie die Entwicklung vor den Hominiden verlaufen ist, kann man nur anhand spärlicher archäologischer Funde zu rekonstruieren versuchen. Es ist aber mit großer Wahrscheinlichkeit anzunehmen, dass die Auseinandersetzung zwischen Genom und Gehirn, seit technische Mittel die Fähigkeiten des Menschen über seine natürlichen Grenzen hinweg erweitert haben, so verlaufen ist, wie wir sie auch heute beobachten können.

Die Ansteckung mit dem Autovirus durch frühkindliche Prägung

Heute weiß man, dass ein Mensch durch seine Prägung *in den ersten Lebensjahren* deutlich mehr bestimmt wird als durch die genetische Veranlagung. Sie entscheidet darüber, wie wir in verschiedenen Situationen ganz automatisch und unbewusst reagieren. Die Wissenschaft der frühkindlichen Prägung versucht alle Einflussfaktoren zu berücksichtigen, mit denen ein Mensch bereits in seinen frühen Jahren konfrontiert wird. Das sind die Gene, die Ernährung, der Lebensstil, wozu beispielsweise Bewegung, TV-Konsum oder Nutzung elektronischer Reizmaschinen wie Handys zählen, sowie die Umwelt mit ihren Einwirkungen auf die Sinne. Es kommt daher darauf

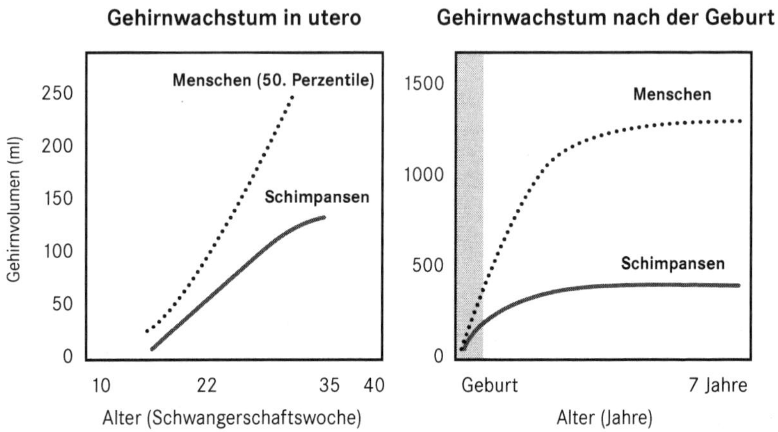

Die Grafiken des Max-Planck-Instituts zeigen die Phase der Hirnentwicklung des Menschen vor und nach der Geburt.

an, wie das Milieu eines Kindes in den ersten drei Jahren nach der Geburt beschaffen ist.

Der Mensch wird durch Erlebnisse und Interaktionen mit seiner Umwelt geprägt. In den ersten Lebensjahren – der Prägungsphase – entwickelt ein Kind sein Bild von der Welt. Je nach Art der Erfahrung kann dieses positiv oder negativ sein. Die Ergebnisse dieser Prägung sind kaum oder nur teilweise reversibel und sie kann auch nicht nachgeholt werden. Über Jahrmillionen war das Milieu des Menschen die Natur mitsamt ihren Pflanzen und Tieren und das Leben fand in einem Umfeld statt, das nicht von der Technik geprägt war, ebenso wenig wie die sozialen Beziehungen. Seit das Auto omnipräsent ist, hat sich das grundlegend geändert. Und dabei muss beachtet werden, dass Lernen durch Prägung stattfindet, ohne dass Belohnung oder Bestrafung eine Rolle spielt. Also nicht wie beim Lernen durch Erfahrung oder durch Versuch und Irrtum, wie im Wikipedia-Artikel zum Thema Prägung zusammengefasst:

- Prägung ist dadurch gekennzeichnet, dass sie nur in einer bestimmten Zeitspanne stattfinden kann, die daher als *sensible Lebensphase* bezeichnet wird. Prägung ist also nicht nachholbar. In welchem Alter diese Phase nachweisbar ist und wie lange sie dauert, kann je nach Tierart sehr unterschiedlich sein.
- Prägung ist unwiderruflich, das durch sie Gelernte wird besonders schnell und effektiv gelernt und *auf Lebenszeit* behalten; zumindest werden die durch Prägung erworbenen Auslöser (»Schlüsselreize«) auf Dauer bevorzugt.
- Durch Prägung werden stets nur eng begrenzte Merkmale gelernt, also zum Beispiel eine *bestimmte* Reaktion auf ein *bestimmtes* Objekt der Umwelt oder eine bestimmte, klar gegen andere Verhaltensweisen abgrenzbare Verhaltensweise.
- Prägung kann in einer Zeitspanne stattfinden, in der die geprägte Verhaltensweise noch nicht vollzogen werden kann.[18]

Dass der Umstand, dass bei vielen Kindern das erste Wort, das sie sprechen, »Auto« oder »Oto« lautet und nicht etwa »Mama« oder »Papa«, Folgen für ihr Leben haben kann, darf vermutet werden. Seit mehr als einem halben Jahrhundert kommen Kinder schon pränatal mit den Geräuschen, Bewegungen, Gerüchen und Schadstoffen des Autos in Kontakt. Dass sie daher die Autowelt, die wir im letzten Jahrhundert weltweit um uns herum errichtet haben, für die »Normalität« halten, in die sie hineinwachsen, und dass sie von den Erwachsenen das autobezogene Verhalten erlernen, das dann noch durch die »Verkehrserziehung« in Schule und Kindergarten verstärkt wird, lässt erahnen, auf wie vielen Ebenen sich das Auto mit ihnen verbindet. Soll das auch in Zukunft so bleiben?

Erst nach mehr als drei Generationen und nach Jahrzehnten fundierter wissenschaftlicher Kritik an dieser Entwicklung zeigt sich bei den wachen Geistern der »Letzten Generation« eine erste Immunisierung. Anders als den Entscheidungsträgern ist ihnen der Ernst und die Dringlichkeit entschlossenen und energischen Handelns bewusst. Sie haben erkannt, dass jede Politik *für* das Auto eine Politik *gegen* die Menschen ist, und versuchen nun mit ihren mutigen Aktionen im öffentlichen Raum das zu erreichen, was den Vertretern der Wissenschaft mit rationalen Argumenten über Jahrzehnte nicht gelungen ist. Jene, die dieses Verhalten kritisieren, bekämpfen oder gar bestrafen, beweisen damit nur, dass sie vom Autovirus gesteuert werden. Vielleicht sind sie ja deshalb nicht mehr in der Lage, den Artikel 1 des Grundgesetzes zu verstehen?

Eine Geschichte der Aha-Erlebnisse

Die spezifische Vergrößerung der Kraft durch technische Mittel führt im Bewusstsein wohl zu dem, was man als Aha-Erlebnis bezeichnen kann, eine plötzliche positive Rückkopplung zwischen Handlung und wahrgenommener Wirkung. Bei gleicher Energie ein größerer erwünschter Effekt oder ein gleicher Effekt bei weniger physischer Körperenergie durch das neue Werkzeug. Es ist zu vermuten, dass diese Kette von Effekten zunächst zum rücksichtslosen Egoismus geführt hat. Bevor der Grabstock zum Auffinden von Wurzeln und später im Gartenbau verwendet wurde, dürfte er von vielen unserer Vorfahren erfolgreich zur Beseitigung von Nebenbuhlern oder Konkurrenten eingesetzt worden sein, oder auch zur Durchsetzung ihrer Machtansprüche gegenüber Mitbewohnern. Nicht nur die Wurf- und Schlagstöcke Indonesiens oder der australischen Aborigines sind ein schlagender Beweis dafür, sondern auch die Unzahl an Waffen und Geräten, die man heute in den Museen versammelt hat, mit denen unsere Vorfahren ihre Mitmenschen in Kriegen getötet oder in »Rechtsverfahren« auf grauenhafte Weise gefoltert haben. Die Tatsache, dass ein Teil dieser Folterwerkzeuge neben modernen Foltermethoden in bestimmten Gefängnissen – auch der USA – bis heute zum Einsatz kommen, ist Beweis genug, dass die Zivilisation und die menschliche Kultur in den Machtzentren der Welt noch nicht angekommen sind. Anders auf der Ebene der menschlichen Gesellschaften: Die Rückkopplung nicht nur über die Familienmitglieder des Opfers auf die Überlebenden und die daraus resultierenden Konsequenzen führen zum unvermeidlichen Konflikt zwischen Hirn und Genom. Das Genom wird das Hirn für das verantwortlich machen, was passiert ist, und es zwingen, einen Ausweg aus der Krise zu suchen, in die beide durch das rücksichtslose Verhalten in der Gesellschaft geraten sind. Unerwünschte und nicht beabsichtigte Wirkungen menschlicher Handlungen sind entweder die Folgen mangelnder Erfahrung oder Systemkenntnis; sie können aber auch Mythen zugeschrieben werden, wovor selbst manche wissenschaftliche Disziplinen nicht gefeit sind, denkt man etwa an Begrifflichkeiten wie »externe Effekte« oder »höhere Mächte«. Auch Abraham hörte schließlich eine Stimme, die verhinderte, dass er seinen Sohn opferte, und ihm stattdessen den Widder im Dornbusch als Opfertier sandte. Einsicht oder das Erkennen der irreversiblen Folgen bestimmter Handlungen begleitet uns bis in die heutige Zeit hinein, wie z. B. beim Umgang mit der Atomkraft oder mit dem durch den Menschen provozierten Klimawandel.

Die Versuche, das Genom durch das Hirn zu kontrollieren, sind nicht erfolgreich

Dass eine Verstärkung der Aggression nicht zum Ziel führt, hat im Laufe der Zeit bei den meisten Menschen zu der Einsicht geführt, zumindest im näheren Umfeld friedlich miteinander umzugehen. Wohl auch ein Aha-Erlebnis, das aber vor allem durch wirksame Sanktionen und Kontrolle von außen wirksam wird und heute für die Sicherheit in der Gesellschaft sorgt, in der wir leben. Gebote und Religionen spielen dabei eine wesentliche, wenn auch ambivalente Rolle, wie es die Geschichte bis heute zeigt.

Die Zusammenhänge der Auseinandersetzung zwischen Genom und Gehirn sind in den heutigen komplexen Systemen nicht mehr so überschaubar wie anno dazumal. Einst waren die unbewusste oder bewusste Tat mit ihren Folgen und der Versuch sich rauszureden, lokal und zeitlich einfach festzumachen, weil die Wirkung auf die Ursache zurückwirkte, was wiederum eine Wirkung zur Folge hatte. Heute ist die Methode bei nahezu allen Prozessen, bei denen es um Strafdelikte geht, tägliche Gerichtspraxis. Die Skala reicht vom Individual- bis zum Kollektivverhalten, vom Einzeldelikt bis zum Massenmord, vom Totschlag bis zum Genozid. Immer musste das Hirn den Missbrauch seiner Leistungen durch das Genom »ausbaden«. Das Gehirn will es nicht gewesen sein, denn der Täter, das Genom, hat ja den unmittelbaren Erfolg der Tat positiv bewertet und das momentane Problem, was es auch gewesen sein mag, mit oder ohne technische Hilfsmittel gewaltsam gelöst. Nicht bedacht hat es die Folgen, weder die mittelfristigen und erst recht nicht die langfristigen. Früher musste es das auch gar nicht, denn zum Überleben genügte die unmittelbare Reaktion und die langfristige Anpassung. In zivilisierten und kultivierten Gesellschaften jedoch erlaubt das Hirn, das dem Genom diese Erfolge durch die Ausweitung seiner physischen Kraft ermöglicht hat, die Erfüllung seiner Wünsche nicht mehr. Nichtsdestotrotz ist es noch immer vorhanden und durchaus wirksam, wenn es darum geht, den Verstand von den Vorteilen einfacher, kurzfristig vorteilhaft erscheinender Lösungen zu überzeugen, die auf der Ebene der Symptome ansetzen, dabei jedoch die mittel- und langfristigen Folgen ausblenden. Das macht sie bei den Entscheidungsträgern sehr beliebt und eröffnet zudem ein ganzes Geschäftsfeld für entsprechende

Gutachten. Anstatt den Ursachen der Probleme auf den Grund zu gehen, werden darin unverbindliche Prognosen erstellt, die – wie im Verkehrswesen üblich – meist nur bestehende Trends fortschreiben. Wenn sich aber der Verstand als Begrenzung meldet, weil er längerfristig Probleme befürchtet, dann wird er dazu angehalten, diese Befürchtungen zu entkräften und sich Verbündete zu suchen, die das möglichst geschickt unterstützen. Nach diesen braucht er nicht lange zu suchen, sie gibt es in allen Disziplinen, die mit dem Eingriff in die Welt zu tun haben. In der Politik und bei der Finanzierung von Verkehrsprojekten sind die Wirtschaftswissenschaften mit ihrer Abzinsung der Zukunft seine bevorzugten Partner. Auch die Justiz und die Gerichte sind in den Bereichen hilfreich, von denen sie fachlich wenig Ahnung haben. Außerdem arbeiten sie mit Gesetzen und Prinzipien, die mit der Dynamik unserer technischen Beschleunigung schon längst nicht mehr Schritt halten. Systemwirkungen mit Folgen und Rückkopplungen in Bereichen, bei denen der direkte Bezug zur Ursache nicht offensichtlich ist, stoßen bei den Gerichten oft auf ein gefährliches Unverständnis. Und nicht zuletzt spielen Eigenschaften der Menschen und der Gesellschaft eine Rolle, derer sich das Genom geschickt und unsichtbar zu bedienen weiß, wie die vielfältigen Systeme der Korruption, der gezielten Täuschung, der Lüge oder der Macht.

Der Einfallsreichtum des Genoms

Die Gesellschaft unterdrückt rücksichtslosen Egoismus – allerdings nur dort, wo sie die Zusammenhänge kennt und dessen negative Folgen wahrnehmen und beurteilen, also ein Urteil fällen kann. Das Genom ist aber gemeinsam mit dem Gehirn unermüdlich dabei, diesem Zwang zu entgehen, wobei es alle möglichen Tricks von der Ablenkung bis zur Tabuisierung seiner

Instrumente anwendet. Dabei geht es immer um den Gewinn von Energie und Macht – einer anderen Form von Energie – aus Eigennutz und auf Kosten anderer. Das gilt für alle Bereiche, insbesondere aber für den Bereich der neueren technologischen Entwicklungen, die zum eigenen Vorteil missbraucht werden können. So wird derzeit zum Beispiel die Informationstechnologie erfolgreich eingesetzt, um die genomischen kriminellen Kräfte von Bankern und Managern auf Kosten und zum Schaden ganzer Staaten zu befriedigen. Die Gesellschaft steht diesem kriminellen Treiben im Verkehrssystem der Finanzwelt verständnislos gegenüber. Ein weiterer Beweis dafür, dass nahezu jeder technische Fortschritt zunächst rücksichtslos egoistisch missbraucht wird, bis man ihn domestiziert und kultiviert. Statt eines brutalen, rücksichtslosen Egoismus wird von einem zivilisierten und kultivierten Menschen jedoch verlangt, auf andere Rücksicht zu nehmen. Man erwartet, dass er in der Lage ist, sich auch in kritischen Situationen zu beherrschen und nicht seine rohen Kräfte oder seine Macht walten zu lassen.

Das Gehirn dominierte den Egoismus des Genoms und schuf so die Voraussetzungen für größere Gemeinschaften über die Familie hinaus. Diese wiederum wirken auf das Individuum zurück. Die Verhaltensregeln der verschiedenen Gesellschaften mit ihren Verboten und Geboten, anfangs vor allem von den Religionen festgeschrieben, sind das Ergebnis von Jahrtausenden an Erfahrung mit der erfolgreichen Bewältigung dieser Konflikte. Mit dem Kunstgeschöpf der juristischen Person der Konzerne und der Ausweitung ihrer Macht werden die Errungenschaften der Demokratie und grundlegende Menschenrechte beseitigt und damit die Politik der Gier und dem Wachstumszwang des Finanzkapitals unterworfen. Eine erstaunliche Leistung des Genoms, die zeigt, wie unerfahren und anfällig die neueren Schichten des Neocortex im Vergleich zu den mächtigen alten Evolutionsschichten des Kleinhirns und des Hirnstamms sind.

Das Prinzip ist immer das gleiche. Das Hirn erweitert die Fähigkeiten gemeinsam und in Kombination mit den frei gewordenen Händen, seit der Neuzeit und dem Materialismus meist durch technische Maßnahmen. Physik, Chemie und Informationen sind aber auch jene Faktoren, auf die es dem Genom ankommt, um seinen rücksichtslosen Egoismus ausleben zu können. Es nutzt diese Möglichkeiten ohne Rücksicht auf etwaige Folgen, bis es aufgrund ebendieser Folgen seiner Taten über das Gehirn, das ja sein unmittelbarer Partner ist, wieder in seine Schranken gewiesen wird. Das heißt, die negativen Folgen müssen bereits eingetreten sein, bevor es sich davon überzeugen lässt, dass es verbrecherisch handelt bzw. seine Handlungen zur Selbstvernichtung führen. Fallen aber die entsprechenden externen Sensoren aus, sind also die bedrohlichen Folgen durch die menschlichen Sinne nicht mehr unmittelbar wahrnehmbar, versagt diese Rückkopplung. Das passiert vor allem dann, wenn beide, Gehirn und Genom, den Eindruck haben, sie hätten nur Vorteile.

Nimmt das Hirn jedoch wahr, dass Unerwünschtes geschieht, gibt es zwei Möglichkeiten: Im Idealfall kann es die negativen Folgen noch individuell unter Kontrolle bringen. Ist dies nicht möglich und weitet sich das Verhalten aus, ist der Schaden oft nicht mehr zu begrenzen.

Wo das Hirn gegen das Genom erfolgreich sein kann und wo es versagt

Ist die Gesellschaft in der Lage, die Folgen egoistischen Handelns einzudämmen, wie es in Österreich durch das ABGB und in Deutschland durch das Grundgesetz bzw. BGB erfolgt, sind dem Schaden in Form von Sanktionen Grenzen gezogen. Wenn sich der rücksichtslose Egoismus jedoch als kollektiv akzeptierte Handlung etabliert, die normalerweise als kriminell eingestuft würde, etwa die Tötung von Menschen oder die Gefährdung ihrer Gesundheit, kann das Verbrechen auch zur Tugend erklärt werden. Das ist nicht erst seit dem Auto so, sondern galt und gilt überall dort, wo es um gemeinsame Vorteile einer Gruppe geht. Denken wir zum Beispiel an die Genozide in Amerika oder Australien, die Gräueltaten nahezu aller Kolonialmächte, die ihre Verbrechen durch die Abwertung ihnen fremder Kulturen sozusagen »gesellschaftsfähig« gemacht und gar zur Kulturleistung erhoben haben. Ähnliches gilt für den Holocaust, die Konflikte im Nahen Osten und auf dem Balkan oder den Krieg Russlands gegen die Ukraine.

Es ist zu befürchten, dass der Konflikt zwischen Genom und Hirn so lange bestehen wird, wie es die Menschheit gibt. Er wird allerdings unterschiedlich ausgetragen. Die kollektive Leistung vieler Hirne kann durch die Dominanz des Genoms einzelner Personen zur Bedrohung für die ganze Gesellschaft werden, wie wir es aus manchen Sekten oder Diktaturen kennen. Die militärische Nutzung der Nuklearenergie ist das Ergebnis kollektiver Hirnleistungen mehrerer Generationen von Physikern und Technikern. Die Dominanz des Genoms über das Hirn eines mächtigen Politikers kann furchtbare Folgen haben, wie es die USA mit dem Einsatz der Atombombe in Japan bewiesen haben. Überhaupt, und hier bin ich mit Professor Wieser einer Meinung, ist in den USA die Dominanz des Genoms über das Hirn bis in die Gegenwart am deutlichsten nachweisbar. Vielleicht ist es daher auch kein Zufall, dass die USA zum Schrittmacher der Automobilisierung wurden.

Beim Einsatz der Atomenergie für kriegerische, aber auch für friedliche Zwecke hat es den Anschein, als würde das Genom mancher Politiker, wenn auch widerwillig, dem kollektiven Hirn der Völkergemeinschaft wieder die Vorherrschaft überlassen. Das ist bei der Atomkraft leichter möglich als beim Autoverkehr, weil die Vielzahl der Genome einer Bevölkerung selten derart defekt sind, dass sie sich um den Preis der eigenen wie auch der Gefährdung der Folgegenerationen gegenüber anderen Gesellschaften durchsetzen wollen.

Beim Auto jedoch ist die Situation eine völlig andere. Das Prinzip ist zwar das gleiche, allerdings kommt der energetische Nutzen, den das Genom registriert, jedem Einzelnen unmittelbar zugute. Es führt, durch die dem Auto angepassten Strukturen, kollektiv zu einem positiven Gefühl von Aufwertung, Kraft, Schönheit und Ansehen. Dies ist für den Einzelnen offenbar so eindrucksvoll, dass das Hirn bisher keine Chance hatte, seine in Jahrtausenden für das Individuum und die Gesellschaft mühsam erarbeiteten Leistungen rücksichtsvollen Zusammenlebens – ein Ergebnis der Dominanz des Hirns über das Genom – zu erhalten, geschweige denn weiterzuentwickeln. Diese über viele Generationen erworbenen Leistungen wurden in weniger als zwei Generationen weitgehend zerstört.

Die Stadt als Gemeinschaftsleistung

Die hohe Qualität mittelalterlicher Städte resultiert nicht nur aus dem Egoismus des Einzelnen, der auch damals vorhanden war, sondern ist das Ergebnis einer harmonischen Zusammenfügung dieser Egoismen zu einem gemeinsamen Ganzen, der Stadt. Die Gesellschaft der Stadt bildete den »Stadtorganismus«, charakterisiert durch die Beziehungen der Menschen, der Fußgänger. Die kurzen Wege und die lokalen Bindungen führten zur heute beschworenen Vielfalt, zur ökologischen Verträglichkeit, dem sozialen Miteinander und der Schönheit, von der der Städtetourismus heute lebt und von der die gegenwärtige Gesellschaft nur mehr träumen kann – von einem menschlichen Maß, das die Planer und Politiker nicht mehr zu finden in der Lage sind, wenn sie aus der Spezies der Autofahrer stammen.

Die harmonische Abstimmung öffentlicher Räume bzw. die Abstimmung von Einzel- und Gemeinschaftsinteressen ist das Ergebnis jahrtausendealter Erfahrungen und zeigt, dass das Hirn der Bürger den rücksichtslosen Egoismus des Genoms des Einzelnen kontrollieren muss; nur so entsteht ein gemeinsames Ganzes zum Wohl aller. Die Eisenbahn hat zu den technischen und sozialen Umwälzungen des 19. und 20. Jahrhunderts geführt, und wiederum zeigt sich, dass hundert Jahre nicht genug sind, um technische Entwicklungen dieser Größenordnung auch nur annähernd sozial und ökologisch evolutionär zu bewältigen. Das Genom schlägt auch hier durch, zwar nicht mehr direkt bei den Eisenbahnen, aber in versteckter Form über Konzerne, Banken und das Finanzsystem, indem die Eisenbahn für diese Kunstgebilde zum Mittel wurde, ihre Macht zu erweitern und ihre Gewinninteressen auf Kosten der Allgemeinheit zu befriedigen. Das Genom agiert über die Manager und Eigentümer verschiedener Industriezweige im Hintergrund, wo es zu sozial unverträglicher Kapitalakkumulation und Wettbewerbsverschiebungen im Interesse mächtiger Lobbys kommt, durch die die lokalen Betriebe und Geschäfte rücksichtslos ausgerottet werden. Wenn das Genom dominiert, droht die Gesellschaft fragmentiert zu werden, weil die Konflikte unter Ausnutzung aller technischen Möglichkeiten und Tricks unterhalb der bewussten Wahrnehmung im Verborgenen stattfinden. So werden die Folgen krimineller oder asozialer Handlungen räumlich und zeitlich verschoben, um sich der Verantwortung zu entziehen. Die Auslagerung der Produktion in Länder mit billigen Arbeitskräften, die unter prekären Bedingungen arbeiten, Ökodumping, die Verklappung in den Meeren, der Export von in Europa verbotenen Pestiziden und Herbiziden nach Afrika und Südamerika sind nur ein kleiner Ausschnitt aus dem Panorama dieser Aktivitäten.

Die Auflösung der Stadt durch das Privatauto

Kennzeichen einer Stadt sind die Vielfalt und die große Zahl von zwischenmenschlichen Beziehungen infolge einer hohen Bevölkerungsdichte und ausgeprägten Strukturvielfalt auf engem Raum und im Einklang mit dem jeweiligen Umfeld. Die Grenzen der räumlichen Mobilität förderten nicht zuletzt die Entfaltung der geistigen, welche über Jahrtausende die Grundlage für die Entwicklung der lokalen Wirtschaft, der Sozialbeziehungen und der urbanen Kultur bildete.

Man kann sich kaum vorstellen, welch Potenzial sich im Genom aufstaut, wenn es sich seit Jahrtausenden immer wieder dem Hirn zu beugen hat, welches sich mit der Moral und der Ethik Hilfsinstrumente erarbeitet hat, um der permanenten Herausforderung des Genoms, dem »inneren Schweinehund«, zu widerstehen. Es sucht daher nach einem Ventil, um sich wieder »selbst verwirklichen« zu können. Das Verhalten im Autoverkehr ist die Verkörperung dieser Zerstörung von Zivilisation und Kultur, macht man sich bewusst, in welchem Ausmaß die Lärm- und Abgasbelastungen in der Umgebung der Fahrbahnen und die Zerschneidung der einstigen Lebensräume in Stadt und Land zugelassen werden.

Die Vervielfachung der Körperkraft durch das Auto, direkt rückgekoppelt auf die tiefsten Schichten der Evolution und damit in die Gewalt des Genoms gegeben, hat dazu geführt, dass im vergangenen Jahrhundert – mit kollektiver Zustimmung – viele jahrtausendealte Leistungen der Gesellschaft sowie das Gleichgewicht zwischen menschlicher Siedlungsentwicklung und dem Ökosystem verloren gingen. Die in Hunderttausenden von Jahren mühsam vollzogene evolutionäre Entwicklung wurde außer Kraft gesetzt, als die Menschen Platz für das Auto geschaffen haben – und zwar zulasten der Lebensräume für ihre Kinder und die Natur. Für das Genom ist das Auto das ideale Machtinstrument, um sich gegen das Gehirn durchzusetzen, und es unter-

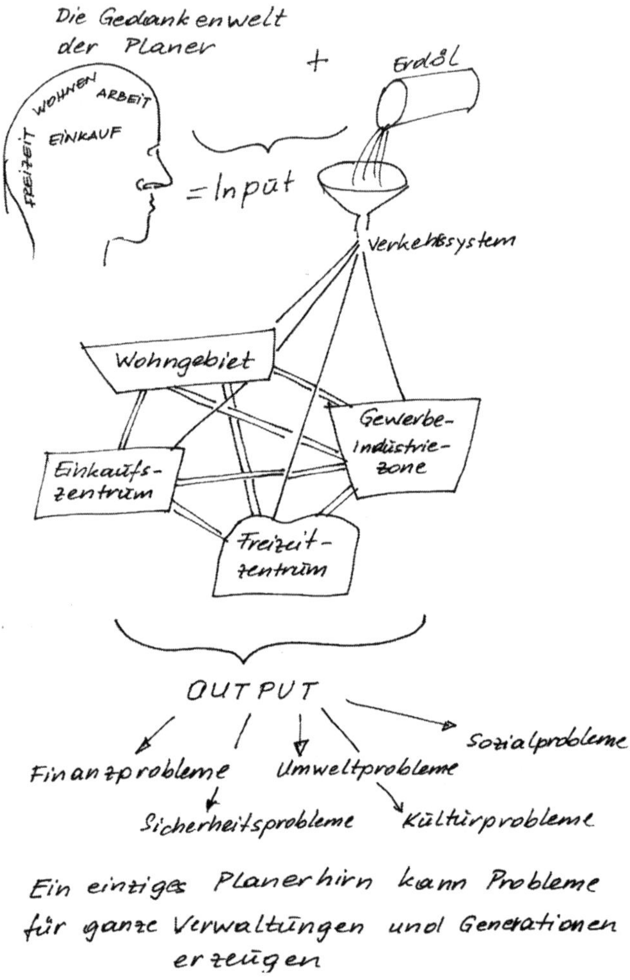

wirft dieses so radikal wie sonst nichts. Das Gehirn ist zwar der »Schöpfer« der Autos und seiner Energie, wird aber im Interesse des Autos und des Genoms manipuliert; ganze Disziplinen und Industrien, das Rechts- und Wertesystem der Gesellschaft wurden im Sinne der Autologik umgestaltet. Die baulichen, finanziellen, rechtlichen und sozialen Strukturen wurden auf das Auto zugeschnitten und bilden die DNA der Autogesellschaft. Nicht die Gesundheit der Menschen muss verpflichtend alle zwei Jahre überprüft werden, wohl aber die des Autos. Hat man eine neue Form der Verdauung fossiler oder elektrischer Energie gefunden, wird diese zum Standard erhoben. Historische Gebäude mussten weichen, um Platz für das Auto zu schaffen. Die Menschen müssen hinter geschlossenen Fenstern leben, sich in künstlich belüfteten Räumen aufhalten, damit die Autos draußen Tag und Nacht lärmen und ihre Abgase in die Luft blasen können. Das Gehirn wurde durch das Auto so manipuliert, dass es sich gegen die Menschen richtet – das gilt insbesondere für das Gehirn vieler »Verkehrsexperten«, Politiker und Verwaltungsbeamten, die seit mehr als einem halben Jahrhundert und vermutlich in gutem Glauben das zerstören, was früher die menschliche Kultur und Zivilisation ausmachte.

Die Auswirkungen auf die Gestaltung der Umwelt

Die unbeschreibliche Hässlichkeit und Monotonie heutiger öffentlicher Räume, die zu Fahrbahnen und Parkplätzen degradiert wurden, zeigt, dass die Gemeinschaft die Fähigkeit verloren hat, diese Verwüstungen wahrzunehmen oder zu verhindern, und dass die im Verkehrs- und Siedlungswesen tätigen Fachdisziplinen ihre Fähigkeiten nicht mehr im Sinne des Gemeinwohls einsetzen, was für unsere Vorfahren noch das oberste Ziel darstellte. Sie arbeiten entgegen jeder menschlichen Vernunft, um die Egoismen der Autofahrer zu befriedigen, ohne Rücksicht auf die Folgen für die Gemeinschaft, selbst unter Inkaufnahme von Gesundheitsgefährdung und Tötung von Menschen. Ich selbst kann mich davon auch nicht ausnehmen, denn das wurde uns seinerzeit so vermittelt und damit machte man Karriere – bis zur Professur. Für mich war es ein Glück, dass die Veröffentlichung meiner Forschungsarbeiten noch Jahre dauerte, nachdem mir die Augen angesichts dessen aufgegangen waren, was ich so anstellte. Obwohl ich schon früher Zweifel an den Grundlagen dieser Zünfte hatte, fehlte mir noch der wissenschaftlich solide und empirische Beweis. Das ist mittlerweile schon beinahe ein halbes Jahrhundert her. Jeder, der eine Fahrbahn baut und für den Betrieb zulässt, weiß, dass in Zukunft Menschen auf dieser Anlage getötet werden – nirgendwo so wahrscheinlich und häufig wie hier. Wer eine Siedlung für das Auto erschließt, beraubt deren Bewohner der reinen Atemluft und der Nachtruhe. Primärwerte des menschlichen Lebens werden der Bequemlichkeit des auf das Genom reduzierten Verhaltens der Autofahrer geopfert, mithin also einer Spezies, die in einer menschlichen Werteskala höchstens von tertiärer Bedeutung sein sollte – wenn überhaupt. Denn diese Art von Mobilität ist durch andere Formen in nahezu beliebigem Ausmaß kompensierbar.

Jährlich weltweit mehr als eine Million Tote bei Unfällen im Autoverkehr, hinzu kommen noch die an den Folgen der Autoabgase Verstorbenen – das sind Dimensionen in der Größenordnung der Opferzahlen verheerender Kriege. Aber so wird es von niemandem wahrgenommen. Das Autovirus im Hirn der Verantwortlichen lässt eine solche Sicht nicht zu, denn die Welt wird so betrachtet, wie es das Auto dem Gehirn diktiert. Die Menschheit hat nicht gelernt, mit den durch die technische Entwicklung zur Verfügung gestellten zusätzlichen Energieressourcen verantwortlich umzugehen. Das Hirn ist gegenüber dem Genom und dem Auto ins Hintertreffen geraten.

Das Genom selektiert die Technik

Technische Entwicklungen waren, von Zufällen abgesehen, ein Produkt des Gehirns und seiner Wahrnehmungsorgane, sowohl der inneren als auch der äußeren. Diese machten die ersten Erfahrungen mit Innovationen, die Wirkungen wurden am Empfinden des Genoms geprüft. Das Hauptkriterium war und ist die individuelle Effizienzsteigerung, gemessen an der Ausweitung der Möglichkeiten, neue Energiequellen und Ressourcen in Relation zur verfügbaren Körperenergie zu erschließen. Dazu gehört auch die Reduktion des eigenen Aufwands an Energie, ohne dass es dadurch zu einer Einbuße an äußerer Leistung im weitesten Sinne kommt. Dabei spielt nicht nur die Einsparung von Muskelkraft eine Rolle, sondern auch die Einsparung geistiger Energie. Es kommt also in erster Linie auf die Wirkung an, und das wiederum setzt Wahrnehmung voraus. Und diese erfolgt auf mehreren Ebenen, die meisten davon nicht unmittelbar auf der des Bewusstseins. Es müssen daher keineswegs rationale Kriterien sein, die hier entscheidend sind – man denke nur an Süßigkeiten und Adipositas, Rauchen und andere Drogen, Korruption und ihre Folgen. Welcher Hilfsmittel man sich bedient, um sein Ziel zu erreichen, ist gleichgültig, solange sie den erwünschten Effekt bringen. Diesbezüglich nehmen wir in der Tierwelt keine Sonderstellung ein.

Auch wenn es den Anschein hat, als handele es sich um Fehlentwicklungen, so sind doch die auffälligen Federn oder Farben in der Vogelwelt, die das individuelle Risiko gefressen zu werden erhöhen, nur der sichtbare Ausdruck des genetischen Fortpflanzungserfolgs. Auch technische Leistungen, wie eindrucksvolle Bauten als Nest für die Nachkommen, erfüllen diesen selektiven Zweck. Es geht um die Durchsetzung individueller Erbanlagen nicht nur durch individuelle Leistung, sondern auch durch die Kooperation und Symbiose mit anderen Arten. Dieses Prinzip ist auch in der Wirtschaft zu beobachten, wenn Firmen die Käufer durch Werbung zu überzeugen versuchen – wie ein balzender Hahn die Hühner. Dass man – wie beim Auto – den eigenen Fortpflanzungserfolg zugunsten eines technischen Produktes zurückstellt, ist allerdings neu. Abgesehen von der im Vergleich zur Geburtenrate ungleich größeren »Reproduktionsrate« von Autos in den hochmotorisierten Ländern, selbst unter Berücksichtigung der unterschiedlichen Lebensdauer von Autos und Menschen, ist nachweisbar, dass die Motorisierungsrate negativ mit der Geburtenrate korreliert. Das wiederum ist eine Folge der Zerstörung der Habitate der Menschen, insbesondere der Kinder, durch den Umbau zur Autowelt.

Faszination Auto – durch die Medien ins Utopische gesteigert

Kein anderes technisches Produkt scheint sich mit der DNA des Menschen auf so vielen Sequenzen des Stranges so optimal zu ergänzen wie das Auto. Diese unglaubliche Affinität von Auto und Mensch entsteht in den ältesten Teilen des Genoms, der Energieverrechnung. Die energetischen »Kosten« für die körperliche Bewegung werden auf einen Bruchteil gesenkt, die Möglichkeiten über die Erfahrungsgrenzen hinaus erweitert: bei halber Körperenergie wird ein Vielfaches an Geschwindigkeit erzielt. Für ungleich mehr Komfort, also körperliche Faulheit, wird man noch bewundert; bei sozial völlig unverträglichem Platzanspruch von der Gesellschaft nicht nur toleriert, sondern noch hoch subventioniert. Kriminelles Verhalten, etwa Menschen auf der Straße zu bedrohen, sie mit Abgasen zu vergiften und ihnen systematisch die Nachtruhe zu rauben, wird nicht nur toleriert, sondern steuerlich gefördert. Doch nicht der Verursacher hat für die Folgen aufzukommen, sondern die gesamte Gesellschaft mildert diese z. B. durch »Lärmschutzmaßnahmen«; nicht die Ursachen werden beseitigt, sondern die Symptome behandelt. Es ist daher logisch und nahezu zwingend, dass sich das Genom eines Jugendlichen, der dieses Verhalten bei den Erwachsenen beobachtet, danach sehnt, sich endlich auch dieses Wundermittels bedienen zu können, um den Zwängen des Elternhauses zu entfliehen, wo man sich darum bemüht – oder zumindest noch vor kurzer Zeit darum bemüht war –, ihm kultiviertes Verhalten beizubringen.

Aber auch die Medien, die ja von der Spezies der Autofahrer nicht nur nahezu vollständig kontrolliert werden, sondern meist auch von Autofahrern gemacht werden, tragen dazu bei. Ist das Auto im Kopf, tritt es auch bei jedem Verhalten zu Tage – sei es über die Hände, die Sprache, das Denken, das Planen und Handeln. Nicht über die Probleme der Menschen im öffentlichen Raum wird berichtet, sondern über die Wehwehchen der Autofahrer. Es gibt wohl kaum eine überflüssigere Meldung als die über einen Stau, ohne dass eine Alternative angeboten oder bewusst gemacht wird. Staut es sich auf den parallel zur Straße verlaufenden Eisenbahnstrecken auch? Das Auto in den Gehirnen der Redakteure, die für diese Meinungsmanipulation verantwortlich sind, zensiert alle abweichenden Meldungen. Durchgelassen wird nur das, was dem Autofahren dient – dazu gehören natürlich auch alle negativen Meldungen über den öffentlichen Verkehr. Die Toleranzschwelle gegenüber Letzterem ist übrigens ungleich niedriger als die gegenüber dem Auto, was die Autoindustrie natürlich freut. Genom und Auto lassen dem Hirn auch in den Medien keine Chance; und so kann man denn auch immer hässlichere, größere und ineffizientere Autos bauen und verkaufen. Das ist zwar irrational, aber gewinnbringend, wie alles, was den Verstand umfahren kann. Und mit dem Auto gelingt das am leichtesten.

Hatten die Personenautos zu Beginn der Entwicklung noch interessante ästhetische Komponenten, so ist dies heute kaum mehr der Fall. Nach außen hin will man Macht und Kraft demonstrieren, nach innen Komfort und Bequemlichkeit, ohne Rücksicht auf den Rest der Welt. Wozu die höheren evolutionären Leistungen mitschleppen, wenn es auf der primitiven Ebene viel besser läuft. Die Accessoires und technischen Hilfsmittel sind wie für einen bewegungsminimierten Proteinkörper gebaut, der nur mehr Bewegungswarzen zum Betätigen von Druckknöpfen und Schaltern braucht. Sie nehmen ihm sämtliche Funktionen ab, die ein lebendiger Mensch zu leisten imstande ist, vor allem aber das Denken. Wehe dem Hirn, das wieder beginnt, selbstständig zu denken und sich der Diktatur des Genoms und des Autos nicht nur zu entziehen versucht, sondern sich auch noch dem laufenden Zerstörungsprozess entgegenstellt!

Wenn das Ich zum Auto wird und das Auto zum Ich

Als »Spleißen« bezeichnet man die Verbindung von Drahtseilen durch die Verflechtung von Litzendrähten an den Seilenden. Dabei werden die einzelnen Drähte so miteinander verflochten, dass sie – von außen nicht erkennbar – zu einem durchgehenden Seil verbunden werden. Ähnlich verbindet sich der Mensch auf vielen Ebenen seiner Evolution so intensiv mit dem Auto, dass das Ich zum Auto und das Auto zum Ich wird. Über mehrere innere und äußere Beziehungen seiner evolutionären Schichten verbindet er sich nahezu unlösbar mit dem Auto. Der Rest funktioniert wie bei einem Widerhaken. Ist dieser einmal auf der Ebene der Energieverrechnung »eingerastet«, halten die Teile zusammen, wie bei einem Reißverschluss, der sich nur dann öffnen lässt, wenn man den Schieber am Beginn bewegen kann. Der Unterschied ist allerdings, dass bei diesem »Reißverschluss« die eine Hälfte aus dem Menschen und die andere aus dem System Auto besteht. Und so wird der Mensch genetisch zum Autofahrer; er denkt wie ein Autofahrer, er fühlt wie ein Autofahrer und er sieht wie ein Autofahrer.

Diese wundersame Verwandlung findet auch bei Nichtautofahrern in unserer Gesellschaft statt, die in dieser Autogesell-

Es ist zwar Realitätsverlust, der aber als Normalität empfunden wird.

schaft aufgewachsen sind. Ein australischer Aborigine, der mit dieser Zivilisation noch nie in Kontakt gekommen war, wurde vor Jahrzehnten, mit den Segnungen unserer städtischen Welt konfrontiert, gefragt, was er von all diesem Fortschritt halte, und antwortete, dass er sich so die Hölle vorstellte. Höllenlärm und Höllengestank sind aber nur wahrnehmbar, wenn die Sinne noch nicht abgestumpft sind. Viel zu schnell gewöhnen wir uns auch an das Unerträgliche. Nicht aber unser Körper.

Pervertierung eines erfolgreichen Evolutionsprinzips durch Trennung von Nutzen und Schaden

Seit es auf der Erde Leben gibt, war dieses bemüht, sich Energie und Ressourcen zu beschaffen, um seine Ordnung aufrechtzuerhalten. So wurden im Laufe der Evolution vielfältige und raffinierte Strategien entwickelt, um alle verfügbaren Energiequellen auszubeuten. Und auf eine ebensolche Vielfalt an Methoden und Techniken stoßen wir, wenn es darum geht, die erworbene Energie zu erhalten. Ist schon die Suche und die Aneignung von Energie ein aufwendiger Vorgang – man denke nur an die Photosynthese der Pflanzen, die noch immer nicht künstlich nachgeahmt werden kann –, ist das Aufschließen der unterschiedlich »verpackten« Energie im Organismus durch die Verdauung nicht weniger aufwendig, aber notwendig, damit diese Energie genutzt und womöglich gar gespeichert werden kann. Die Nutzung des Feuers schließlich war eine Innovation des Menschen, die seine Möglichkeiten extrem erweitert hat. Kochen und Braten helfen uns, Speisen leichter zu verdauen, da sie durch das Erhitzen sozusagen vorverdaut werden. Und diese Evolution findet immer noch statt, wie man an der Entwicklung der Kochgeräte, der Zubereitungsarten und Zutaten sieht. Für die einen, also uns, ein Nutzen, für die Verheizten und im Feuer »Aufgeschlossenen« ein Schaden.

Das Aufschließen der Ressourcen durch den Verdauungsprozess ist ein so mühsamer Vorgang, dass er den bekannten Mittags- oder Büroschlaf auslöst, dem man sich nicht so leicht entziehen kann. Es dauert, bis man die Energie dort hat, wo man sie braucht, um sie einsetzen zu können, etwa für physische Bewegung. Und es dauert nicht lange, bis sich das Genom meldet, dass es zu wenig Energie hat, um weiterzugehen oder weiterzuarbeiten. Das naheliegende Großhirn ist bei vollem Magen auch nicht gerade interessiert, durch Denken auf Touren und Höchstleistungen gebracht zu werden – »Ein voller Bauch studiert nicht gern«, wie es so schön heißt. Nach allem, was an dieser Stelle gerade ausgeführt wurde, liegt die Erklärung auf der Hand: Wozu denn, wenn es auch ohne Großhirn geht? Und da die Bäuche heute bei uns leicht vollzumachen sind, erklärt das Vieles. Bei Kindern äußert sich ein leerer Energiespeicher lautstark, es sei denn, es gelingt, sie mit Außenreizen davon abzulenken. Nicht anders reagieren

Erwachsene, wie Beobachtungen und Messungen zeigen. Der Widerstand gegen Fußwege nimmt im Verhältnis zur Strecke exponentiell zu – je länger die Wege sind, desto größer der Widerstand. Dieses innere Gesetz zwang die Menschheit früher zur Sozialisierung, zum friedlichen Zusammenleben, und es steht außerdem hinter der Schönheit und Maßstäblichkeit alter Siedlungen und Städte, die von den Bürgern errichtet wurden.

Man kann sich vorstellen, was passiert, wenn das Genom mit dem wunderbaren Auto in Wechselbeziehung tritt und die Erfahrung macht, mit einem Schlag über eine Bewegungsenergie zu verfügen, die alles Bisherige um ein Vielfaches übersteigt, und das ohne eigene Anstrengung. Nicht nur, dass die Bewegungsenergie ins Unvorstellbare vervielfacht wird; der eigene Aufwand für diese physische Mobilität wird auch noch auf die Hälfte (oder weniger) dessen reduziert, was zuvor für das Gehen notwendig war. Das Genom erlebt eine Effizienzsteigerung um mindestens drei Zehnerpotenzen – die Verrechnung erfolgt zudem exponentiell. Dieses Wunder wird wirksam, ohne dass man mit der Mühsal der Verdauung und den Verdauungsprodukten fertigwerden muss. Die Energie wird schon von der Industrie für das Auto und seine Verkehrsanlagen »vorverdaut«, der Rest erfolgt im Motor, die Ausscheidungen werden an die Umwelt und so an die Mitmenschen weitergegeben, zum Teil auch in Form von Giften.

Faszination für das Großhirn

Die Begeisterung des Genoms für das Auto ist physikalisch-physiologisch nachvollziehbar und am Verhalten der Menschen ablesbar, kennt man einmal die Mechanismen. Nicht weniger fasziniert ist das Großhirn von den Möglichkeiten, die ihm durch das Auto geboten werden. An zahlreichen Beispielen lässt sich die Großartigkeit dieses technischen Instruments aus individueller Sicht – und die ist für das Genom maßgebend – zeigen. Ein Installateur, der früher eine Reparatur durchzuführen hatte, musste sich im Vorhinein überlegen, welche Ersatzteile, Geräte und Materialien er benötigte, um sich Wege zu ersparen, die Zeit und Geld kosteten und damals vom Kunden auch nicht bezahlt wurden. Denn von einem qualifizierten Fachmann erwartete man auch qualifiziertes Verhalten. Heute ist dies nicht mehr üblich. Selbst wenn man ihm zuvor ziemlich genau beschrieben hat, worum es geht, erscheint der Handwerker mit seinem Auto zunächst vor Ort, um sich die Sache anzusehen, und fährt dann zurück in die Werkstatt, um die notwendigen Geräte und Materialien zu holen – weil er mit dem Auto so »mobil« geworden ist, dass das Hin- und Herfahren keine Rolle mehr spielt. Autofahren ist häufig auch eine willkommene Unterbrechung der Arbeit und nicht zuletzt werden die »Anfahrtskosten« ja ohnehin dem Kunden in Rechnung gestellt. Dieser hat sich inzwischen daran gewöhnt, das zu tolerieren, bzw. wurde er dazu umerzogen. Das Gehirn braucht sich nicht mehr mit dem Vorausplanen herumzuplagen, denn das Auto kompensiert seine Fehler in geradezu erfreulicher und sogar lukrativer Weise, denn die Wegkosten werden in diesem Fall zu Geldgewinnen.

Ein Bürgermeister, der für seine Gemeinde Verantwortung trägt, musste sich früher darum bemühen, Arbeitsplätze für die Menschen in der Gemeinde zu schaffen, weil er anderenfalls mit allen negativen Folgen der Arbeitslosigkeit konfrontiert wurde. Heutzutage braucht er sich um dieses Problem nicht mehr ernstlich zu kümmern. Es genügt, die Menschen in ein Auto zu setzen und sie auf entfernte Arbeitsplätze hinzuweisen. Diese liegen in der nächsten Stadt oder noch weiter entfernt. Verantwortlich scheint nun nicht mehr der einzelne Bürgermeister zu sein, sondern das Land, der Staat, die EU oder die Globalisierung. Und Gleiches findet überall dort statt, wo sich die Macht von den Bürgern entfernt hat und wo sie ihrer Verpflichtung zur Verantwortung ihrer Taten entgehen kann, ein Phänomen, das insbesondere bei den Entscheidungen der EU-Kommission und bei deren Umgang mit den Steuergeldern der europäischen Bevölkerung zu beobachten ist. Die sozialen und ethischen Verpflichtungen nehmen mit der Entfernung zu den davon Betroffenen ab. »Aus den Augen, aus dem Sinn« als Methode so mancher politischer Entscheidungen. Das Auto macht es möglich, sich der lokalen Verpflichtungen auf eleganteste Art zu entledigen. Die Gesellschaft leistet sich daher Bürgermeister, die nicht mehr in der Lage sind, das zu machen, wofür sie eigentlich gewählt wurden. Stattdessen fordern sie schnelle Straßenverbindungen und Umgehungsstraßen und werden dabei auch noch von der lokalen Wirtschaft unterstützt, die sich damit allerdings das eigene Grab schaufelt. Für den Straßenbau ist aber wiederum das Land zuständig und schon hat man eine Ausrede und einen Grund weiterzumachen wie bisher. Unfähige Politiker sind unschwer an ihrem Hang zu schnellen Verkehrssystemen und Verkehrsgroßprojekten zu erkennen.

Planer, egal welcher Disziplin, sind dank des Autos in der Lage, im guten Glauben jede Stadt nachhaltig zu zerstören, was ihnen in den vergangenen hundert Jahren in den meisten Fällen auch gelungen ist. Raumplaner, zum Beispiel, zerlegen einen lebendigen Organismus in seine Einzelfunktionen, die sie nach formalen Prinzipien im Raum drapieren, statten jedes Objekt mit ausreichend Parkplätzen aus und können verlässlich damit rechnen, dass niemand ihre Untaten ahnden wird. Diese Systemignoranz der Planer müssen dann die Bewohner und Nutzer mit dem Auto und teurer Energie kompensieren. So wird zur Freude der Autokonzerne der Zwang zur Autonutzung erzeugt, die dann wiederum mit Steuergeldern subventioniert wird. Es ist auch keinesfalls verwunderlich, wenn Architekten, Raumplaner und Ingenieure die autoabhängigen Strukturen verteidigen, dienen ihnen diese doch zur Bemäntelung ihrer planerischen Unfähigkeit. Keine »Solar City« der heutigen Zeit erreicht auch nur annähernd die Qualität eines lebendigen städtischen Organismus, wie man ihn in historischen, organisch gewachsenen Städten findet.

Genom und Auto sprengen die Städte

Historische Städte hatten klar erkennbare Formen – zu sehen auf alten Stichen und auf Fotos –, die sie deutlich von der sie umgebenden Landschaft abhoben. Auch bei Dörfern spricht man von einem Siedlungskörper, zu erkennen an den Gärten und dem Obstbaumbestand, der die Gebäude vor Wind und Schneeverwehungen schützte. Dort, wo strenge und konsequent durchgesetzte Prinzipien die Siedlungsentwicklung bestimmen, gibt es auch heute noch kompakte Siedlungen. Wo allerdings Planer und Politiker am Werk sind, die vom Auto gesteuert werden, entstehen ganz andere Strukturen.

Die mit dem Auto aufgetretene Zersiedelung hat in den letzten fünfzig Jahren dazu geführt, dass nicht nur Wohngebiete, sondern auch flächenfressende Gewerbezonen mehr oder weniger ungeordnet im Umland »geplant« und gebaut werden. Aus der Luft betrachtet, erscheinen diese Auswüchse, als hätte eine Bombe die zuvor bestehenden Siedlungen gesprengt. Auch die einst organisch mit der Stadt verbundenen Wirtschaftsstrukturen von Handel und Handwerk liegen immer häufiger außerhalb der Zentren, an den Bändern der Autobahnen, die an den Städten vorbeiführen, oder an den Kreisverkehren der Umgehungsstraßen, während die Betriebe im »umfahrenen« Ort schließen müssen. Die wirtschaftlichen Aktivitäten sind dorthin umgezogen, wo sie aus diesem zersprengten Organismus die größten Gewinne ziehen können, ohne Rücksicht auf die sozialen, ökologischen und gesamtwirtschaftlichen Folgen. Dank des Autos sind sie nicht mehr an den Siedlungskörper

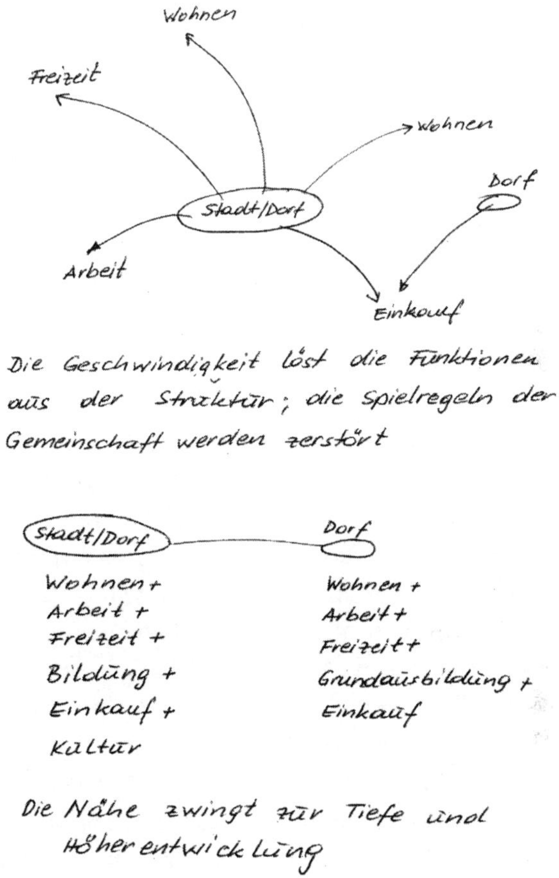

gebunden und entziehen sich durch Verlagerung in Nachbargemeinden oder Erpressung der Gemeindeverwaltungen außerdem diversen Auflagen. Mit dem Auto haben sie mehr räumliche Freiheiten als die an die Gemeindegrenzen gebundenen Gebietskörperschaften. Eine Analyse der Wirkungen von Raum- und Stadtplanung auf Städte in Österreich hat ergeben, dass innerhalb des letzten Jahrhunderts die Einwohnerdichte von rund hundert Einwohnern je Hektar auf ein Drittel oder weniger reduziert wurde.[19] Der Flächenaufwand hat sich für die gleichen Zwecke verdreifacht und der Aufwand für das

Verkehrssystem ist um eine Zehnerpotenz gewachsen. Und damit auch die Abhängigkeit von außen.

»The City Center is there, where no There is there«

Es ist schon Jahrzehnte her, als bei den jährlichen Treffen der Forschungsausschüsse Verkehr *(Transportation Research Board – TRB)* einer der Stadtplaner in der Diskussion über die Verkehrsprobleme in den Städten die US-amerikanische Situation mit der oben zitierten Formulierung ziemlich treffend charakterisierte. Mit der Zersiedelung und Verlagerung wirtschaftlicher Aktivitäten aus den Städten und Dörfern in das Umland geht das verständnislos beklagte »Sterben der Innenstädte« und das »Sterben der Wirtshäuser in den Dörfern« einher. Der Platzanspruch des Autos und des Autoverkehrs verdrängt die einstigen stadt- und dorferhaltenden Fußgänger aus dem öffentlichen Raum, der zu Fahrbahnen umgebaut wurde. Aus einstmals wirtlichen Orten wurden verlärmte und zugeparkte Gefahrenzonen, wodurch gleichzeitig die lokalen Geldkreisläufe zerstört und die Strukturen abgewertet wurden. Sichere Indizien für das Sterben der Orte sind das Fehlen der Fußgänger und die einstigen, inzwischen geschlossenen Geschäfte, Betriebe und Gaststätten. Das Pendlerelend ist nur eine der Folgen dieser durch das Auto erzeugten Trennung der Funktionen. Die einstige Vielfalt und Mischung täglicher Aktivitäten auf kleinem Raum ist den Platzansprüchen des Autoverkehrs gewichen und wurde in anderer Form außerhalb der Ortschaften mit den Zentren des Shoppings, den »Fachmärkten« (meist ohne Fachkräfte) und Drive-Ins, umgeben von Parkplatzwüsten, um die Kassen der internationalen Konzerne herum neu errichtet. Tagsüber sind die Wohngebiete entvölkert, nach Betriebsschluss die Gewerbezonen und die

Innenstädte. Aufgrund der Flächenansprüche des Autos hat die Naturzerstörung in den Städten und Dörfern ein in der Siedlungsgeschichte nie zuvor gesehenes Ausmaß erreicht. Parallel zum quantitativen »Wachstum« der Siedlungsräume vollzog sich die qualitative Verarmung ihrer Inhalte und vor allem ihrer Grundlagen für informelle nachhaltige Sozialbeziehungen.

Zersiedelung: Wohnen, um wegfahren zu müssen

Dass der amerikanische *Housing Act of 1949*, in dem das Ziel eines »anständigen Zuhauses und eines angemessenen Lebensumfelds für jede amerikanische Familie« formuliert wurde, 2008, knapp sechzig Jahre später, zur Weltfinanzkrise führen würde, hätte Präsident Truman wohl nicht gedacht, als er damals der Presse verkündete:

> Es [das Gesetz] eröffnet Familien mit niedrigem Einkommen, die derzeit im Elend der Slums leben, die Aussicht auf ein anständiges Zuhause in gesunder Umgebung. Es stattet die Bundesregierung zum ersten Mal mit wirksamen Mitteln aus, um die Städte bei der lebenswichtigen Aufgabe zu unterstützen, Slums zu räumen und verfallene Gebiete wiederaufzubauen. […] Mit diesem Gesetz können wir einen großen Schritt zur Verbesserung des Wohlergehens und des Glücks von Millionen unserer Mitbürger tun. Lassen Sie uns nicht zögern, dieses hohe Ziel zu erreichen.[20]

Im Jahr 2021 waren in den Vereinigten Staaten etwa 82 Millionen der insgesamt 129 Millionen bewohnten Wohneinheiten Einfamilienhäuser[21], die sich in und um die Agglomerationen über das Land ausgebreitet haben. Voraussetzung dafür war

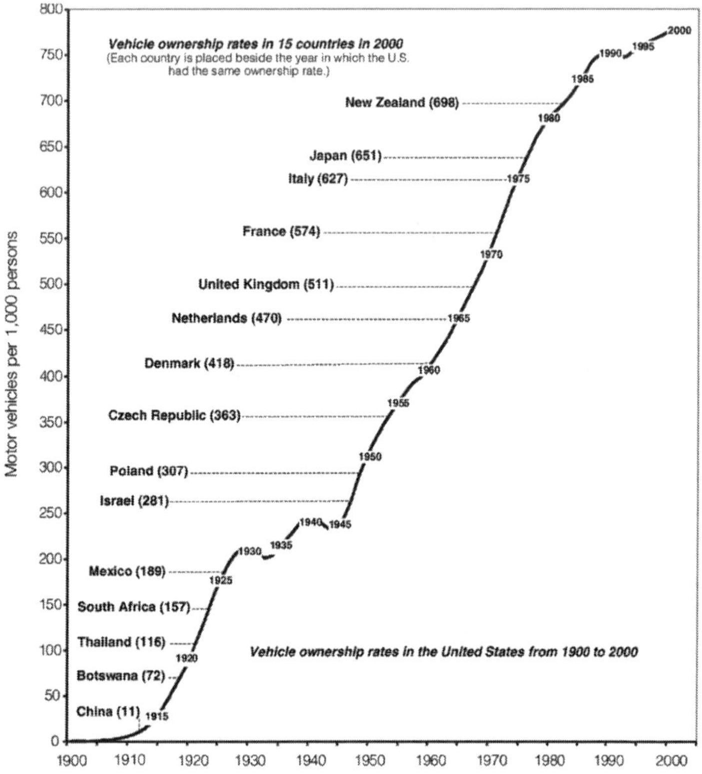

und ist der Pkw, sodass es wohl kein Zufall ist, dass zur Zeit des *Housing Act* auch die Massenmotorisierung in den USA an Fahrt aufnahm (s. Grafik oben).

Und da fast jede Entwicklung in den USA nach dem Zweiten Weltkrieg – ob nun sinnvoll oder nicht – von den Europäern übernommen wurde, haben auch wir die mit der Massenmotorisierung verbundenen Verkehrsprobleme importiert. Deutschland ist mit 579 Pkw pro 1000 Einwohner im Jahr 2022[22] erst dort, wo die USA schon 1970 angelangt waren, und daher gibt es »noch Luft nach oben« für den Weg in die Sackgasse, auch für die Siedlungs-Fehlentwicklung: Den Umzug aufs Land unter Beibehaltung städtischer Lebensformen.

Für den Einzelnen ist der Kauf einer billigeren Wohnung im Umland einer Stadt eine attraktive Option. Dass es sich dabei aber um einen Ort handelt, der den Zwang wegzufahren – um den Arbeitsplatz zu erreichen, um einzukaufen, um Freunde zu treffen – bereits impliziert, wird dank Auto einfach ausgeblendet. Eine Individualoptimierung, verbunden mit der Privatnutzung aller öffentlichen Fahrbahnen, und zwar ohne jedwede Rückwirkungen, ist leider eine Illusion. Für die Systemverantwortlichen ist die Zersiedelung offensichtlich ein erwünschter Vorgang, anderenfalls hätten sie ja die Möglichkeit, diese zu verhindern. Für die Gemeinden im Umland der Städte bedeutet der Einwohnerzuwachs bei den derzeitigen Bedingungen des Finanzausgleichs unmittelbar mehr Geld, sodass sie bereitwillig einstiges Grünland in Bauland umwandeln lassen. Im realen System aber nehmen der Energie-, Material- und Flächenverbrauch überproportional zu, während für das Ökosystem die Tragfähigkeitsgrenze reduziert wird und nicht nur die Schere zwischen Ausgaben und Einnahmen der Kommunen aufgeht, sondern auch die Kluft zwischen ökologischer Tragfähigkeit und Ökobelastung. Entwicklungen, die bisher durch den Strom fossiler Energie überdeckt wurden und den Eindruck vermitteln, man könne die Evolution unter Umgehung der Gesetze der Thermodynamik und der sozialen Kohäsion technisch fortsetzen. Wer sich selbst für ein Auto hält, mag das wirklich glauben. Wer noch weiß, dass er ein Mensch ist, der mit dem Leben um ihn herum verbunden ist, wird beginnen darüber nachzudenken.

Sozialen Verpflichtungen bequem entkommen

Durch nichts wurden die Werte der Gemeinschaft so sehr zerstört wie durch das Auto. Betrachtet man die Städte und Gemeinden als Organismen, sind Menschen die strukturbildenden Elemente, sozusagen die Zellen dieses Gemeinschaftskörpers. Dessen Funktionen werden vor allem durch die inneren Beziehungen bestimmt. Aber als offenes System ist jede Gebietskörperschaft auch durch Beziehungen nach außen mit der Umwelt und der Welt verbunden. Sonneneinstrahlung als direkter Energiefluss, Wasser, Luftströmungen, Böden und die Leistungen der Ökosphäre als Ressourcen von Energie und Materie bestimmen die ökologischen Grenzen dieses Lebensraumes, die Beziehungen zu den näheren und entfernteren Siedlungsräumen, aber auch die wirtschaftlichen Bedingungen. Der Verfall der inneren Beziehungen und die Entkoppelung von den natürlichen Ressourcen führen zwangsläufig zu Abhängigkeiten von außen, die aber so lange nicht wahrgenommen werden, wie die Ordnung durch den Abbau von nicht erneuerbaren und noch mehr durch die Zerstörung erneuerbarer Ressourcen aufrechterhalten werden kann. Dessen war sich die Gesellschaft über Jahrtausende bewusst, weil die Wechselbeziehung zur Natur und zum Ökosystem intakt war. Bis zum 19. Jahrhundert – in einzelnen Regionen der Welt sogar bis ins 20. Jahrhundert hinein – lag der Anteil der Stadtbevölkerung an der Gesamtbevölkerung meist unter fünf Prozent. Heute, im Jahr 2023, leben nicht nur fast sechzig Prozent der Erdbevölkerung in Städten*, zunehmend in Megastädten mit über 10 Millionen Einwohnern, sondern auch die Landbevölkerung hat eine städtische Lebensweise angenommen und sich von der Natur entfremdet. Dieses Abheben von den Lebensgrundlagen bietet die individuellen Vorteile eines luxuriösen Lebensstils auf der Grundlage von Energiesklaven, zu denen auch die technischen Verkehrssysteme und vor allem der Pkw gehören. Der Begriff *energy slave* wurde 1940 von

* Mitte des Jahres 2023 lebten laut Statistischem Bundesamt geschätzt 4,6 Milliarden der etwas mehr als 8 Milliarden Menschen in Städten, was 57 Prozent der Weltbevölkerung entspricht. Tendenz steigend.[23]

Buckminster Fuller geprägt und dient als Veranschaulichung der Menge an Energie nicht-menschlicher Herkunft, die in einer Industriegesellschaft verbraucht wird. Dabei wird diese extern verbrauchte Energie in Relation zur physikalischen Arbeitsfähigkeit eines Menschen gesetzt. Beim Autofahren ist die wohlgefühlspendende Leistung der Energiesklaven deutlich spürbar, wodurch das Genom so begeistert ist, dass es die höheren Funktionen des Hirns »ausschaltet«. Praktisch jeder Mensch, zur »Zelle des Körpers der Motorisierten Gesellschaft« geworden, bestätigt durch sein Verhalten die Vorherrschaft des Autos durch das Genom. Die vom Fußgänger erwartete soziale Rücksichtnahme und ein kultiviertes Verhalten wie in der menschlichen Gesellschaft braucht man im Auto nicht. Die Komplexität des kulturellen und sozialen Zusammenlebens wird zusehends als Last empfunden, von der man sich gern befreien möchte. Mit dem Auto ist das ein Kinderspiel. Es genügt, sich zumindest halbwegs an die simplen Regeln der Straßenverkehrsordnung zu halten, und das auch nur angesichts des Auges des Gesetzes. Ist die Polizei nicht präsent, wird so mancher »innere Schweinehund« von der Leine gelassen. Es wird überholt, wo es riskant ist, aufgefahren, so nahe es geht, Vorausfahrende werden mit der Lichthupe zur Seite gescheucht, andere Fahrer werden »geschnitten« – alles Dinge, die beim Menschen, würde er Vergleichbares tun, zum Ausschluss aus der Gesellschaft führen würden. Dank des Autos ist asoziales Verhalten zur Norm geworden – das Ergebnis einer rücksichtslosen individuellen Optimierung.

Die Reduktion des physischen Energieverbrauchs wird beim Autofahren durch ein noch größeres Maß an eingesparter geistiger Energie begleitet und unterstützt, sodass auf nahezu allen Ebenen eine positive Rückmeldung über den großartigen Erfolg dieser Fortbewegungsart an den Hypothalamus erfolgt. An den Universitäten wird daran geforscht, wie man das Leben der Autogesellschaft noch weiter verbessern kann und, seitdem man die negativen Effekte nicht mehr wegargumentieren kann, auch an diesen Symptomen gearbeitet. Üppige Wegweiser für Autofahrer verunstalten die öffentlichen Räume, während Fußgänger häufig vergeblich nach Straßennamen suchen und Mühe haben, die verwirrenden Strategien der Hausnummerierungen zu durchschauen. Und das in einem Umfeld, das durch den Autoverkehr gefährdet, verpestet, verstaubt und verlärmt ist. Um nur eines von unzähligen vergleichbaren Beispielen anzuführen. Wissenschaft, Politik, Verwaltung und Medien offenbaren durch ihr Verhalten, was in den Köpfen vor sich geht. Das Hirn registriert, wenn schon nicht Anerkennung, dann zumindest Toleranz für asoziales Verhalten. Das und vieles andere mehr erzeugt bei Autofahrern dieses Hochgefühl, wenn sie die Welt aus der Perspektive hinter dem Lenkrad erleben.

Keiner will's gewesen sein

Werden die Nachteile der Faszination für das Auto unübersehbar, will es natürlich keiner gewesen sein. Bei einem Verkehrsunfall kommt es zur beschriebenen Grundsatzdiskussion zwischen Genom und Gehirn. Letzteres beginnt sich Vorwürfe zu machen: »Warum bin ich nur so schnell gefahren?«, oder: »Warum habe ich die Situation nicht richtig eingeschätzt?« Die obersten Schichten unseres Seins, vom Gehirn dominiert, sind erschüttert, nicht aber die tiefen, starken, alten des Genoms. Dieses kann sich bequem zurücklehnen, im Wissen, dass ihm das Gehirn ohnehin nicht auf die Schliche kommen und sich dank des Autos sehr bald wieder seiner Diktatur unterwerfen wird. So halten es auch nahezu alle Regierungen, Stadtverwaltungen, Universitäten, Fachhochschulen, die sich mit der Optimierung der Vorherrschaft des Genoms über das Gehirn mithilfe des Autos beschäftigen. Sogenannte »Prognosen« aus der Mystik des »Verkehrswachstums«, natürlich nur für das Auto erstellt, sorgen in vorauseilendem Gehorsam dafür, die Ansprüche des Autos auch in Zukunft zu sichern. Wie lautete noch die Formulierung in Hitlers Reichsgaragenordnung? – »[…] hat für die vorhandenen und zu erwartenden Kraftfahrzeuge […] Einstellplatz […] zu schaffen.« Ein Dokument aus der Zeit einer menschenverachtenden Diktatur, das die Macht des Genoms über das Gehirn dokumentiert und das von allen Demokratien der Welt in ihre Gesetze und Verordnungen nicht nur übernommen, sondern sogar noch erweitert wurde, indem eine Nichtbeachtung mit hohen Geldstrafen sanktioniert wird. Wie bereits an anderer Stelle ausgeführt, ist das Genom kurzsichtig und mit ihm die Politik, die Verkehrswissenschaften und die Verwaltungen.

Es gibt keine technische Entwicklung, die die Evolution so erfolgreich um Jahrmillionen zurückgedreht hat wie das Auto. Die Evolution baut ja nicht nur auf den Egoismus der Einzelzelle oder des Genoms, sondern auch auf die Fähigkeiten zur Kooperation, die sich in den höheren Schichten der Evolution als erfolgreich bewährt haben. Und dort verbinden sich bekanntlich Zellen mit anderen Zellen zu Geweben und so weiter – bis hin zur menschlichen Zivilisation – mit dem Effekt einer gemeinsamen höheren Effizienz unter den Selektionsbedingungen der Redundanz. Die exponentielle Konzentration der Nerven im menschlichen Gehirn als Ergebnis einer sehr jungen, beschleunigten Entwicklung stellt aber nicht nur eine Chance dar, sondern bedeutet zwangsläufig auch ein exponentiell erhöhtes Risiko, wenn z. B. bei positiven Rückkopplungen die negativen, lebenserhaltenden Rückkopplungen zu spät oder überhaupt nicht mehr erfolgen. Wie unfassbar groß die Blindheit der durch das Virus Auto befallenen Menschheit gegenüber diesem Risiko geworden ist, beweisen die heute unübersehbaren Wirkungen der Eingriffe in die Welt durch unser industriell-kapitalistisches Wirtschaftssystem in der Dynamik und Anhäufung von Problemen, die sich durch die Zerstörung des Gleichgewichts der Ökosphäre besonders deutlich manifestieren. Aber das Auto lässt eine solche Wahrnehmung nicht zu – noch nicht –, weil das Genom seine Macht über das Gehirn behalten will.

Die Hoffnung bleibt

In jedem Autofahrer steckt – noch immer – das Gehirn eines Menschen, das sich nach dem einstigen sozialen Netz der Nähe sowie nach Schönheit und Harmonie sehnt. Auch die Schieflage oder Umkehrung der Wertehierarchie stört unterbewusst das Vergnügen des Autofahrens; die Menschen bekommen vielleicht wieder das Gefühl, dass der Schutz des Lebens und der Gesundheit wichtiger sein müssen als ungehemmtes Autofahren. Es gibt eine tiefe Sehnsucht der Menschen nach evolutionärer Weiterentwicklung, nach einer Befreiung des Gehirns aus dem Fesselgriff, den das Genom mithilfe des Autos ausübt. In der Regel sind sich aber Genom und Gehirn darüber einig, dass das Auto für sie eine wunderbare Innovation darstellt, die es um jeden Preis zu verteidigen gilt. Werden Autofahrer von denen angegriffen, die bereits unter den negativen Folgen des Autoverkehrs leiden, stellt man diesen für gewöhnlich die Frage, ob sie denn nicht auch Auto führen – so als ob dies der Freibrief für jeden Übergriff auf Leben und Gesundheit wäre. Weiß man aber einmal um die Beziehung zwischen Genom und Gehirn, wird es leichter, sich aus dem inneren Konflikt zwischen Kulturwesen und rücksichtslosem Genom zu befreien.

Um sich die Vorherrschaft über das Gehirn zu sichern, schreckt das Genom vor nichts zurück, greift es seit jeher auch zur raffinierten Täuschung. Dabei ist es Betreiber wie auch Nutznießer technischer Entwicklungen, die es zur Erhaltung seiner Macht einsetzt. Zunächst hat es die Industrie für den Bau und Betrieb des Autos und seiner Anlagen als komplexe Bewegungsprothese durchgesetzt, und heute versucht es das Auto in eine Zeit zu retten, in die es nicht mehr passt. Beim Hybridfahrzeug etwa kann man die lächerlich geringe Rückspeisung von Energie beim Bremsen auf einem Bildschirm beobachten; den Mehrverbrauch durch die zusätzliche Masse der Batterien sieht man allerdings nicht. Ein sinnvoll gebautes herkömmliches Fahrzeug mit geringerem Gewicht braucht weit weniger Treibstoff als ein heute übliches Hybridfahrzeug. Auch der Trick mit den Elektrofahrzeugen dient nur der weiteren Erhaltung der Vorherrschaft des Autos und des Genoms über das Gehirn. Denn Elektrofahrzeuge sichern dem Auto weiterhin seinen Platz, erlauben die fortschreitende Zersiedelung und halten so die Menschen weiterhin in Abhängigkeit. Nicht einmal die Lärmbelästigung wird sich nach Meinung mancher Experten signifikant verringern:

> Auch bei höheren Elektrofahrzeuganteilen ist keine grössere Lärmreduktion zu erwarten. Unabhängig von der Antriebsart dominiert das Rollgeräusch bereits ab tiefen Geschwindigkeiten. Erst bei sehr grossen Anteilen von Elektrofahrzeugen (≥ 30 %) könnte man eine Lärmminderung im unteren Geschwindigkeitsbereich erwarten.[24]

DAS VIRUS AUTO UND SEINE VERHEERENDEN WIRKUNGEN

Im weltweiten Kampf gegen tödliche Viren

COVID-19 hat eindrucksvoll demonstriert, wie ein Virus ganze Systeme der Menschheit in kürzester Zeit verändern, sich dank schneller Verkehrssysteme global ausbreiten und nicht nur zahlreiche Menschen töten und bei vielen die Gesundheit nachhaltig schädigen kann, sondern auch zu einem Milliardengeschäft für die Konzerne werden kann – weit jenseits rationalen Handelns in der Politik und auch Teilen der Wissenschaft. Am 4. Mai 2009 berichtete die *Leipziger Volkszeitung*, dass im 20. Jahrhundert mehr Menschen durch Viren getötet wurden als in Kriegen und zitiert dazu den Nobelpreisträger Joshua Lederberg: »Viren sind unsere einzigen Konkurrenten um die Herrschaft auf diesem Planeten.« Das bestätigt nur, dass selbst Nobelpreisträger oft nicht besonders systemisch denken, sondern auch eine erschreckend enge Systemsicht haben können. Es sind nicht nur Viren, die am Übergang zu lebenden Systemen operieren, sondern eine ganze Reihe anderer äußerst erfolgreicher Kleinstlebewesen auch in unserem Körper, etwa die Bakterien. Diese besitzen die Fähigkeit, sich geänderten Rahmenbedingungen wesentlich schneller anzupassen als der Mensch. Wenn es darauf ankommt, werden nicht die Menschen überleben, sondern neben den Viren auch die Bakterien, die gemeinsam immerhin rund die Hälfte der gesamten Biomasse auf der Erde ausmachen. Aus der Perspektive der Viren, die viel älter sind als die Menschheit, erscheint Letztere ohnehin nur als vorübergehende Episode in ihrer eigenen Jahrmilliarden umfassenden Geschichte. Natürlich sind wir ihnen lästig, wenn wir versuchen, sie durch Medikamente zu eliminieren, und sie damit meist nur dazu zwingen, ihre Mutationsfrequenz zu erhöhen und ihre Innovationsleistung zu steigern, was sie der Menschheit von Zeit zu Zeit durch die verschiedenen Grippeviren demonstrieren. Sie beweisen damit ihre Überlebens- und Anpassungsfähigkeit, die sie über Jahrmilliarden erworben haben. Die beiden Jahrhunderte der technischen Entwicklung der Menschheit sind im Vergleich dazu eine kaum erwähnenswerte Episode, die schneller enden kann als erwartet – wozu auch das Auto einen wesentlichen Beitrag leistet. Und zwar dann, wenn die Menschen nicht rechtzeitig lernen, sich wieder den Gesetzmäßigkeiten der Natur einzugliedern und ihre Wahnvorstellungen von Überlegenheit, erzeugt im Rausch billig verfügbarer Energie, zugunsten einer nüchternen, verantwortungsvollen Lebensweise aufzugeben.

Das Virus Auto

Eine in der ARD aus Anlass des Ausbruchs der Schweinegrippe im Jahr 2009 ausgestrahlte Dokumentation mit dem Titel *Das Imperium der Viren* hat nicht erkannt, dass durch das Auto jährlich weltweit mehr als eine Million Menschen bei Verkehrsunfällen umkommen und noch mehr Menschen aufgrund der Vergiftungen durch Abgase und Feinstaub sowie infolge des krankmachenden Lärms vorzeitig sterben und außerdem alljährlich rund fünfzig Millionen Menschen kurz- und langfristige physische und oft auch psychische Schäden erleiden. Wie die Faust aufs Auge passte dazu die Meldung, dass im Zuge der weltweiten Finanzkrise zehn EU-Regierungen Fördermaßnahmen beschlossen, um alte durch neue Autos zu ersetzen: also die Verlängerung der Infektion finanziell zu unterstützen! Auch die absurde Subventionierung der Autoindustrie in Bezug auf E-Autos, die zulasten aller Steuerzahler geht, beweist einmal mehr, wie nachhaltig sich das Auto in den Hirnen der Entscheidungsträger festgesetzt hat.

Wenn der Sinn zum Irrsinn wird

Aus meinen praktischen Erfahrungen weiß ich, wie empfindlich Menschen auf alle Maßnahmen reagieren, die Veränderungen des Umfelds zu ihren Gunsten und entgegen den Ansprüchen des Autos vorsehen. Geschwindigkeit, oder zumindest die Erwartungshaltung von hohen Geschwindigkeiten, wird heftig verteidigt, obwohl eine Absenkung der Tempolimits die schnellste und billigste Lärmschutzmaßnahme mit ausschließlich positiven »Nebenwirkungen« darstellt. Das kann man noch verstehen, entspricht es doch dem allgemeinen Beharrungsvermögen gegenüber Veränderungen, und seien sie noch so positiv. Nicht nachvollziehbar ist hingegen das Verhalten in der Verwaltung, in der Politik und in breiten Teilen der Wissenschaft, die für das Verkehrssystem verantwortlich sind – der beharrliche Glaube an eine Größe, die es nicht gibt: die Zeiteinsparung durch Geschwindigkeit. Verkehrspolitische und volkswirtschaftliche Entscheidungen auf der Grundlage einer Größe, die es nicht gibt, sind allerdings kein Irrtum mehr, sondern blanker Irrsinn, der dieser nichtexistierenden Größe eine systementscheidende Bedeutung beimisst. Alle darauf beruhenden Maßnahmen sind daher Irrsinn in Reinkultur. In den Köpfen muss etwas stattgefunden haben, das die Weltsicht so grundlegend verändert, dass man sich selbst und seine eigenen Erfahrungen für das System hält und nicht begreift, dass man nur *ein* Teilchen in einem System ist, dessen Parameter außerhalb unserer evolutionären Erfahrungsgrenzen liegen. Wer nicht in der Lage ist, über das System, das er plant und für das er verantwortlich ist, hinauszudenken, um es von außen in all seinen Wirkungen zu verstehen, handelt verantwortungslos. Ebenso wenig wie ein Atom in der Lage wäre, die Eigenschaften eines Moleküls zu verstehen, das nur aus Atomen besteht, sind die systemunkundigen Akteure in der Lage, die Eigenschaften der von ihnen geplanten und be-

triebenen Systeme zu verstehen, wenn sie ihre individuellen Erfahrungen in dem System mit dem Systemverhalten verwechseln. Seit einem halben Jahrhundert müsste sich jeder Entscheidungsträger in Politik oder Verwaltung dieser Tatsache bewusst sein. Trotzdem wird in den meisten Ländern noch immer unter erheblichem Einsatz finanzieller Mittel die Ausbreitung des Autovirus durch sinnwidrige Fahrbahnbauten vorangetrieben, obwohl in nahezu allen Ländern Europas bereits massive Überschüsse an Fahrbahnen bestehen und daher der Wirkungsgrad dieser Investitionen immer mehr schrumpft, ja sogar ins Negative umschlägt.

Kein Gesetz zum Stauzwang

Wir haben die Freiheit der Wahl der Verkehrsmittel, der Wohnorte, der Arbeitsorte und der Urlaubsgestaltung und geraten trotzdem immer wieder in Zwänge, die sich im Autoverkehr in den täglichen und periodischen Staus, besonders auf den Autobahnen äußern, über die dann Klage geführt wird, als ob es geradezu einen Zwang zum Stau gäbe, obwohl man mit einem flächenfressenden Verkehrsmittel, dessen hohen Geschwindigkeiten und absurd niedrigem Besetzungsgrad von 1,5 Personen auf fünf Sitzplätzen einen Missbrauch mit öffentlichen Gütern und dem nicht vermehrbaren Boden betreibt. Übrigens gibt es meines Wissens nirgendwo einen Stauzwang, es handelt sich dabei vielmehr um ein Symptom, das durch die Methoden des Planungsirrsinns erzeugt wird. Als Reaktion darauf wird aber nicht etwa nach der Ursache gefragt, sondern es erfolgen weitere Fahrbahnausbauten, die den Autostau nur noch mehr anheizen. Und wenn man auf einer Ebene an Grenzen stößt, wird eine zweite und dritte Ebene hinzugebaut. Bauliche Dokumente planerischen Irrsinns. Das Gegenteil guten Ingenieurwesens. Denn seit Beginn der Massenmotorisierung wird der Stau durch den Bau- und Ausbau schnell befahrener Straßen vergrößert. Trotz empirischer Evidenz und theoretischer Erklärung verschließt sich nicht nur die Autogesellschaft diesen wahrnehmbaren Fakten, sondern auch die einschlägigen Fachdisziplinen. Man fragt nicht mehr nach den Ursachen, weil man ja die Therapie schon kennt, die sich aus der auf den Querschnitt einer Fahrbahn reduzierten Systemsicht ergibt. Die Verwechslung von Prinzipien der Statik mit dem dynamischen Verhalten rückgekoppelter, nicht linearer dynamischer Systeme. Statiker wissen, dass sie den an und in den Bauwerken wirkenden Kräften entsprechende Widerstände entgegensetzen müssen, um diese tragfähig und stabil zu erhalten. Ganz ähnlich funktioniert auch eine WC-Spülung, die den Wasserzufluss durch den Aufbau eines Gegendrucks kontrolliert, der größer ist als der des Wassers im Zufluss, und so WC und Bad vor Überschwemmungen bewahrt, obwohl im System weiterhin eine weit höhere »Nachfrage« nach einem Durchfluss zum Erdmittelpunkt besteht. Würde ein Installateur so vorgehen wie die traditionelle Verkehrsplanung, die sich am Bedarf des Auto-Verkehrsflusses orientiert, würde er die Dichtung entfernen und ein noch größeres Rohr (= Autobahn) für das Wasser einbauen und damit letztlich für Überschwemmungen sorgen.

Diese Maßnahmen kennzeichnen eine vom Autovirus befallene Gesellschaft, die nicht einmal auf trivialer Ebene die massiven Widersprüche zwischen ihren Handlungen und den Zielen, die sie vorgibt, nämlich eine nachhaltige Zukunft zu schaffen, wahrzunehmen imstande ist. Auf allen Ebenen, international wie kommunal, werden »verbindliche« Ziele festgelegt, klimaschädliche Gase zu reduzieren, soziale Probleme zu beseitigen bzw. zu mildern und die Lebensqualität zu erhöhen. Auch von einer Verantwortung für die Folgen des eigenen Handelns ist die Rede. Getan wird dann allerdings meist das Gegenteil. Geht man davon aus, dass dahinter keine böswillige Absicht steckt, muss wohl etwas in den Köpfen passiert sein.

Das Autovirus befällt das Gehirn

Ein Problem nach dem anderen musste gelöst werden, bis ein mit externer, also fossiler oder elektrischer Energie, angetriebenes Individualfahrzeug in brauchbarer Form zur Verfügung stand. Tausende von Erfindungen einzelner Sparten wurden sinnvoll zusammengefügt, um dieses wunderbare Gefährt in immer perfektionierterer Form in großer Zahl industriell herstellen zu können. Die Verkaufszahlen belegen eindrücklich den wirtschaftlichen Erfolg dieses industriellen Produkts. Dieses einseitige Denken hat heute nahezu alle Gesellschaftsschichten und Wirtschaftsbereiche durchdrungen, obwohl es elementarphysikalisch pervers ist. Um einen Menschen von 60 oder auch 100 Kilogramm Körpermasse zu bewegen, wird ein Gegenstand gebaut, der das 20-, 30- und Mehrfache nicht nur an Masse, sondern auch an Platz benötigt, zwei Zehnerpotenzen mehr Energie verbraucht, zudem kanzerogene und mutagene Abgase und Feinstäube absondert und den Lebensraum der Menschen in bisher nie dagewesener Weise Tag und Nacht belastet und zerstört. Die Menschheit toleriert, dass der einst öffentliche Raum ihrer Siedlungen zur tödlichen Gefahrenzone geworden ist. Dies alles widerspricht zwar der Ratio des Menschen, aber offensichtlich nicht der Ratio der vom Autovirus befallenen Gesellschaft, und erst recht nicht der Ratio jener Teile unserer Gesellschaft, die für die Planung, den Bau und den Betrieb dieses Systems verantwortlich sind. Anderenfalls und vorausgesetzt, der Verstand hätte die Herrschaft behalten, gäbe es den Autoverkehr in der Form, wie er heute existiert, mit Sicherheit nicht.

Zwischen der wissenschaftlichen Entdeckung des Zugriffs des Autos auf die Energieverrechnung unseres Körpers und dem Begreifen, dass es sich dabei gewissermaßen um ein Virus handelt, liegen nahezu zwei Jahrzehnte. Hätte mich die Schweizerische Medizinische Gesellschaft 2006 nicht auf ihren Jahreskongress eingeladen, wäre ich vermutlich nicht auf diese Spur gestoßen. Zu der Erkenntnis, dass Autofahrer und Menschen zwei völlig unterschiedlichen Spezies angehören, war ich allerdings bereits Jahrzehnte zuvor gelangt. Dies erklärt letztlich auch, warum Sicherheitskampagnen und Überzeugungsarbeit, die ja das Hirn ansprechen, geringe bis gar keine Wirkungen zeigen, wenn sie nicht von Veränderungen der Strukturen – in Form von Ordnungs-, Finanz- oder baulichen Maßnahmen – begleitet werden. Allein durch Kommunikation – wenn diese denn möglich wäre – ließen sich etwa Ameisen nicht vom Genuss des Zuckers abbringen und dazu bewegen, ihre Verhaltensweise zu verändern. Eine ameisensichere Aufbewahrung hingegen, eine strukturelle Veränderung also, ist da schon wirksamer. Bei den Menschen sind die Möglichkeiten der Kommunikation viel weiter entwickelt, allerdings gilt auch hier, dass sich, wenn es darauf ankommt, die tieferen Schichten unserer Evolution gegen die höheren durchsetzen. Liegen also die Ursachen für dieses eigenartige Verhalten in den tieferen Schichten, müssen auch alle Lösungs- und Änderungsversuche dort ansetzen.

Der Mensch unterliegt den vier Kausalitäten von Aristoteles: Form-, Material-, Zweck- und Effizienzursache. Form und Material bedingen einander, ebenso Zweck und Effizienz, also Energie. Die beiden Letzteren ziehen sich durch alle Schichten der Evolution. Die Causa Effizienz, also die Energie in den verschiedenen Formen der evolutionären Entwicklung, steuert über die Körperenergie das Verhalten der Lebewesen, bei den Bienen ebenso wie bei den Menschen, ob diese sich nun zu Fuß, mit dem Fahrrad, mit öffentlichen Verkehrsmitteln oder mit dem Auto fortbewegen. Auch die Bienen lassen sich täuschen, wenn sie etwa vom Duft mancher Blüten angezogen werden, die aber wenig Nektar liefern. Die Ebene, auf der das Auto auf den Vielzeller Mensch zugreift, liegt aber noch viel tiefer, in den elementaren Bauteilen des Lebens, etwa den Mitochondrien, den »Kraftwerken der Zellen«. Dort, wo auch die Viren angreifen und die Zentrale der Zelle übernehmen, um mithilfe der Energie der Zelle ihre eigene Vermehrung »industriell« zu organisieren und sich massenhaft zu verbreiten. Das Virus bringt die Zelle dazu, die Viren-RNA zu replizieren und nicht mehr die DNA des Organismus, in dem sie lebt. Erfahrungen aus Jahrmilliarden der Virengeschichte kommen dabei zur Anwendung.

Das Auto ist eines der erfolgreichsten Produkte der technischen Entwicklung. Technische Intelligenz und Kreativität wurden und werden aufgewendet, um es immer attraktiver zu machen. Es ist das Produkt vieler Gehirne, nicht nur eines einzelnen. Es wurde in seiner heutigen Form aus der Erfahrung selektiert, einem Mechanismus, der wiederum in der Gesellschaft verankert ist. Diese muss erst die Voraussetzungen dafür schaffen, dass das Auto kein Einzelereignis bleibt. Dazu muss sie von innen her so manipuliert werden, dass sie gewissermaßen handelt wie eine Zelle, in die ein Virus erfolgreich eingedrungen ist. Und auch das wurde geschickt organisiert, indem die Hirne der Mächtigen, der Reichen und des Adels dazu genutzt wurden, die zu Beginn noch wirksamen Barrieren der Vernunft und Verantwortung zu durchbrechen, wie es beispielsweise die an anderer Stelle bereits geschilderte Geschichte des Tempolimits in England beweist. Die Menschen leben bildlich gesprochen im Organismus der Gesellschaft und im System der Erde. Werden sie jedoch vom Autovirus befallen, beginnt die Gesellschaft nicht mehr Strukturen für Menschen (die DNA) zu bauen, sondern die RNA für das Virus Auto. Und das ist viel einfacher als die anspruchsvolle Gestaltung menschengerechter Strukturen. Eine Erfahrung, die ich nicht nur in der Praxis, sondern noch mehr in der Lehre gemacht habe.

Die Umstülpung im Hirn

Innen und außen zur Übereinstimmung bringen – Bilanzen aktualisieren

Die Ebene der körpereigenen Energieverrechnung befindet sich im Hypothalamus/Kleinhirn, und damit im ältesten Teil des Gehirns, weit unterhalb der Schichten des Bewusstseins. Aufgrund der Informationen von außen und von innen wird entschieden, welche Handlungen zweckmäßig und welche abzulehnen sind. Solange zwischen Handlungen und Wirkungen direkte Rückkopplungen über die Sinnesorgane gegeben waren, war das Gehirn in der Evolution außerordentlich erfolgreich. So war es möglich, dass rechtzeitig und gezielt Maßnahmen verstärkt, abgebrochen oder durch andere Maßnahmen ersetzt wurden, bevor sich bedrohliche Prozesse entwickeln konnten. Fähigkeiten, über die selbst die Wurzelspitzen von Pflanzen verfügen, die auf diese Weise die Richtung ihres Wachstums beeinflussen und auf Berührung, Licht, Feuchtigkeit und Ressourcenverfügbarkeit sensibel reagieren.

Die Nutzen-Kosten-Bilanz wird immer am Ertrag und am Aufwand gemessen. Werden die im Stammhirn ankommenden Bedürfnisse mit minimalem körpereigenen Energieaufwand bewältigt, ergibt dies eine positive Bilanz. Ein wahrlich gutes Gefühl. Das im Vergleich zum Stammhirn relativ junge Großhirn mit seinen nahezu unbegrenzten Möglichkeiten der Verschaltung ist diesbezüglich zwar wesentlich leistungsfähiger, unterliegt aber aufgrund seiner jüngeren Erfahrung auch Irrtümern. Das Großhirn befindet sich ebenfalls in einem wohltemperierten, stillen und dunklen flüssigen Milieu und erhält über die Sinnesorgane Informationen von außen, die verrechnet und in Handlungsbefehle umgesetzt werden. Aber auch hier haben letztlich die älteren Schichten das Sagen. Um etwas unternehmen zu können, muss eine überzeugende positive Bilanz vorliegen, um die für die Aktion erforderliche Energie vom Hypothalamus »bewilligt« zu bekommen, sozusagen ein Vorschuss auf den zu erwartenden Gewinn. Geht die Rechnung nicht auf, kommt es zur negativen Rückkopplung, zur Frustration. Die Aktion wird entweder abgebrochen oder man muss sie besser vorbereiten, um noch einmal »Kredit« bei den alten lebenserfahrenen Evolutionsschichten zu bekommen, die unsere Körperenergie verwalten. Die Bilanz über die verfügbaren energetischen Ressourcen wird permanent geführt und ist entscheidend für den Lebens- und Überlebenserfolg.

Wie an anderer Stelle bereits erwähnt, besteht der Mensch bis zu zwei Dritteln aus Wasser und ist mithin eine schwabbelnde Wassersäule, die ein erhebliches Maß an physischer Energie aufbringen muss, um im wackligen aufrechten Gang stabil zu bleiben, und ein ebenso großes Maß an mentaler Energie – d. h. »Computerleistungen« in den verschiedenen Schichten des Gehirns –, um die Glieder und Organe zu koordinieren und Informationen aus der Außenwelt über die Sinne so zu verrechnen, dass der aufrechte Gang möglichst unbeschädigt bewältigt werden kann. Im Dialog zwischen Hypothalamus und Großhirn sowie den Organen wurde daher permanent nach geschickteren Lösungen gesucht, um diesen Aufwand zu minimieren. Wer es sich nur irgendwie leisten konnte, versuchte die Bürde des aufrechten Gangs abzuwerfen, sie auf andere zu übertragen oder zu diesem Zweck Phänomene der Natur zu nutzen. Durch die Domestizierung größerer Tiere zum Lasten- und Personentransport beispielsweise ließ sich diese Bürde für Teile der Bevölkerung verringern. Wer für Mobilität externe Energie nutzen konnte, hatte dadurch Vorteile, die wiederum energetisch, also in Macht, umgesetzt werden konnten. Die technische Entwicklung folgt weitgehend nach wie vor diesem Pfad der Macht. Andere dazu veranlassen zu können, dass etwas passiert, was man gerne möchte, bedeutet Macht. Man baut Maschinen, die, von externer Energie angetrieben, Dinge erledigen, die man nicht selbst erledigen möchte. Kommt es zu einer positiven Rückkopplung, führt dies zwangsläufig zu exponentiell steigenden Erwartungen – ein Prozess, der sich über Jahrmillionen entwickelt und festgeschrieben hat.

Eine kurze Bilanz zwischen rationalem und realem Verhalten

Rationales wirtschaftliches Verhalten, wie es die Wirtschaftswissenschaften in ihren Grundlagen für den Menschen annehmen, würde wahrscheinlich nicht zu dem Ergebnis führen, dass die Menschen jährlich einen großen Teil ihrer Arbeitszeit nur dafür aufwenden sollten, sich ein privates Auto zu leisten. Die Zeitschrift *Trend* berechnete im Jahr 2022 die monatlichen Gesamtautokosten für 22 Länder Europas mit dem Ergebnis: Die Schweiz ist mit 1.138 Euro im Monat Spitzenreiter. In Griechenland ist ein Auto mit durchschnittlich 743 Euro pro

Monat in Europa am günstigsten. In Deutschland liegen die Gesamtkosten bei 838 Euro und in Österreich bei 940 Euro und damit ähnlich hoch wie in Spanien, Luxemburg und Italien.[25] Angaben des VCÖ zufolge beliefen sich die Gesamtmobilitätskosten für einen österreichischen Haushalt im Jahr 2019 auf durchschnittlich 504 Euro monatlich und damit auf 15,5 Prozent des Haushaltseinkommens, wobei 89 Prozent davon in den motorisierten Individualverkehr flossen.[26] Es als rationales Verhalten einzustufen, wenn man jährlich einen Großteil seiner Lebens- und Arbeitszeit für ein Auto aufwendet, um damit sein eigenes Lebensumfeld abzuwerten und sich freiwillig in dessen Abhängigkeit zu begeben, scheint bei sachlicher Betrachtung schwer möglich. Für die Logik der vom Autovirus Befallenen ist das aber Normalität, die sie mit Zähnen und Klauen verteidigen, während sie gleichzeitig über zu hohe Mieten klagen und dabei übersehen, dass die Kosten für Garagen bzw. Autoabstellplätze je nach Größe der Wohnung 20 Prozent und mehr davon ausmachen.

Das Innere verbindet sich mit dem Auto und wendet sich gegen Mensch und Natur

Der zuvor beschriebene physikalische Unsinn, eine um mehrere Zehnerpotenzen ineffizientere Lösung zu bevorzugen, wird im Gehirn der Gesellschaft unter den heutigen Bedingungen völlig anders verrechnet oder »gesehen«. Die pro Zeiteinheit benötigte Energie zum Antrieb dieser Chimäre, bestehend aus Mensch und Auto, liegt um zwei Zehnerpotenzen über der Körperenergie eines Fußgängers, ist aber zu einem »energetischen Preis« verfügbar, da ein Joule Körperenergie eines durchschnittlichen Beschäftigten in der westlichen Welt, in Geld umgerechnet, dem 1000- bis 2000-fachen an fossiler Energie entspricht. Diese Ökonomie und die Umwandlung des Allgemeinguts Erdöl oder elektrischer Strom in eine Ware bewirken eine Verfälschung der Realität und erwecken im Hypothalamus zwangsläufig den Eindruck eines Wunders – es scheint im Vergleich zum aufrecht gehenden Menschen ein »evolutionärer Vorteil« zu sein, sich mit dem Auto zu verbinden. Und individuell wird das solange der Fall sein, wie es ein dazu passendes Umfeld gibt. Die Signale des Genoms an das Großhirn sind eindeutig – es gilt, diesen wunderbaren evolutionären Vorteil mit allen Mitteln zu sichern, zu verteidigen und auszubauen.

Phänomene dieser Art – dass plötzlich Energie im Überfluss und noch dazu billig zur Verfügung steht – sind in der Natur nicht unbekannt. Wachsmotten, die einen Bienenstock bevölkern, werden durch die Aktivität der Bienen wirksam an einer Ausbreitung gehindert und entwickeln sich nur dort, wo die Bienen nicht hinkommen. Das bedeutet, dass die Motten nicht an ihre Energiequelle, das Bienenwachs, gelangen. Eine negative Rückkopplung durch die Verteidigung der Bienen verhindert die Zerstörung der Bienenwaben und des Bienenvolkes. Fehlt diese, wie es etwa in einem leeren Bienenstock mit verbliebenen Waben der Fall ist, steigt die Zahl der Motten exponentiell an, weil das verfügbare Wachs kostenlos zur Verfügung steht, bis sie am Höhepunkt ihrer Entwicklung mit dem letzten Wachsstück kollektiv absterben – falls sie den Bienenstock nicht verlassen können. Man findet dann im Bienenstock eine große Menge toter Wachsmotten, darunter auch viele junge, in der »Blüte ihres Lebens« gestorbene. Ein geschlossener Bienenstock, in dem dieser Prozess stattfindet, ist durchaus mit unserem Globus vergleichbar. Könnten Wachsmotten denken, würden sie sich bei der Wahrnehmung dieser Grenze vermutlich einen zweiten oder dritten Bienenstock wünschen, um ihr fantastisches, alle bisherigen Generationen weit übertreffendes Wachstum fortsetzen zu können – nicht unähnlich dem Verhalten der Menschheit heute mit ihrer Ideologie eines unbegrenzten Wachstums. Die gegenwärtigen Ansprüche der Menschheit überschreiten die Kapazität unseres Planeten um ein Mehrfaches, und würden sich noch mehr Menschen motorisieren, bräuchte man mehrere Erden.

Lebenserhaltende Rückkopplungen sind in allen lebenden Systemen vorhanden, stehen aber im Widerspruch zur Ideologie ewigen Wachstums. Doch es sind die negativen Rückkopplungen, die im ständigen Wechselspiel zwischen Erwartung und Erfahrung Stabilität erzeugen und die Resilienz überlebender Systeme durch Anpassung erhöhen. Übersteigen die Erwartungen die Möglichkeiten oder führen sie zu Grenzüberschreitungen, müssen sie zurückgenommen werden, bis sie mit dem Umfeld wieder harmonieren.

Die Menschheit hat im Laufe ihrer Evolution gelernt, dass es nicht nur auf kurzfristige Vorteile ankommt, sondern auch längerfristige Folgewirkungen zu beachten sind, wenn sie ihr Dasein nicht gefährden möchte. Dazu braucht es aber die Erfahrungen von Generationen und Informationen über die Realität. Zum einen stammen die Informationen aus den Beobachtungen des Umfelds, zum anderen – ebenso wichtig – aus dem Inneren des Körpers. In Verknüpfung mit den Informationen von außen tragen sie zur Selektion und Verhaltenssteuerung bei. Bei dem Vorgang, diese in Übereinstimmung zu bringen, kommt es immer zu Zeitverzögerungen, allein durch den Informationstransfer. Voraussetzung für das Überleben ist jedoch immer eine zeitgerechte Reaktion. Organismen, die zu langsam auf Veränderungen der Umwelt reagieren, sind gefährdet. In den letzten zweihundert Jahren haben sich die Veränderungen unserer Umwelt – verursacht durch den Menschen selbst – in einem Ausmaß beschleunigt und auf der Welt ausgebreitet wie nie zuvor in der Menschheitsgeschichte.

Mit der industriellen Entwicklung auf Grundlage der Naturwissenschaften, die einen bestimmten Ausschnitt aus der Realität behandeln und mithilfe der Technik eine neue Realität schaffen, geht die Unmittelbarkeit des Lernens aus eigenen Handlungen verloren. Der individuelle Nutzen oder auch die bestimmten Gruppen zuwachsenden Vorteile werden gern in Anspruch genommen, die Kehrseite der Medaille jedoch, den kollektiven und globalen Schaden, kann und will man nicht sehen. Nachteile und Gefahren versuchten die Verursacher seit jeher zu verdrängen oder zu verstecken. Treten diese jedoch außerhalb der Wahrnehmung des jeweiligen Individuums oder einer Gruppe auf, werden lebenserhaltende, negative Rückkopplungen auf deren Handeln verhindert. Es kann auch zu Zeitverschiebungen kommen, sodass sich – wie bei den FCKW – über mehrere Generationen hinweg ein Risikopotenzial aufbauen kann, bevor eine Wahrnehmungsschwelle überschritten wird. Heutige Verkehrsmittel stellen diesbezüglich eine große Verlockung dar, weil man mit ihrer Hilfe nahezu alles, was stört, in andere Gebiete verlagern kann, zum Beispiel Industrieabfälle, Giftstoffe aus der Chemie etc. So können reiche Länder schmutzige Industrien in andere Länder oder auf andere Kontinente verschieben und auf diese Weise der eigenen direkten Wahrnehmung entziehen. Die EU exportiert große Mengen hochgiftiger Agrochemikalien, die in Europa verboten sind, nach Afrika und Südamerika, von wo dann die damit behandelten Früchte wieder in die EU importiert werden. Zu dieser Strategie gehört auch das Unterbrechen der Informationskanäle. Mit der Privatisierung der Medien werden die Informationssysteme immer weniger von der Gesellschaft kontrolliert, sondern unterliegen zunehmend dem Einfluss von Interessengruppen, für die es ein Leichtes ist, Informationen gezielt und in ihrem Sinne zu manipulieren. Unter diesen Bedingungen kann sich jedes System weit über die kritische Grenze hinaus entwickeln, was früher oder später unvermeidlich zum Kollaps führt.

Veränderung der Wahrnehmung

Ist das Virus Auto erst einmal im Gehirn verankert, ändern sich Informationsaufnahme, -bewertung und -verarbeitung grundlegend. Ausgehend von der mächtigen Ebene der Energieverrechnung erfolgt eine Umkehrung der Wahrnehmung, sodass Maßnahmen für das Auto und den Autoverkehr als positiv betrachtet werden, obwohl sie Schäden und Nachteile für die Menschen, das Ökosystem und die lokale Wirtschaft zur Folge haben. Informationen, die von außen kommen, werden im Interesse des Autos in einer nicht vorstellbaren Art gefiltert. Die seinerzeitige Wahrnehmung, wie sie etwa im *Red Flag Act* aus dem Jahr 1865 in England zum Ausdruck kam, dass ein Fahrzeug im öffentlichen Raum die Sozialbeziehungen, die Gesellschaft, das Leben und die lokale Wirtschaft stört, verschwindet; stattdessen bildet sich eine umgekehrte Logik der Wahrnehmung heraus: Was dem Auto im Weg ist, seinen Platz beschränkt oder seine Fortbewegung behindert, wird als störend empfunden, weil das Auto im Gehirn den Menschen als Bezugsgröße verdrängt hat.

Wenn Ihnen bei den Bildern auf der folgenden Seite der Unterschied auf der Fahrbahn auffällt – oben Pferdekutschen, unten Autos –, wird Ihre Wahrnehmung vom Auto bestimmt. Wenn Sie die auf beiden Bildern bei Weitem dominierende Zahl der Menschen auf den Bürgersteigen wahrgenommen haben, dann haben sie noch die Menschen im Sinn und deren miserable Behandlung durch die Stadtverwaltung, die sie auf engstem Raum zusammenpfercht. Dass unter diesen Bedingungen die Zahl der Menschen auf den Straßen abnimmt und das Auto unumschränkt herrscht, ist geradezu unvermeidlich. Das aber entsprach und entspricht noch immer der Wahrnehmung der Hirne der Verantwortlichen – eine Folge des Autovirus.

Was früher als normal galt, verschwindet zusehends; die Erfüllung der Wünsche des Autos und seines Besitzers werden

Verkehr in der New Yorker 5th Avenue 1900 und 1913

stattdessen zur neuen Normalität. Doch selbst Nichtautobesitzer werden von diesem Virus heimgesucht, auch in deren Gehirne dringt es ein, einerseits durch die Erfahrungen, die sie mit dem Auto gemacht haben, andererseits durch die Bilder, die ihnen die vom Autovirus befallene Gesellschaft in verschiedener Form bietet. So wird etwa das Bild des Autofahrers auf einsamer Landstraße in intakter Natur von der Werbung nach wie vor erfolgreich eingesetzt. Seit aber jeder weiß, dass das Autofahren in der Stadt im Wesentlichen eine stockende Fortbewegung und sitzendes Warten in einer Abgaswolke mit Blick auf die Rückseite der Vorderfahrzeuge bedeutet, schweben die Automodelle in der Werbung computeranimiert und schwungvoll in der dritten Dimension durch die immer noch öden Hochhauszeilen. Obwohl nichts als eine Illusion, scheint dies einen Kaufanreiz darzustellen, wie es die Verkaufszahlen des Autohandels beweisen.

Die Umstülpung im Hirn nach außen sichtbar machen – wieder eine Frage der Semantik

Die Abbildungen auf der folgenden Seite sind dazu angetan zu beweisen, dass nahezu alle Menschen vom Autovirus befallen und daher nicht mehr in der Lage sind, die Welt so wahrzunehmen wie ein autovirusfreier Mensch. Die Idee dazu kam mir, als mir im Stau in einem Auto sitzend, auf einer zu meinem normalen Weg mit der U-Bahn parallelen Straße, der Paragraf 1 der österreichischen Straßenverkehrsordnung in den Sinn kam: »Dieses Bundesgesetz gilt für Straßen mit öffentlichem Verkehr. *Als solche gelten Straßen, die von jedermann unter den gleichen Bedingungen benützt werden können.*« Wenn ich also mit einem »Fahrzeug« so viel öffentlichen Raum in Anspruch nehme, muss ich es mit einem »Gehzeug« gleicher Größe wohl auch dürfen. Die Idee als Grafik auf einer Folie regte nach Vorlesungen an ausländischen Universitäten die dortigen Studenten zum Bau von Gehzeugen an, mit denen sie auf öffentlichen Straßen demonstrierten. Erst viel später wurden die Prototypen, wie sie auf den Bildern zu sehen sind,

von meinem Kollegen Professor Günter Emberger am Institut für Verkehrswissenschaften der TU Wien gebaut. Inzwischen hat sich diese Idee weltweit verbreitet und wird in vielfacher Form mit unterschiedlichem Material nachgebaut, wie es die mir aus zahlreichen Ländern zugesandten Fotos belegen. Eine Maßnahme mit offensichtlich antiviraler Wirkung, hervorgerufen durch den wiedergewonnenen Bodenkontakt und die aufrechte Haltung, von der auch unsere menschliche Kultur geprägt war, bis sie im Auto ihre Bodenhaftung verlor. Zumindest in wesentlichen Teilen. Denn ohne diese Aktionen merkt man nicht, dass zwischen den Mobilitätszwecken der Menschen, also denen der Fußgänger und denen der Autofahrer, kein Unterschied besteht, wohl aber in den Wirkungen auf Umwelt, Milieu und Wirtschaft. Haben beide den Ausgangspunkt in der Wohnung, ist das Ziel der Fußgänger in der Nähe – das lokale Geschäft, der Arbeitsplatz, die Schule usw. Bei den Autofahrern hingegen ist es meist der weit entfernte Supermarkt, der Arbeitsplatz am Autoabstellplatz, das Freizeitziel am Parkplatz in der Ferne usw. Dass ich damit »Nudging« betreibe, ein Begriff, der damals noch nicht verbreitet war, ist in diesem Fall ein guter Denkanstoß in Richtung einer grö-

ßeren geistigen Mobilität. Üblicherweise wird Nudging zum Nachteil der Bürger betrieben, wie in der Politik oder Werbung.

Bild 1 zeigt einen aus einer Garage fahrenden Pkw, eine im heutigen Erscheinungsbild einer Siedlung als absolut normal betrachtete und bewertete Situation.

Bild 2, auf dem der Autor mit einem den Abmessungen dieses Fahrzeugs entsprechenden »Gehzeug« aus derselben Toreinfahrt tritt, löst im Allgemeinen Verwunderung oder Gelächter aus. Verwunderung deshalb, weil hier sichtbar wird, dass eine Person eine für ihre Fortbewegung viel zu große Fläche im öffentlichen Raum beansprucht. Ein Verhalten, das sofort als unberechtigte Aneignung des öffentlichen Raumes wahrgenommen wird, obwohl, anders als beim Auto, niemand bedroht oder gefährdet wird. Nicht sichtbar ist im Vergleich beider Bilder der Energieverbrauch oder die Menge an ausgestoßenen mutagenen und kanzerogenen Gasen auf dem »normalen« Autobild.

Der Effekt, der durch diesen Raumanspruch entsteht, ist auf Bild 3 zu sehen: Man steht im Stau. Auf die Frage, was an diesem Bild anormal ist, erhält man nahezu immer die Antwort, dass es die Person mit dem eigenartigen Rahmen sei. Obwohl die Menschen von den beiden ersten Bildern bereits wissen, dass das Auto ihre Wahrnehmung beherrscht, wird diese weiterhin vom Auto determiniert. Nahezu alles an der Person, die mit dem Gehzeug auf der Fahrbahn steht, wird als für einen menschengerechten öffentlichen Raum im urbanen Gebiet anormal wahrgenommen.

Die Autostadt – das Glück der Parklücke; die Menschenstadt – das Glück der Parks

In einem menschengerechten urbanen Raum, der von allen unter gleichen Bedingungen multifunktional genutzt werden soll, wäre es ausgeschlossen, Maschinen mit hundert und mehr PS, die so viel Platz besetzen wie ein Dutzend Menschen, für längere Zeit abzustellen, ohne damit irgendwelche für die Gesellschaft nutzbringenden Tätigkeiten auszuüben. Kutschen durften seinerzeit auch nicht im öffentlichen Raum »geparkt« werden, nicht einmal vor Gaststätten; man respektierte den Vorrang der Gemeinschaft. Fahrzeuge wie die im Bild auf S. 277 vor und hinter dem »Gehzeug« stellen im öffentlichen Raum einer Stadt gefährliche Störelemente dar.

Das aber wird nicht nur von Autofahrern, sondern auch von der Mehrheit der vom Autovirus beeinflussten Bevölkerung als Normalität empfunden und vonseiten der Verwaltung und der Politik zum Anlass genommen, das Angebot an Autostellplätzen noch zu erweitern, wenn die Suche nach »Parklücken« zu lange dauert. Früher war der Park eine grüne Insel in der Stadt, die man zum Erholen, Beobachten, Spielen, »Luft schnappen«, Spazieren, also zum Tanken von Energie aufsuchte. In der Autogesellschaft hingegen sucht man in der Stadt und bei den Einkaufszentren nach Parklücken. Das sind versiegelte Flächen, also tote Natur von einem Ausmaß, das etwa der doppelten

Fläche des eigenen Pkw entspricht, und dabei ist man sich gar nicht mehr bewusst, welchen Wert diese Fläche eigentlich für die Menschen haben könnte, allein, wenn man darauf stattdessen einen Baum gedeihen ließe, oder auch wie groß der Beitrag dieser Fläche für die Gesellschaft und die Wirtschaft sein könnte, wenn sich Menschen wieder frei im öffentlichen Raum bewegen könnten, wenn dort Kinder spielen, Menschen zusammenstehen und diskutieren, Geschäfte gemacht werden und »Handel und Wandel« stattfinden könnten. Denn die Gesellschaft scheint sich einig zu sein, dass der öffentliche Raum in Siedlungen primär für die Autos und den Autoverkehr da ist. Auf die Idee, die »Parklücke« mit einer Parkbank zu schließen, kommt man gar nicht mehr, das wäre schließlich eine Ordnungswidrigkeit! Und dennoch gibt es auch hier Ausnahmen von der Regel, wenn z. B. Bürger die Initiative ergreifen, wie etwa in Wien mit der Aktion »Platz für Wien – Die Initiative für eine klimagerechte, verkehrssichere Stadt mit hoher Lebensqualität«, gegründet von Mitarbeitern meines Institutes. Jahrzehnte nach der Erarbeitung der Grundlagen für eine Rückgewinnung des öffentlichen Raumes für Mensch und Natur findet man in immer mehr Straßen Sitzgelegenheiten, so auch in Berlin, wo Parkplätze an großen Straßen durch sogenannte Parklets überbaut werden, deren Bänke Fußgänger zum Verweilen einladen, oder Restaurants und Cafés haben dort, wo noch vor Kurzem Pkw abgestellt wurden, Bereiche für ihre Außengastronomie eingerichtet. Ein unübersehbarer Auftakt für die Rückkehr zur Normalität einer Stadt für die Menschen.

Doch das sind, wie gesagt, Ausnahmen. Da alles von Menschen sichtbar – und oft auch unsichtbar – Geplante ein Produkt der Köpfe ist, wäre es interessant zu untersuchen, was in ebendiesen Köpfen der Planenden, der Lehrenden, der Verwaltung und der politischen Entscheidungsgremien vorgeht, wie es überhaupt so weit kommen konnte und noch immer kommt. Dazu später mehr. Zunächst zu einem Ereignis, das ich bei einem Aufenthalt in Washington erlebt habe. Um die Dramatik heftiger Schneefälle in Washington zu unterstreichen, die den Autoverkehr lahmgelegt hatten, kommentierte der Fernsehreporter diesen Katastrophenzustand mit den Worten: »There are people walking on the street behind me.« In der Kameraeinstellung sah man tatsächlich Leute durch den knietiefen Schnee stapfen – und das auf der heiligen Fahrbahn. Ein für die USA wahrlich anormaler Zustand. Und inzwischen leider auch bei uns.

Veränderung des Wertesystems

Dass es überhaupt so weit kommen konnte, liegt an einer Veränderung des Wertesystems unserer Autofahrergesellschaft, und das wiederum reicht in noch tiefere Schichten unserer Hirn-Evolution. Aufgrund der oben bereits grob dargestellten Beziehungen zwischen Groß-, Klein- und Stammhirn wird das Auto zum zentralen Wert der Gesellschaft. Die menschenverachtende Formulierung der Reichsgaragenordnung aus der Hitlerzeit fällt bis heute nicht auf und wird von den Verwaltungen mit aller Konsequenz umgesetzt. Für Autos wird Lebensraum geschaffen, koste es, was es wolle. Selbst wenn mit hohem Aufwand an Überzeugungsarbeit winzige Teile einer Stadt wieder zu Lebensräumen für die Menschen gemacht werden, wird diese Aufwertung nicht von jedem honoriert. Sogenannte »aufgeklärte« Städteplaner neigen zur Verzweiflung, wenn ihre Bemühungen auf diese Weise unterlaufen werden. Kaum hat sich ein Investor in einer attraktiven Lage ein Grundstück gesichert, setzt er seine Macht und Einflussmöglichkeiten dafür ein, auch das Auto wieder in die Nähe zu bringen. So hat zum Beispiel das erzbischöfliche Ordinariat, das sich im Zentrum der Wiener Innenstadt beim Stephansdom befindet, entgegen allen planerischen Vorstellungen eine

Tiefgarage durchgesetzt und damit verhindert, dass auf den engen Zufahrtsstraßen Fußgängerzonen eingerichtet werden. Ob der hohe päpstliche Orden, den der damalige Bürgermeister erhielt, mit dieser Tiefgarage zusammenhängt, weiß nicht der Geist, aber vielleicht die Geistlichkeit?

Nachhaltige Systeme haben die Eigenschaft, dass sie sich optimal anpassen, an der Oberfläche ebenso wie in den tiefergelegenen Schichten. Jeder Mensch sucht nicht nur seine innere Harmonie, sondern auch eine äußere mit seiner näheren und weiteren Umgebung. Damit vermeidet er unnötige Konflikte, nutzlosen Energieaufwand und schafft sich selbst positive Rückkopplungen in Form der Zufriedenheit und Freude seiner Mitbewohner. Die Gesellschaft hat im Laufe der Jahrtausende gelernt, dass das gemeinschaftliche Glück nicht in der Summe der egoistischen Interessen, sondern im Sinn des Gesamtsystems liegt. Auch bei den Körperzellen würde die Erfüllung der egoistischen Interessen bestimmter Zellen in einem Organ relativ schnell zur Zerstörung des Gesamtorganismus führen. Das ist in der Medizin ausreichend bekannt – es handelt sich dabei um Krebszellen. Das Auto wurde von den ersten Nutznießern in die menschliche Gesellschaft »eingeschleust« – wie auch das Virus in eine Zelle – und besetzte, so wie das Virus, in kürzester Zeit alle entscheidenden Punkte zur Steuerung der Prozesse seiner eigenen Vermehrung. So wie Zellen von unbekannten Viren, gegen die sie keine geeigneten Abwehrmechanismen (Immunsystem) besitzen, dazu gebracht werden, ihre Energie nicht mehr mit Verstand und Verantwortung für den Organismus zu verwenden, zu dem sie gehören, sondern stattdessen zur Replikation der Viren, hat auch das Auto die menschliche Gesellschaft dazu gebracht, all ihre Energie für dessen Vermehrung und »Wohlbefinden« einzusetzen. Da es zuvor unbekannt war, existierten in der Gesellschaft keine Abwehrmechanismen und es konnte sich schnell auf der ganzen Welt ausbreiten, weil seine vordergründigen Vorteile so überzeugend sind wie die Replikation der Viren-RNA einfach im Vergleich zur Komplexität der DNA-Replikation höherer Organismen.

Schon allein aus wirtschaftlichen Gründen wurde von den Autokonstrukteuren die Individualoptimierung angestrebt, das heißt die Erfüllung der individuellen Wünsche der jeweiligen Käufer in Bezug auf Form, Farbe und Motorkraft. Aufgrund der mächtigen Bindungen zwischen dem Vielzeller Mensch und dem Auto, die über die mächtigste Schicht des Lebens, nämlich das Genom, etabliert werden, werden nahezu alle im Zuge der Kulturentwicklung erworbenen Leistungen beiseitegeschoben oder vernichtet. Denn die Macht der jeweiligen Schichten nimmt mit ihrem evolutionären Alter zu. Das vermittelt den Eindruck, als wären menschliche Kultur und Zivilisation angesichts der wirksamen Bindungskräfte zwischen Mensch und Auto geradezu ohnmächtig. Wie tief diese greifen, zeigt sich an den grundlegenden Veränderungen der Individuen und der Gesellschaft.

Verräterische Sprache

Unter »Verkehr« wird im deutschen Sprachraum in aller Regel der Autoverkehr verstanden und sonst nichts. Diese fundamentale Begriffsbeschneidung hat sich von der Welt der Verkehrsfachleute in die Gesellschaft und die Medien ausgebreitet und ist eines der Indizien für die tiefgreifende Identifikation der Gesellschaft mit diesem Verkehrsmittel und die daraus resultierenden dramatischen Veränderungen. Unter »Verkehrsproblem« versteht man folglich alles, was das Fortkommen mit dem Auto behindert. Mobilitätsprobleme der Fußgänger, Radfahrer, der älteren Menschen, der Kinder oder der Menschen mit körperlichen Beeinträchtigungen werden nicht als »Verkehrsprobleme« betrachtet, sondern offensichtlich als eine Art selbst verschuldetes Schicksal. Nichtmotorisierte Verkehrsteilnehmer sind aus dem Sprachgebrauch und dem Bewusstsein der »Verkehrsexperten« völlig verschwunden, was sich an den von ihnen gebauten Artefakten ebenso deutlich zeigt wie an der gesamten Stadtentwicklung. Überdimensionierte Fahrbahnen und Restbestände von Bewegungsflächen für Fußgänger sind der bauliche Ausdruck der geistigen Struktur der an Universitäten, Fachhochschulen, in der Administration und Politik Tätigen und Verantwortlichen.

Wenn die Antwort auf die Frage »Wo stehst du?« – »Zwei Gassen weiter im Halteverbot.« – lautet, wird dies nicht etwa als Realitätsverlust erfahren, sondern als normal empfunden, obwohl ja das befragte Gegenüber kaum zu übersehen ist. Es entsteht der Eindruck, dass nicht der Mensch gefragt wurde, sondern das Virus Auto selbst, und dass dabei vorausgesetzt wird, dass der Mensch als dessen Sprecher fungiert. Und wenn ich beim Aussteigen aus dem Zug eine Handykonversation unfreiwillig mitanhöre, bei der eine junge Dame, vermutlich auf die Frage, warum sie im Zug unterwegs sei, antwortet: »Ich muss meine Scheibenbremsen erneuern lassen«, oder im Gespräch zwischen Fahrgästen der Satz fällt: »Mein Auspuff dürfte ein Loch haben, so wie er sich anhört«, muss man wissen, dass es sich dabei nicht um ein medizinisches Problem handelt, sondern um eines des mit dem Menschen identifizierten »Körpers« des jeweiligen Pkw.

Das Statussymbol

In der Psychologie wird gern auf die Bedeutung des Autos als Statussymbol verwiesen, nicht selten wird es als Hauptfaktor für das Verhalten der motorisierten Gesellschaft dargestellt. Dafür typisch ist das Verhalten eines meiner Nachbarn, der vor Jahrzehnten, als ich noch ein Auto hatte, fragte: »Herr Professor, können Sie sich kein anderes Auto leisten?« Da er als Techniker einen Mercedes fuhr, nahm er wohl an, dass Professoren eine ähnliche Fahrzeugklasse besitzen sollten.

Die Psychologie ist vor allem in den oberen Schichten der Evolution tätig und versucht dort Phänomene zu beschreiben, wobei sie Gefahr läuft, Symptome mit Ursachen zu verwechseln. Das Auto als Statussymbol, als Jagdgerät oder Repräsentationsobjekt würde sehr schnell sämtliche dieser Attribute verlieren, würde die Treibstoffzufuhr abgestellt. Blitzartig würde sich das prestigeträchtige Objekt der Identifikation in eine unerträgliche Bürde und Belastung verwandeln. Der evolutionäre Reißverschluss – siehe Genom – wäre aufgeplatzt. Die Ursache der Identifikation, die Ebene der energetischen Bindung, bräche weg und damit alles, was darüber aufgebaut wurde. Der Erkenntnisweg führt zwar von den Symptomen zu den Ursachen; Lösungen müssen aber bei den Ursachen ansetzen. Die Vorschläge der Psychologen sind zwar interessant und vielfältig, doch keineswegs zielführend; so wichtig die Beschreibungen der Symptome auch sein mögen – eine Therapie darf nicht auf dieser Ebene verharren und sich auf eine Behandlung der Symptome beschränken, während die eigentlichen Ursachen unangetastet bleiben.

Verlust des Maßstabs

Als ich in den 1970er-Jahren für Wien flächendeckend Tempo-30-Zonen plante, wurde heftig gegen diese Maßnahme protestiert. Tempo 30 wäre unzumutbar, eine so niedrige Geschwindigkeit könne man überhaupt nicht fahren. Abgesehen von dem Umstand, dass damals in Wien die Durchschnittsgeschwindigkeit des Autoverkehrs im Primärnetz bei 27 km/h und in den Nebenstraßen bei 11 km/h lag, offenbart dies den Verlust des menschlichen Maßstabs. Aufgrund meiner Funktion im Kuratorium für Verkehrssicherheit wurde ich für den damals mächtigen Chefredakteur der Autobeilage einer großen Tageszeitung zum Lieblings-Angriffsobjekt. Für mich ein angenehmer Zustand, wenn man die Menschen mag und kennt. Persönliche Angriffe – und an solchen mangelt es bis heute nicht – sind ähnlich wie bei einer Wirtshausrauferei immer ein sicherer Beweis dafür, dass dem Angreifer die Sachargumente ausgegangen sind und er zum Verzweiflungsakt schreiten muss, um den an Argumenten überlegenen Kontrahenten auszuschalten. So bei einer Veranstaltung zum Thema Tempo 30, wo er die Anwesenden und mich davon überzeugen wollte, dass Tempo 30 unzumutbar sei und erst recht Tempo 10 in einer Straße, wo für die Gebäude Einsturzgefahr bestand. Denn das gab es auf der Tachoscheibe seines Autos gar nicht. Ich forderte ihn auf, mit mir vor die Tür zu gehen und zumindest bis zum nächsten Häuserblock und wieder zurück mit Tempo 30 zu laufen, um die Diskussion, »was schnell und was langsam sei« sachlich weiterführen zu können. Der offene Mund meines Diskussionspartners ließ darauf schließen, dass er eine Ahnung von der Absurdität seiner Behauptung bekommen hatte. Nicht er als Persönlichkeit hatte mit mir gesprochen, sondern das Auto in ihm versuchte mir klarzumachen, dass es nicht so langsam fahren wolle – ohne dass dem Mann selbst bewusst war, dass das Auto seine Raum-Zeit-Dimension, seine Sprache, sein Denken und Fühlen entscheidend bestimmte. Was für seine Persönlichkeit spricht, war der Umstand, dass er ab diesem Zeitpunkt die Angriffe auf meine Vorschläge einstellte. Eine solche Einsicht in die Komplexität der von uns gebauten Umwelt wäre wünschenswert. Man muss aber nach ihr suchen – wie nach der berühmten Nadel im Heuhaufen, der täglich größer wird. Nicht nur durch die Zahl der Autos, sondern auch durch die Unzahl der Symptombehandlungen auf den verschiedenen Ebenen, auf denen die Wirkungen sichtbar werden. Am Verlust des Maßstabs waren jedoch in erster Linie die Planungsdisziplinen beteiligt – und zwar alle.

Denken in Stundenkilometern und Pkw-Einheiten

Wie das Verkehrswesen zur Irrlehre wurde

Mit dem allgemeinen Virusbefall entstanden an den Ausbildungsstätten, insbesondere den Universitäten, Disziplinen, die in naiver Extrapolation des Eisenbahnwesens von dem neuen Virus Auto in die Pflicht genommen wurden: die Disziplinen der Verkehrstechnik und der sogenannten neuzeitlichen Verkehrsplanung, meist an den Bauingenieurfakultäten angesiedelt, die Raumplanung und bei den Architekten der autoorientierte Städtebau. Maßstab für alle Tätigkeiten war nun nicht mehr der Mensch, sondern der Pkw. Ja, der Mensch verschwand vollkommen aus dem Blickfeld dieser Disziplinen. Man rechnete nicht mehr mit den Menschen als Einheit, sondern mit Pkw-Einheiten, also gewissermaßen der Verpackung, unabhängig davon, was drinnen war. Nur was vier Räder hatte, wurde berücksichtigt und in Pkw-Einheiten umgerechnet. Bei der Bemessung der »Grünzeiten« von Lichtsignalanlagen galt ein Radfahrer nach den alten Richtlinien als 0,3 Pkw[27] und wurde schließlich durch die neuen auf 0,5 Pkw aufgewertet. Einander nicht Vergleichbares wurde auf diese Weise vergleichbar gemacht, gewissermaßen nach dem Motto, alles, was aussieht wie ein Apfel, ist eine Apfeleinheit, unabhängig von dessen Inhalt. Noch deutlicher wird diese Absurdität, wenn ein Bus für die Berechnung in zwei Pkw-Einheiten umgewandelt wird, auch wenn 50 Personen darin sitzen. Nicht viel besser ergeht es den Straßenbahnen mit ihren 200 und mehr Fahrgästen, deren Inhalt – die Menschen – vollkommen marginalisiert wurde, um in dieses »Maßsystem« zu passen. Und so schaut es in der Lehre und Praxis aus:

Einheitsfahrzeug

Um den von verschiedenen Fahrzeugarten zusammengesetzten Verkehr mit einem bestimmten Maß charakterisieren zu können, steigt man auf *Einheitsfahrzeug* um. Mit diesem Maß kann auch der Verkehr auf verschiedenen Straßen verglichen werden. Die E-Koeffizienten werden im Vergleich zu einem Pkw bestimmt, je nach welchen Eigenschaften das gegebene Fahrzeug im Verkehr hat.

Die entsprechenden Einheiten sind die folgenden:

1 Kraftrad (Moped und Motorrad)	0.5 Pkw-E
1 Pkw, Lieferwagen	1.0 Pkw-E
1 Lkw, Autobus	2.0 Pkw-E
1 Lkw mit Anhänger, Zugmaschine, Sattelfahrzeug, sonstiger Schwer- und Spezial-Kfz	4.0 Pkw-E

Die Koeffizienten der Umrechnung faßt die Tabelle I/2.1. zusammen.

Koeffizienten zur Umrechnung auf Einheitsfahrzeug:

Einheitsfahrzeug auf den außenstädtischen Straßen	Fahrzeugart		Einheitsfahrzeug auf den innenstädtischen Straßen
1,0	Pkw		1,0
0,8	Motorrad		0,7
2,5	Autobus	kurz	1,8
		lang	2,5
2,5	Lkw	34 KN Belastung	1,1
		35-59 KN Belastung	1,4
		60 KN Belastung	1,8
		Sattelzug	2,5
0,3	Rad		0,3
3,0	Fuhre		3,0

Tabelle I/2.1.: Koeffizienten zur Umrechnung (E-Koeffizient)

Das mussten Studenten auch bei meinen Übungen einst wissen. Denn selbst bei mir hat es gedauert, bis die gewonnenen Erkenntnisse die Schichten dieser eigenartigen Logik nach und nach unterwanderten. Erst in der zweiten Hälfte der 1970er-Jahre war dieser Erkenntnisprozess abgeschlossen. In der Schweiz, in Österreich und in Deutschland hält die Zunft jedoch weiterhin an dieser absurden Umrechnung fest, was wiederum verständlich ist, wenn man bedenkt, dass sich der Pkw in der ältesten Schicht unseres Hirns niedergelassen hat und man sich davor fürchtet, diese zu verlassen. Ebenso lässt sich das Festhalten an einer Größe erklären, die es im System gar nicht gibt – die Zeiteinsparung durch Geschwindigkeitserhöhung. So wie in Pkw-Einheiten gedacht und gearbeitet wird, werden Geschwindigkeiten in Stundenkilometern gedacht und geplant. Das führt dann zu interessanten Vorstellungen, was Entfernungen angeht. Ich habe es mir zur Gewohnheit gemacht, in fremden Städten deren Bewohner nach bestimmten Entfernungen zu fragen, die dann in den allermeisten Fällen aus der Autoperspektive angegeben werden. Wenn man sich dann outet, zu Fuß an das jeweilige Ziel gelangen zu wollen, heißt es meist: »Das ist doch viel zu weit«, obwohl die Entfernung nicht einmal einen Kilometer beträgt. In den Siedlungswüsten neuzeitlich geplanter Städte findet man innerhalb dieser Distanz ohnehin nichts, was als komplementäre räumliche Funktion bezeichnet werden könnte. Im texanischen Houston lautete die freundliche Auskunft auf meine Frage nach einem mir nahe scheinenden Ziel: »Nur zwei Blöcke weiter auf der rechten Seite.« – In Europa wären das nur wenige Minuten zu Fuß gewesen, in Houston handelte es sich um rund drei Kilometer. Ein Umfeld, in dem man kaum noch auf Fußgänger stößt. Damals gab es weder Smartphones noch Google Maps, also war das Hirn gefragt.

Das Ergebnis dieser Unterschätzung bzw. Fehleinschätzung aller anderen Verkehrsträger in Bezug auf den Pkw ist heute in den gebauten Strukturen nahezu aller Städte in zum Teil erschreckender Form sichtbar. Die relativ junge Disziplin der Raumplanung blendet den Menschen, obwohl sie ihn in ihren hehren Zielen zum Mittelpunkt erhebt, in der Praxis ebenfalls weitgehend aus. Jedes Grundstück wird für das Auto erschlossen mit der Folge, dass es für Fußgänger immer weniger oder überhaupt nicht mehr erreichbar ist. Dies eröffnete der lukrativen Zerstörung der Natur durch hemmungslose Ausweitung der Bebauung riesige Freiräume. War man im 19. Jahrhundert noch gezwungen, städtische Geschäftsstrukturen in den Wohngebieten und in mehreren Geschossen zu entwickeln, fällt diese Barriere mit dem Auto weg. Grünland,

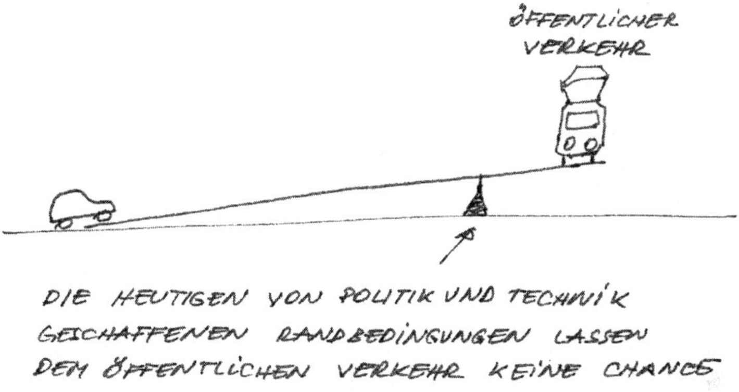

Grundlage unseres Lebens, wird zerstört und versiegelt, um Gewerbegebiete fernab der Siedlungen als Flachbauten – umgeben von Parkplätzen – rücksichtslos in die Landschaft zu setzen. Zerstört wird damit auch das Erscheinungsbild der Städte und der Reiz der natürlichen Kulturlandschaft. In nur wenigen Jahrzehnten ist es der motorisierten Gesellschaft gelungen, mehr Land zu versiegeln und zu zerstören als zuvor in der gesamten Geschichte menschlicher Zivilisation. Das Ergebnis sind Mangelstrukturen, deren Defizite mit einem immer größeren Energieaufwand kompensiert werden.

Das Verkehrswesen – eine Umkehrung des Ingenieurwesens: Vom Heilenden zum Zerstörer

Ingenieure werden von der Gesellschaft sehr geschätzt, weil sie mit vielen ihrer Probleme qualifiziert umgehen können. Ihre Kenntnisse in Bezug auf die Beherrschung physikalischer Kräfte und Energieflüsse zum unmittelbaren Nutzen der Menschen legten die Grundlage für unseren Wohlstand und die relative Sicherheit unserer Lebensräume. So hat sich die Menschheit unter Anwendung der Naturgesetze in ein technisch erzeugtes mehrschichtiges Milieu begeben und damit einen immer größeren Abstand zwischen sich und den Gesetzen der Natur, den Gesetzen der Ökosphäre erzeugt. Die Welt wurde nach den Vorstellungen der Mächtigen umgebaut, und das waren jene mit der überlegenen Technologie, um sich einen besseren Zugang zu Ressourcen und Energiequellen zu sichern. Im Wettbewerb mit den Artgenossen zieht sich seit jeher die Waffentechnik durch die Geschichte des Homo sapiens. Schnelligkeit, Kraft und Effizienz waren in einer grenzenlos scheinenden Welt von Vorteil. Die Evolutionsbiologie kam erst sehr spät ins Spiel und zählt nicht zu den Fachgebieten des Ingenieurwesens. Allein wenn man deren Komplexität beispielsweise mit der sogenannten Kreislaufwirtschaft vergleicht, die zwar ein erster Schritt in die richtige Richtung ist, wird der Unterschied deutlich.

Kein Ingenieur des konstruktiven Ingenieurwesens wird sich mit den Kräften solidarisieren, die seine Bauteile angreifen, und kein Wasserbauingenieur mit den Wünschen der Wassermoleküle. Kein Ingenieur wird der Forderung dieser Kräfte nachgeben, weil die Zunft schon seit der Zeit des Hammurabi durch das Verursacherprinzip existenziell bedroht ist. Dieser babylonische Herrscher, der zwischen 1792 und 1750 v. Chr. auf dem Thron saß, hatte schon damals, also vor fast 4.000 Jahren, begriffen, dass die Kräfte nur durch eine direkte negative Rückkopplung auf die Verursacher beherrscht werden können:

> Baut ein Baumeister ein Haus und macht es zu schwach, so dass es einstürzt und tötet den Bauherrn: Dieser Baumeister ist des Todes. Kommt ein Sohn des Bauherrn dabei um, so soll ein Sohn des Baumeisters getötet werden. Kommt ein Sklave dabei um, so gebe der Baumeister einen Sklaven von gleichem Wert. Wird bei dem Einsturz Eigentum zerstört, so ersetze der den Wert und baue das Haus wieder auf.[28]

Hätte man diesen Codex auf den Straßenverkehr angewendet, hätte kein Verkehrsplaner lange überlebt. Doch das Gegenteil ist der Fall – es wird weiterhin an der Risikoerhöhung gearbeitet, während lebenserhaltende negative Rückkopplungen ausgeschaltet werden.

Jeder Klempner weiß, wie er mit dem Wasser einer undichten Leitung oder Dichtung umgehen muss, wenn die Wohnung vor einer Überschwemmung bewahrt werden soll. Das Kriterium für das erfolgreiche Ablegen einer Prüfung im Verkehrswesen lautet in einfachster Form: Der Absolvent muss mindestens über die Intelligenz einer WC-Spülung verfügen. Denn diese ist im Spülkasten so eingebaut, dass sie den Zufluss stoppt, wenn der vorgesehene Wasserpegel erreicht wird, sodass ein Überlaufen verhindert wird. Handwerker, die das nicht begreifen und stattdessen die Mobilitätsbedürfnisse der Wassermoleküle erfüllen – so wie es die Straßenplaner und -bauer mit den Bedürfnissen des Autos handhaben –, würden jede Wohnung und jedes Haus unter Wasser setzen. Im Installationsgewerbe hätten sie nichts verloren, dafür aber sitzen sie jetzt in Universitäten, Ministerien und den Verwaltungen der Landesregierungen, Städte und Gemeinden sowie in gut gehenden Ingenieurbüros. Für die Finanzierung des Fahrbahnausbaus haben sich Banken, Baukonzerne und Politiker zusammengetan, um mithilfe des Parlaments und auf Kosten der Steuerzahler Finanzierungsgesellschaften wie die österreichische Autobahnen- und Schnellstraßen-Finanzierungs-Aktiengesellschaft (ASFINAG) einzurichten. Im Straßenverkehrswesen kommen die Planer dem ständig »steigenden Mobilitätsbedarf« des Autos nach, ohne der Ursache dieses Phänomens auf den Grund zu gehen, und kalkulieren gewissermaßen in vorauseilendem Gehorsam stets große Reserven in die Anlagen mit ein, die dann ihrerseits als positive Rückkopplung die »Nachfrage« anheizen. Dass diese überhaupt erst durch die Zerstörung der Nahstrukturen, der Siedlungen und der lokalen Wirtschaft generiert wird, liegt weit jenseits dieser auf den Querschnitt einer Straße verengten Systemsicht. Je mehr Viren vorhanden sind, umso bessere Entwicklungsmöglichkeiten müssen für diese geschaffen werden. Eine Methode, die in der Medizin schon längst nicht mehr praktiziert wird. Wie Paracelsus bereits im 16. Jahrhundert erkannt hatte: »Alle Dinge sind Gift, und nichts ist ohne Gift; allein die Dosis machts, daß ein Ding kein Gift sei.«[29] Das Unvorstellbare, dass eine gepriesene technische Errungenschaft, die uns als Individuen endlich von der Last des aufrechten Ganges befreit hat, ähnliche Wirkungen wie ein Virus hervorrufen kann, passt nicht in das Begriffsrepertoire, obwohl die Folgen eindeutig nachweisbar sind.

Zerstörung sozialer Netzwerke

Neben den Primärwerten der Erhaltung des Lebens und der Gesundheit sind der Schutz und die Förderung der Nachkommen zentrale Werte nicht nur beim Menschen, sondern bei allen höheren Lebewesen. Eltern sorgen selbstverständlich für die Sicherheit ihrer Nachkommen und für Rahmenbedingungen, die deren Entwicklung fördern. Auf das Krabbelalter folgt die Entdeckungsphase, das Umfeld erweitert sich, man lernt nicht nur die gebaute und die natürliche Umgebung kennen, sondern auch die Gesellschaft, in der man lebt und aufwächst, man eignet sich ihre Kultur an, lernt zu beobachten, wie Menschen miteinander umgehen. In Dörfern und Städten spielte dabei der öffentliche Raum eine zentrale Rolle, denn dort fand das Leben bis vor etwa fünfzig Jahren in all seiner Vielfalt und Differenziertheit statt. Die Jugend war weitgehend in das Leben der Erwachsenen eingebunden und lernte auf diese Weise spielerisch – und kostenlos – durch Beobachtung. Seit das Auto den öffentlichen Raum dominiert, ist es damit vorbei. Der Architekt Donald Appleyard veröffentliche 1981

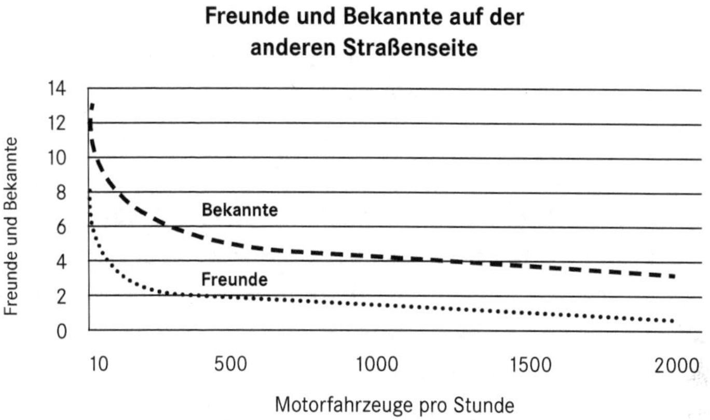

Zusammenhang zwischen Sozialbeziehungen quer zur Längsachse einer Straße und der Menge des Autoverkehrs

in seinem Buch *Livable Streets* Grafiken über die Veränderung der Wege zwischen den beiden Seiten einer Straße in San Francisco. Die Bilder vermitteln eindrucksvoll die Wirkung des Autoverkehrs auf soziale Beziehungen.

Analysiert man Appleyards Untersuchungen, passt eine negativ-logarithmische Funktion perfekt in diesen Datensatz. Psychophysiologisch erklärt, bedeutet das eine mit zunehmendem Autoverkehr abnehmende Zahl sozialer Nahbeziehungen. Bereits bei sehr geringem Autoverkehr werden die sozialen Netze zwischen den Menschen massiv geschädigt.

Schon bei 250 Fahrzeugen pro Stunde reduziert sich die Dichte der Beziehungen im Vergleich zur autofreien Situation um die Hälfte.

Dieses soziale Netzwerk, das Arm und Reich, Jung und Alt miteinander verbindet, existiert in dieser Form nicht mehr. Was davon noch übrig ist, sind die selektierten Beziehungen zwischen einzelnen Gruppen. Diese gab es auch früher schon, allerdings waren sie in die Gesamtheit aller anderen Beziehungen eingebettet. Die Entwicklung zu einer großen Gemeinschaft kann nur dann tragfähig gestaltet werden, wenn sie sich aus soliden lokalen Beziehungen entwickeln kann. Die Hinwendung zum Menschen, wer auch immer dies sei, kann man sich als Autofahrer weitgehend sparen. Unter Fußgängern ist es normalerweise nicht üblich, andere rücksichtslos wegzudrängen oder zum Ausweichen zu zwingen (doch auch hier gibt es natürlich Ausnahmen), außerdem geht man in einer kultivierten Gesellschaft selbstverständlich rücksichtsvoll mit Älteren, Schwachen und Kindern um. All dem entgeht man im Auto, das seine Insassen von der Außenwelt abschirmt. Da aber Sozialkontakte zu den Grundbedürfnissen des Menschen gehören, entstehen eben neue Bedürfnisse. Dabei spielt das Auto dann wiederum eine wesentliche Rolle. Treffen von Ferrarifahrern, GTI-Treffen und ähnliche Events versammeln Jahr für Jahr Besitzer bestimmter Automarken, wo dann eigenartige »Stammesrituale« vollzogen werden, zum Beispiel mit der Kraft der Motoren maximalen Materialverschleiß zu üben oder Lärmorgien zu veranstalten. Auch die viel beklagte, oft bis zur Sucht gesteigerte Leidenschaft Jugendlicher für Computerspiele resultiert aus dem Zwang zur Immobilität der Jugendlichen, denen die freie Entfaltung ihrer körperlichen und geistigen Fähigkeiten im öffentlichen Raum durch das Auto genommen wurde. Jugendliche mit intakten Sozialkontakten zu zahlreichen Gleichaltrigen werden kaum dieser Sucht verfallen, da das reale Leben in einer echten Umwelt auf Dauer allemal interessanter ist als das Hocken vor einem Bildschirm, in dem sich eine vorverdaute virtuelle Welt präsentiert. Mit der Umwandlung von Straßen in Fahrbahnen wurden zum Gegenüber Barrieren errichtet, das Miteinander wurde zum Nebeneinander, und am Ende bietet das Auto den bequemen Ausweg aus dem Mangel an Sozialbeziehungen. Das hat auch Auswirkungen auf die Art des Lebens und die Umweltgestaltung in Einfamilienhaussiedlungen. Vor der Zeit des Autos wurde der Boden für den Anbau von Obst und Gemüse genutzt und das Grundstück war nach außen hin selten durch Thujahecken oder Plastikwände von der Umgebung abgegrenzt. Viele der einstigen Orte der Kommunikation »über den Gartenzaun« wurden durch das Wegfahren mit dem Auto ersetzt. Die Small-Talk-Netzwerke mit lokaler Wissenserweiterung über gelungene oder weniger gelungene Investitionen in die Fabrik der Natur ebenso wie der Austausch von Produkten und Erfahrungen sind mit der Motorisierung und der Bodenversiegelung verschwunden und werden heute von Selbsthilfegruppen mühsam wiederaufgebaut.

Das Pendlerdasein – das Elend erzeugt und gefördert

Das gemeinsame Einnehmen von Mahlzeiten in den Familien war über Jahrtausende fester Bestandteil menschlicher Kultur und Zivilisation. Durch die räumliche Trennung von Wohnen, Arbeiten und Lernen sowie der verschiedenen Generationen einer Familie ist das heute kaum noch vorstellbar. Noch in den 1930er-Jahren war in den einschlägigen Lehrbüchern zu lesen, dass die Arbeitsplätze dort geschaffen werden müssen, wo die Menschen wohnen. Mit dieser Tradition haben technikgläubige Architekten und Städteplaner inzwischen grundsätzlich gebrochen. Gesteuert vom Auto in ihrem Gehirn, entstand der Irrglaube von der räumlichen Trennung gesellschaftlicher Lebenszusammenhänge. Das Wohnen wurde vom Arbeiten, beides vom Einkaufen und alle drei von den Freizeitaktivitäten räumlich getrennt. Die nun notwendige Verbindung wurde durch das Auto hergestellt.

Resultiert jede Mobilität außer Haus aus einem Mangel in diesem selbst, so wurde dieser Mangel an der Zunahme der Autofahrten gemessen und als Fortschritt und »Wachstum« bejubelt. Das Auto wurde zur Bewegungsprothese geistig eingeschränkter Menschen, und damit sind nicht nur die Planer gemeint. Denn alles, was diese unterlassen, scheint durch das Auto kompensiert zu werden. An den Universitäten wird gelehrt, wie man Siedlungen erfolgreich zerstört und auf der Grundlage falscher Theorien die »Erreichbarkeit« mit dem Auto im Raum maximiert, ohne zu merken, dass man damit Vielfalt und Nähe verliert und urbane Qualität gezielt vernichtet. Dort, wo früher Arbeitsplätze, Einkaufsmöglichkeiten, Sozialkontakte und Freizeitaktivitäten existierten, stehen und fahren heute Autos. Dafür ist ein weiterer Ort durch das Auto »in die Nähe gerückt«. Und ohne zu begreifen, was damit tatsächlich passiert, werden Schulen zusammengelegt, Postämter geschlossen, Kinderkrippen und Kindergärten neben Altenheimen gebaut, was gutgemeint sein mag, aber in weitgehender Unkenntnis dessen geschieht, welche Folgen die Zerteilung einstiger Beziehungsnetze der Gesellschaft durch diese Art der Separierung hat. Heute beginnt man diese durch das Erreichen der Grenzen der Finanzierbarkeit wahrzunehmen, hat allerdings keine Alternativen, die einen Ausweg aus diesem selbsterzeugten Problem aufzeigen.

Das Pendlerdasein belastet nicht nur die Familien, entfremdet Kinder ihren Eltern, sondern lässt auch Konzentrationen in der Wirtschaft zu, die soziale Beziehungen – wie sie einst in den Kleinbetrieben zwischen Betriebsinhabern und Beschäftigten bestanden – durch Anonymität ersetzen und damit zerstören. »Hire and fire« lautet das Prinzip der Konzerne – ohne Rücksicht auf die sozialen Folgen nicht nur für die Einzelperson. Die Menschen, die im Auto gefangen sind, registrieren überhaupt nicht, dass sie längst zu manipulierten Wesen dieser Konzerne geworden sind. Sie fühlen sich frei, obwohl sie, selbst wenn sie das Auto nicht benutzen, dafür zahlen müssen. Ohne es zu merken, sind sie zu Abhängigen geworden und leben dabei dennoch in dem Glauben, sie wären durch das Auto unabhängiger. Wieder ein Symptom der Umstülpung im Gehirn, die durch die Handlungen der Politik, der Arbeitnehmervertretungen, der Industrie und der Bürger bestätigt wird. Die Politik fördert dieses Pendlerelend aus populistischen Gründen durch Zuschüsse aus dem Budget, nicht zuletzt, weil die Gewerkschaften diese Gelder fordern, die Industrie freut sich über die damit mögliche Ausweitung ihres Zugriffs auf den Arbeitsmarkt, und den Betroffenen eröffnen sich dank des Geldes neue Möglichkeiten, noch billigere Behausungen in noch größerer Distanz zum Arbeitsplatz zu finden. Und schließlich freuen sich die Gemeinden im weiteren Umland der urbanen Zentren über den Zugewinn an neuen Einwohnern. Die Disparitäten im Raum nehmen weiter zu und es findet genau das Gegenteil dessen statt, was in den Raumplanungsgesetzen und Raumordnungen vorgeschrieben wird. Der Gesetzesbruch wird aber infolge der geistigen Umstülpung durch das Auto gar nicht wahrgenommen, weil er nicht direkt erkennbar ist.

Zerstörung der Landschaft

Zu den landschaftsprägenden Elementen gehörten seit jeher in allen Kulturen Baumalleen entlang der Straßen. Diese dienten nicht nur der Gliederung der Landschaft, sondern sie erfüllten auch eine Reihe bautechnischer Funktionen. Sie legten den Untergrund trocken und garantierten damit eine lange Lebensdauer der Verkehrsanlagen, ihr Blätterdach sorgte für eine ausgeglichene Temperatur, sie waren Leitelemente, boten Menschen und Zugtieren Schutz vor Wind und zum Teil auch vor Regen. Die systematische Zerstörung dieser Kulturdenkmäler begann mit der zunehmenden Motorisierung in den 1960er-Jahren und der »neuzeitlichen Straßenplanung«, die sich vom traditionellen Ingenieurwesen durch den Glauben an eine Zeiteinsparung durch Geschwindigkeit unterscheidet und sich daher nicht mehr an der Natur und dem Gelände orientiert, sondern an den mehr oder weniger willkürlich selbstgewählten Geschwindigkeiten. In klarer Verwechslung von Ursache und Wirkung stellten die Verkehrsingenieure damals fest, dass die Bäume schuld daran waren, wenn Autofahrer mit ihnen kollidierten. Dass sie es selbst waren, die zu diesem Risiko beitrugen, lag außerhalb ihrer autozentrierten und geschwindigkeitsgetriebenen Wahrnehmung. Denn der höheren Geschwindigkeiten wegen hatten sie die Fahrbahnen verbreitert – eigentlich aus Sicherheitsgründen –, was allerdings wiederum zu höheren Geschwindigkeiten führte. Da die kinetische Energie proportional zum Quadrat der Geschwindigkeit steigt, nahm die Schwere der Verkehrsunfälle zu. So waren die Bäume sehr bald als Verursacher der tödlichen Unfälle identifiziert. Schließlich konnten sie sich auch nicht vom Unfallort entfernen, sondern blieben nach der Kollision einfach »wie angewurzelt« stehen. Daher kam es nicht selten vor, dass erboste Familienmitglieder der Unfallopfer bei Nacht und Nebel zur Kettensäge griffen, um den Baum abzusägen, an dem ihre Angehörigen zu Tode gekommen waren. Die Natur war schuld, wenn der Mensch versagte. Also musste die Natur bestraft und geopfert werden. Das Genom aus der Urzeit war durch das Auto wieder aktiviert worden. Die wahren Unfallverursacher aber, die für das System verantwortlich gemacht werden müssten, saßen und sitzen in den Ingenieurbüros, den Verwaltungen der Ministerien, den Parlamenten und in den Hochschulen. Allerdings hielten und halten sie sich dezent im Hintergrund. In den Augen der Betroffenen wurde so induzierte Selbstzerstörung mit Naturzerstörung gerächt. Eine Allee an einer Autobahn wäre undenkbar, denn Geschwindigkeit und Bäume vertragen sich nicht. Dass jedoch mit der Beseitigung der Alleebäume die Verkehrssicherheit nicht zugenommen hat, ist mittlerweile hinlänglich belegt; es gibt mehr und schwerere Unfälle durch überhöhte Geschwindigkeit, Überholen, an Überlandkreuzungen sowie durch Frontalkollisionen und Zusammenstöße mit künstlichen Objekten am Fahrbahnrand, wie Mauern, Pfeiler, Masten etc. An der Natur kann man sich vergreifen, wie zuvor beschrieben, bei technischen Bauelementen ist das noch nie vorgekommen, was auch den durch das Auto hervorgerufenen Atavismus, ein entwicklungsgeschichtlich als überholt geltendes, unvermittelt wieder auftretendes körperliches oder geistig-psychisches Merkmal der Gesellschaft, bestätigt.

Sichtbarkeit der zerstörten Nähe

Fernmobilität wird immer durch einen Mangel in der Nähe verursacht, und dieser Mangel ist heute unübersehbar. An den vielen Garagen und den in den Wohngebieten abgestellten Autos ist zu erkennen, dass Arbeitsplätze, Einkaufsmöglichkeiten, Freizeitaktivitäten und Sozialkontakte fehlen. Das Gegenstück dazu bilden die riesigen Abstellflächen vor den peripheren Shoppingcentern und Fachmärkten. Sie sind der Beweis für das Versagen der Planer und Politiker, denen es nicht mehr gelingt, lebendige städtische Strukturen zu entwerfen und zu gestalten. Jeder Parkplatz ist ein sicheres Indiz für zerstörte städtische Strukturen, sichtbarer Ausdruck der vernichteten sozialen Netze, ein verlässlicher Fingerzeig, dass es sich um Orte zum Wegfahren und nicht zum Bleiben handelt.

Es gibt Viren, die sich an ihren Wirt anpassen, ohne ihn zu töten; es gibt aber auch Viren, die ohne jede Rücksicht auf das Überleben des Gesamtsystems agieren und die früher oder später den Tod des Wirts, den sie befallen haben, herbeiführen. Das Virus Auto lässt sich beiden Kategorien zuordnen, je nachdem, mit welchem Zeithorizont und im Hinblick auf welche Aktivitäten der Gesellschaft man es betrachtet. Langfristig führt das Auto zum Absterben von Siedlungsstrukturen, wenn der Mobilitätsbedarf die ökologischen, sozialen und finanziellen Grenzen übersteigt und wenn die Menschen nicht mehr in der Lage sind, sich rechtzeitig vom Auto zu lösen und wieder jene Strukturen zu entwickeln, die nachhaltige Siedlungen charakterisieren: resiliente Strukturen der Vielfalt und Effizienz, der Funktionsmischung und der attraktiven öffentlichen Räume, die zum Verweilen und nicht zum Wegfahren einladen. Die wohl deutlichste Zerstörung der Nähe ist an der Entwertung und Veränderung der Erdgeschosszone historischer Städte erkennbar. Wo einst Geschäfte, lokales Handwerk und Werkstätten angesiedelt waren, stößt man nun auf geschlossene Rollläden, Garagentore, finstere Tiefgarageneinfahrten und am Fahrbahnrand abgestellte Autos – direkt neben den meist viel zu schmalen Bürgersteigen. Das einst zum Bleiben animierende Umfeld wurde in ein unwirtliches verwandelt, das zum Wegfahren auffordert. So findet sich die Innenwelt des Hirns in der Außenwelt wieder.

Gesprächsthema

Kabarettisten ernten Lacherfolge, wenn sie zum Besten geben, dass Menschen über achtzig mühelos in der Lage sind, die Zeit im Zug zwischen Hamburg und München mit der Beschreibung ihrer Verdauungsprobleme zu füllen. Was ihnen dabei bisher offensichtlich entgangen ist, sind die Gesprächsthemen zwischen jungen Männern. Diese können nämlich stundenlang ausschließlich über die Verdauungsprobleme ihrer Autos diskutieren. Welche Abgaswerte ihre Vehikel haben, wie viel sie »fressen«, wie die Verbrennung stattfindet, welche »Verdauungsmittel« es für das Auto gibt, wie viel sie in der Stadt verbrauchen, wie viel über Land, welche Verdauungsprobleme sie mit diesem oder jenem Vorläufermodell hatten, was sie darüber gelesen haben, was man ihnen erzählt hat, welche »Krankenhäuser« – sprich Werkstätten – empfehlenswert und zuverlässig sind, welche Ergebnisse der Gesundheitscheck für das Auto, der TÜV, geliefert hat und was die Behebung der diversen Verdauungs-, Rost- und anderer Gesundheitsprobleme und Erscheinungsmängel wohl kosten wird. Leben und Denken dieser Menschen konzentrieren sich, wie es scheint, vollkommen auf das in ihrem Stammhirn wirkende Auto – und damit auf die untersten Ebenen des Daseins.

Die Autoindustrie ist enorm erfinderisch, wenn es darum geht, welche Zusatzausstattungen sie über die sachunkundigen Beamten in der EU zum Thema »Sicherheit« oder »Klimaschutz« noch gewinnsteigernd unterbringen kann. Natürlich immer unter Wahrung der gewohnten Geschwindigkeiten und Privilegien für das Auto und den Autoverkehr. Etwaige Einschränkungen wären schließlich ein schwerer Tabubruch. So ist das Elektroauto nichts als eine technische Lösung zur Vermeidung von Emissionen – abgesehen vom Feinstaub – bei gleichbleibender Zerstörungswirkung, was den öffentlichen Raum, die Zersiedelung, die Sicherheit auf den Straßen usw. angeht.

Um die Mitte des 20. Jahrhunderts hingen in öffentlichen Räumen wie Kirchen oder Wartesälen Schilder mit der Aufforderung: »Bitte nicht auf den Boden spucken.« Heute gehört es zum guten Ton, dass man nicht jedem inneren Drang nachgibt, seinen Verdauungsgasen freien Lauf zu lassen – in Gesellschaft furzt man nicht. Ganz anders die Automobilgesellschaft: hier gehört Furzen nicht nur zum guten Ton, es gibt sogar Automarken, die damit Werbung machen, weil der Ton so unverkennbar erscheint. Da Elektroautos ebendiese Eigenschaft nicht besitzen, wurde ihnen aus Sicherheitsgründen eine Geräuschkulisse hinzugefügt. Diese künstlichen, mithilfe des *Acoustic Vehicle Alerting System*, kurz *AVAS*, erzeugten Geräusche sind bereits seit Juli 2021 für neu zugelassene E-Autos Pflicht. Eine weitere Steigerung auf der nach oben offenen Skala der Absurditäten im Pkw-Verkehr. Wenn man das Furzen schon nicht riecht, soll man es doch wenigstens hören können.

Menschen riechen auch nicht am Hinterteil ihrer Mitmenschen, wie es Hunde zu tun pflegen. Autofahrer hingegen haben das Hinterteil des vorausfahrenden Fahrzeugs immer vor der Nase und inhalieren dessen Abgase mehr oder weniger direkt. Das dichte Auffahren lässt darauf schließen, dass sie das Bedürfnis haben, die Abgase des vorausfahrenden Autos möglichst konzentriert zu genießen. Welch Glück für ihre Sinne, dass sie sie selbst bei hoher Konzentration kaum mehr wahrnehmen.

LEBEN OHNE AUTOZWANG – BEFREIUNG AUS DER DIKTATUR DES AUTOS

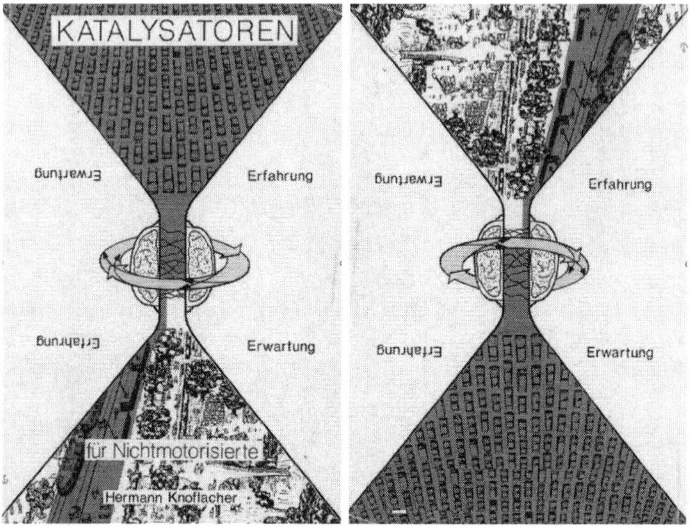

Es geht eigentlich gar nicht um das Auto, es geht um uns

In der ersten Hälfte der 1980er-Jahre fügten sich die Ergebnisse meiner Forschungsarbeiten zu den hier behandelten Themen zu einem klaren Bild, das ich dann in dem Büchlein *Katalysatoren für Nichtmotorisierte* veröffentlichte.

Auf dem Cover sind die Lösung und, dreht man das Bild um 180 Grad, auch das Problem bildlich dargestellt.

Schon vor beinahe vierzig Jahren war klar, dass die Ursache für die beschriebenen Probleme nicht in der von uns gestalteten Außenwelt liegen kann, sondern dort, wo die Ideen für die Veränderungen des Umfelds entstehen: in den Köpfen der Akteure und einer Gesellschaft, die damit einverstanden ist oder sich nicht dagegen wehrt oder wehren kann. Daher sind im Zentrum der Grafiken die beiden Hirnhälften und die Andeutung einer Nase dargestellt, die in beide Richtungen zeigt, verbunden durch den außen angefügten Regelkreis der inneren Wechselbeziehungen und ihrer Verschränkung. Im rechten Bild sind oben als Input die Erfahrungen mit der Natur und den historischen Verkehrssystemen bis zu den Eisen- und Straßenbahnen dargestellt, unten das Ergebnis der Gedankenwelt der durch das Auto beeinflussten Maßnahmen. Da abgesehen von den irreversiblen Zerstörungen die meisten Maßnahmen in dem von uns gebauten Milieu der Siedlungen und Wegesysteme wieder verändert werden können, ist die Lösung auf dem linken Bild dargestellt, wo die Gesellschaft wieder in die Grenzen ökologischer, sozialer und ökonomischer Tragfähigkeit zurückgefunden hat, ein Umfeld, das als Katalysator für die Nichtmotorisierten wirkt.

Was sind Katalysatoren und wie wirken sie?

Die Erscheinung, dass eine Reaktion durch einen in der Reaktionsgleichung nicht enthaltenen Stoff eine Geschwindigkeitsänderung erfährt, bezeichnet man in der Chemie als Katalyse. Man bezeichnet den Stoff, der im Verlauf des chemischen Vorgangs selbst keine bleibenden Veränderungen erfährt und der fest, flüssig oder gasförmig sein kann, als Katalysator. Katalytische Prozesse stellen den überwiegenden Teil der großtechnischen chemischen Reaktionen dar. Besonders wichtig ist die Katalyse jedoch für die Lebenstätigkeit der Organismen. Die hier wirksamen organischen Katalysatoren werden als Fermente oder Enzyme, als Biokatalysatoren, bezeichnet. Wirkt ein dem Reaktionsgemisch zugesetzter Stoff verzögernd, so spricht man von negativer Katalyse, Antikatalyse oder Inhibition. Ein Beispiel dafür sind die Antiklopfmittel im Benzin. Bildet sich der Katalysator erst während des Prozesses, so handelt es sich um Autokatalyse. Befinden sich Katalysator und umgesetzter Stoff im gleichen Aggregatzustand, so spricht man von homogener Katalyse, ist der Aggregatzustand unterschiedlich, von heterogener. Bei der homogenen Katalyse ist die Zahl der an der Reaktion beteiligten Moleküle, die in der Zeiteinheit mit dem Katalysator in Berührung kommen, von der Konzentration des Katalysators abhängig, bei der heterogenen Katalyse insbesondere von seiner Oberfläche. Der Stoff, der reagieren soll, muss daher mit dem Katalysator in Berührung treten können.

Während früher die katalytische Wirkung vor allem auf geometrische Faktoren zurückgeführt wurde, z. B. auf Störstellen, Kristallkanten, Korngrenzen, an denen die Bindungskräfte der Atome oder Ionen nicht völlig abgesättigt sind (aktive Zentren), hat man inzwischen erkannt, dass die elektronischen Eigenschaften der Katalysatoroberfläche, die für Wechselwirkungen mit den Reaktionspartnern wesentlich sind, ebenso entscheidend sind.

Voraussetzung für die hohe Aktivität eines Katalysators ist eine große, gut zugängliche Oberfläche. Die Reaktionspartner werden vom Katalysator absorbiert und reagieren im absorbierten Zustand miteinander. Die Reaktionsbeschleunigung durch heterogene Katalysatoren beruht im Allgemeinen darauf, dass durch die bei der Absorption entstehenden neuen Bindungen zwischen Reaktionspartnern und Katalysatoroberfläche die ursprünglichen Bindungen im Molekül geschwächt und die Moleküle dadurch reaktionsfähiger werden. Die wichtigste Gruppe sind die Trägerkatalysatoren, die bei einer Vergrößerung der Oberfläche von Katalysatoren durch Dispersionsmittel (Träger) entstehen. Katalysatoren selektieren, aktivieren und beschleunigen daher bestimmte Reaktionen bzw. verzögern diese. Auch im täglichen Leben gibt es Katalysatoren, mit denen Beziehungen befördert oder behindert werden. Die Vermittlung einer Bekanntschaft durch einen Dritten – sozusagen den Katalysator, der außen vor bleibt – wäre ein solches Beispiel mit ungewissem Ausgang. Denn ob es zu einer Katalyse kommt oder nicht, oder ob das Ergebnis eine Antikatalyse oder

Inhibition sein wird, hängt von vielen Umständen ab, dem rechten Ort, der rechten Zeit oder eben deren Gegenteil, um nur zwei Faktoren anzuführen. Veränderungen bei Bindungen aus dem Umfeld wirken sich auch auf bereits bestehende innere und äußere Beziehungen aus, die immer Wechselbeziehungen sind und die Dynamik von Prozessen beeinflussen, wie z. B. die Bindung zwischen Auto und Mensch.

Die Gestaltung der Welt als Katalysator

Die ganze Welt ist ein Katalysator, weil sie unser Verhalten immer beeinflusst. Zu glauben, dass das verhindert werden kann, wenn man sie nach unseren Vorstellungen gestaltet, ist ein grundlegender Irrtum – besonders im Autoverkehr. Kennt man die Wirkung dieser neu gestalteten Welt auf unser Verhalten nicht, ist man auch nicht dazu befähigt, in sie einzugreifen. Dazu gehören nicht nur Kenntnisse über die Eigenschaften von Material und Form sowie von Energie und Zweck, sondern auch über die Eigenschaften der Menschen und deren Verhalten. Doch gerade die Kenntnisse über die Reaktionen der Menschen auf die Veränderungen, die der Autoverkehr mit sich bringt, fehlen – ebenso wie die Kenntnisse darüber, welche Folgen die dem Auto angepassten Strukturen in Stadt und Land für Gesellschaft, Wirtschaft und Natur haben. Das wird einfach ignoriert bzw. vorausgesetzt. Genau das gilt auch für den motorisierten Individualverkehr, an dessen Produktion mehrere Disziplinen beteiligt sind. Ich selbst war einige Zeit dabei. Katalysatoren waren nur etwas, das bestimmte Komponenten der Abgase reduzierte, oder aber, wie oben ausgeführt, Stoffe in der Chemie, die Prozesse beeinflussen, ohne selbst beteiligt zu sein. Sozusagen Ehevermittler oder Scheidungsanwälte. Dass eine neue Bindung immer auch Einfluss auf bereits bestehende Beziehungen hat, die weit über die unmittelbaren Bereiche hinauswirken, wie es beim Auto der Fall ist, wird nicht einmal erwähnt.

Diese Prozesse, bisher nur in der Biologie und Chemie beobachtet und angewandt, finden auch in der Planung und Organisation von Strukturen statt, und wenn man sie unbeachtet lässt, kann es zu Überraschungen kommen. Menschen reagieren auf Veränderungen ihres Milieus durch Anpassung oder durch die Suche nach einem ihren Bedürfnissen besser entsprechenden Umfeld, wie das über Hunderttausende von Jahren der Fall war, oder eben durch Eingriffe in das Milieu, um es in ihrem Sinne zu verändern. Spätestens seit dem Neolithikum, besonders aber in den letzten beiden Jahrhunderten, hat die Menschheit ihr Umfeld verändert, nie aber in einem derart beschleunigten Ausmaß wie im letzten Jahrhundert. Erfolgt die Veränderung der Eingriffe in die Welt schneller, als die daraus resultierenden Wirkungen in ihrer Gesamtheit erkannt werden, nimmt das Risiko für Fehlentwicklungen zu. Wenn systemstabilisierende dämpfende Rückkopplungen ausgeschaltet oder übergangen werden, kann die Entwicklung exponentiell beschleunigt werden.

Die Kurve rechts zeigt eine periodische Tendenz zur Dämpfung, der aber immer wieder durch Erweiterung der Fahrbahnen, der Stellplatzangebote, durch Strukturanpassungen und finanzielle Anreize entgegengewirkt wurde, was der Motorisierung neuen Auftrieb gab. Rückwirkungen auf die Verursacher wurden hingegen nicht berücksichtigt, obwohl sie bereits an den damals steigenden Unfallzahlen, einem schnell wahrgenommenen unbeabsichtigten Effekt, erkennbar waren.

Sowohl die Entwicklung als auch die Planung und der Betrieb der Eisenbahnen unterscheiden sich grundlegend von der Genese des motorisierten Straßenverkehrs. Während die Eisenbahnen als »geschlossenes System« geschlossene Verantwortungsketten in Form von gesellschaftlichen Bau- und Betriebskontrollen haben müssen, ist das beim »offenen

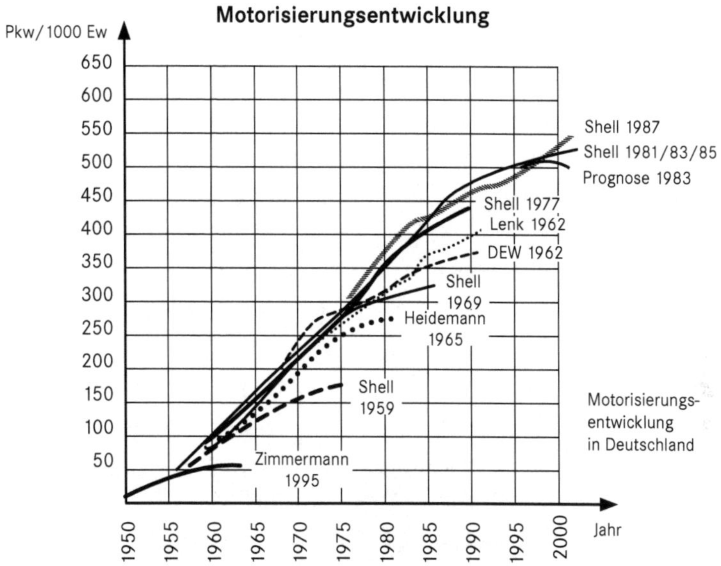

Beispiel einer künstlich erzeugten positiven Rückkopplung – Prognosen zum Motorisierungsgrad in Deutschland seit 1950

System« Autoverkehr nicht mehr der Fall. Es ist aus Fragmenten von Verantwortungsketten zusammengestellt, was insofern problematisch ist, als dass wesentliche Teile des Systems und der Verantwortung den individuellen Nutzern übertragen bzw. zu Bedingungen überlassen werden, die zur Ansteckung durch das Autovirus geradezu zwingen, wie der bereits erwähnte Paragraf 2 der Reichsgaragenordnung von 1939. Die Menschen werden hier außerdem in ein System entlassen, das mit Kräften und Geschwindigkeiten betrieben wird, die weit über die Grenzen ihrer evolutionären Ausstattung hinausgehen. Als autoviruserzeugende Katalysatoren wirken hier die Planenden, die Bauordnungen, die Straßenverkehrsordnung, die Richtlinien, das gesetzgebende Parlament, die zahlreichen finanziellen Zuwendungen und Fördermaßnahmen, wie Firmenwagen, steuerliche Entlastungen, kostenlose Infrastrukturnutzung u. v. a. m.

Im Unterschied zur Eisenbahn finden die Planung, der Bau und der Betrieb des Autoverkehrs unter den Aspekten einer Individualoptimierung und ohne Berücksichtigung der damit ausgelösten Prozesse und Folgen für das gesamte Verkehrssystem, die Raumentwicklung und die Wirtschaft statt. Damit wird das »Immunsystem« der Gesellschaft gleich auf zwei Wegen ausgeschaltet: einerseits »von oben« – durch die Behörden, die Lehrenden, die Verwaltung sowie das Parlament – und andererseits »von unten« – durch die Automobilindustrie, die Banken, die Baukonzerne, die Bürger und die Medien. Dass es dadurch zu Effekten wie bei der Autokatalyse kommen kann, war nie Gegenstand der Überlegungen. Dass jedoch Menschen, vielleicht mehr noch als chemische Elemente, zu Reaktionen fähig sind, müsste man aus dem eigenen Verhalten auf äußere und innere Reize eigentlich wissen. Diesen riesigen und komplexen Katalysator, den man auch als »Reich des Autovirus« bezeichnen könnte, gilt es aufzulösen.

Bei einem dynamischen System ist es gleichgültig, wo man beginnt, es ist immer gleich falsch, insbesondere wenn es so kompliziert oder komplex ist wie jenes, mit dem wir es hier zu tun haben. Der Fehler kann nur durch Erfahrung, also durch das Durchlaufen der vom System beeinflussten Elemente kleiner werden.

Ich beginne daher dort, wo man annimmt, dass der Kopf das Arbeitsgebiet ist: bei den Wissenschaften.

Der Umstand, dass die Betrachtungs- und Behandlungsweise des Verkehrswesens auf mehrere Fächer verteilt ist, und die geschichtlich beeinflusste Entwicklung verschiedener involvierter Wissenschaftsbereiche haben dazu geführt, dass man es bisher unterlassen hat, die Menschen als reaktionsfähige Elemente – auch in der von ihnen selbst erzeugten Umwelt – zu betrachten. Über seine Reaktionsmechanismen ist in der Fachliteratur des Verkehrswesens, abgesehen von den Annahmen über Reaktionszeiten, Sichtweiten, Augenhöhe der

Fahrzeugführer über der Fahrbahn und das Lärmempfinden, also Informationen der Außensinne, wenig zu finden, dazu müsste man sich schon in ein Gebiet wie die Vergleichende Tierphysiologie oder die Psychologie begeben. Die traditionelle Auffassung geht davon aus, dass sich Menschen im Verkehrswesen rational im Sinne der Annahmen der Systemerzeuger und -betreiber verhalten. Bei diesen ist eine Minute immer eine Minute, und eine dreihundert Meter lange Strecke entspricht dem Dreifachen einer hundert Meter langen Strecke. Risiken entstehen fast ausschließlich durch das Verhalten der Verkehrsteilnehmer, üblicherweise zu mehr als 95 Prozent, denn in den Anlagen, die ja unter Einhaltung aller Richtlinien geplant und gebaut wurden, können sie nicht begründet sein, ebenso wenig wie in den perfekten Autos. Die Disziplinen attestieren den Menschen Fähigkeiten, die sie gar nicht besitzen. So sind wir evolutionär zwar für die Folgen vertikaler Beschleunigung gut ausgestattet, weil wir sie aus den meist schmerzhaften Erfahrungen bei einem Fall aus größerer Höhe kennen und weil die Gravitation immer wirkt und sanktioniert. Die gleiche Beschleunigung in horizontaler Richtung beim Autofahren ist hingegen neu. Selbst Universitätsprofessoren der Rechtsdisziplinen waren der Meinung, man könne im Ortsgebiet bei 50 km/h auf die Anschnallpflicht verzichten, weil man einen etwaigen Zusammenstoß mit den Armen abfangen könne. Und nach wie vor ist man der Auffassung, dass man bei Tempo 30 immer rechtzeitig bremsen kann, um eine tödliche Kollision mit einem Fußgänger zu vermeiden.

Ist der Mensch durch die Entwicklung technischer Transportsysteme (unbewusst) zu einem reaktionsfähigen Teilchen im Transportsystem geworden?

Diese Frage ist falsch gestellt, denn für den Menschen, wie für jedes andere Lebewesen auch, war und ist die Reaktionsfähigkeit Voraussetzung für sein Leben und Überleben. Das Problem ist aber die künstlich gestaltete Umwelt, wenn ihm die Erfahrung in Bezug auf die damit verbundenen Folgewirkungen fehlt, die umso größer sind, je tiefer in die Welt eingegriffen wurde. Denn diese künstliche Umwelt wirkt auf ihn und die Gesellschaft zurück und verändert beide. Das kann so weit gehen, dass die über Jahrmillionen erworbenen Fähigkeiten, in der Natur zu leben und sie als Lebensgrundlage zu achten, innerhalb weniger Generationen »vergessen« werden, weil man nur mehr in einem Umfeld lebt, das von Derivaten der Industrie bestimmt wird, sodass Zusammenhänge nicht mehr wahrgenommen werden können. Ob Egon Friedell mit seiner Kurzfassung der Philosophie Johann Gottlieb Fichtes durch die Formel »Die Welt ist ein Produkt des Ich«[30] den Konstruktivismus im Sinne der Psychologie meinte, ist nicht belegt, aber Anlass darüber nachzudenken, wo das Ich beginnt und wo es sich unter Einbeziehung des Autos fortsetzt. Das bekannte Zitat des Nobelpreisträgers Konrad Lorenz »Den baren Unsinn zu glauben, ist ein Privileg des Menschen« stammt aus seinem tiefen Verständnis unserer Evolutionsgeschichte als Begründer der evolutionären Erkenntnistheorie. Egon Friedell wunderte sich: »Es ist ganz merkwürdig, wie stark die Menschen im Verfehlen des Richtigen und des Nächstliegenden sind«, während Upton Sinclair erkannte: »Es ist schwierig, einen Mann dazu zu bringen, etwas zu verstehen, wenn sein Job davon abhängt, dass er es nicht versteht!«[31] Womit wir schon mitten in der heutigen Praxis unserer Fachdisziplinen und der Gesellschaft angekommen wären. Denn viele meiner Absolventen wurden und werden in der Praxis mit der Frage konfrontiert, warum allen Erkenntnissen, theoretischen und empirischen Beweisen zum Trotz an den gewohnten falschen Vorstellungen festgehalten wird. Schon vor über vierzig Jahren hatten meine Studierenden mit dem, was sie in Vorlesungen und Übungen und in der dadurch erworbenen Praxis bei mir gelernt hatten, in anderen Fächern der Raumplanung große Schwierigkeiten. Was die Fakultät nach meinem Wechsel zu den Bauingenieuren durch eine »Gegenbesetzung« pragmatisch löste und damit gleichzeitig einen interessanten Beitrag zur Wirkung des Autovirus auf der akademischen Ebene leistete. Ein Beweis für die Reaktionsfähigkeit von Gruppen angesichts der Bedrohung, die physische Mobilität durch die geistige zu ersetzen. Für die Raumplanung wäre das eine geradezu heroische Aufgabe, müsste sie sich doch von der Reichsgaragenordnung lösen und damit vom Autoabstellplatz für jede menschliche Aktivität im Raum. Sie würde an Beliebtheit einbüßen, weil die heute vielfach nahezu unbegrenzte Freiheit, Grünflächen gewinnbringend in rotes Bauland umzuwidmen, nicht mehr gegeben wäre. Ihre Aufgabe bestünde vielmehr darin, sich gesetzeskonform an die Zielvorgaben zu halten und den Wünschen ihrer Auftraggeber, dem Wohnungsbedarf und dem Wunsch nach Gewerbegebieten zu widerstehen, die zu Zersiedelung und »Flächenfraß« führen. Wer, wenn nicht die im »gesicherten Bereich« agierenden Professoren, sollte damit wohl beginnen?

Warum sind wir als vernunftbegabte Wesen – im Unterschied zu den meisten anderen näher und ferner mit uns verwandten Arten – so weit über die ökologischen Grenzen der Tragfähigkeit des Ökosystems hinausgegangen und haben dabei auch noch die Grenzen der sozialen Tragfähigkeit der Gesellschaft außer Acht gelassen?

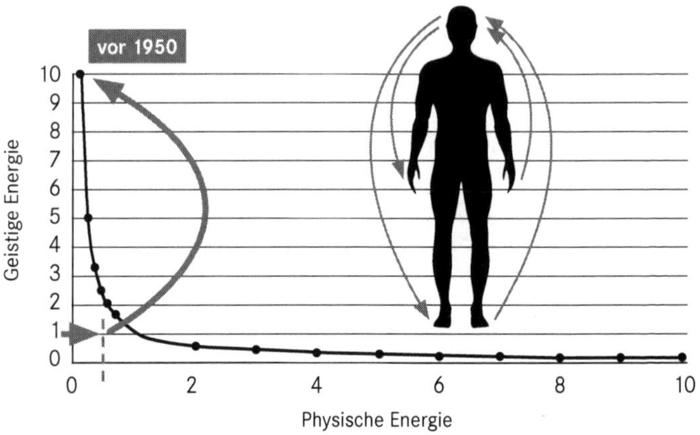

Wechselbeziehung zwischen geistiger und physischer Mobilität (1)

Begonnen hat das alles mit dem Werkzeuggebrauch infolge des aufrechten Gangs, der unsere Hände für andere Aufgaben frei gemacht hatte. Grund genug für das Klein- und das Stammhirn, nach neuen Möglichkeiten der Energiegewinnung zu suchen. Und diese liegen dort, wo mit geringerem oder gleichem Aufwand gleiche oder größere Gewinne möglich scheinen. Zunächst in Pflanzen und Kleinlebewesen mit höherem Protein- oder Fettgehalt und schließlich in der Jagd. Zwar war der physische Mobilitätsaufwand größer, konnte aber durch Wissen über das Umfeld, das Verhalten der Beute und die Kooperation untereinander reduziert werden, ebenso wie das Risiko. Es war die lange Phase der Entwicklung der Menschen unter den Rahmenbedingungen des Zufußgehens und der dabei immer wirksamen negativen Rückkopplung über die Körperenergie, für die räumliche Mobilität durch den Einsatz geistiger Mobilität nach Lösungen zu suchen, wo und wie sich der physische Aufwand vermindern oder gar vermeiden ließe.

Mit dem Privatauto verbanden sich dann die Erfahrung von größerer physischer Reichweite bei geringerem eigenen Körperaufwand zu einer positiven Rückkopplung, die geradezu zwingend zu einer Anpassung des Lebens der Menschen

Wechselbeziehung zwischen geistiger und physischer Mobilität (2): Entweder hat man es im Kopf oder in den Beinen – wie der Igel und der Hase in Buxtehude (1840)

an die Bedürfnisse dieses Fahrzeugs führte und, wie bei einer Autokatalyse, in die Entwicklung des Verkehrssystems und aller mit ihm verbundenen Strukturen mündete. Der Mensch veränderte sein Verhalten und wurde zum Mittel in einem System, das durch die Zwecke des Autos bestimmt ist, obwohl er natürlich der Meinung ist, er bestimme über die Gestaltung des Umfelds nach seinen Vorstellungen. Dass diese Vorstellungen aber aus dem Hypothalamus in der Befehlszentrale seines Hirns stammen und damit weit unterhalb der Bewusstseinsschwelle anzusiedeln sind, ist unvorstellbar für ein Wesen, das sich selbst für die »Krone der Schöpfung« hält.

Siehe Konrad Lorenz. Was für den Einzelnen gilt, gilt wegen der auf dieser Ebene wirksamen Gesetze, wo über Energie »entschieden« wird, ebenso für die Gesellschaft. Auch die natürlichen Viren machen aus den Zellen Mittel für ihre Zwecke und verändern damit den gesamten von ihnen befallenen Organismus – wenn man sie denn lässt oder gar unterstützt. Und die Analogie ist unverkennbar, wenn man die langen »Inkubationszeiten« zwischen dem »Befall mit dem Autovirus« und den wissenschaftlichen Nachweisen einer Bedrohung und den verzögerten Reaktionen der Gesellschaft berücksichtigt, wobei die wissenschaftlichen Erkenntnisse durchaus oft als Bedrohung dieser vom Auto abhängig gemachten Gesellschaft verstanden werden. Der Zugriff auf die tiefen Schichten unseres Hirns wird auch durch das Verhalten der Bevölkerung offenkundig, wenn die Geldmittel wieder einmal knapp werden, wie durch die derzeitige Verteuerung der Mieten zur Gewinnmaximierung der Investoren und Vermieter. »Die Leute sparen, wo man es nicht sieht: beim Essen, nicht aber beim Mercedes oder BMW, für den sie Kredite zahlen müssen, weil sie sich den gar nicht leisten können«, sagte mir einer meiner klugen Biobauern-Freunde.

Die Grenzen des Wachstums

Im Standardlauf des »Weltmodells« von 1972 von Jay W. Forrester, mit dem die Entwicklung der physischen Strukturen unserer Erde und ihrer Zivilisation von den damals jungen Wissenschaftlern Donella und Dennis Meadows abgebildet wurde, war erkennbar, dass es in den ersten zwei Jahrzehnten nach der Jahrtausendwende zu einer grundlegenden Änderung aller wesentlichen Indikatoren der menschlichen Zivilisation kommen würde. Die Gesellschaft des 20. und 21. Jahrhunderts – so ließ es sich voraussagen – würde nicht nur an

Grenzen stoßen, was die Verfügbarkeit von Ressourcen angeht, sondern auch die Grenzen der Tragfähigkeit lebenserhaltender Systeme erreichen bzw. überschreiten. Die 1972 unter dem Titel *Die Grenzen des Wachstums* veröffentlichte Studie hat zwar grundlegende Denkanstöße geliefert, die Eigendynamik des ressourcenverzehrenden Systems der heutigen Industriegesellschaft aber kaum beeinflusst. Die Hoffnung der Verfasser, man werde die Warnung ernst nehmen und rechtzeitig – damals wäre das noch möglich gewesen – die Wirtschaft umstellen, wurde nicht erfüllt. Nach einem kurzen Schock, ausgelöst 1973 durch die sogenannte »Energiekrise«, wurde die Entwicklung im Gegenteil sogar beschleunigt fortgesetzt. Es kam genau so, wie damals vorausberechnet. Die Gesellschaft und die Politik haben unter Beweis gestellt, dass sie nicht lernfähig sind.

Viele, die weder den Bericht gelesen noch sich mit Forresters Modellen auseinandergesetzt hatten, waren der Meinung, es handle sich dabei um eine akademische Übung fernab des realen Wirtschaftsgeschehens. Tatsächlich aber wurde das physische System unserer Erde mit erstaunlicher Präzision abgebildet, wie mir Peter Kotauczek, einer der führenden Wirtschaftswissenschaftler unserer Zeit, mit den Worten bestätigte: »Eigentlich habe ich das nie geglaubt, was in *Die Grenzen des Wachstums* beschrieben wurde. Ich habe mir deshalb das Buch wieder hergenommen und musste zu meiner Bestürzung feststellen, dass genau das eingetreten ist, was damals berechnet wurde.«

Bereits ein Jahr zuvor waren die Prognosen eines Wissenschaftlers aus den USA bezüglich der Folgen des vorherrschenden Wirtschaftssystems nicht ernst genommen worden. In seinem 1971 erschienenen Buch *The Closing Circle: Nature, Man, and Technology* behandelte Barry Commoner, Biologieprofessor an der Washington University in St. Louis, die Probleme, zu denen auch die hier behandelten Fragen gehören, in einem umfassenden Kontext und warnte vor der Dynamik der Technologiebehandlung in der Wirtschaft. Vieles, was in *Die Gren-*

zen des Wachstums modellmäßig behandelt wurde, war durch Commoner bereits vorweggenommen worden. Nur wer aus den technischen Disziplinen beschäftigte sich damals schon mit der Biologie? Heute, wo die Forschungsfragen nicht mehr aus dem Kreis der Wissenschaft gestellt, sondern von der Wirtschaft vorgegeben werden, die für deren Finanzierung aufkommt, kann sich kaum noch jemand dieses Hobby leisten. Es sei denn, es passt zufällig in eines der »Forschungsprogramme«, dem von der EU eng geschnürten Korsett für die »Freiheit der Forschung«.

Vorausdenken statt voreilig handeln

Geld mal Geist ist eine Konstante. Diese Erkenntnis lässt sich aus unserem Verhalten ableiten und manifestiert sich besonders deutlich im Autoverkehr, wo ein System für Autos mit einem Gewicht von zwei Tonnen und mehr geplant, gebaut und betrieben wird, um eine oder zwei Personen von 60 oder 80 Kilogramm Körpergewicht immer schneller zu bewegen, und zwar auf immer größeren Distanzen, da diese mit zunehmender Geschwindigkeit ebenfalls wachsen. Fossile Energie stellt die Basis der heutigen Industriegesellschaft und die Grundlage einer mächtigen Lobby dar, die es versteht, die öffentliche Meinung in ihrem Sinne zu manipulieren. In diesem von mächtigen finanziellen Interessen bestimmten Feld treten, wie überall, wo viel Geld im Spiel ist, gut bezahlte Sachverständige auch aus dem universitären Bereich auf, ganz zu schweigen von den firmeneigenen Experten, die das größte Interesse daran haben, die Wahrheit zu verschleiern. Unterstützt von den Medien, die als Instrumente ihrer Herausgeber und der politisch-wirtschaftlichen Akteure fungieren, laufen die Entscheidungen für den ungebremsten Weiterbau von Infrastruktur und die Siedlungserweiterung wie geschmiert durch die Instanzen.

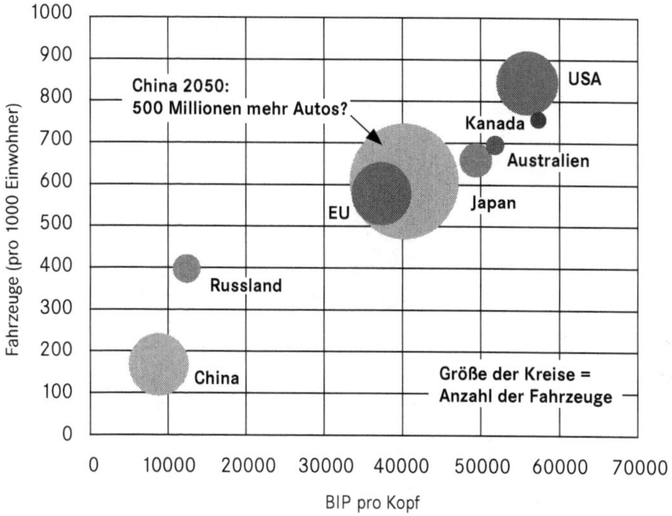

Bruttoinlandsprodukt pro Kopf und Motorisierungsgrad ausgewählter Länder, Stand: 2021

Was man 1970 noch nicht absehen konnte, ist der wachsende Energiehunger der bevölkerungsreichsten Länder der Welt, China und Indien. In beiden Ländern wird – nicht zuletzt durch die beispielgebenden Projekte der Weltbank – eine Verkehrspolitik betrieben, die eine Infrastruktur vorwiegend für das Auto schafft, ohne Rücksicht auf die langfristigen Folgen. Viele Autokonzerne haben ihre Produktion in den vergangenen Jahrzehnten in diese Länder verlagert, in der berechtigten Erwartung billiger und williger Arbeitskräfte und entsprechend größerer Gewinne. In beiden Ländern geraten damit immer mehr Menschen in eine zunehmende Abhängigkeit vom Auto, deren Auswirkungen man offensichtlich nicht bedacht hat. Die internationalen Organisationen unterstützen im Wesentlichen die Politik der USA und verleiten niedrigmotorisierte Länder dazu, den gleichen Entwicklungspfad zu beschreiten, den auch Europa und Japan gegangen sind. Sowohl der Bericht der Weltbank aus dem Blog *Transport for Develop-*

ment wie auch die Grafik auf S. 319 gehen von einer weiterhin ungebrochenen Zunahme des Motorisierungsgrades aus, lassen aber die Frage offen, ob der Wechsel zum Elektroantrieb im Bereich des privaten Autoverkehrs eine Lösung sein kann.[32]

Da die Ökonomen der Weltbank auch dem allgemeinen Irrtum unterliegen, an eine Zeiteinsparung durch Geschwindigkeit zu glauben, und zudem Wohlstand mit Motorisierung gleichsetzen, beschleunigen sie den Ressourcenverbrauch ganz im Sinne des Standardmodells aus dem Bericht *Die Grenzen des Wachstums*, der vom Club of Rome in Auftrag gegeben worden war. Das Standardmodell bedeutet ja nichts anderes als »business as usual«. 1972 haben die Autoren des Berichts den dringenden Appell an die Menschheit gerichtet, das gesamte System rechtzeitig umzustellen, um die Chancen für eine nachhaltige Entwicklung zu wahren. Damals wäre das noch möglich gewesen; heute ist es dafür zu spät.

Wir leben in einer Phase, die Systemdynamiker als »overshoot and collapse« bezeichnen, das Überschreiten von Grenzen mit anschließendem Zusammenbruch. Finanzkrisen, ausgelöst durch irreale Optionen auf eine Zukunft, die es nicht geben wird, finden in immer kürzeren Abständen statt und sind ein Indiz für den sich anbahnenden Systemwandel bzw. den Zusammenbruch. Statt dieses verhängnisvolle System jedoch abzuschaffen, versuchen sämtliche Regierungen der Welt mit aller Kraft, es zu erhalten. Die Politik und ihre Berater leben in der Hoffnung, die Entwicklung werde nach den Krisen so weitergehen, wie man es von den vergangenen 150 Jahren gewohnt ist. Man hofft auf den sogenannten technischen Fortschritt und übersieht dabei, dass dessen Grundlagen, die ökologische Tragfähigkeit der Erde und der soziale Zusammenhang der Menschen, zunehmend verloren gehen. Von Viren kontrollierte Zellen kümmert die Gesundheit des Organismus, in dem sie sich befinden, auch nicht, ihr Verhalten wird allein durch die Wachstums- und Vermehrungsinteressen der Viren bestimmt. Und davon wollen sie ebenso wenig lassen wie die Autogesellschaft vom Auto und allem, was dazugehört.

Auf einem begrenzten Planeten kann man nicht davonfahren oder -fliegen – wohin auch?

Vor über 2.000 Jahren hat sich die Menschheit, vermutlich getrieben von der Suche nach einem noch besseren Ort, praktisch über die gesamte Erde ausgebreitet, von wenigen entlegenen Inseln einmal abgesehen. Die Zahl der Menschen auf der Flucht liegt heute weltweit bei mehr als 108 Millionen, das entspricht 1,35 Prozent der Weltbevölkerung und etwa einem Drittel der Gesamtbevölkerung vor 2.000 Jahren (ca. 300 Millionen). Die Zahl der Touristen über die Landesgrenzen hinaus ist von 25 Millionen im Jahr 1950 – das entsprach knapp einem Prozent der damaligen Weltbevölkerung – auf 1,5 Milliarden Touristen im Jahr 2019 und damit auf das Sechzigfache angestiegen. Eine Fluchtbewegung von meist aus hochmotorisierten Ländern stammenden Menschen auf der temporären Suche nach einem schöneren, lebenswerteren und interessanteren Teil der Welt, die nicht größer, aber ärmer wurde. Das Ausmaß der Zerstörung hat in dieser Zeit durch die enormen Mengen verbrauchter Energie um ein Vielfaches zugenommen. Dennoch sind wir nicht weitergekommen als unsere Vorfahren vor 2.000 Jahren. Ein Verhalten, bei dem immer mehr Aufwand für einen Zweck betrieben wird, der dabei auch noch ruiniert wird, kann man vielleicht als sehr effizient, aber wohl kaum als intelligent bezeichnen. Ein weiterer Beweis für die »Umstülpung« der Weltsicht, bei der das Autovirus kräftig mitwirkt. Zahlreiche pointierte Aussagen des österreichischen Schauspielers, Schriftstellers, Kabarettisten und Rezitators Helmut Qualtinger beziehen sich auf Phänomene unserer Zeit, wie den Tourismus und den motorisierten Verkehr. So zum Beispiel: »Die meisten sogenannten Sehenswürdigkeiten sind vom vielen Hinschauen ganz abgenutzt.« Oder: »Manche Touristen sind ständig mit Fotografieren beschäftigt, damit sie sich hinterher ansehen können, was sie alles verpasst haben.« Eine wahre Prophezeiung lange vor der Zeit der Handys. Qualtingers Satz »I was zwoa net, wo i hinfoa, oba dafür bin i gschwinder dort« (»Ich habe zwar keine Ahnung, wo ich hinfahre, aber dafür bin ich schneller dort«) ist geradezu symptomatisch für das Nachhinken der Gesellschaft hinter den Veränderungen, die sie selbst anrichtet. Wir sind zwar um einen hohen Preis zehnmal schneller unterwegs, aber weiter als vor tausenden von Jahren sind wir trotzdem nicht gekommen. Nicht nur die Seele des Native American, der einst einen Autofahrer darum bat, auszusteigen und zu warten, bis seine Seele nachkommt, ist auf der Strecke geblieben, sondern auch das Denken und die Vernunft, weil uns durch das Autovirus der Bodenkontakt verloren gegangen ist. Die Lehre für eine wirksame Therapie: Langsamkeit und eine Mobilität mit Bodenkontakt der Füße – beides verträgt das Autovirus nämlich nicht.

Nicht alles, was hinkt, ist ein Vergleich

Die Berechnungen zum Energieverbrauch des Automobilverkehrs sind falsch, wenn sie nur die Energie für den unmittelbaren Betrieb des Autos berücksichtigen. Autos werden allerdings nicht geboren, sondern müssen produziert werden. Und dafür benötigt man große Mengen an Energie, die selbst bei E-Autos zu einem Großteil aus fossilen Quellen stammt. Kohle und Erdöl sind für die metallverarbeitende und chemische Industrie notwendig, die die Rohstoffe und Bauteile für die Autos herstellt. Hinzu kommt, dass Autos weder fliegen können noch geländegängig genug sind, als dass sie ohne Fahrbahnen auskommen könnten. Verkehrsanlagen für den Autoverkehr

verschlingen bei ihrer Herstellung und Erhaltung – der permanenten Erneuerung – erhebliche Energiemengen, denn sie werden aus Zement, Stahl, Bitumen und Plastik gebaut, für deren Herstellung, Montage und Erhaltung wiederum ein permanenter Strom fossiler Energien aufgewendet werden muss. Umgelegt auf die Lebensdauer eines durchschnittlichen europäischen Fahrzeuges macht der in den Betriebsmitteln und Verkehrsanlagen gebundene Energieanteil mindestens 20 Prozent der Energiemenge aus, die für den Antrieb des Fahrzeuges genutzt wird.[33] Ein echtes Elektrofahrzeug – eine Leichtbaukonstruktion – benötigt für die Herstellung der Leichtbaustoffe sogar noch mehr Energie als die üblichen, vor allem aus Stahl konstruierten Fahrzeuge. Selbst unter Einbeziehung des Recyclings kommt man mit diesem Verkehrsmittel auf keinen »grünen Zweig«. Vollkommen außer Acht gelassen wurden bei dieser Rechnung der Verwaltungsapparat für das System, der Aufwand für die Überwachung, die Reparaturen von Maschinen, die Krankenhäuser für die direkt und indirekt durch den Autoverkehr Geschädigten sowie die Kosten, die den anderen Verkehrsträgern durch die aufgezwungenen Umwege und den Verlust der Nahversorgung entstehen, die sich nicht mehr in den Orten selbst befindet, sondern außerhalb und zu Fuß oft schwer bis gar nicht erreichbar ist. Berechnet man den Aufwand an beanspruchter Fläche pro Person, ist der Pkw das ineffizienteste Verkehrsmittel überhaupt. Im Vergleich zum öffentlichen Verkehr verbraucht er das Zehn- bis Hundertfache an Fläche für den gleichen Zweck und um eine Zehnerpotenz mehr an Energie; im Vergleich zu Fußgängern und Radfahrern sogar mehr als drei bis vier Zehnerpotenzen mehr Mobilitätsenergie. Es ist daher keine große Kunst herauszufinden, welcher Verkehrsträger besser in eine klimaverträgliche Zukunft passt. Rationale Argumente haben allerdings kaum eine Chance, in einem vom Autovirus kontrollierten Hirn etwas in Bewegung zu bringen. Damit dies trotzdem passiert, muss es einen Anstoß geben, der das Denken anregt. Ein Katalysator für nichtmotorisierte Verkehrsteilnehmer ist nur dann wirksam, wenn Ketten von positiven Rückkopplungen das Zufußgehen, das Radfahren und den öffentlichen Verkehr attraktiver machen als das Autofahren. Nach über einhundert Jahren Prägung durch das Autovirus ist das schwieriger als die erfolgreiche Eindämmung des Coronavirus, das ja nur die Körperzellen, das Immunsystem und die Medizin zum Gegner hatte. Das Autovirus wird von mehreren mächtigen Wirtschaftsblöcken vehement verteidigt, von denen die Autokonzerne nur den offenkundigen Teil darstellen. Weniger sichtbar, aber ebenso einflussreich ist die Finanzindustrie, die durch alle Arten von Krediten für die Autosüchtigen oder Autoabhängigen Gewinne machen kann ebenso wie durch Kredite an die Staaten, Länder und Kommunen für den Bau und die ständige Erweiterung der Infrastruktur infolge der unkontrollierbaren Siedlungsausweitung. Die von Konzernen beherrschte Bauwirtschaft hat Mittel, politische Partner und Wege gefunden, um sich einen permanenten Zustrom an Steuergeldern zu sichern, von dem immer weniger Arbeitnehmer profitieren, dafür aber die vollmechanisierten Arbeitsmaschinen umso mehr.

Die Macht der Gewohnheit

Die Veränderung der Wahrnehmung kann in der durch Autos beherrschten Umwelt global nachgewiesen werden. Nicht unmittelbar sichtbar aber ist die durch das Auto entstehende Veränderung des Verstandes der Vertreter verschiedener mit dem Verkehrswesen beschäftigter Disziplinen. Die in den Planungsdisziplinen verwendete und vom Zweck losgelöste Bezugseinheit Pkw ist nur ein Beispiel für den Irrtum bei der Frage nach dem Mobilitätsbedarf selbst bei den Modellen, die sich nach dem Motorisierungsgrad richten, den sie in der Regel extrapolieren, und nicht etwa nach den Mängeln der Strukturen in den Verkehrszellen, die durch das Auto kompensiert werden. Diese Frage zielt auf die Ursachen für den Virusbefall ab. Und das wiederum passt dem weit unterhalb des Bewusstseins mit dem Auto eng verbundenen Genom gar nicht; also wird das Auto zur Voraussetzung für den Verkehrsbedarf. Dass man damit räumliche und funktionale Strukturmängel extrapoliert und die Abhängigkeit vom Auto vergrößert, passt zum horizontalen Gentransfer der Viren, d.h. die Übertragung von einem Organismus auf einen anderen. In unserem Fall von einer Fachdisziplin auf eine andere. Ebenso wird im Güterverkehr, bei dem es um Tonnen und Kubikmeter geht, die Verpackungseinheit – der Lkw – zur maßbestimmenden Größe bei der Projektierung von Verkehrsanlagen. Diese Voreingenommenheit, man könnte sie auch als Prägung bezeichnen, findet sich ebenfalls in den Rechtswissenschaften wieder, wenn Juristen die »Sicherheit, Leichtigkeit und Flüssigkeit des Verkehrs«, von der in der österreichischen StVO gleich mehrmals die Rede ist, einzig im Sinne des Autoverkehrs interpretieren. Trotz der Praxis der Verkehrsplanung, nach meinen vierzig Jahren an Vorlesungen und Übungsarbeiten, in denen diese Interpretation widerlegt und diese Begriffe im Sinne der Menschen als Fußgänger vorgetragen und praktisch geübt wurden, hält sich diese verengte Sicht noch immer in den Köpfen vieler Politiker, Verwaltungsjuristen, Richter, Techniker und Ingenieure. Wenn zur Begründung von Autobahnprojekten die Formulierung »Bei einem Widerspruch zwischen Rechtmäßigkeit und Effizienz obliegt es nicht dem Handelnden eine Auswahl zu treffen« zu finden ist, muss man sich fragen, wie ein solcher Widerspruch zustande kommt, wird er doch von vornherein durch die Bundesverfassung – wenn man diese in der Gesetzeshierarchie beachtet – durch die darin festgeschriebenen Prinzipien der »Zweckmäßigkeit, Sparsamkeit und Wirtschaftlichkeit« ausgeschaltet. Für den Autoverkehr gilt dies offensichtlich nicht, handelt es sich beim Auto doch um das ineffizienteste Verkehrsmittel auf den Straßen, ganz zu schweigen von den durch den Autoverkehr hervorgerufenen Schädigungen der Gesellschaft und der Natur. Dass diejenigen, die an öffentlichen Mitteln interessiert sind, die Verfassung im Sinne ihrer Vorteile zu relativieren versuchen, ist bei Großprojekten in Österreich und Deutschland zu einer gefährlichen Praxis geworden, die auch in den Entscheidungen der obersten Gerichte immer häufiger zu Tage tritt.

Verantwortungslose Kurzsichtigkeit

Gemessen an der gesamten Geschichte des menschlichen Siedlungswesens macht die Periode der Massenmotorisierung weniger als ein Prozent aus. Diese Zeit hat zwar gereicht, um massive Schäden an Natur und Gesellschaft anzurichten. Um die Folgen dieses Handelns zumindest so weit zu erfassen, dass man begreift, dass man in dieser Weise nicht weiteragieren kann, war sie allerdings zu kurz. Mit jedem weiteren Quadratmeter, der für das Auto versiegelt wird, vergrößert sich unsere Abhängigkeit von diesem Verkehrsmittel, und gleichzeitig werden die Bindungen zu den zukunfts- und klimaverträglicheren Verkehrsträgern geschwächt. Raumplanung, Städtebau, Architektur und Verkehrswesen arbeiten Hand in Hand an der weiteren Ausbreitung des Autovirus.

Die Lebensdauer von Brücken und Tunneln für den Autoverkehr sollte mindestens hundert Jahre betragen. Römerbrücken halten bis heute, und von Holzbrücken weiß man, dass sie ihre Funktion über achthundert Jahre erfüllen, wenn man sie denn richtig konstruiert hat. Bei Spannbetonbrücken ist man schon froh, wenn sie vierzig Jahre überleben. Man sieht die schwindende Lebensdauer des »technischen Fortschritts«. Als man solche Bauwerke vor mehr als siebzig Jahren errichtete, war von einem Ende dieser Art der Energieversorgung noch keine Rede. Die Fachleute gingen davon aus, dass das Erdöl nie versiegen würde; die Peak-Oil-Theorie* gab es noch nicht. Auf dieser fossilen Energie wurden mächtige Strukturen errichtet, vom Bauwesen über die Banken und die Autoindustrie bis hin zur Chemie und zur Landwirtschaft. Ihre Macht ist fossil begründet, und Macht will um jeden Preis erhalten werden, selbst um den Preis des Niedergangs und der weitgehenden Zerstörung. Auch das Elektroauto wird daran nichts ändern, wie es heute aussieht.

Es ist paradox, dass die als rational geltenden Naturwissenschaftler und Ingenieure im Bereich der Automobilität genau die gleichen Fehler begehen, wie sie in politischen Machtstrukturen üblich sind. Sie wollen das wunderbare Zeitalter der gedankenlosen Energieverschwendung um jeden Preis und jenseits jeder Ratio prolongieren. Wie Erdöl ist Geld eine Form von Energie. Wäre man hellhörig, könnte man anhand der

---

* Der Begriff *Peak Oil* bezeichnet das Ölfördermaximum und steht für den Zeitpunkt, an dem die Förderrate eines Ölfelds oder einer ganzen Förderregion ihren absoluten Höhepunkt erreicht. Die zugehörige Theorie wurde in den 1950er-Jahren vom US-Geologen Marion King Hubbert entwickelt.

krachenden Finanzsysteme erkennen, dass sich im Untergrund, auf den unsere technische Zivilisation gebaut ist – nämlich die billige Energie –, Veränderungen anbahnen.

Finanzjongleure haben den exponentiell steigenden Energieverbrauch im Geldsektor einfach nahezu beliebig extrapoliert. Finanzkatastrophen haben aber keine so dramatischen physischen Konsequenzen wie der durch das Geld und um des Geldes willen erzeugte massenhafte Energiedurchsatz in der Gesellschaft und im Ökosystem. Das Auto, völlig auf künstliche Energie angewiesen, steht im Zentrum dieser Entwicklung. Selbst wenn man die Lebensdauer der Verkehrsanlagen nur mit fünfzig Jahren veranschlagt, stellt heute jede Investition in neue Fahrbahnen für den Autoverkehr angesichts des Klimawandels und des Artensterbens eine Fehlinvestition dar und ist somit nicht mehr zu verantworten.

Die entstandenen Probleme lassen sich nicht mit den Methoden und Werkzeugen lösen, mit denen sie erzeugt wurden, weil diese das Auto und den Autoverkehr im Fokus haben und nicht den Menschen mit seinen Fähigkeiten, aber auch seinen evolutionären Defiziten in diesem technischen Umfeld, in das er als Verkehrsteilnehmer eingebunden ist, das aber in vielen Bereichen sowohl seine sinnliche Ausstattung als auch seine evolutionären Erfahrungen übersteigt, z. B. was Geschwindigkeiten und deren Folgen angeht oder auch die zeitverzögerten Auswirkungen auf Wirtschaft und Natur. Die Veränderungen des Umfelds wirken auf die tiefsten Schichten unseres Hirns und führen zu Verhaltensänderungen, individuell wie auch gesellschaftlich, genau genommen zu Verwerfungen, wie es sie in der Menschheitsgeschichte noch nie zuvor gegeben hat. Folgt man dem Verursacherprinzip, ist es daher naheliegend, genau dort anzusetzen. Das wichtigste Werkzeug und dasjenige, mit dem die meisten Veränderungen unserer Welt hervorgebracht wurden, ist das Hirn, und die wichtigste Aufgabe besteht darin zu begreifen, dass es dieses relativ junge Organ ist, das mit allem, was in der Außenwelt verändert wird, in ständiger Wechselwirkung steht. Hier finden sich auch die Ansatzpunkte zur Veränderung des Verhaltens und damit der Zugang zu einer Lösung der Probleme. Der beschriebene Entstehungsweg führt von den Erscheinungsformen/Symptomen zu den Ursachen. Der Lösungsweg muss diesem Entstehungsweg folgen.

ABAG statt ASFINAG

Das nach dem Zweiten Weltkrieg entdeckte Geschäftsmodell für und durch das Auto geriet mit dem Widerstand gegen die geplanten Autobahnen in Wien in Bedrängnis und so wurde nach einer Lösung gesucht. Ähnlich wie bei den Viren mit ihrem »horizontalen Gentransfer« wurde eine Parallelstruktur zur funktionierenden staatlichen Struktur eingerichtet, um weiter möglichst unbemerkt und in einem gesicherten Umfeld am Staatsorganismus parasitieren zu können: die bereits erwähnte *Autobahnen- und Schnellstraßen-Finanzierungs-Aktiengesellschaft*, kurz ASFINAG. Was der Lobby der Bau- und Bankenkonzerne in Österreich mit dem ASFINAG-Gesetz 1982 und dem Fruchtgenussvertrag mit der ASFINAG 1997 gelang, wurde auf die gleiche raffinierte Weise in Deutschland im Jahr 2003 durch die Gründung der *Verkehrsinfrastrukturfinanzierungsgesellschaft mbH (VIFG)* nachgeahmt, die im Jahr 2019 durch *Die Autobahn GmbH des Bundes* abgelöst wurde. Wie in Österreich sind diese Gesellschaften nur ein Trick, um den Geldfluss aus den Taschen der Steuerzahler zum Ausbau der Herrschaft des Autovirus weitgehend unabhängig von fachlichen Zwängen sicherzustellen. Denn durch den weiteren Ausbau werden die Menschen aufgrund der erhöhten Attraktivität zur Autonutzung und zum Autokauf angeregt, die Abhängigkeit vom Auto und vom Autoverkehr vergrößert, der Stau verlängert – und schon ist die ASFINAG mit ihrem Geld dabei, diese Probleme durch weiteren Ausbau zu beseitigen. Ende des Denkens in der Verkehrspolitik, obwohl sich der Kreislauf des Wahnsinns gerade zu wiederholen beginnt. Würde man die Wirkung des Autos als Droge begreifen, müssten sämtliche an diesem Kreislauf beteiligten Politiker, Büros und Verwaltungsbeamten aller betroffenen Sektoren längst hinter Gittern sitzen, um dort darüber nachzudenken, wie dynamische Systeme funktionieren, bei denen technische Artefakte in die tiefste Schicht menschlicher Hirne eingreifen. Verantwortliche Politiker müssten daher nicht eine ASFINAG einrichten, sondern eine ABAG, eine *Autobahn-Abtragungs-Aktien-Gesellschaft*, und die ursprünglich für den Ausbau vorgesehenen Mittel für die Beseitigung und Renaturierung jener Infrastruktur verwenden, die nicht in die Zukunft passt. In manchen Städten sind Ansätze davon erkennbar. Denn was ich seit mehr als fünf Jahrzehnten mit meinen praktischen Arbeiten betreibe, wenn sich Partner in der Politik und in den Verwaltungen finden, die den dazu nötigen Mut und die erforderlichen Fähigkeiten mitbringen, verfolgt genau diese Ziele. Und, siehe da – es funktioniert immer, allen Unkenrufen und Ideologievorwürfen zum Trotz, selbst bei all meinen Kollegen und ehemaligen Studenten, die auf der Grundlage wissenschaftlicher Erkenntnisse und des Verständnisses für das System arbeiten.

Das Problem in der heutigen Praxis: Das Tabu des Autos

Je nach dem Fortschritt des Verständnisses über die Zerstörungswirkung des Autovirus versucht man dessen Folgen zu mildern, wobei Unsummen an Geld mit wenig Effekt vergeudet, vor allem aber verbaut werden. Auf diese Weise geht zudem viel Zeit verloren, die fehlen wird, um sich aus dieser

Abhängigkeit zu befreien. Denn das Auto nutzt die Intelligenz der Menschen in seinem Sinne, nicht nur, um sich in attraktiverer, unproblematischer Form zu präsentieren, sondern um bei den Lösungsansätzen so weit im Hintergrund zu bleiben, dass man es nicht wahrnimmt, es aber trotzdem seine Herrschaft über die Menschen behalten kann. Eine geschickte Vernebelungs- und Verteidigungsstrategie, in die es nicht nur die Entscheidungsträger und die Wissenschaft, sondern auch die Bürger einbindet. Das fällt ihm angesichts der bisher angerichteten Zerstörungen des Systems nicht schwer, weil sich die meisten Menschen ein ökologisch, ökonomisch und sozial nachhaltiges Verkehrssystem kaum mehr vorstellen können, obwohl das während 99 Prozent der Zeit sesshafter Gesellschaften die Normalität darstellte. Solange man dem Auto im Kopf nicht zu nahe kommt, ist vieles möglich – und mit symptombezogenen Lösungen auch viel zu verdienen. Da die Angst vor dem Autofahrer viele Politiker ebenso beherrscht wie das eigene Auto ihr Stammhirn, sind sie fast zu allem bereit, was eine Lösung der Verkehrsprobleme verspricht, die ja meist Probleme mit dem Autoverkehr oder präziser der autoabhängigen Gesellschaft sind. Und so entstehen zwar Maßnahmen und Projekte, die durchaus in Richtung einer Milderung wirken, die aber im Endeffekt keine nachhaltigen Systemlösungen darstellen. Davon gibt es unzählige Beispiele, Bildersammlungen, Bücher, Best-Practice-Berichte der EU und vor allem Projekte und Modelle für den Radverkehr, den öffentlichen Verkehr und auch für die Fußgänger. Bei allem aber geht man einem Problem aus dem Weg: der engen Bindung an den eigenen Pkw. Ich beginne mit einem Beispiel für den ländlichen Raum.

»Leichenschminken« statt Dorferneuerung

Die sogenannte »Dorferneuerung« in Niederösterreich, die sich darum bemüht, die noch erhaltenen Dorfkerne und älteren Gebäude zu sanieren, ist in Wirklichkeit nicht mehr als eine Dorfaufhübschung. In manchen Fällen erzielt man zwar optisch ansprechende Ortsbilder und bunte Fassaden, doch Leben kann man den Dörfern so nicht einhauchen. Die Landesregierung baut nämlich gleichzeitig um nahezu jede Ortschaft Umgehungsstraßen und Autobahnen – und das in einem ohnehin schon durch zu viele Straßen zerschnittenen Bundesland –, ohne zu begreifen, dass damit die dörflichen Strukturen zerstört werden. Denn die Raumplanung schafft um die Kreisverkehre an den Umgehungsstraßen herum neue Wohn- und flächenfressende Gewerbegebiete sowie Einkaufszentren mit riesigen Parkplätzen, die die Kaufkraft aus den Dorfleichen abziehen. Zugleich wird in den Medien das Sterben der Wirtshäuser beklagt und der letzte wirkliche Nahversorger – in Österreich der Greißler, in Deutschland der Tante-Emma-Laden –, zu Grabe getragen. Selbst wenn ein Politiker gewillt wäre, wirksame Maßnahmen zu ergreifen, die der Bevölkerung helfen könnten, sich aus der Abhängigkeit vom Auto zu befreien, stößt er heute auf Probleme: meist fehlt eine qualifizierte Verwaltung; die Macht der Lobbys, deren Geschäftsmodell er damit stören würde, sorgt mit ihren inseratenabhängigen Medien für Widerstand in der Bevölkerung. Dass damit das vielbeklagte Bauernsterben einhergeht, weil die Konzerne und die EU-diktierten Schikanen sie aus den lokalen Wirtschaftskreisläufen ausschließen, wird ebenso wenig erkannt wie die durch die Wirkungen des Autoverkehrs hervorgerufene Verzerrung des Wettbewerbs zwischen kleinen und großen Wirtschaftsstrukturen, die zur Zerstörung der Ersteren führt.

Die Vorsorge für die Zukunft scheint in Niederösterreich ebenso wie in allen anderen Bundesländern, in denen falsche

Verkehrsinfrastrukturen weitergebaut werden, darin zu bestehen, noch mehr Natur unter Asphalt und Beton zu begraben, und das unter gemeinsamer Beteiligung von Bund, ASFINAG, Ländern und Kommunen. In Tirol war nach der fatalen Fehlentscheidung für die Brennerautobahn ein gewisses Innehalten im allgemeinen Zerstörungsprozess durch Fahrbahnbauten festzustellen. Inzwischen jedoch haben die Lobbys der Baukonzerne ihr naturzerstörendes Treiben nun, da der Platz an der Oberfläche fehlt, unterirdisch fortgesetzt. Zudem wird das Land durch absurde Eisenbahnprojekte jenseits aller verkehrspolitischen Vernunft verwüstet wie nie zuvor. Die Bauindustrie in Österreich war clever genug, der Politik neben der Autobahnfinanzierungsgesellschaft auch noch eine Aktiengesellschaft des Bundes für die Planung und den Bau von Eisenbahn-Hochleistungsstrecken in Österreich errichten zu lassen. So wurde 1989 die *Eisenbahn-Hochleistungsstrecken AG (HL-AG)* gegründet, um den Bau- und Bankenkonzernen und allen weiteren Beteiligten auch noch über einen zweiten Kanal den Geldfluss über lukrative Großprojekte zu sichern, das alles natürlich ohne Rücksicht auf die Folgen für die Zukunft des Landes. Auf der Grundlage solider fachlicher Ignoranz, unter Missachtung der Verfassung und Inkaufnahme von Korruption entsteht eine Infrastruktur, die nicht zur Zukunft passt, diese aber mit einer riesigen Schuldenlast beschwert.

Zerstörung der Sicherheit im öffentlichen Raum

In einer Welt voller potenzieller Risiken und Gefahren stellten öffentliche Räume, in denen man sich in der Regel unbekümmert und sicher bewegen konnte, Anziehungspunkte dar. Der öffentliche Raum war daher seit den Anfängen menschlicher Siedlungen ein Bereich hoher Sicherheit, der von den Bewohnern rund um die Uhr kontrolliert und ver-

Ob im Bergdorf oder in der Stadt:
Sich auf die Straße zu wagen, bekommt eine andere Bedeutung.

teidigt wurde. Die Gestaltung und vielfältige Nutzung, die man noch an den Gebäuden historischer Zentren erkennen kann, beweisen, dass die Menschen die öffentlichen Räume als Lebensräume gestaltet hatten, in denen man sich gerne aufhielt. Die physische Bedrohung durch die Autos und den Autoverkehr, die die Menschen aus dem öffentlichen Raum vertrieb und sie auf die sogenannten Bürgersteige verbannte, wurde ohne großen Widerstand hingenommen. Die Wirkung des Autovirus ist unverkennbar; der Mensch hat dem Auto zu weichen und wird auf den Bürgersteig gedrängt. Der Begriff »Bürgersteig« oder auch »Gehsteig« lässt bereits erahnen, was aus dem einstigen Bürger gemacht wurde, der in seiner Stadt auf »Steigen«, also per definitionem auf schmalen, steilen Wegen, gefährlichen Gebirgspfaden nicht unähnlich, unterwegs zu sein hat.

Die Zonen für das öffentliche Leben eines Dorfes oder einer Stadt gehören fortan dem Auto, das sie besetzt und zu Gefahrenzonen für die Bürger gemacht hat. Damit Letztere lernen, sich autosystemgerecht zu verhalten, hat man das Fach »Verkehrserziehung« eingeführt, wo man schon von Kindesbeinen an lernt, wie man sich im öffentlichen Raum autogerecht verhält, worüber die Polizei und das Ordnungsamt wachen und Handlungen »wider die Bedürfnisse des Autoverkehrs« entsprechend sanktionieren. Und wenn es zu Unfällen kommt, ist es auch die fehlende »Achtsamkeit« der Fußgänger, die die allgemeine Sicherheit gefährdet. So weit ein kleiner Einblick in die Entmachtung des Menschen im öffentlichen Raum durch das Autovirus in den Köpfen, um anzudeuten, dass das, was sich zwischen den Bürgersteigen auf den Fahrbahnen bewegt, keine Bürger mehr sind, sondern Autofahrer, die außerhalb der Regeln der bürgerlichen Gemeinschaft stehen und sich auch dementsprechend verhalten. Dass die unbewusste und unkritisch akzeptierte Umwandlung der Werte in einer kultivierten menschlichen Gesellschaft möglich ist, zeigt, welch tiefgreifende Veränderung das Auto im Wesen der Menschen bewirkt. Das über Jahrtausende entwickelte System von Regeln des menschlichen Zusammenlebens wurde in wenigen Jahren hinweggewischt und auf den Kopf gestellt. Nicht diejenigen,

Die Bilder werfen die Frage auf, wer hier wohl die Menschen mit Beeinträchtigungen sind?

die andere bedrohen, werden gemaßregelt – wie ansonsten in jeder zivilisierten Gesellschaft üblich –, sondern die Opfer. Diese müssen sich den Regeln der Gewalttäter unterordnen und mit Restflächen vorliebnehmen, auf denen sie sich oft nicht einmal menschenwürdig bewegen können. Traditionell

Die IT-Lösung für die Bordstein-Barriere:
500 Meter Umweg oder noch mehr.

ausgebildete Planer haben an den einschlägigen Instituten gelernt, dass man den öffentlichen Raum nach diesen menschenverachtenden Strukturen zu gestalten hat.

Um ein Bewusstsein für diesen Zustand zu schaffen, müssen meine Studenten seit mittlerweile über vierzig Jahren mindestens eine Stunde lang Erfahrungen auf ihren üblichen Wegen sammeln, protokollieren und fotografisch dokumentieren – und zwar entweder im Rollstuhl sitzend oder ausgestattet mit einem Kinderwagen. Und wenn es mir gelingt, mache ich dasselbe mit den Damen und Herren des Gemeinderates einer Gemeinde oder Stadt und/oder ihren Verwaltungsbeamten, weil sie damit am eigenen Leib erfahren können, was sie mit ihren Entscheidungen und Beschlüssen anrichten. Auf diese Weise soll ihnen bewusst gemacht werden, was Generationen von Verkehrs- und Städteplanern vor ihnen den Menschen durch die autogerechte Gestaltung der öffentlichen Räume angetan haben. Außerdem wird dem Autovirus der trickreiche technische Umweg über die digitalen Medien erschwert, mit dem man den Menschen die geistige Mobilität »erleichtern« will und Erwartungen weckt, dass die Probleme der Zukunft durch die KI, die »Künstliche Intelligenz«, gelöst werden können.

Dass das Wirkung zeigt, bestätigen mir die Rückmeldungen ehemaliger Hörer ebenso wie die dritte Generation meiner Mitarbeiter – nicht nur durch ihr Engagement in der Praxis, sondern auch durch Aktionen wie *Platz für Wien*, mit denen sie dort anknüpfen, wo wir in den frühen 1970er-Jahren die von der Stadtverwaltung errichteten Barrieren gegen »wilde Fußwege« bei neu gestalteten U-Bahnstationen wieder entfernt haben. Oder auch der in Salzburg aus der Idee des Gehzeugs geborene *fairkehr – Verein zur verkehrspolitischen Bewusstseinsbildung*, der von Erik Schnaitl und Gregor Sieböck gegründet wurde. Dass Wien nicht den Weg der deutschen Städte ging, die Haltestellen der bestehenden Technik der Straßenbahnen anzupassen, indem sie auf das Niveau der Plattformen der Waggons angehoben wurden, sondern die technisch schwierigere, aber stadt- und menschenverträgliche Lösung der Niederflurstraßenbahnen wählte, leistete, wie ich aus fünfzehnjähriger Erfahrung als Vorsitzender des Fahrgastbeirates weiß, einen wesentlichen Beitrag zur Mobilität vieler früher am Zugang gehinderter Gesellschaftsgruppen und ebenso zur Verkehrssicherheit, genau wie die Anhebung von Fahrbahnen auf Gehsteigniveau im Bereich von Kreuzungen. Gute Lösungen sind eine wirksame Maßnahme gegen die Macht des im Verborgenen agierenden Autovirus. Gegen physische Barrieren reagiert es besonders sensibel, auch wenn diese zunächst nur auf der Ebene der Symptome, dem »Fließverkehr«, eingesetzt werden. Wer jedoch schon vor diesen leicht umzusetzenden Maßnahmen zurückschreckt, hat bereits verloren.

Architekten und Städteplaner, die nicht begriffen haben, wie eine menschengerechte Siedlung zu gestalten ist, haben ihre Arbeit an die Anforderungen des Autoverkehrs angepasst und damit in der Gesellschaft Probleme der allgemeinen Sicherheit erzeugt. Die Entwicklung zu komplexeren gesellschaftlichen und sozialen Systemen setzt – wie alle Entwicklungen in der Evolution – voraus, dass zugunsten der Sicherheit und der Vorteile in einer größeren Gemeinschaft ein gewisses Maß an individueller Freiheit aufgegeben wird. Voraussetzung dafür sind allerdings funktionierende räumliche Wechselbeziehungen im öffentlichen Raum.

Ein System zerfällt, wenn seine Einzelteile einen größeren Freiheitsgrad besitzen als das Gesamtsystem. Auch in lebenden Systemen kennt man dieses Phänomen, wenn Zellen sich aus dem Gesamtverband lösen, um ausschließlich ihr Eigeninteresse – das Wachstum – ohne Rücksicht auf das Umfeld durchzusetzen. Das ist nur möglich, indem man der Gesellschaft bzw. den übrigen Organen Energie entzieht, mit der man sein eigenes Wachstum fördern kann. In einem Organismus wird das als Krebs bezeichnet. Internationale Konzerne wenden dieselbe Strategie an, um ihr Wachstum durch Umlegung der Kosten auf die Allgemeinheit voranzutreiben. Die Entwicklung großer Konzernstrukturen setzt technische Verkehrssysteme voraus, die nicht der gesellschaftlichen Kontrolle unterliegen. Für die physischen Aktivitäten ist der Autoverkehr das Mittel der Wahl; für die Informationskontrolle, also den Nachrichten- und Geldverkehr, ist es die Digitalisierung, durch die Abhängigkeiten von IT-Konzernen geschaffen werden, befördert durch die von der EU, der Weltbank und dem Internationalen Währungsfonds (IWF) eingeführten Zwangsmaßnahmen. Dieser wichtige Sektor des Verkehrssystems ist aber nicht Gegenstand dieses Buches, obwohl er massive Wirkungen auf das hier verhandelte System hat – man denke nur an das »Betongold« der Investoren, mit dem sie in den Raum, die Städte und die Welt eingreifen. In dem Ausmaß aber, in dem Autos den öffentlichen Raum okkupieren konnten, wurde das einst zentrale Element dieses Raums, die Sicherheit für alle, zerstört.

Zerstörung der Gemeinschaft

Gemeinden sind ein Ergebnis der Fußgänger. Die Durchschnittsgröße einer österreichischen Gemeinde – denkt man sich diese als Kreis – entspricht genau einer Stunde Fußweg vom Rand zum Zentrum. Diese aus den Verkehrsbeziehungen entstandenen sozialen und wirtschaftlichen Einheiten sind seit Jahrhunderten erprobt. Durch die Motorisierung hervorgerufene Ideen, Gemeinden zusammenzulegen, waren selten erfolgreich. Die Bindungen an die traditionelle Gemeinschaft sind so groß, dass unbedachte Gemeindezusammenlegungen ohne Kenntnis der Sozialstrukturen vielfach wieder zurückgenommen werden mussten.

Dieselbe Strecke mit dem Auto zurückgelegt, beansprucht aber nur einen Bruchteil der täglich zur Verfügung stehenden Mobilitätszeit, die als Konstante systembestimmend ist. Für einen Autofahrer spielen Gemeindegrenzen keine Rolle mehr. Er kann seinen Wohnort in der Nachbargemeinde oder mehrere Gemeinden weiter wählen und trotzdem alle Vorteile der ursprünglichen Gemeinschaft nutzen. Das Rechtssystem hat diese raumzeitlichen Veränderungen bis heute weder wahrgenommen noch verstanden. Verfügt aber das Einzelelement über ein größeres Maß an Freiheit als die Gemeinschaft, dann bestimmt das Einzelelement die Entwicklung, und nicht mehr die Gemeinschaft. Die Gemeinschaft und die Gemeinde verlieren ihre Gestaltungsfähigkeit. Das Auto löst die inneren Strukturen raumzeitlich auf, so wie ein Krebsgeschwür die inneren Strukturen eines Organismus zerstört. Der Autonutzer ist daher für den größeren Organismus der Gemeinschaft eine Art Krebszelle und zerstört im Eigeninteresse das Größere, Gemeinsame, ohne sich dessen überhaupt bewusst zu sein. Denn die unmittelbare Nähe zwischen Auto und dem es ernährenden und erhaltenden Menschen ist von beiderseitigem, unmittelbarem Vorteil. Auch die von einem Virus besetzte Körperzelle »empfindet« es als Vorteil, mit dem gleichen Aufwand viel mehr Viren zu produzieren, als ihren weit komplexeren Aufgaben nachzugehen, nämlich die speziellen gemeinschaftlichen Funktionen zu erfüllen, für die sie im Organismus evolutionär eingerichtet wurde. Viren sind daher seltener bei Einzelzellen erfolgreich als bei Zellen, die ihre Aufgaben nur mehr in dem speziellen Umfeld eines Organs oder einer Funktion im Organismus erfüllen. Und das am besten dort, wo sie von außen einen guten Zugriff haben. Viren sind daher bei Einzellern weniger erfolgreich als bei Vielzellern; bei Letzteren greifen sie zudem meist diejenigen Organe an, die von außen am leichtesten zu erreichen sind. Die diversen Pandemien bestätigen das eindrucksvoll.

Solidarität zwischen den Menschen?

So wie ein vom Krebs befallenes Lebewesen sich nicht mehr weiterentwickeln kann, wird die Evolution der Menschheit durch das Auto blockiert. Doch dieser Zerstörungsprozess wird von den Ideologen des Energierausches unserer Zeit weder erkannt noch in seinen Auswirkungen verstanden. Ganz im Gegenteil – sie geben sich der Illusion hin, man könne die Menschen in beliebig großen Einheiten aufgehen lassen, ohne das Bestehende zu erhalten. Schon die Ideologen des Kommunismus sind mit dieser Vorstellung gescheitert. Sie alle übersehen nämlich die Grundvoraussetzung: die für jede Gemeinschaft erforderliche lokale Solidarität unmittelbarer menschlicher Beziehungen. Diese sind in der Bindekraft kleinerer Einheiten verankert und man kann nur auf diesen aufbauen und nicht auf isolierten Einzelelementen, die sich den Verpflichtungen der Gemeinschaft räumlich leicht entziehen können. Südtirol war über Jahrzehnte ein gutes Beispiel dafür, weil man dort den Eindruck hatte, in den Ortschaften gäbe es mehr Vereine als Bewohner. Der Erfolg der Fußgängerzonen, selbst in kleinen Kommunen, die Wiederinbetriebnahme der stillgelegten Vinschgerbahn und der für viele überraschend schnelle Lerneffekt dieser zukunftsfähigen Entwicklung auch für einige der anderen Regionen des Landes – das alles hat sicher mit gelebter Solidarität zu tun, trotz der verheerenden Maßnahmen der Landesverwaltung im Straßenbau, die außerdem dem Irrglauben huldigt, der umwelt- und klimaschädliche und ganze Täler verlärmende Lkw-Transit würde auf wundersame Weise durch ein Loch durch den Berg auf die Eisenbahn abgesaugt. Hier machen sich nicht nur drei Probleme bemerkbar – die fachliche Ignoranz der Entscheidungsträger, die Gerissenheit der Tunnellobby, die bei Großprojekten übliche Korruption auf allen Ebenen –, sondern auch die raffinierte Einbindung kritischer Lokalpolitiker in den Geldstrom dieser Projekte, indem man sie in »Scheinkontrollgremien« beruft. So entsteht eine »Solidarität« mit den Projektbetreibern, unterstützt auch von den lokalen Medien. Im Süden Italiens, so wird immer wieder berichtet, funktioniert das über die Mafia genauso.

Geht es jedoch um die Nutzung fossiler Energien für die Automobilität, hat jede Solidarität ein Ende. Selbst die mit den eigenen Kindern wird aufgegeben, indem man ihre Bewegungsräume zugunsten des Autoverkehrs drastisch beschneidet. Motorisierte Gesellschaften wie die unsere sind auch nicht bereit, ihren Beitrag zur Reduktion der Treibhausgase zu leisten. In vielen Ländern Afrikas, Asiens und Südamerikas liegt der Pro-Kopf-Ausstoß an CO_2 zum Teil deutlich unter einer Tonne, während er in Deutschland und Österreich etwa acht Tonnen beträgt.[34] Wollte man die Vorstellungen von Globalisierungsfundamentalisten umsetzen, die ohne Rücksicht auf Unterschiede alles vereinigen und gleichmachen wollen, müssten die Europäer ihren Energieverbrauch um 90 Prozent und die Amerikaner gar um 95 Prozent reduzieren. Autofahren wie bisher ist unter diesen energetischen Rahmenbedingungen selbst mit E-Autos sicher nicht mehr möglich. Winfried Wolf hat das in seinem Buch *Mit dem Elektroauto in die Sackgasse. Warum E-Mobilität den Klimawandel beschleunigt* (Wien 2019) ausführlich beschrieben. Davon aber wollen das Genom und das Autovirus weder etwas hören noch etwas lesen. Zu mächtig sind ihre Strukturen und das von ihnen betriebene Umfeld. Voraussetzung für eine solidarische Globalisierung ist jedoch der Verzicht aufs Auto – das allerdings will keiner dieser Fundamentalisten akzeptieren. In einer Gesellschaft, die lieber auf Nachkommen als auf Autos verzichtet, scheint dies ohnehin ein Ding der Unmöglichkeit zu sein. Die Evolution folgt aber nicht dem Pfad der Mächtigen, sonst wären wir sicher nicht hier. Daraus könnten wir lernen.

Vernichtung von Sozialkapital

Eine intakte Familie kann zusammen mehr erreichen als die Summe der Einzelpersonen. Für einen Familienclan gilt das erst recht. Eine Dorfgemeinschaft oder Nachbarschaft kann ihren Bewohnern Sicherheit, Geborgenheit und Hilfe bieten, die über das hinausgeht, was die einzelne Familie zu leisten vermag. Diese auf internen Beziehungen beruhenden informellen Strukturen leisten einen enormen Beitrag zur gesellschaftlichen Entwicklung, der, würde man ihn mit Geld aufwiegen, riesigen Summen entspräche. Dass dies gar nicht möglich ist, weil viele dieser Leistungen durch Synergien Qualitäten erzeugen, die per definitionem nicht quantifizierbar sind, sei nur nebenbei erwähnt. Ein kurzer Blick auf das, was man heute als Sozialkapital bezeichnet – wozu auch die Generationenbeziehungen gehören –, zeigt, wie wichtig die Erhaltung dieses Kapitals für die Zukunft ist. Voraussetzung für die Erhaltung des Sozialkapitals sind aber die engen Beziehungen zwischen den Menschen. Für die über die Familie hinausgehenden Bindungen ist der öffentliche Raum entscheidend. Hat dieser eine hohe Aufenthaltsqualität, wird er zum Verweilen einladen, wodurch Kontakte entstehen oder gefestigt werden. In unseren Klimazonen waren auch die Bewohner und die Gebäude mit ihrer Öffnung hin zum öffentlichen Raum in diese Prozesse einbezogen. Mit dem Auftauchen des Autos wurde diese Funktion zugunsten des Autos sowie seiner Stellplätze und Fahrbedürfnisse vernichtet. Die sich ausbreitende soziale Isolierung ist auch an den Gebäuden und an der modernen Primitivarchitektur erkennbar, die sich vom öffentlichen Raum abwenden, was in der Folge zu sozialer Kälte und zu Sicherheitsproblemen führt. Das wiederum sind beste Voraussetzungen für gute Geschäfte mit elektronischen Überwachungseinrichtungen aller Art. Wie bei einem Zahnradgetriebe greift die eine an die Macht gebrachte technisch unkontrollierte Entwicklung in die nächste, ohne dass die Menschen merken, dass ihnen dabei nicht nur der Boden unter den Füßen weggezogen wird. Die Menschen werden immer einsamer, auf das Auto fixiert und merken nicht, wie sie durch dieses von lebensnotwendigen Nahbeziehungen abgeschnitten werden. Dass sich unter diesen Voraussetzungen das Handy als Kommunikationsersatz geradezu explosionsartig vermehrt, ist der beste Beweis für die individuelle Isolierung durch Verwirklichung individueller Freiheit. Dass sich die Menschen aus dieser optisch und akustisch unwirtlichen Umwelt in die virtuelle Abwesenheit der sogenannten sozialen Medien flüchten oder sich durch ihre Kopfhörer von der akustischen Umwelt so sehr abkapseln, dass es zu Kollisionen mit Straßenbahnen, Verkehrszeichenpfosten, Radfahrern und Fußgängern kommt, kann man regelmäßig in der Boulevardpresse lesen. Ein Ergebnis der bisherigen Verkehrs-, Raumordnungs- und Stadtplanungspolitik und ihrer Verwaltungen auf allen Ebenen. Das aber macht Hoffnung, denn es handelt sich um künstliche, von Menschen gemachte Strukturen, die man ändern kann. Es ist aber auch eine Frage der Macht, nicht nur der äußeren, sondern auch der inneren, ob man in der Lage ist, sich von der Diktatur des Autovirus, die auch ein Abbild der Diktatur der Konzerne ist, befreien kann.

Politische und wirtschaftliche Macht durch technische Verkehrsmittel

Ideologien wie Kommunismus oder Kapitalismus, insbesondere in Form des fundamentalistischen Neoliberalismus, können durch die Macht technischer Verkehrssysteme lebensbedrohlich werden. Kommunismus und Frühkapitalismus brauchten die Eisenbahnen, um sich zu ihrer vollen Brutalität und Unmenschlichkeit zu entwickeln. Die zahlreichen Eisenbahnszenen im Film *Doktor Schiwago*, der zur Zeit der Entstehung des russischen Kommunismus spielt, zeigen die Mechanismen dieses technischen Verkehrssystems.

Wie bei allen Machtstrukturen zu beobachten, wurden auch die Kommunisten blind für die Realität. Sie haben die Massenmotorisierung im Westen verschlafen und damit zugelassen, dass die Menschen noch auf ihren eigenen Beinen stehen konnten. 1989 zeigte sich das deutlich. Die Menschenmassen in Leipzig oder die Demonstrationen auf dem Prager Wenzelsplatz konnten deshalb ihre dramatische Wucht und politische Kraft entfalten, weil die Menschen auf ihren eigenen Beinen standen. Wenn die Menschen in der heutigen Autogesellschaft zu Fuß für ihre Rechte und ihre Zukunft demonstrieren, reagiert die Politik darauf allenfalls verhalten. Wenn hingegen der von den Autofahrern selbst erzeugte Stau im Straßennetz ein bestimmtes Maß übersteigt, werden schnell Millionen aufgetrieben, um diesen für die Autofahrer so unangenehmen Zustand abzustellen. Verwaltung und Politik reagieren in diesem Fall nicht nur schnell, sondern sogar »vorausschauend« – durch eine üppige Überdimensionierung von Fahrbahnen und Autoabstellplätzen. Ein weiteres Indiz für die tolerierte Hierarchie zwischen Auto- und Menschenwünschen.

Doch wozu überhaupt für eine Freiheit demonstrieren, die man ohnehin schon freiwillig aufgegeben hat, allerdings ohne es zu merken. Heutzutage wäre aber auch das überholt. Mit der Digitalisierung und den elektronischen Medien, die Zugriff auf jeden Bürger und seine »intelligenten« Haushaltsgeräte, seine Kreditkarten und sein Konto haben, hat die Konzernregierung der USA ein wesentlich kompletteres Überwachungs-, Abhör- und Machtsystem eingerichtet als China mit seiner Gesichtserkennung. Nachrichten und Geldverkehr werden so weltweit kontrolliert. Und ähnlich wie die Rinder, denen bei ihrer Geburt eine Ohrmarke appliziert wird, damit ihr Halter sie nicht mehr an ihren Gesichtern erkennen muss, werden die Menschen, die sich diesem System aus Bequemlichkeit und Zwang ausliefern, registriert und durchsichtig, während die dahinterstehenden Konzerne immer undurchsichtiger und mächtiger werden und die Demokratien vermutlich als Volksunterhaltung betrachten.

Die Abgabenfalle Auto

Zu der im Zuge der fossilen Energieschwemme errichteten Infrastruktur zählen nicht nur die Fahrbahnen, sondern das gesamte Netz an Versorgungs- und Entsorgungsleitungen, um Wasser, Energie und Informationen in die von den Autofahrern zersiedelten Regionen zu bringen und wieder abzuleiten. Schon heute belasten die Abgaben für Mieten, Stromverbrauch sowie Wasserver- und -entsorgung viele Haushalte bis an die Grenze ihrer finanziellen Leistungsfähigkeit. Um sich der politischen Verantwortung zu entziehen, tappten viele Länder, Städte und Gemeinden aufgrund schwindender Steuereinnahmen und mangelnder Kenntnisse der Wirkungen dieser technischen Netzwerke in die von den Ideologen des Neoliberalismus errichtete Falle der Privatisierung selbst der Daseinsvorsorge. Private Gesellschaften haben aber nicht die Daseinsvorsorge zum Ziel, diese ist für sie nur ein Mittel, um auf Kosten der Steuerzahler verlässlich und bequem Gewinne zu erzielen, und das bei einem gleichzeitigem Verfall der Infrastruktur und der einstigen Leistungen von Unternehmen der öffentlichen Hand.

Während die Spritpreise häufig im Mittelpunkt öffentlicher Diskussionen stehen, werden andere mit dem Auto in Zusammenhang stehende Abgaben, wie Autoversicherung, Autobahn- und Citymaut, sowie immer neue Ausstattungsvorgaben seitens der EU, die vor allem im Interesse der Autokonzerne liegen, viel weniger wahrgenommen, obwohl sie in Summe bei den oben angegebenen jährlichen oder monatlichen Autokosten durchaus kräftig zu Buche schlagen. Die Kosten, die für die durch den Autoverkehr hervorgerufenen gesundheitlichen Schäden anfallen – seien es Verletzungen durch Verkehrsunfälle oder Erkrankungen infolge der Lärm- und Abgasbelastung –, werden durch die Sozialabgaben und die allgemeinen Steuern beglichen. Sitzt der Mensch erst einmal im Auto, haben nicht nur die Finanzminister, sondern auch die Konzerne, von denen sich der Autofahrer abhängig macht, viele Möglichkeiten, an der Kosten- oder Abgabenschraube zu drehen. Wenn man neben den Kosten die zeitliche Bindung an das Auto berücksichtigt, die in Deutschland im Mittel bei 45 Minuten täglich liegt, verbringen Autofahrer jährlich beinahe 275 Stunden auf den Fahrbahnen.[35] Umgerechnet auf eine wöchentliche Arbeitszeit von 40 Stunden entspräche das fast sieben Arbeitswochen in einer ungesunden und ziemlich eintönigen Umgebung. Da in der Vergangenheit das beliebte Verkehrsmittel Pkw massiv subventioniert wurde, ist zu erwarten, dass, ausgehend von den Städten, künftig Kostenerhöhungen notwendig werden. In Österreich werden die Mautgebühren ohnehin dem steigenden Erhaltungsaufwand angepasst, während sich Deutschland dank der qualifizierten fachlichen Ignoranz der jeweils zuständigen Verkehrsminister nach wie vor mautfreie Autobahnen leistet. Praktisch bedeutet das aber, dass die für die Erhaltung und den Betrieb anfallenden Kosten von der Allgemeinheit getragen werden. Also auch von denjenigen, die kein Auto benutzen oder besitzen. Weitere Autobahnen zu planen und zu bauen, ist angesichts der Klimaziele, die man auch im Verkehrssektor zu erreichen hat, ein Akt besonderer Kurzsichtigkeit und Verantwortungslosigkeit. Zu glauben, man könne dieser Entwicklung dadurch entkommen, dass man, wie in Österreich, die Finanzierung auslagert, ist eine Illusion. Abgesehen davon, dass in diesen Konzernen mit staatlicher Finanzierungsgarantie die Gehälter und Prämien weit jenseits des Beamtenschemas liegen, wird damit nur eine Parallelverwaltung aufgebaut, die nicht etwa im Interesse des Gemeinwohls, sondern der Gewinnmaximierung arbeitet, an der die Bürger nicht beteiligt werden.

Zerstörung räumlicher Qualität

Dort, wo sich Menschen wohlfühlen, halten sie sich auch gern auf. Vor der Zeit des Autos war dies der öffentliche Raum, der inzwischen von Autos besetzt und zur lebensbedrohlichen Fahrbahn wurde. Der Städtetourismus von heute lebt von den historischen Ortskernen und deren Sehenswürdigkeiten. Attraktionen, die die Menschen anziehen, gibt es aber weder in den rasterförmigen amerikanischen Metropolen noch in den stereotypen, autoorientierten Siedlungswüsten Australiens, Amerikas oder Europas. Das Auto hat diese Strukturen zerstört und Schneisen geschlagen, die keine öffentlichen Räume mehr sind. Für Architekten und Stadtplaner hingegen ist das Auto ein Segen, weil es die Menschen von den Scheußlichkeiten ihrer gesichtslosen Betonburgen ablenkt, die sie auf ihren Wegen durch die Kanäle der gefängnisähnlichen Korridore über die Aufzugboxen zu den unterirdischen Garagen so gar nicht mehr zu Gesicht bekommen. Es ist daher nicht verwunderlich, dass sie diesem unwirtlichen Umfeld, so oft es geht, durch Flucht zu entkommen suchen, was den Exodus aus diesen Stadtteilen an den Wochenenden und die dazugehörigen Staus an den Stadtein- und -ausfahrten verursacht. Vor der Massenmotorisierung mussten die städtischen Planungsämter für komplementäre Grünflächen im Umfeld und Kleingärten an den Stadträndern sorgen, also für lokale Erholungsräume mit Beschäftigungsmöglichkeiten abseits der Tretmühle des Geldverdienens, von denen die Bevölkerung bis heute profitiert. Im Gegensatz dazu sind die Neubaugebiete von heute mit ihren versiegelten Flächen und ihren vielgeschossigen Massenquartieren lebens- und gemeinschaftsfeindlich und bilden in so mancher Großstadt den Nährboden für das Bandenwesen vor allem der Jugendlichen, die sich nach einer Gemeinschaft sehnen, die sie in der autoorientierten Gesellschaft nicht mehr finden.

Autofahrer sind eine Spezies, die durch Blinksignale und ein äußerst eingeschränktes Spektrum akustischer Laute auf dem Niveau primitiver Insekten miteinander kommuniziert. Sie stellen auch keine Ansprüche an die Gestaltungsqualität neuer Gebäude. Sie begnügen sich mit Parkplätzen und damit, dass man ihnen alle Hindernisse aus dem Weg räumt, um ihnen eine freie Fahrt zu ermöglichen. Das Auto hat das informelle Potenzial menschlicher Kommunikation im öffentlichen Raum und damit die persönliche Interaktion zerstört. Sowohl Kommunikation als auch zwischenmenschliche Beziehungen zählen zu den Grundbedürfnissen des Menschen. Ihre Einschränkung wird als Strafe empfunden und daher auch in Form von Inhaftierungen zur Sanktionierung von Gesetzesverstößen eingesetzt. Die durch das Auto ausgeübte physische und akustische Unterdrückung und Einschränkung hingegen werden freiwillig hingenommen, ist doch die Beziehung zum eigenen Pkw häufig enger als zur Nachbarschaft. Wird der evolutionäre Baustein der zwischenmenschlichen Kommunikation verletzt oder zerstört, beginnt die Suche nach Ersatz. Und dafür ist der Kapitalismus perfekt vorbereitet, denn diesen gibt es überall dort, wo der Autofahrende über das Angebot an Parkplätzen zur Kasse gebeten wird – von den Einkaufszentren für den schnellen Durchsatz an Industrieprodukten bis hin zu Freizeit- und Sporteinrichtungen. Eine Stadt, in der Menschen ihre Freizeit in Einkaufszentren verbringen, ist krank.

Regieren gegen die Bürger

»Nenne mir deine Experten, und ich sage dir, wie du regierst.« – Nur erstklassige Politiker und große Persönlichkeiten vertragen unabhängige, erstklassige Experten; zweitklassige Politiker können erstklassige, unabhängige Experten nicht ausstehen. Sie bedienen sich stattdessen lieber willfähriger, angepasster Figuren, die auf diese Art und Weise nicht selten Karriere machen können, selbst im akademischen Bereich, der ohnehin immer mehr von Lobbys kontrolliert wird. Um dies zu ermöglichen, muss die öffentliche Meinung entsprechend manipuliert werden. Dazu bedient man sich der staatlichen Medien ebenso erfolgreich wie der sogenannten privaten Fernsehanstalten oder Printmedien. Man schafft entweder finanzielle Abhängigkeiten oder führt eine staatliche »Presseförderung« ein, um auf diese Weise die öffentliche Meinung zu beeinflussen. Es handelt sich hier um einen Zerstörungsprozess gesellschaftlicher Leistungen, die in westlichen Demokratien in Gesetzen festgeschrieben sind bzw. sein sollten, wie z. B. die Pressefreiheit. In der Realität kann aber auch in westlichen Demokratien von Pressefreiheit keine Rede sein, wenn die Medien unter dem Einfluss von Kapitalgesellschaften stehen. In einem System der Herrschaft der Konzerne ist Pressefreiheit nicht mehr gegeben, wenn sie den Interessen der Mächtigen zuwiderläuft. Wie mächtig Lobbys und wie ohnmächtig Staaten sind, zeigt sich bei den internationalen Bemühungen zur Eindämmung der globalen Erwärmung, wobei die im Kyoto-Protokoll 1997 festgeschriebenen Grenzwerte bei Weitem nicht ausreichen, um die Gefahren der drohenden Klimaveränderung abzuwehren. Gleiches gilt für die seit dem Jahr 2020 gültige Verpflichtung aller Vertragsparteien, regelmäßig Klimaschutzpläne vorzulegen und über bisherige Fortschritte zu berichten. Das übergreifende Ziel, bis zum Jahr 2050 Netto-Null-Emissionen zu erreichen, ist im Rahmen des *Green Deal* und im europäischen Klimagesetz rechtlich verbindlich verankert. Das hindert die Finanzinstitutionen jedoch nicht daran, weiterhin in fossile Energien zu investieren. Aus Sicht des Klimas sind die Verhandlungen darüber, welche Länder wie viel Treibhausgase emittieren dürfen, und der so genannte Emissionshandel ein trickreiches Spiel mit manipulierten Berechnungen allein durch die unterschiedlichen Möglichkeiten der Systemabgrenzungen globaler Produktion und des globalen Handels. Tatsache aber ist, dass in den Sektoren Industrie, Wohnen und Landwirtschaft durchaus Anfangserfolge erzielt werden konnten, während die Emissionen im Bereich Verkehr nach wie vor zunehmen. Es ist offensichtlich nicht so leicht möglich, sich vom Autovirus zu befreien. Das zeigen auch die Klimapläne der Länder und Städte, in denen das Auto in seiner zentralen Funktion nicht in Frage gestellt wird. Lieber mit dem Auto in die Klimakatastrophe statt zu Fuß aus ihr heraus.

Regieren für die Bürger bedeutet Regieren gegen ihre Entmachtung durch das Auto

Robert Lembkes Einsicht »Schlechte Beispiele verderben gute Sitten, gute Beispiele das gute Gewissen« trifft auch auf die Befindlichkeit immer größerer Schichten der Bevölkerung zu, denen die negativen Seiten des Autoverkehrs langsam bewusst werden, seien es Verkehrsunfälle, Versiegelung, Lärmbelastung oder Klimawandel. Ein Zustand, den die Sozialpsychologie als »Kognitive Dissonanz« bezeichnet – also einen als unangenehm empfundenen Gefühlszustand, der dadurch entsteht, dass ein Mensch unvereinbare Kognitionen hat (z. B. Wahrnehmungen, Gedanken, Meinungen, Einstellungen, Wünsche oder Absichten). Kognitionen sind mentale Ereignisse, die mit einer Bewertung verbunden sind. Zwischen diesen Kognitionen können als Dissonanzen bezeichnete Konflikte entstehen. Dissonante Zustände werden als unangenehm empfunden und erzeugen innere Spannungen, die nach Überwindung drängen.[36] Die Reaktionen der Autogesellschaft auf die sogenannten Klimakleber zeigen die Wirkung des Autovirus in den Köpfen der Politiker besonders deutlich. In Deutschland beweisen die überzogenen Maßnahmen gegen die Aktivisten einmal mehr, dass in den Hirnen der Entscheidungsträger das Autovirus die absolute Herrschaft innehat, wenn sie sogar den Dialog mit den Klimaaktivisten ablehnen. Noch schlimmer ist es allerdings, wenn man sich vom entschiedenen Auftreten der Staatsmacht gegenüber den Aktivisten politische Vorteile verspricht, was z. B. auf die Regierung in Österreich zutrifft. Das aber gerät schon in eine bedenkliche Nähe zur Korruption. *Transparency International* definiert Korruption als »Missbrauch von anvertrauter Macht zum privaten Nutzen oder Vorteil«[37]. Korruption ist demnach der Missbrauch einer überantworteten Macht oder Entscheidungsbefugnis, verbunden mit der Absicht, einen ungerechtfertigten Vorteil zu erlangen. Denn was die Klimaaktivisten fordern, sind wirksame Maßnahmen gegen die Klimakatastrophe, geboren aus der Einsicht, dass von den Regierunden viel zu wenig dagegen unternommen wird. Unter den heutigen Umständen kann kein einigermaßen vernünftiger Mensch, dessen Verstand noch intakt ist, dagegen sein. Das gilt jedoch nicht, wenn dieser Verstand durch das Autovirus aus den tieferen Schichten des Hirns gesteuert bzw. abgeschaltet wird. Nach wie vor wird die Staatsmacht gegen jede Vernunft für das Auto und gegen die Menschen eingesetzt, von der Bundesebene über die Länder bis hin zu den Kommunen.

Die verborgenen Wirkungen des Autovirus

Im Unterschied zu den von Viren befallenen Zellen, die sich voll und ganz der Virenproduktion unterwerfen, sind bis zum Vielzeller Homo sapiens zahlreiche Schichten der Evolution mit Leistungen entwickelt worden, die sich bis in die Zivilisation und deren Kulturen zeigen. Auch die Vielfalt der durch den Einsatz von Wissenschaft und Technik eröffneten Möglichkeiten der Energienutzung hat die Eingriffe in die Welt weit über das menschliche Begreifen hinaus vergrößert und unser Leben bequemer gemacht. Außer Acht gelassen wurden aber in vielen Bereichen die Rückwirkungen dieser Veränderungen des Umfelds auf die Menschen selbst und ihre Gesellschaft ebenso wie deren zunehmende Abhängigkeit von den selbstgeschaffenen Artefakten. Denn auch diese haben sich ihre »Lebensräume« erobert und Abhängigkeiten erzeugt, die tief im Unterbewusstsein wirken, wo ihre Macht ungleich größer ist als auf der Ebene der Ratio. Eine schwierige Situation für Disziplinen, die es gewohnt sind, dem Anschein oder dem anscheinend Wahren nach in die Welt einzugreifen, etwa wenn es um die »Wünsche der Bevölkerung nach Mobilität«

oder die »Verkehrszunahme« geht. Einerseits wird das Wahrgenommene durch die tiefgreifenden Wirkungen des Autos in unserem Gehirn beeinflusst, und andererseits werden im äußeren Erscheinungsbild nicht die eigentlichen Zusammenhänge mit ihren tiefliegenden Ursachen offenbar, sondern nur die Symptome. Wer vom Virus Auto betroffen ist, denkt im Sinne des Autos, identifiziert sich mit dessen Bedürfnissen.

Die gute Methode des Handwerks – die Handarbeit unter der Kontrolle aller Sinne und unmittelbarer Rückwirkungen – versagt bei Systemen, die wir in linearer Logik entwerfen, bauen und betreiben und in die dynamische Komplexität der Welt und der Gesellschaft entlassen, ohne ihre Wirkungen zu kennen. Erst nach mehreren Durchläufen beginnt man diese zu begreifen, was die Erfahrungen mit dem motorisierten Individualverkehr seit über 150 Jahren beweisen. Der Astrophysiker Peter Kafka identifizierte für einen »aufwärts« führenden Fortschritt zwei Stabilitätskriterien, die er unter den Schlagwörtern »Vielfalt und Gemächlichkeit« zusammenfasste. Würden diese Stabilitätskriterien durch den immer weiter beschleunigten Fortschritt einer global immer einheitlicheren Zivilisation verletzt, führe der Fortschritt nicht mehr zu »höherer« Komplexität, sondern taumle »abwärts« in ein immer komplizierteres Chaos. In diesem kritischen Stadium der irdischen Evolution sei die Menschheit jetzt angelangt.[38]

Die Bevölkerung ist schon weiter als manche Experten und Politiker

Bereits in den 1970er-Jahren zeichnete sich im Verkehrswesen ein an zwei Strömungen erkennbarer Wandel ab:

1. das Aufkommen erster Widersprüche gegenüber den Dogmen des Verkehrswesens durch die unabhängige Wissenschaft und

2. das Auftreten kritischer Bürgerbewegungen gegen den hemmungslosen Fahrbahnbau.

Aus der ersten Strömung entstand ein theoretisch und empirisch solides Fundament für eine verantwortbare Verkehrsplanung. Der grundlegende Unterschied liegt darin, dass die Systemwirkungen – wie z. B. konstante Wegezahl, keine Einsparung an Reisezeit durch Geschwindigkeit sowie keine beliebige, sondern nur eine bedingte Freiheit der Verkehrsmittelwahl – berücksichtigt werden. Die Lösung hat bei den Ursachen anzusetzen und nicht, wie früher üblich, bei den Symptomen. Der Autoverkehr ist ein Krankheitsindikator der Strukturen, ein Ausdruck für deren Mängel. Dort gilt es anzusetzen. Nicht die Mobilitätsansprüche der Autofahrer sind zu befriedigen, sondern der Bedarf für mechanische Mobilität ist durch nachhaltige Siedlungs- und Wirtschaftsstrukturen zu minimieren. Die Anwendung dieser wissenschaftlichen Grundlagen führt zu einer konfliktfreien Eingliederung des Verkehrs in die Natur und das Sozialsystem sowie zu einer nachhaltigen Wirtschaft.

Das herkömmliche Verkehrswesen wird von der Eigendynamik des Autoverkehrs beherrscht. Das wissenschaftlich fundierte Verkehrswesen hingegen beherrscht das Verkehrssystem und gestaltet daher den Autoverkehr so, dass er Nutzen bringt und keinen Schaden stiftet, wie dies in den vergangenen beiden Jahrhunderten der Fall war. Jedes vorbeifahrende Auto stellte früher eine Aufforderung für mehr und bessere Fahrbahnen dar. Tatsächlich aber ist es ein Indiz dafür, dass es von einem Ort kommt, an dem das fehlt, was der Fahrer an seinem Ziel aufzufinden hofft. Der Einblick in die evolutionären Mechanismen, die unser Verhalten bestimmen, ist die Grundlage für das Verständnis der Menschen in einer technisch veränderten Umwelt. Die Gesetzmäßigkeiten unseres Verhaltens sind bekannt, Instrumente zur Therapie, die sich in der Praxis bewährt haben, stehen zur Verfügung.

Einen Nutzen aus Zeiteinsparung durch Geschwindigkeit zu berechnen, hat nichts mit dem realen Verkehrssystem zu tun, denn der Wert ist immer null. Gebildete, aber unverbildete Bürger sind in der Lage, diese Prinzipien nicht nur zu begreifen, sondern sie auch verantwortlich in die Praxis umzusetzen. Das Zeitalter jener Ingenieure, die den Eindruck vermitteln, sie würden alles besser wissen, weil sie einige Formeln beherrschen, deren Einschränkungen und Folgen sie nicht verstehen, ist hoffentlich bald vorbei. Derzeit versuchen die auf diesen Irrtümern aufgebauten Machtstrukturen ihre obsoleten Mythen verbissen am Leben zu erhalten. Allein die Tatsache, dass sich ihre Maßnahmen nach der Eigendynamik des Autoverkehrs ausrichten, die sie nicht verstehen, beweist, dass sie sich zu willfährigen Dienern des Autoverkehrs gemacht haben mit ihren Bemühungen und Prognosen, die nur darauf abzielen, ihm alle Hindernisse vorauseilend aus dem Weg zu räumen.

Zweitens stellten Bürger als scharfe Bobachter und klare Denker etwa zur gleichen Zeit, in Wien also in den 1970er-Jahren, fest, dass die Ergebnisse traditioneller Planungen gerade das Gegenteil dessen bewirkten, was ihnen von den Experten versprochen wurde. Die Zweifel richteten sich zunächst gegen Autobahnprojekte in der Stadt. Diesem Angriff auf ihre Berufsehre versuchten traditionelle Planer und Politiker zu entgehen, indem sie der bösen Tat einen anderen Namen gaben: Nicht mehr Autobahnen, sondern »Hochleistungsstraßen« wollten sie bauen. Ein lächerlicher, schnell durchschauter Trick. Auf dem Land jedoch konnte sich der Irrglaube, man könne Verkehrsprobleme durch noch mehr Fahrbahnen lösen, bis heute halten. Und so sind diese Planer mit den zugehörigen Straßenverwaltungen in ländlichen Regionen unterwegs, um den Menschen und ihren Bürgermeistern Umfahrungen und andere absurde Bauprojekte einzureden, für die sie in der Stadt mit dem sprichwörtlichen »nassen Fetzen« davongejagt würden.

Anstatt den wachsenden Widerstand gegen die zerstörerischen Absichten ernst zu nehmen und die Kritik an den Projekten als Zeichen für die eigenen Fehler zu erkennen, werden Hilfskonstruktionen errichtet, die das zusammenbrechende Gerüst stützen sollen. Man schreibt Trends linear weiter, obwohl man weiß, dass sie längst gebrochen sind. Die Maschinerie von Banken, Baufirmen und Politik befindet sich im Krieg gegen die Natur und mittlerweile auch gegen die Bürger. Es ist ein Krieg für die Autos und damit gegen die Bürger und die Zukunft. Die diesen Krieg führen, befinden sich in einem vorzivilisatorischen Zustand, reduziert auf das mächtige und rücksichtslose Genom. Einer ihrer Tricks ist die sogenannte UVP, die »Umweltverträglichkeitsprüfung« auf Projektebene, die bei nicht Sachkundigen den Eindruck erwecken soll, die Anliegen besorgter Menschen würden berücksichtigt. Ein Irrtum, denn in der UVP kann man in Bezug auf das jeweilige Projekt höchstens minimale Auflagen durchsetzen – wenn überhaupt.

Heute breiten sich allerdings Bürgerwiderstände immer stärker aus. Informierte Bürger kennen die Systemwirkungen des Autoverkehrs oft besser als traditionelle Verkehrsexperten oder Beamte der Straßenverwaltungen. Das Gehirn muss sich auch hier gegen Genom und Auto durchsetzen, soll die Menschheit eine Zukunft haben. Und es gibt immer mehr Lichtblicke in dieser finsteren Welt des autoorientierten Verkehrswesens.

Erste Erfolge, wenn auch nur beim Umgang mit den Symptomen

Sämtliche Versuche, den Autoverkehr einzudämmen, indem man das Fahren z. B. durch eine Erhöhung der Treibstoffpreise teurer macht, zeigen, wenn überhaupt, nur eine vorübergehende Wirkung und werden von den Autobesitzern zudem als Unrecht empfunden – schließlich wurden zunächst ebenjene Strukturen geschaffen, die die Menschen zum Autofahren verleiten, ja nachgerade zwingen; und wenn sich nun im Nachhinein herausstellt, dass das System aus dem Ruder läuft, versucht man den Menschen das Autofahren durch Verteuerungen wieder abzugewöhnen, obwohl sie bereits in der Falle sitzen – so sieht praktizierte Verkehrspolitik in der EU und in den Nationalstaaten aus.

Einen Schritt weiter ging Lee Myung-bak, von 2002 bis 2006 Bürgermeister von Seoul und ehemaliger CEO von Hyundai. Die Autobahn im Zentrum der südkoreanischen Hauptstadt, Ende der 1950er-Jahre gebaut, wurde täglich von über 220.000 Fahrzeugen frequentiert, erreichte das Ende ihrer baulichen Lebensdauer und hätte erneuert werden müssen, um für weitere vierzig Jahre den Verkehr aufnehmen zu können. Angesichts von Peak Oil und der damit verbundenen massiven Preiserhöhung für fossile Energien, die innerhalb dieses Zeitraums erwartet wurde, entschied sich der Bürgermeister jedoch nicht für eine Erneuerung, sondern ließ die Autobahn abreißen. Mit den erbosten Geschäftsinhabern, die dagegen protestierten, weil sie den Niedergang der städtischen Wirtschaft und ihrer Betriebe befürchteten, wurde in über 4.000 Sitzungen eine Übereinkunft erzielt. Der Abbruch und die Entfernung der Autobahn aus der Stadt wurden nicht nur dazu genutzt, den darunter liegenden Fluss wieder freizulegen, sondern auch eine Reihe von Fahrbahnen zu sanieren, um auf Kosten des Autoverkehrs Raum für den öffentlichen Verkehr zu schaffen und öffentliche Plätze vom Autoverkehr zu befreien. Im Prinzip die gleichen Maßnahmen, wie sie in Wien bereits dreißig Jahre zuvor realisiert worden waren. Das Ergebnis dieser Vorgehensweise war nicht nur eine deutliche Verbesserung der Luftqualität, die zuvor gesundheitsgefährdend schlecht gewesen war, sondern auch die Absenkung der Durchschnittstemperatur durch die neu entstandenen Grün-

Das Zentrum von Seoul vor und nach Entfernung der Stadtautobahn über dem Fluss Cheonggyecheon

zonen und den freigelegten Wasserlauf. Auch die Geschäftswelt bekam diese Vorteile sehr bald durch ihre steigenden Umsätze zu spüren. Im Frühjahr 2008 schließlich wurde der Bürgermeister zum Präsidenten von Südkorea gewählt – aufgestellt von der Wirtschaftspartei!*

Ein nicht weniger eindrucksvolles Beispiel liefert Kolumbiens Hauptstadt Bogotá. Der 1997 gewählte Bürgermeister Enrique Peñalosa, ein in den USA ausgebildeter Volkswirt, hätte nach den herrschenden Vorstellungen ein von der japanischen Entwicklungsagentur Japan International Cooperation Agency (JICA) und japanischen Consultingfirmen entwickeltes Verkehrskonzept umsetzen sollen, das, ganz im Sinne des traditionellen Verkehrswesens, Autobahnen und eine U-Bahn vorsah. Angesichts der sozialen Struktur Südamerikas mit dem hohen Anteil armer, nichtmotorisierter Menschen, verwarf er dieses Konzept jedoch und setzte stattdessen eines um, das auf den Prinzipien Gleichheit, Glück und Wettbewerbsfähigkeit

---

* Auch in Utrecht wurde in den 2010er-Jahren die Stadtautobahn entfernt, die seit Mitte der 1970er Jahre das Stadtzentrum zerteilte. 2015 schließlich wurde der ursprüngliche Zustand mitsamt Stadtkanal wiederhergestellt.[39]

beruhte. Gleichheit ist dabei nicht etwa im Sinne des Kommunismus zu verstehen, sondern als Gleichheit aller Bürger im öffentlichen Raum; und diese ist nur gewährleistet, wo Menschen einander begegnen können. Der Autoverkehr im öffentlichen Raum stellt daher einen Verstoß gegen die Gleichheit der Bürger dar. Die Behinderung der Menschen in ihrer täglichen Mobilität und ihrer sozialen Kommunikation durch jene, die ihre Fahrzeuge im öffentlichen Raum stehen lassen, ist ein Verstoß gegen die Würde des Menschen. Also wurden in Bogotá Fahrbahnen und Gehsteige von parkenden Fahrzeugen befreit. Statt der Autobahnen wurden Fußgängerzonen errichtet, die erste mit einer Länge von 17 Kilometern. Statt eine Metro zu bauen, wurden dem Autoverkehr Fahrspuren entzogen, auf denen ein Schnellbussystem eingerichtet wurde, das sogenannte »TransMilenio«, das im Jahr 2000 in Betrieb genommen wurde und eine Vorbildwirkung entwickelte, die noch heute um den Globus geht.*

Bürger und wache Politiker beginnen zu begreifen, was sie durch die unbedachte Förderung des Autoverkehrs verloren haben. Das Entfernen von Autobahnen aus den Städten ist nur der Beginn einer Bewegung auf viel breiterer Basis, die erkannt hat, dass jeder Quadratmeter weniger Fläche für das Auto einen Gewinn für die Menschen, die Wirtschaft und die

---

* Leider wurde diese zukunftsweisende Verkehrspolitik von Peñalosas Amtsnachfolgern nicht fortgesetzt, sondern Bogotá fiel in eine autoorientierte Phase zurück. Die Busstationen wurden nicht ausreichend instandgehalten und sind inzwischen marode. Seit 2020 wird nun doch eine U-Bahn gebaut, von der man sich – wie in vielen anderen Städten auch – eine Lösung der Probleme des öffentlichen Nahverkehrs verspricht. Die Kosten steigen um zwei Zehnerpotenzen und damit natürlich auch die Provisionen und Gewinne der Banken und ihres Anhangs, während die riesige Schuldenlast auf die Schultern der Bevölkerung abgeladen wird. Für Tunnellobby und Banken war Peñalosas Konzept von Anfang ein Ärgernis. Einer der Schwachpunkte war allerdings, dass es beim Fließverkehr ansetzte und nicht beim Parkraum.

Natur darstellt. Selbst in den USA ist die Zeit für die Beseitigung von Autobahnen in den Städten angebrochen.[40] Ein Trend, der zunehmend an Fahrt aufnimmt, wie es auch der Bericht *Freeways Without Futures 2021* des Congress for the New Urbanism (CNU) zeigt.[41] Immerhin ein erster Schritt auf dem Weg der Erkenntnis – wenn auch vorerst nur auf der Ebene der Symptome –, nachdem man sich mehr als hundert Jahre auf einem Irrweg befunden hat, was die Entwicklung des Verkehrssystems betrifft.

All dies zeigt, dass menschenorientierte Politik, wenn sie couragiert und überzeugend umgesetzt wird, nicht zum politischen Desaster führen muss. Das setzt allerdings voraus, dass Politiker und ihre Berater kein durch das Autovirus verseuchtes Gehirn haben, das ihr Denken trübt und ihr Wertesystem auf den Kopf stellt. Mag es sich bei den angeführten Beispielen auch nur um eine Behandlung der Symptome handeln, so wirken sie sich dennoch auf das Verhalten der Menschen aus, was von den Autofatalisten natürlich geleugnet wird. Die verheerende Wirkung des Autos auf das Denken und Nichthandeln der Politik, der Justiz, der Verwaltung und der Wissenschaft zeigt sich noch viel deutlicher an erprobten, seit 150 Jahren bekannten Maßnahmen, über die in den Parlamenten nach wie vor diskutiert und gestritten wird.

Tempolimits – ein Beispiel für die durch das Autovirus ausgelöste Irrationalität im Straßenverkehr

Der Verlust der Normalität von langsam und schnell ist ein interessanter und einfacher Beweis für die Wirkung des Autos als Virus in den Hirnen nicht nur der Verkehrsteilnehmer, sondern auch in denen der in den einschlägigen Wissenschaften Beschäftigten.

Seit mittlerweile 150 Jahren kennt man die lebensbedrohende Wirkung hoher Geschwindigkeiten und großer bewegter Massen im Verkehrssystem. Die Vernunft war aber nur dreißig Jahre lang in der Lage, sich gegen das vom Privatauto beherrschte Genom durchzusetzen. Seither hat dieses und damit das Autovirus die Herrschaft über die motorisierte Gesellschaft übernommen, gefeiert als große Befreiung aus der Enge der Städte und Symbol des technischen *Fortschritts*. Schon allein daran, dass man in dem Zusammenhang nicht in der Lage war, die eigentliche Wortbedeutung zu verstehen, wäre Stoff für eine Slapstickkomödie, bei der jemand im Sitzen »fortschreitet«, wie das im Auto der Fall ist, wobei er noch transportiert wird. Zumindest wäre es Anlass genug gewesen herauszufinden, was dabei im Kopf vorgeht.

Geschwindigkeiten, die unser Denken an Schnelligkeit überbieten, sind immer gefährlich und bedrohlich. Wäre Geschwindigkeit ein zentrales Evolutionskriterium, wären wir sicher nicht mehr hier. Viren sind immer noch schneller als die Wissenschaft und bedienen sich ihrer Fähigkeiten des horizontalen Gentransfers, wie es uns nicht zuletzt das Coronavirus vor Augen geführt hat. Eine Strategie, mit der das Autovirus die Gesellschaft seit seinem Auftreten mit Hilfe der inzwischen weltweit agierenden Autokonzerne erfolgreich täuscht, die mit immer neuen Entwürfen des gleichen Prinzips – ein Gefährt mit vier Rädern und Bremsen – die Käufer zu unglaublichen Geldausgaben verführt. Die Deutschen sind Weltmeister, was ihre Bindung zum eigenen Auto betrifft. Das wird besonders deutlich, wenn man sich einmal ihren beharrlichen Widerstand gegen Tempolimits anschaut.

Die heutigen Geschwindigkeitsbegrenzungen sind willkürlich festgelegt worden. Die innerhalb von Ortschaften geltende Höchstgeschwindigkeit von 50 Kilometern pro Stunde entspricht in etwa den 30 Meilen pro Stunde aus dem angelsächsischen Raum, und bis zur ersten »Energiekrise« 1973 war die Temposkala außerhalb von Ortschaften nach oben hin offen. Erst angesichts der Drohung, überhaupt nicht mehr mit dem Auto fahren zu können, wurden in vielen Ländern Tempolimits eingeführt, wenn auch auf sehr hohem Niveau. Auf Landstraßen häufig 80 bis 100 km/h, auf Autobahnen meist 130 km/h.

Die Macht der Dummheit

Seit fünfzig Jahren ist wiederholt nachgewiesen und durch unzählige Erhebungen bestätigt worden, dass es im Verkehrssystem keine Reisezeiteinsparungen gibt und somit alle darauf beruhenden Berechnungen reiner Unsinn sind. Es gibt daher keine wie auch immer gearteten rationalen, rechtlichen oder wirtschaftlichen Gründe, die Geschwindigkeiten im Straßenverkehr zu senken. Selbst die moderaten Vorschläge, die Höchstgeschwindigkeiten innerhalb von Ortschaften auf 30 km/h, auf Landstraßen auf 80 km/h und auf Autobahnen auf 90 oder 100 km/h festzulegen, stoßen besonders in Deutschland auf vehemente Ablehnung. Die positiven Effekte solcher Tempolimits sind seit jeher bekannt: Weniger Unfälle, weniger Verkehrsopfer und Verletzte, weniger Energieverbrauch, weniger Abgase und Lärm, geringerer Verschleiß von Fahrzeugen und Infrastruktur, Entlastung des Sozialbudgets, weniger Güter auf der Straße, geringerer Flächenverbrauch, Stärkung der lokalen Wirtschaft, Erleichterung des Umbaus der Wirtschaft in eine zukunftsverträglichere Form. Aber die Reaktionen von Politik, Wirtschaft und Medien zeigen, dass selbst der kleinste Druck auf die geistige Mobilität vom tief unterhalb des Unterbewusstseins agierenden Autovirus vehement abgelehnt, ja sogar bekämpft wird.

Das Autovirus verbindet sich mit der Macht der Dummheit, und gegen die kämpfen selbst die Götter vergebens. In manchen Parteien scheint es die Köpfe so zu kontrollieren, dass allein das Denken an solche Maßnahmen bereits als Bedrohung empfunden wird. Auch von der Wirtschaft kommt Widerstand, weil in den Wirtschaftsdisziplinen auf der Systemebene noch immer der Aberglaube einer »Zeiteinsparung durch Geschwindigkeit« die Grundlage ihrer Berechnungen und Modelle bildet. Die harmlose Maßnahme niedrigerer Tempolimits hat zwar im System nur positive Wirkungen, wird aber trotz alledem noch immer nicht generell umgesetzt, und das, obwohl die gegenwärtigen hohen Tempolimits genau genommen verfassungswidrig sind. Millionen Tonnen von Erdöl zu verbrennen, nur um Luft vor sich herzuschieben, obwohl es Alternativen gibt, widerspricht den Prinzipien der Sinnhaftigkeit, Sparsamkeit und Wirtschaftlichkeit bei der Verwendung öffentlicher Mittel. In den Parlamenten scheint es aber keine vom Autovirus verschont gebliebene Mehrheit an Abgeordneten mehr zu geben, die die Vernunft aufbringen würde, eine solche sofort wirksame Maßnahme, die praktisch nichts kostet, zu beschließen. Denn Ortsschilder gibt es bereits, und wie sich Autobahnen von Landstraßen unterscheiden, ist ebenso deutlich erkennbar. Die autoviruserzeugende Industrie ist zwar in der Lage, jedes Fahrzeug genau zu orten, nicht aber, die jeweils gefahrene Geschwindigkeit auch außen sichtbar anzuzeigen, wodurch seine Gefährlichkeit für jedermann deutlich erkennbar wäre. Auch die Schäden, die der Autoverkehr in der Tierwelt anrichtet, könnten mit dieser sanften Maßnahme reduziert werden. Allerdings besteht die Gefahr, dass die geistige Mobilität durch diesen sanften Druck wiedererwacht und das Auto als Virus ins Bewusstsein gerät, was es natürlich unbedingt vermeiden will. Zu viel Macht, Geschäfte, Kapital und Gewohnheit haben sich mittlerweile rund um das Auto und den Autoverkehr angesammelt, was viele davor zurückschrecken lässt, sich mit diesem System anzulegen, wofür es aber keinen Grund gibt, wenn man denn auf den Verstand und die Vernunft der Menschen vertraut. Einmal mehr liegt es an uns – an wem auch sonst. Mit Hasenfüßen in der Politik wird man weder eine Verkehrswende noch eine Klimaanpassung im Verkehr schaffen.

Die Fülle der Symptombehandlungen

Kennzeichen von Symptombehandlungen ist das Vermeiden direkter Maßnahmen gegen das Autovirus selbst, was so weit geht, dass dieses gar nicht mehr direkt benannt wird, sondern man davon auszugehen scheint, dass es sich von selbst reduziert. Es sind gut gemeinte Maßnahmen in die richtige Richtung, die auch teilweise Wirkungen zeigen können, die aber die grundsätzliche Ansteckung nicht verhindern. Vergleichbar etwa mit dem Tragen einfacher Masken oder der Abstandsregelung in Pandemiezeiten. Diese Maßnahmen wurden schon in den 1960er-Jahren aus stadtplanerischen Überlegungen und Verkehrssicherheitsbemühungen heraus vorgeschlagen und werden seit den 1970er-Jahren in manchen Städten mehr oder weniger erfolgreich umgesetzt bzw. befinden sich in Planung.

Im Prinzip werden dabei drei Strategien verfolgt:

- Den Autoverkehr in Teilen der Stadt durch Tempolimits und Verkehrsorganisation zu reduzieren.
- Mautsysteme, um Staus zu reduzieren oder die Luftbelastung einzudämmen.
- Umnutzung und Umgestaltung des öffentlichen Raumes durch Fußgängerzonen, Begrünung und Baumpflanzung, Nutzung ehemaliger Parkplätze für die Erweiterung von Gaststätten und Cafés in den öffentlichen Raum hinein, Verlagerung des Parkens von den Straßen in Garagen und Zufahrtsbeschränkungen für Privat- und Lieferfahrzeuge.

Von der Politik werden alle drei Konzepte gern aufgenommen und auch fallweise umgesetzt, weil sie die Hoffnung verbreiten, man würde damit die Probleme lösen, ohne das Auto direkt anzufassen, denn dies würde, wie wir wissen, ja bedeuten, direkt ins Hirn der Bürger einzugreifen. Auf jeden Fall kann man auf diese Weise Zeit für weitere Legislaturperioden gewinnen, was sich immer wieder in der Praxis bestätigt.

Hier nur einige der bekanntesten Beispiele:

- Als *Woonerf* (deutsch: *Wohnhof*) wird ein in den 1970er-Jahren in Holland entwickeltes Konzept bezeichnet, den Autoverkehr im öffentlichen Raum zu reduzieren. Dabei werden Straßenräume als Mischverkehrsflächen angelegt, d. h. Fuß- und Autoverkehr sind nicht eindeutig voneinander getrennt und müssen daher aufeinander Rücksicht nehmen. Zudem gilt ein Tempolimit von 15 km/h. Im deutschsprachigen Raum werden ähnliche Maßnahmen in der StVO als »verkehrsberuhigter Bereich« bzw. als »Wohnstraße« (Österreich) bezeichnet und meist durch ein blaues Verkehrszeichen (s. Abbildung rechts) kenntlich gemacht.
- Tempo-30-Zonen wurden in den 1980er-Jahren aus Gründen der Verkehrssicherheit eingeführt, nachdem 1983 im Rahmen eines Modellversuchs die Innenstadt von Buxtehude, also der Stadt, in der der Wettlauf zwischen Hase und Igel stattgefunden haben soll, als erste Tempo-30-Zone Deutschlands eingerichtet worden war. Dieser Versuch umfasste auch »Rückbaumaßnahmen« wie Anrampungen, Fahrbahnversätze und eine Begrünung der Straßenräume. Vor Schulen oder Altenheimen gab es Tempo 30 schon früher. In den vergangenen beiden Jahrzehnten wurde unter dem Druck der lokalen Bevölkerung die Höchstgeschwindigkeit in den Ortsgebieten einzelner Gemeinden auch auf Hauptverkehrsstraßen auf 30 km/h reduziert.
- *Superblock* ist ein Schlagwort für eine bereits seit einem halben Jahrhundert geübte Praxis der Umorganisation des

öffentlichen Raumes und bezeichnet eine »Ansammlung mehrerer Häuserblöcke [...], die in etwa die subjektiv wahrgenommene Nachbarschaft darstellen und ihrerseits beispielsweise durch größere Straßen begrenzt werden. Ausgehend davon werden unter dem Begriff Maßnahmenbündel der Mobilitäts- und Stadtplanung beschrieben, die im Wesentlichen der Abschwächung von urbanen Flächennutzungskonflikten und der Einhegung des motorisierten Individualverkehrs dienen, ohne dessen Nutzbarkeit wesentlich einzuschränken. Je nach Ausgangslage und verbundenen Zielsetzungen sind Umsetzungen mit kleinem bis mittlerem baulichen Aufwand verbunden.«[42] In Wien war es die 1970 geplante und bis heute realisierte Verkehrsorganisation im 1. Bezirk, einst als erste Stufe einer bezirksweiten autofreien Zone gedacht, zu der es bis heute leider nicht kam. Als Begriff geprägt wurde der *Superblock* in den 2000er-Jahren in Barcelona durch die Umorganisation einzelner Straßenräume zwischen der stereotypen Einheitsrasterstruktur der von Ingenieur Ildefonso Cerdá im 19. Jahrhundert entworfenen Stadterweiterung Barcelonas. Sein Straßenlayout und

Rasterdesign war für Fußgänger, Fuhrwerke und pferdegezogene Straßenbahnen ausgelegt und berücksichtigte auch private Gärten und andere Annehmlichkeiten. Im Unterschied zu anderen in dieser Zeit üblichen Blockstrukturen der Architektur haben die Baublöcke abgeschrägte Ecken, die Platz für verschiedene Nutzungen bieten und die Eintönigkeit der Rasterstruktur etwas auflockern. Als *Superblock* wird ein Straßenblock von etwa 400 mal 400 Meter bzw. drei mal drei solcher Häuserblocks definiert, in dem der Verkehr neu organisiert wird. Durch ein ausgeklügeltes System von Diagonalsperren und Einbahnstraßen wird der Autoverkehr an einer Durchquerung der Wohnviertel gehindert, Fußgänger und Radfahrer haben Vorrang, für die verbliebenen Autos gilt ein Tempolimit von 10 bis 20 km/h. Der gewonnene Straßenraum wird durch Baumpflanzungen, Blumenkübel, Parkbänke, Tischtennisplatten etc. neugestaltet, während der öffentliche Verkehr an den Außenkanten der Superblocks optimiert wird.[43] Mittlerweile wird das Konzept – mit einem theoretischen Überbau versehen – in

Österreich z. B. als »Supergrätzl« und in Deutschland als »Kiezblock« kopiert.

- *Shared Space* ist ein in den 1990er-Jahren maßgeblich von dem niederländischen Verkehrsplaner Hans Monderman entwickeltes Planungsmodell – entstanden aus der Bemühung um eine Erhöhung der Verkehrssicherheit –, bei dem alle Verkehrszeichen aus dem Straßenraum entfernt werden ebenso wie Bodenmarkierungen und Gehsteige, sodass alle Verkehrsteilnehmer diese Fläche gleichrangig nutzen können. Im Prinzip also eine Rückkehr zu den alten öffentlichen Räumen in Städten und Dörfern. Der Erfolg dieser Maßnahme ist aber auf den Lokalverkehr beschränkt und betrifft daher nur einen geringen Teil des Autoverkehrs. Das zugehörige Verkehrszeichen (s. Abbildung links) symbolisiert die Gleichwertigkeit aller Verkehrsteilnehmer. Die gegenseitige Rücksichtnahme wird durch das Herz symbolisiert, also die Erwartung eines sozialen Verhaltens durch psychologische Wirkungen.

Sämtliche Maßnahmen, die den Fließverkehr betreffen, behandeln jedoch nur die Symptome und nicht die Ursache. Selbst in oft als vorbildhaft betrachteten Städten wie Kopenhagen, Amsterdam, Barcelona oder Wien existiert durch die vorhandenen Garagenordnungen weiterhin ein Zwang zur Ansteckung mit dem Autovirus. So wird für die optische und oft ideologielastige Behandlung zwar viel Geld aufgewendet, aber dennoch sorgfältig darauf geachtet, nicht den Eindruck zu erwecken, dass damit die Beziehung zwischen Mensch und Auto gelöst werden soll.

Die 15-Minuten-Stadt

Die 15-Minuten-Stadt stellte für alle Städte und Gemeinden lange die Normalität dar, bis man diese dem Auto geopfert hat. Heute wird sie mit der Vorstellung beworben: »Einkaufen, Grün und Arbeiten – alles schnell erreichbar in der 15-Minuten-Stadt.« Mehr Lebensqualität für Städter und alle wichtigen Bedürfnisse können in unmittelbarer Nähe befriedigt werden. Die Grundidee der 15-Minuten-Stadt ist es, dass die Bewohner alles, was sie brauchen, in etwa 15 Minuten zu Fuß oder mit dem Fahrrad erreichen können. Rund 85 Prozent der Fußwege in einer Stadt oder funktionierenden Ortschaft sind kürzer als 15 Minuten, was auch für die mit dem Rad zurückgelegten Wege gilt. Bei einem Anteil der Autofahrten an der Gesamtmobilität von rund fünf Prozent entspricht das praktisch einer autofreien Stadt. Das Konzept wurde 2016 von Carlos Moreno an der Pariser Sorbonne entwickelt und durch Anne Hidalgo, die Bürgermeisterin von Paris, bekannt gemacht, als sie ankündigte, die Pariser Innenstadt komplett umzugestalten, was unter den gegebenen Voraussetzungen dieses Teiles der Agglomeration Paris keine große Kunst ist. Der Anteil der zu Fuß zurückgelegten Wege liegt bereits jetzt bei 61 Prozent, die Wege mit dem Rad machen drei Prozent aus und der Anteil der Autofahrten liegt bei neun Prozent, was nur einem Drittel der mit dem öffentlichen Verkehr zurückgelegten Wege entspricht. Umschlossen von einem Ring der städtischen Agglomeration Paris mit neun Millionen Einwohnern, ist die eigentliche Stadt Paris nur das Zentrum mit rund 2,1 Millionen Einwohnern, einer hohen Beschäftigtendichte und einer Unzahl kleiner Geschäfte, die vor allem von Zuwanderern aus den ehemaligen Kolonien betrieben werden, sowie Restaurants und Cafés. Gleichzeitig bildet das Zentrum mit seinen vielen Parks und Museen den Touristen-Hotspot schlechthin und hat an den Ufern der Seine attraktive Freizeitbereiche zu bieten.

Begeistert stürzten sich daher die Stadtplaner und Entwickler auf dieses Schlagwort, das auch von den Politikern schnell aufgegriffen wurde. So wird die Seestadt Aspern in Wien unter

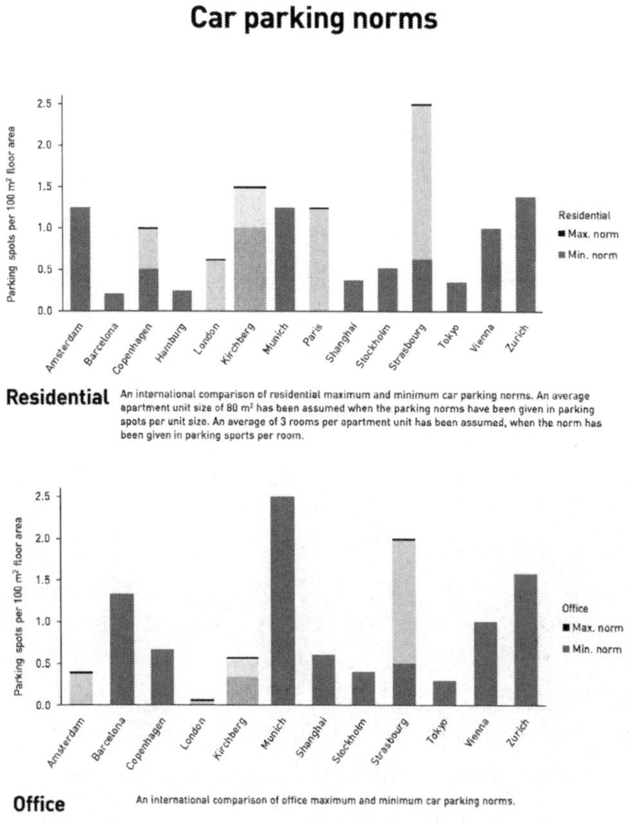

Vergleich der durch die jeweiligen Parkordnungen internationaler Städte festgelegten Maximal- und Minimalwerte für Abstellplätze (oben: für Wohngebiete, unten: für Bürogebäude)

diesem Slogan angepriesen, wofür sie auch gute Voraussetzungen mitbrachte, aber dennoch an der Umsetzung scheiterte, weil die Kraft der Stadtplanung und wohl auch der Politik nicht mehr vorhanden war, die Bauordnung diesem Ziel anzupassen und sich dem Einfluss der Investoren zu widersetzen, die sich von einer üppigen Ausstattung mit Autoabstellplätzen größere und schnellere Gewinne versprechen.

Das zeigt sich auch in dem Vergleich der derzeit geltenden maximalen und minimalen Werte in den Parkordnungen der verschiedenen Städte (s. Diagramm auf S. 371). Wien fällt im Vergleich zu Städten wie Stockholm, London, Hamburg oder Barcelona durch deutlich höhere spezifische Stellplatzangebote in der Garagenordnung auf. Das gilt sowohl für Wohnbauten als auch für Bürogebäude, wo z. B. Amsterdam, London, Stockholm oder Tokio weit restriktivere Vorschriften haben.

Unter diesen Randbedingungen ist eine weitere Störung der zukünftigen Stadt- und Raumentwicklung durch das Autovirus sichergestellt.

Finanzpolitische Maßnahmen

Für den Autoverkehr sind bei den Kosten sowohl das Verursacherprinzip wie auch die Regeln der Marktwirtschaft außer Kraft gesetzt. Dafür gibt es eine Reihe von Kosten und Steuervorteilen, auf die bereits hingewiesen wurde.

Eine **Benzinpreiserhöhung** ist einer der Versuche, den Autoverkehr zu reduzieren, der an zwei Dingen scheitert:

1. an der Angst der Politiker vor dem Widerstand der Autolobby;
2. an der Wirkungslosigkeit dieser Maßnahme, die durch zahlreiche Kompensationszahlungen und Subventionen, von der Pendlerpauschale bis hin zu privat genutzten Dienstautos, neutralisiert wird.

Die Erfahrungen in Ländern mit höheren Treibstoffpreisen zeigen, dass die Preiselastizität kaum gegeben ist.

Ein weiteres Mittel sind die **Mautgebühren**, die allerdings nur auf manchen Touristenstraßen und auf Autobahnen erhoben werden und außerdem von den jeweiligen Betreibergesellschaften, wie der ASFINAG in Österreich, zum weiteren

Fahrbahnausbau verwendet werden, anstatt in das allgemeine Budget zu fließen. Die viel diskutierte Citymaut hat ähnliche Effekte, wenn sie nicht zum Rückbau von Fahrbahnen oder zur Förderung anderer Verkehrsträger verwendet wird. Hier werden Autofahrer von jenen zur Kasse gebeten, die mit ihren Vorschriften der Raum- und Stadtplanung ein Milieu geschaffen haben, das sie aufgrund ihres normalen Verhaltens zur Benutzung des Autos verführt, wenn nicht gar zwingt.

Parkgebühren in Kurzparkzonen erhöhen das Verkehrsaufkommen, werden aber aus Gründen einer besseren Nutzung der bestehenden Abstellplätze für die lokale Wirtschaft eingeführt und verstärken die Abhängigkeit vom Auto.

Allgemeine Gebührenpflicht: für das Abstellen ihrer Autos auf öffentlichen Flächen müssen Anwohner der jeweiligen Bezirke oder Stadtteile eine jährliche Verwaltungsgebühr in minimaler Höhe zahlen, d. h. der Abstellplatz im öffentlichen Raum wird weiterhin Jahr für Jahr mit Tausenden von Euro subventioniert. Für Autofahrer aus anderen Bezirken zeigt diese Maßnahme nur dann Wirkung, wenn diese als Kurzparker behandelt, genau kontrolliert und entsprechende Alternativen im öffentlichen und/oder Radverkehr angeboten werden. Diese Maßnahme, in den 1970er-Jahren erarbeitet und ab 1993 wegen des Ausweichparkens ausgehend von der Innenstadt in alle benachbarten Bezirke erweitert, wurde 2022 auf die ganze Stadt Wien ausgedehnt. Unter den in Wien gegebenen Bedingungen, wo für mehr als 90 Prozent der Bewohner eine Haltestelle des dichten öffentlichen Verkehrsnetzes innerhalb von fünf Minuten erreichbar ist, wurde der Anteil des öffentlichen Verkehrs zulasten des Autoverkehrs im Jahr 2012 von zuvor 27 Prozent auf 39 Prozent erhöht.

Ein **Nulltarif im öffentlichen Verkehr** als Maßnahme, um Autofahrer zum Umsteigen zu bewegen, hat sich als ideologische Illusion erwiesen, was bei einiger Sachkunde über die Wirkung des Autovirus und das bestehende Milieu durchaus erklärbar ist.

Die **365-Euro-Jahreskarte** für den öffentlichen Verkehr, erstmals 2012 in Wien eingeführt, wurde von vielen Städten in der Erwartung kopiert, dort ähnliche Veränderungen bei der Verkehrsmittelwahl zu bewirken wie in Wien, was sich jedoch nicht bestätigt hat. Denn die Reduktion des Autoverkehrs in Wien fand bis 2012 statt, also vor der Einführung der 365-Euro-Jahreskarte. Eine zusätzliche Wirkung ist nicht nachweisbar, der Anteil stagniert auf dieser Höhe. Ob das im Mai 2023 eingeführte Deutschlandticket zum Preis von monatlich 49 Euro Autofahrer vom Autobesitzzwang befreien wird, bleibt anzuzweifeln.

Eine potenzielle **Versiegelungsabgabe auf Fahrbahnen und Parkplätze** in Höhe der durch diese verursachten ökologischen Schäden wurde bislang noch gar nicht ernstlich in den Parlamenten diskutiert.

Alle diese Maßnahmen, die darauf abzielen, über Kosten oder Preisgestaltung den Verkehrsanteil des Autos zu reduzieren, werfen angesichts des vorherrschenden autozentrierten Denkens die Frage der sozialen Gerechtigkeit auf, da sich die Reichen diese Kosten ohne Probleme leisten können, den weniger Begüterten aber unter die Arme gegriffen werden muss, damit sie auch in den Genuss des Autofahrens gelangen. Eine geschickte Mutation des Autovirus, um sich seine Vorherrschaft über den aus evolutionärer Sicht noch jungen Verstand zu sichern, der mit dieser Logik in die Falle gelockt wird.

Organisatorische Maßnahmen

Darunter sind alle Maßnahmen zu verstehen, die den Autoverkehr räumlich und zeitlich einschränken, wie Busspuren statt Fahrstreifen und/oder Radwege statt Parkstreifen, die Verlegung von Bushaltestellen auf die Fahrbahn sowie der Bau von Rampen vor Haltestellen, die einen ebenerdigen und ungehinderten Zustieg der Fahrgäste gewährleisten. Auch eine

Verlängerung der Grünphasen für Fußgänger auf Kosten des Autoverkehrs gehört dazu.

Straßenraumgestaltung

Beispiele einer schönen Straßenraumgestaltung in Städten finden sich heute in ebenso großer Zahl wie kluge Einsichten, dass man die öffentlichen Straßenräume nicht mehr nur für den Autoverkehr, sondern für die Fußgänger planen müsse. Ein logischer Schluss, allein schon aus dem Blickwinkel der Effizienz der Flächeninanspruchnahme, des Energieaufwands und der negativen Wirkungen auf Gesundheit, Sicherheit und Ästhetik betrachtet. Alles richtige Bemühungen auf der Symptomebene, bei denen die Architekten und Stadtplaner meist nur das jeweilige Projekt im Auge haben, während sie die vielfachen, nicht sichtbaren Hinter- und Untergründe jenseits des von ihnen erwünschten Erscheinungsbildes, die weit über die Grenzen der Fächer und der Verwaltungen hinauswirken, in der Regel ausblenden. Die eigentliche Ursache anzugreifen – das Auto in den Köpfen der Entscheidungsträger – ist ein zu gefährliches Unterfangen, das sich gewinninteressierte Ingenieurbüros nicht leisten können, sodass sie Symptombehandlungen verschiedenster Art anbieten, die den Weg des geringsten Widerstandes verfolgen und gleichzeitig bei den steuerzahlenden Bürgern einen möglichst guten Eindruck hinterlassen. Die Unsummen an Geld, die von den Gemeinden bis zur EU auf diese Weise ausgegeben werden, die zwar nicht ganz fehlinvestiert sind, aber nicht das bewirken, was versprochen oder erwartet wird, stellen noch das geringere Problem dar. Wesentlich problematischer ist die Zeit, die dadurch verloren geht, und der fragwürdige Umgang mit den Autofahrern, die man dabei offensichtlich als nicht lernfähige, aggressive, gefährliche und infantile Wesen betrachtet.

Eine Verkehrspolitik, die als Tierversuch nicht zulässig wäre

Würde man Tiere in ein künstliches Milieu setzen, in dem sie ein ihrer evolutionären sinnlichen Ausstattung entsprechendes angepasstes Verhalten entwickeln oder gar gezielt zu einem solchen Verhalten verleitet werden, und sie dann für ebendieses Verhalten bestrafen oder sie daran hindern, wäre das ein Fall von gezielter Tierquälerei und somit strafbar, denn Tierquälerei ist gesetzlich verboten. Menschenquälerei hingegen nicht; in der automobilen Gesellschaft ist sie gar zur Norm geworden. Das beginnt schon bei der Bebauung, wenn man Menschen in Wohnboxen stapelt, die in Türmen oder Blocks untergebracht sind, den eigentlich für ihre Aktivitäten benötigten Raum aber dafür verwendet, den Autos eine »Einfamilienhausqualität« zu schaffen. Die Ansteckung mit dem Autovirus erfolgt durch die Herstellung einer unmittelbaren räumlichen Beziehung mit dem Menschen, bedingt durch die Vorschriften in den Bau- und Garagenordnungen. Die Grausamkeit geht aber noch weiter. In Unkenntnis der Wirkungsmechanismen zwingen die gegenwärtigen Strukturen – Parkplätze in unmittelbarer Nähe, üppige Fahrbahnen und unzumutbare Verhältnisse für Fußgänger, Radfahrer und Nutzer des öffentlichen Verkehrs – viele Menschen geradezu zur Autonutzung. Tun sie das aber, werden sie durch zunehmend ausgeweitete Mautsysteme bestraft, am Ziel erwarten sie dann immer häufiger Parkgebühren. Die technische Entwicklung macht auch das Bezahlen über das Smartphone immer leichter, denn sitzt der Autofahrer erst einmal in der Falle, kann man ihn schröpfen. Aufgrund fachlicher Ignoranz und überholter Richtlinien werden Fahrbahnen viel zu breit geplant und gebaut, was zum Schnellfahren verleitet, was dann wiederum entsprechend bestraft wird. Nicht bestraft hingegen werden die Planenden, die Verwaltungen und die Entscheidungsträger der Politik, die noch dazu

Betreibergesellschaften für Autobahnen und Schnellstraßen einrichten, die die Autofahrer mit immer neuen Angeboten locken, indem sie das Straßennetz weit über das erforderliche Ausmaß hinaus ausweiten. Ist das einmal geschehen, werden die Nutzungsgebühren nahezu beliebig erhöht, damit sich die Betreibergesellschaften und ihre Manager an den Einnahmen bereichern können. Auf diese Weise ordnen Regierungen und EU die menschlichen Bedürfnisse den mit dem Auto verbundenen Wirtschaftsinteressen unter.

Rechtssystem

Ein Rechtssystem, das auf einem Bewusstsein für die Verantwortung gegenüber den Menschen fußt, müsste zu einer anderen Rechtspraxis führen.

Eine sachkundige Umsetzung der Straßenverkehrsordnung in Österreich (v. a. § 43. *Verkehrsverbote, Verkehrserleichterungen und Hinweise*; siehe auch den Abschnitt *Rechtsmissbrauch als Rechtspraxis* in diesem Buch) würde bedeuten, dass es aus Gründen eines zu starken Autoverkehrs und der daraus resultierenden Gefährdung oder Gesundheitsbedrohung durch Lärm oder Abgase niemals zu einer Erweiterung von Fahrbahnen kommen dürfte, wenn das für die Erhaltung der Systeme wichtige Verursacherprinzip angewendet wird. Nicht die Opfer, seien es Natur oder Menschen, sondern die Verursacher dieser Probleme – hier zunächst nur der Autoverkehr – sind in die Schranken zu weisen. Dazu sind die Behörden in Österreich durch die Formulierung des § 43.1 StVO verpflichtet:

> Die Behörde hat für bestimmte Straßen oder Straßenstrecken oder für Straßen innerhalb eines bestimmten Gebietes durch Verordnung […]
> b) […]

> 1. dauernde oder vorübergehende Verkehrsbeschränkungen oder Verkehrsverbote, insbesondere die Erklärung von Straßen zu Einbahnstraßen, Maß-, Gewichts- oder Geschwindigkeitsbeschränkungen, Halte- oder Parkverbote und dergleichen, zu erlassen […]

In Deutschland würde durch § 1.2 StVO analog gelten: »Wer am Verkehr teilnimmt, hat sich so zu verhalten, dass kein Anderer geschädigt, gefährdet oder mehr, als nach den Umständen unvermeidbar, behindert oder belästigt wird.« Vorausgesetzt, es liegt kein Befall durch das Autovirus vor, wäre die kurze Erklärung für Sachkundige. Anders sieht die Situation für jene aus, deren Denken durch das Autovirus gesteuert wird und die den Begriff »Verkehr« daher allein auf technische Bewegungsprothesen, also das Autofahren reduzieren. Dazu sind folgende Erläuterungen notwendig:

- Denkt man im Sinne der Menschen, sind unter *Verkehr* der gesellschaftliche Umgang, soziale Kontakte, sozialer oder verbaler Austausch zu verstehen, die nach § 1.2 StVO nicht »geschädigt, gefährdet […], behindert oder belästigt« werden dürfen.
- Vorausgesetzt, man versteht unter *Menschen* die aufrecht gehenden Lebewesen aus der Gruppe der Primaten, die sich selbst als *Homo sapiens* bezeichnen, dann ist das auch der »Andere«, der durch den Autoverkehr »geschädigt, gefährdet oder mehr, als nach den Umständen unvermeidbar, behindert oder belästigt wird.« Da die Umstände allerdings durchaus vermeidbar sind, wenn man denn die Systemzusammenhänge versteht, befindet sich die bisherige Rechts- und Planungspraxis im Widerspruch zur StVO.
- Dies bedeutet, dass bei der Interpretation der StVO im Verkehrswesen und in der Rechtspraxis entlang der Gleichung *Auto+Mensch = Mensch* gedacht wird. Was das in der Realität bedeutet, ist die Gleichsetzung folgender Fakten:

- 20 m^2 Parkplatz = 0,25 m^2 Stehplatz
- 120 m^2 Fahrfläche = 1 m^2 Gehfläche
- 240 PS und mehr = 0,1–0,2 PS des Menschen
- Bei der Gefährdung durch kinetische Energie: 2000 kWh und mehr = 1 kWh.
- Und in Bezug auf die Emissionen braucht es nicht viel Fantasie, um sich vorzustellen, was da an Ungleichem gleichgesetzt wird – bei Feinstaub, Lärm, kanzerogenen Stoffen usw.

Das Ausmaß der Wirkung des Autovirus auf die Gedankenwelt wird erst deutlich, wenn man sich anschaut, was im Rechtssystem – und natürlich nicht nur dort – einander gleichgesetzt wird, obwohl es nicht gleich ist. Findet das statt, darf man sich nicht über die Folgen wundern. Dass das jeder Ingenieurslogik widerspricht, scheint angesichts der Begeisterung über den Verlust des mühsamen Bodenkontakts der Füße verloren gegangen zu sein. Und von den nichttechnischen Disziplinen kam bisher auch keine Hilfe. Selbst in den Köpfen der Philosophen scheint sich das Autovirus als Tabu niedergelassen zu haben. Oder sind wir einfach nur zu schnell unterwegs, sodass uns das Denken nicht folgen kann?

Der für die Niederschrift der österreichischen StVO zuständige Beamte, ein langjähriger Lehrbeauftragter an meinem Institut, ging, wie er mir sagte, bei deren Formulierung davon aus, dass dieses Gesetz im Rahmen der allgemeingültigen Hierarchie der menschlichen Werte interpretiert würde. Das Recht auf Leben und Gesundheit rangiert weit über dem Wert der uneingeschränkten Autonutzung. Man braucht die bestehende Straßenverkehrsordnung also nur nach Menschenrecht anzuwenden und das gesamte Gebäude traditioneller Experten fällt in sich zusammen. Denn welcher Experte kann schon begründen, dass die Vermeidung einer Gefährdung der Gesundheit unschuldiger Menschen, ja ihres wahrscheinlichen

Todes, weniger wichtig ist als das ungehemmte Autofahren. Wieder ein Fall, der die durch das Autovirus hervorgerufene Inversion der Werte im Hirn aufzeigt.

Tempolimits jenseits der Vernunft

Dazu gehört auch die Akzeptanz einer Normalität der heutigen Tempolimits in Ortsgebieten und auf Landstraßen und Autobahnen. Rational und systemkundig betrachtet, erweisen sich alle verordneten und vorgeschlagenen Tempolimits als mehr oder weniger willkürlich, weil sie jeglicher wissenschaftlichen Grundlage entbehren, wenn man einmal von den offensichtlichen physikalischen Wirkungen absieht. Die gegenwärtigen Bemühungen um Tempo 30/80/100 sind zwar dennoch wichtig, man darf aber dabei nicht übersehen, dass auch ihnen nach wie vor das Primat des Autos und die Vorstellung einer Zeiteinsparung durch Geschwindigkeit zugrunde liegt. Ersteres ist sachlich und aus menschlich rationaler Sicht nicht begründbar und Letzteres eine Illusion. Es ist daher nach anderen Grenzwerten zu suchen, die auf der Vernunft fußen.

Verantwortbare Tempolimits

In Städten und Dörfern sollte das Tempolimit der Gehgeschwindigkeit der Fußgänger entsprechen, also etwa vier bis sechs Stundenkilometer. Das gab es bereits, zumindest in England. Im *Locomotives Act* aus dem Jahr 1865, auch *Red Flag Act* genannt, wurde die Höchstgeschwindigkeit im Ortsgebiet auf zwei Meilen pro Stunde, also 3,2 km/h, begrenzt. Autolobby und Adel haben allerdings dafür gesorgt, diese Grenzen der Vernunft 1896 mit dem *Locomotives on Highways Act* zu sprengen.

Es gibt allerdings keine rationalen Gründe dafür, die Geschwindigkeit eines mit Maschinenkraft ausgestatteten Verkehrsteilnehmers, der außerdem durch seinen Platzbedarf die Mobilität anderer Menschen behindert, über jenes Maß zuzulassen, das der menschlichen Gesellschaft im öffentlichen Raum der Städte und Siedlungen entspricht. Erst recht nicht, seit man weiß, dass dadurch im System keine Zeiteinsparung stattfindet, sehr wohl aber eine Strukturveränderung. Die Wirkungen dieser Maßnahme sind aus dem bisher Behandelten leicht abzuleiten.

Die Kapazität von Überlandstraßen erreicht ab einer Geschwindigkeit von 40 km/h bei immer noch optimalen Verhältnissen für den Autoverkehr ihr Maximum, das auf Autobahnen bis zu einer Geschwindigkeit von ca. 80 km/h auf dieser Höhe bleibt und bei höheren Geschwindigkeiten abnimmt. Es gibt daher keine Argumente dafür, im motorisierten Straßenverkehr höhere Geschwindigkeiten zuzulassen bzw. zu verantworten. Sowohl Unfallhäufigkeit und Unfallschwere, Ressourcen- und Flächenverbrauch wie auch Lärm- und Abgasemissionen steigen mit der Geschwindigkeit überproportional an. Selbst die vorgeschlagenen Höchstgeschwindigkeiten von 30/80/100 km/h sind wegen der auch hier vorhandenen negativen Wirkungen des Autoverkehrs nur mit dem Argument einer optimalen Nutzung der Straße bzw. Autobahn und der maximalen Toleranz gegenüber der Bequemlichkeit des Autofahrens rational begründbar.

Hätte man die Zusammenhänge zwischen räumlicher und geistiger Mobilität aus der Fabel von Wilhelm Schröder verstanden, die 1840 im Hannoverschen Volksblatt unter dem Titel *Dat Wettlopen twischen den Hasen un den Swinegel up de lütje Heide bi Buxtehude (Der Wettlauf zwischen dem Hasen und dem Igel auf der Buxtehuder Heide)* erschienen ist, gäbe es das heutige Straßenverkehrssystem nicht. Der langsame Igel gewann den Wettlauf durch seine geistige Mobilität, während

der Hase an seiner Geschwindigkeit und der dadurch reduzierten Wahrnehmung scheiterte.

Die Stadt Buxtehude hat diesen Wettlauf durch den »Wettloopsweg« gewürdigt. Hätte man etwa in den Ministerien und Autobahnämtern den tieferen Zusammenhang der Wechselbeziehungen zwischen räumlicher und geistiger Mobilität begriffen, müsste auf allen Wegweisern bei allen Zielorten zusätzlich diese plattdeutsche Bezeichnung angebracht werden, um den Autofahrern ihre Hasenrolle bewusst zu machen (s. untere Abbildung). Denn die mit den schnellsten und größten Autos gehören vermutlich nicht zu den klügsten der schnellen Hasen. Wer bleibt, gewinnt einen besseren Überblick, versteht mehr vom System und vom Leben und weiß, was er damit verteidigt.

Beispiel: Prinzipien der Hygiene bei der Virenbehandlung

Eine menschenorientierte Verkehrspolitik ist nicht zuletzt auch eine Aufgabe der Hygiene:

> Hygiene ([…] »der Gesundheit dienende [Kunst]«), ist zum einen die Lehre von der Gesunderhaltung des Einzelnen und der Allgemeinheit (genannt auch *Gesundheitslehre*) und zum anderen die Gesamtheit der Maßnahmen zur Erhaltung und Verbesserung der Gesundheit und des Wohlbefindens sowie zur Vermeidung und Bekämpfung von Infektionskrankheiten und Epidemien (genannt auch *Gesundheitsfürsorge*).[44]

Hygienische Maßnahmen, zu denen auch religiöse Gebote und Verbote sowie technische Bemühungen zur Versorgung mit sauberem Trinkwasser zählen, sind weltweit und seit ältester Zeit nachweisbar. Ähnlich wie jeder Mensch Trinkwasser braucht, so kann sich heute kein Mensch dem Straßenverkehr entziehen. In der Weltgesundheitsorganisation WHO werden Verkehrsunfälle und Verletzungen im Straßenverkehr als Problem der öffentlichen Gesundheit auch unter dem Begriff der Epidemiologie behandelt, wie ich aus meinen Erfahrungen als Experte der WHO weiß. In den Ländern, Parlamenten und zuständigen Ministerien ist das aber auch heute noch, abgesehen von Indien und einigen afrikanischen Staaten, nicht allgemein bekannt. Das herkömmliche Verkehrswesen betrachtet Unfälle als eine Art Panne, die niemand wollte, und steht ihnen so verständnislos gegenüber, dass es seine Anlagen, also die RNA des Autoverkehrs, immer noch dem dadurch selbst erzeugten Bedarf anpasst, obwohl man weiß, dass darauf Menschen sterben werden. Auch die von Adolf Hitler erlassene Reichsgaragenordnung – der rechtliche Zwang zur Nutzung von Pkw – ist nichts als eine menschenverachtende, unhygienische Vorschrift, weil sie die Menschen in die Abhängigkeit vom Auto zwingt und damit Verkehrsunfälle, Lärm und Abgase und in der Folge seelische wie körperliche Krankheiten der Bevölkerung nach sich zieht, und wird trotz alledem nicht hinterfragt. An das Tabu des Autos in seiner unmittelbaren Nähe zum Menschen wird nicht gerührt. Eine Folge der Mystik in den mit dem Straßenverkehr befassten Disziplinen.

Im Fall von COVID-19 wäre die Analogie gewissermaßen eine Vorschrift zur verpflichtenden Ansteckung. Der Unterschied besteht nicht nur in den Jahrmillionen an Erfahrung mit Viren, sondern in der Vorstellung, menschengemachte Ansteckungssituationen durch ein mit den Menschen in Interaktion tretendes Gerät, das Körperfunktionen und Wahrnehmung verändert, wären nicht möglich. Solange man selbst Teil des Systems ist, ist es auch schwer, dessen Wirkungen zu begreifen. Aber dafür steht uns die Möglichkeit des Übersteigens, der Transzendenz, der geistigen Bewältigung der eigenen Veränderungen offen.

Verkehrssicherheit und Unfallforschung

Seit es technische, mit externer Energie angetriebene Verkehrsmittel gibt, ist die Verkehrssicherheit ein Thema. Jenseits der Grenzen menschlicher evolutionärer Erfahrung mit großen, bewegten Massen und Geschwindigkeiten müssen diese Defizite rechtlich, organisatorisch und technisch kompensiert werden, was bei den Eisenbahnen und den meisten öffentlichen Ver-

Vorbereitung auf den Lebensraum unter der Diktatur des Autoverkehrs

kehrsunternehmen ziemlich gut gelungen ist, wie die relativ geringen Unfallzahlen und -risiken belegen. Wie geschildert, verlief die Entwicklung im privaten Autoverkehr anders, weil es zunächst gelang, die Ursache der Verkehrsunfälle allein den Opfern zuzuschreiben, was bis heute an den Verkehrssicherheitsaktionen, insbesondere der sogenannten »Verkehrserziehung« zu erkennen ist. Nicht etwa der Gefährder, der andere bedroht, sondern die Gefährdeten, in dem Fall die Kinder, werden zum »verkehrsgerechten Verhalten erzogen«, also zur Anpassung an die Freiheiten und Privilegien des sie bedrohenden Autoverkehrs. Ohne weiter auf dieses Thema einzugehen, zeigt das Bild einer Verkehrssicherheitsaktion in England (s. Abbildung oben) mehr als lange Abhandlungen, wie es in den Köpfen der dafür Verantwortlichen ausschaut, aus welchem Bereich der Verkehrsdisziplinen sie auch kommen mögen.

Ist es nicht eine Perversion des Begriffes der Achtsamkeit? Selbst auf den Skipisten muss der Schnellere auf die Langsameren achtgeben.

Die aus der tiefsten Schicht des Hirns bis in unsere Gesellschaft hineinwirkende Energie findet auf jeder Ebene eine passende Begründung dafür, das Auto zu benutzen, zu besitzen, zu pflegen und allen Ausstattungsvorschriften, die von den Konzernen geschickt mithilfe der EU und deren praxisfremden Beamten erlassen werden, blind zu folgen. Sicherheit ist eine der Strategien, die auch in diesem Bereich funktionieren, wie in der Weltpolitik, wo man unter dem Vorwand, die Demokratie in ein Land zu bringen, Massenmorde begehen kann, denen man auch gerne noch das Etikett der »Freiheit« anheftet. Und so stoßen wir auch hier wieder auf die physikalischen Größen von Geschwindigkeit, Masse und Energie. Der Unterschied liegt nur im Schlachtfeld, denn hier sind es die Fahrbahnen, irreführenderweise als Straßen bezeichnet.

Wirksame Therapie muss an den Ursachen ansetzen

So wie in der Medizin eine erfolgreiche Therapie dort ansetzen muss, wo die Viren an die Zelle ankoppeln, liegt die Lösung im Autoverkehr dort, wo sich dieser mit den Menschen verbindet – bei den Parkplätzen. Hier wandelt sich der Mensch zum Autofahrer, wird der Zweibeiner zum Sitzroller bzw. Sitzgleiter, die aufrechte Haltung wird zu einer gekrümmten ohne direkten Bodenkontakt, und die Entlastung vom Energieaufwand des Gehens im Klein- und Stammhirn verbindet sich interaktiv mit der Macht der Motorenergie für räumliche Bewegung. Diese Veränderung verwandelt den Menschen in ein Bedienungselement dieses neuen Organismus aus Auto und darin sitzendem transportierten Menschen, der sich mit dem Auto interaktiv auf vielen Ebenen analog verbindet wie mit seinen natürlichen Extremitäten. Deren Maß wird zunächst im Hirn erfasst, eingeübt und in tiefe unterbewusste Schichten eingebaut, wodurch sie zum »natürlichen Teil« des eigenen Körpers werden. Daher auch die Empfindlichkeit nicht nur gegenüber einer physischen Berührung des Autokörpers, sondern gegen alle Maßnahmen, die dessen Freiheit zu bedrohen scheinen.

Entstehungsweg – Erkenntnisweg – Lösungsweg

Der Entstehungsweg wurde ausgehend von den Phänomenen unseres individuellen und gesellschaftlichen Verhaltens, die durch das Auto beeinflusst werden, und durch die Schichten der daran beteiligten Disziplinen in den bisherigen Kapiteln auszugsweise und oft vereinfachend behandelt. Er führte schließlich vor rund einem halben Jahrhundert bis tief in die ältesten Schichten unserer Hirne, wo die Entscheidungen unseres Handelns beurteilt und bewertet werden. Allerdings nicht auf der Ebene der Vernunft, sondern auf der Ebene des eigennützigen Genoms.

Der Erkenntnisweg begann mit der Aufdeckung der Verbindungen im Hirn über die Beziehungen unserer Empfindungen mit der Körperenergie auf der Ebene der Quanten und wirkt damit durch alle Schichten, weil anders als beim Fußgänger keine unmittelbar dämpfende Rückkopplung erfolgt, den Energieaufwand zu begrenzen. Der Energiezufluss erfolgt extern und ist nicht unmittelbar wahrnehmbar, die Wirkung aber intern und weit unterhalb des Bewusstseins auf der ältesten und mächtigsten Schicht unseres physischen Daseins, wo es um jedes Quantum an Energie zur Gewinnung von Information und jedes Bit zum Gewinn jedes Energiequantums geht, was durch alle Schichten bis in die Ebene des Bewusstseins und der Vernunft hindurch wirkt. Auch in den darüberliegenden Schichten kommt es zu selbstverstärkenden positiven Rückkopplungen, über die Zellen, Organe bis in die Schichten des Bewusstseins.

Das Ziel der Autokonstrukteure war wohl die gutgemeinte Absicht, ein bequemes und verlässliches Transportmittel für den individuellen Gebrauch zu bauen und auf den Markt zu bringen. Die selbstverstärkenden Mechanismen im Hirn der Menschen, die zu einer explosionsartigen Zunahme der Autoproduktion führten, wurden als Erfolg verbucht, ohne den Preis dafür, wie den Verlust von Menschenleben und der Rechte der Menschen im öffentlichen Raum, zu berücksichtigen. Diese Erfahrungen verstärkten die Entwicklung und führten zu den damals noch deutlich sichtbaren kriminellen Praktiken der Auto- und Erdölkonzerne bei der Ausschaltung der Straßenbahnen in Los Angeles und in anderen Städten der USA, die beweisen, wie die Anpassung des Umfelds an die Bedürfnisse des Autos und des Autoverkehrs selbstverstärkend angetrieben wird. Mit in diese Regelkreise eingebunden wurden die Regierungen und die Ausbildung für die Weiterentwicklung und Festigung der Dominanz des Autos in den Planungsdisziplinen und politischen Gremien. Entscheidungsträger, die ihre Macht als Gesetzgeber gegen die Rechte der Natur ebenso wie gegen elementare Menschenrechte einsetzen, weil ihr Hirn vom Autovirus kontrolliert wird. Autodenken führt zu Autoplanung, zu Autogesetzen, zu Autoprivilegien, zum Autorecht, zur Autosubvention und zu einer Autokultur. Soweit der Entstehungsweg unseres Themas.

Der Erkenntnisweg verlief in der Gegenrichtung, von den Symptomen, den sichtbaren Wirkungen, über die Schichten der Entstehung und des Betriebes bis hin zu den Ursachen. Und diese liegen in unserer evolutionären Ausstattung begründet, die wohl bis zum Beginn der Entstehung des Lebens zurückreicht.

Ausgangspunkt jedoch ist die physische Beziehung zwischen Auto und Mensch, für deren Erhalt und Verteidigung die Gesellschaft alles in ihrer Macht Stehende unternimmt. Hier erfolgt die Begründung von oben nach unten durch eine endlose Erfindung von Argumenten, warum man das Auto braucht und sogar darauf angewiesen ist. Ja, sogar mehr noch als auf die eigenen Nachkommen, denen man damit den sicheren Raum der sozialen, ökologischen und kulturellen Erfahrungen genommen hat, in den sie bis zur Erfindung des Autoverkehrs »hineinwachsen« konnten.

Von den Erfindern des Autos waren weder die Klimafolgen, die Millionen an Verkehrstoten und Verletzten, die Gesundheitsschäden durch Abgase, Feinstaub und Lärm noch die Folgen für die Raumentwicklung und die Zerstörungen der lokalen Wirtschaftskreisläufe noch die Unzahl an irreversiblen Zerstörungen bedacht worden. Auch die Verkehrsingenieure, Stadt- und Raumplaner haben in ihren Disziplinen und Unterdisziplinen in gutem Glauben geplant, gebaut und betrieben, um den politischen Wünschen zu entsprechen, vorgegeben von einem Finanzsystem, das den Regierungen das Ziel eines endlosen Wachstums des Geldkapitals diktiert hat. Das führte zur Entstehung einer mächtigen Zerstörungsmaschine für die Ökosphäre unseres kleinen Planeten, die sich nicht mehr durch Best-Practice-Publikationen, Straßenraumgestaltung, Förderung des Radverkehrs und Ausbau des Schienenverkehrs, der letztlich auch mit Naturzerstörung einhergeht, aufhalten lässt. Im Prinzip folgen die oben angeführten Maßnahmen auf der Symptomebene der altbekannten Strategie »Wasch mir den Pelz, aber mach mich nicht nass«, weil sie der eigentlichen Ursache ausweichen – der Ankopplung des Autos an die Menschen.

Der Lösungsweg für den Schutz gegen das Autovirus liegt dort, wo die erste Bindung zwischen Auto und Mensch erfolgt: am Autoabstellplatz. Ähnlich wie bei den Coronaviren findet ein Ankoppeln an die Körperzelle statt, was jedoch durch wirksame Impfungen erfolgreich verhindert werden kann. Beim Autovirus ist dieser Prozess angesichts seiner Größe und Kontrollierbarkeit viel einfacher. ***Als Individualfahrzeug darf es nicht in die Nähe menschlicher Aktivitäten gelangen.***

Dass die Wirksamkeit dieser Maßnahme nicht nur durch die theoretischen Grundlagen menschlichen Verhaltens in der künstlichen Welt unseres technisch veränderten Umfelds begründet ist, sondern sich auch empirisch bestätigen lässt, beweisen die Veränderungen des Modal Split in Wien in den letzten dreißig Jahren, aber auch Erhebungen des Individualverhaltens zur Verkehrsmittelwahl der Autobesitzer in Abhängigkeit von der Entfernung zum Abstellplatz an der Quelle und am Ziel. In Wien liegt der Anteil der Autofahrten bei einer Entfernung von bis zu 50 Metern zum Abstellplatz zwischen 60 und 70 Prozent, sinkt bei 100 Metern auf 10 bis 40 Prozent und landet bei 200 Metern bei etwa 10 Prozent. Die Wirkung ist sowohl für die Situation an der Quelle als auch am Ziel gegeben. Dass die Parameter der Funktionen von dem jeweiligen Umfeld abhängig sind, in dem das Verhalten erhoben wird, ist offensichtlich. Steht kein alternatives Verkehrsmittel zur Verfügung – wie in Wien der gut ausgebaute öffentliche Verkehr oder in Amsterdam, Münster oder Kopenhagen das Fahrradsystem –, ist anzunehmen, dass sich auch die Elastizität der Verkehrsmittwahl verringert. Das Problem sind daher die bestehenden Vorschriften.

Die Lösung liegt demzufolge in den Bauordnungen der Länder und den Stellplatzordnungen der Städte. Vermutlich für viele dafür Zuständige eine unbequeme Vorstellung, die Verantwortung dafür zu übernehmen, dass im Verkehrssystem siebzig Jahre lang falsche Vorstellungen vorherrschten. Die Angst vor dem Tabubruch bestätigt die Glaubensbasis des herkömmlichen Straßenverkehrswesens, die auf den Mythen eines Mobilitätswachstums, der Zeiteinsparung durch

Die Reichsgaragenordnung

Präambel

»Die Förderung der Motorisierung ist das vom Führer und Reichskanzler gewiesene Ziel«

»Wer Wohnstätten, Betriebsstätten (...) baut, hat für die vorhandenen und zu erwartenden Kraftfahrzeuge (...) Einstellplatz (...) **auf dem Baugrundstück oder in der Nähe** zu schaffen.«

17. 2. 1939, Wirksamkeitsbeginn: 1. April 1939

Garagenordnung

Präambel

»Das Ziel ist die Schaffung von Voraussetzungen für eine nachhaltige Entwicklung der Menschen und der Gesellschaft«

»Wer Wohnstätten, Betriebsstätten (...) baut, **hat sicherzustellen, dass diese vom öffentlichen Verkehr, den Fußgängern und Radfahrern leicht, sicher und ungehindert zu erreichen sind. Autos sind außerhalb der Siedlungsräume abzustellen.**«

»Wer Wohnstätten, Betriebsstätten (...) hat, **in deren unmittelbarer Nähe Abstellplätze für Autos zugeordnet sind, hat dafür die vollen Kosten und Folgekosten zu übernehmen, falls er nicht die Möglichkeiten des Abstellens außerhalb der Siedlungen vorzieht.**«

oben: § 2 der Reichsgaragenordnung
unten: Vorschlag auf der Grundlage der Forschungsergebnisse

Geschwindigkeit und der Herrschaft über das Auto beruht, die sich durch wissenschaftliche Analyse und empirische Bestätigung allesamt als Irrtümer erwiesen haben. Die Verantwortlichen stehen damit vor der Entscheidung, die erforderlichen Konsequenzen aus der Kenntnis des realen Verhaltens zu ziehen oder weiter auf dem Irrtum zu beharren, in dem sie aus naheliegenden Gründen von den Nutznießern dieser Fehlentwicklung bestärkt werden. Auch ein Vorschlag für die Formulierung einer menschengerechten, zukunfts- und klimaverträglichen Organisation der Bauordnungen liegt seit Jahrzehnten vor, einschließlich der Maßnahmen, diesen Übergang zu bewältigen (s. S. 391).

Ein winziger Eingriff an der richtigen Stelle verändert die lange Kette komplexer Bindungen mit zerstörerischen Wirkungen in unzähligen lebensnotwendigen Strukturen.

Bereits vor beinahe fünfzig Jahren hat man erkannt, dass die Wahlfreiheit zwischen Auto und öffentlichem Verkehr voraussetzt, dass es im öffentlichen Raum nicht mehr Orte für das Abstellen der Pkw geben darf als Haltestellen eines quantitativ und qualitativ vergleichbaren öffentlichen Verkehrs. Damals wurde aber noch nicht weitergedacht, weil die Maßnahme, statt Abstellplätzen Quartiersgaragen in den Häusern zu errichten, große Teile der öffentlichen Räume einer Stadt weiterhin durch Fahrbahnen entwertet und die Stadt als Organismus unorganisch zerteilt hätte. Das waren die Erkenntnisse der Forschung in der zweiten Hälfte der 1970er-Jahre. Wenige Jahre später hatte man die Folgen erkannt, was zwangsläufig zu der Forderung führte, das private Auto außerhalb der menschlichen Siedlungen abzustellen. Das Ergebnis wären autofreie Städte und Dörfer unter Wiederherstellung des Primats des Menschen im eigenen öffentlichen Raum.

Die Verursacher

Dass es durch das Privatauto, einem industriell hergestellten, erfolgreich vermarkteten, aus externen Energiequellen angetriebenen Verkehrsmittel, zu diesen virusähnlichen Wirkungen kommt, ist nicht das Ergebnis natürlicher Vorgänge, sondern hat seine Ursachen, wie zuvor ausführlich beschrieben, in den Handlungen von Menschen mit gut gemeinten Absichten und Motiven. Erst aus der Systemanalyse, beginnend bei den beobachteten Symptomen, wird erkennbar, auf welchen Ebenen und Fachgebieten Eingriffe in die Welt in gut gemeinter Absicht erfolgen, die zu den unerwünschten Wirkungen führen. Es gibt also Verursacher, die für diese Zerstörungsprozesse in Bezug auf Siedlungen, Natur und Gesellschaft verantwortlich sind. Manche Soziologen verlangen die Abschaffung und das Verbot der Autoindustrie, weil sie allein das Auto für die Ursache allen Übels halten. Nun zeitigt das Auto ohne Autofahrer nur dann die beschriebenen Wirkungen, wenn es die von den Autofahrern zurückgelegten Wege völlig automatisiert erledigen könnte, was zwar eine reizvolle Vorstellung ist, die sich aber bei näherer Betrachtung als unwirtschaftliche Illusion erweist, weil der Verkehrsaufwand im System dadurch steigen würde, wie es Modellberechnungen zeigen. Abgesehen davon könnte ein Verbot der Autoindustrie nur im globalen Maßstab erfolgreich sein und würde ähnlich wie bei den illegalen Drogen sehr wahrscheinlich zu einem Schwarzmarkt führen, abgesehen davon, dass sich kaum alle Länder an ein Produktionsverbot halten würden.

Aus der Analyse wissen wir bereits, dass nicht das Auto das Problem ist, ebenso wenig wie wir selbst. Der Viruseffekt entsteht erst durch die Verbindung von Auto und Mensch in Form des MIV, des **m**otorisierten **I**ndividual**v**erkehrs.

Unsere erfolgreiche evolutionäre Ausstattung führt uns sozusagen in die Autofalle – wenn wir es denn zulassen. Es gilt daher, die Verursacher im System zu erkennen und deren Verhalten zu verstehen, die entgegen aller Vernunft an dieser Zerstörung der Städte, des öffentlichen Raumes usw. beteiligt sind. Beginnend bei den an der Planung, dem Bau und Betrieb dieses Systems beteiligten Disziplinen, seien im Folgenden einige der wichtigsten Beschäftigungsbereiche beispielhaft angeführt.

Raumplaner, Stadtplaner und Architekten, die Pkw-Abstellplätze auf den bebaubaren Grundstücken, vor, neben und unter den Gebäuden planen. Das hat für sie persönlich den Vorteil einer weitgehend beliebigen Standortwahl und Nutzungsform ohne Abstimmung auf den Gesamtorganismus des Dorfes oder der Stadt und ist auch einer der Gründe, warum bei der örtlichen Raumplanung die Auflagen, die sich aus den Leitzielen der Raumordnungsgesetze ergeben, einfach ignoriert werden. Für die Investoren hat es den Vorteil kurzfristiger Gewinne, für die Politiker ist es der einfachste Weg zur Befriedigung privater Bauinteressen auf Kosten der Natur, und für alle gemeinsam ist es der gewohnte Weg der gedankenlosen Verantwortungslosigkeit, die im Ergebnis zu langfristigen Problemen führt. Denn damit wird nicht nur gegen sämtliche Leitziele der Raumplanungsgesetze verstoßen, wie sie unten beispielhaft angeführt werden, sondern die räumlichen, humanen, sozialen, ökologischen und auch ökonomischen Dimensionen der organischen Einheit einer Stadt, eines Dorfes und einer Siedlung werden zerstört.

Bundesregierung, Landesregierungen und Stadtparlamente, die nach wie vor den § 2 der Reichsgaragenordnung in den Bauordnungen und Stellplatzsetzungen belassen, zwingen die Ausführungsorgane dazu, Strukturen zu planen und zu bauen, die die Bevölkerung zur Ansteckung mit dem Autovirus zwingen. Abgesehen davon verstoßen sie damit dem Inhalt nach auch gegen den Artikel 1 des deutschen Grundgesetzes, wenn man die daraus resultierenden Folgen in Betracht zieht.

Politiker, die aus falscher Rücksichtnahme auf die Privatinteressen der Autobesitzer, aus Populismus, aus Angst vor den Reaktionen der Autolobby und/oder aus fehlendem Mut unterlassen, die Bürger aus deren Zwangsabhängigkeit vom Auto zu befreien, sei diese nun real oder nur in deren Vorstellung vorhanden. Dabei ist die Lösung nicht gegen das Auto gerichtet, dieses wird nur aus einer für die individuellen Bürger zwar attraktiven, für den Rest der Welt jedoch schädlichen Position verlegt, wo es außerdem gut organisiert und, wenn gewünscht, kameraüberwacht wie ein Baby untergebracht werden kann. Mit dem Fahrrad oder dem öffentlichen Verkehr können diese Garagen oder Abstellplätze gut erreicht werden.

Verkehrsplaner, die die Pkw-Einheit – ein Verpackungsmaß – als Grundlage ihrer Planungen, Modelle und Projekte verwenden und die daraus resultierenden Prioritäten der Netze für den Individualverkehr über die Geschwindigkeiten festlegen, unterstützen und beschleunigen das von ihnen an den Quell- und Zielpunkten erzeugte Fehlverhalten mit den angeführten Folgen.

Ihrer gewohnten Hierarchie folgend, sortieren sie die Straßen nach rechtlichen und funktionalen Kriterien in verschiedene Kategorien.

In Deutschland werden dabei folgende Kategorien unterschieden:

- Bundesfernstraßen
- Landesstraßen oder Staatsstraßen
- Kreisstraßen
- Gemeindestraßen (diese werden allerdings nicht immer zu den kategorisierten Straßen gezählt).[45]

Österreich klassifiziert nach:

- Autobahnen (Bundesstraßen A) und Schnellstraßen (Bundesstraßen S)

- Landesstraßen B und L
- Gemeindestraßen
- Privatstraßen.[46]

Diese Kategorisierungen sind im Grunde das Ergebnis eines technokratischen, die Menschen, die ja schließlich Fußgänger sind, vergessenden Denksystems.

Es ist daher nicht verwunderlich, wenn man in der Praxis auf Situationen stößt, die sich so nicht befriedigend bewältigen lassen. Der Widerspruch zwischen Mensch und Maschine wird schon anhand der Reihenfolge der Aufzählungen offensichtlich. Zudem tauchen Fußwege in diesem Kategorisierungssystem ebenso wenig auf wie Radwege oder Wegenetze des öffentlichen Verkehrs. Priorität haben allein die Netze für den Autoverkehr, der auch nach dieser Auffassung für die Beziehungen innerhalb der Stadt am wichtigsten ist.

Spätestens zum jetzigen Zeitpunkt muss man sich allerdings fragen, warum und wie es zu den wunderbaren, schönen und reichen Städten kam, die alle aus einer Zeit stammen, in der es keine Autos gab. Gleiches gilt natürlich für die Dörfer. Hat das Autovirus das Denken der Planer einzig auf seine spezifischen Interessen reduziert?

Eine Logik auf Grundlage der Vernunft würde doch zur folgenden Hierarchie führen:

- Fußwegenetze
- Fahrradwegenetze und Netze des öffentlichen Verkehrs
- Ergänzende Netze für Autofahrten im öffentlichen oder Gemeinschaftsinteresse
- Flächenausweis für private Autos außerhalb der bebauten Gebiete.

Ministerien und kommunale Verwaltungen, die kein qualifiziertes Personal beschäftigen, das in der Lage wäre, das Verkehrssystem im Sinne der übergeordneten Ziele zu organisieren und zielkonform zu kontrollieren, sondern die stattdessen die Eigendynamik der privaten Nutzung öffentlicher Güter durch die Autofahrer zum Schaden der Gemeinschaft – wie oben dargestellt – als Vorgabe verstehen, tragen entscheidend zu den Problemen bei, die sich in anderen Bereichen, vom Umweltschutz über die Finanzen bis hin zur Landwirtschaft und den Beschäftigungsbereichen in Zukunft wahrscheinlich noch deutlicher zeigen werden.

Gesetzgeber und die Exekutive, die mit der technischen Entwicklung nicht Schritt halten können, sondern deren Zweckvorgaben willenlos folgen, haben die Gesellschaft in die Fülle der heutigen Probleme geführt. Ihnen ist die durch den Autoverkehr stattfindende Privatisierung der öffentlichen Infrastruktur offensichtlich gar nicht bewusst. Ebenso wenig wie die Belastung der Gemeinschaft durch die Pauschalierung der Anschlussgebühren für neue Baustrukturen und Funktionen, mit der gegen das systemerhaltende Verursacherprinzip verstoßen wird. Würden die Gesamtkosten der Erschließung eines Grundstückes, einschließlich der Erhaltungs- und Betriebskosten, dem jeweiligen Bauherrn angelastet, wozu nicht nur die versiegelten Flächen, sondern alle Leitungen unter und über dem Erdboden gehören, würde das zu klima- und zukunftsfähigeren Entwicklungen führen. Kurzfristige Preisvorteile peripherer Baugrundstücke können sich sowohl für die Bewohner wie auch für die Kommunen durch die Erschließungskosten und den Verkehrsaufwand mittel- und langfristig in Kostennachteile verwandeln. Die durch das Autovirus in den Hirnen erzeugte individuelle Euphorie führt wie jeder Rausch zu einem schmerzhaften Kater und oft folgenreichem Erwachen.

Gemeinsam ist allen Verursachern, dass jeder für sich nur einen Teil des Systems wahrnimmt, aber mit den Maßnahmen, die er setzt oder einleitet, Wirkungen auf anderen Ebenen, in anderen Fachgebieten, Unter- und Obersystemen und Zei-

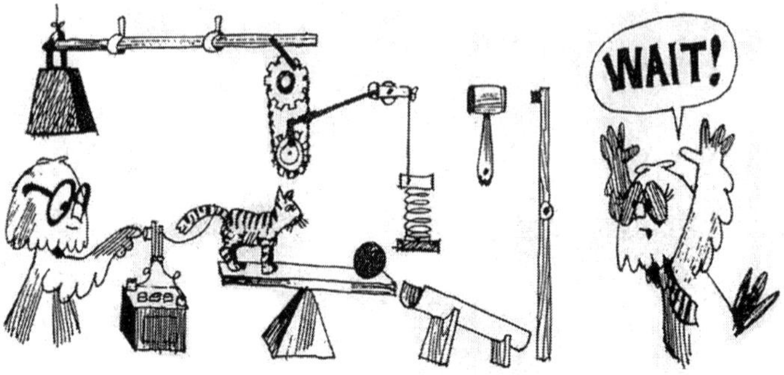

Kauffmann 1991

ten auslöst, ohne darauf vorbereitet zu sein. Weder die Ausbildung noch die Erfahrungen im persönlichen Umgang mit dem Motorfahrzeug und seinen Wirkungen in der Masse umfassen eine ausreichende Zeitspanne, um die Folgen in diesem komplexen neuen Umfeld verstehen und verantworten zu können. Die zur Illustrierung des Unterschieds zwischen linearen und rückgekoppelten Effekten viel verwendete Zeichnung von Kauffmann aus dem Jahr 1991 (s. oben) passt ebenso zur Darstellung der hier behandelten Probleme: Der gebannt auf den elektrischen Kontakt gerichtete Blick der linken Eule erkennt nur die unmittelbare Reaktion, nämlich die der Katze auf den elektrischen Reiz – das Forschungsgebiet von Reiz-Reaktions-Mechanismen. Ihr Blick umfasst aber nicht das Umfeld, in dem der Versuch stattfindet, und die Wirkungen, die damit ausgelöst werden. Die rechte Eule hingegen erfasst das gesamte System und erkennt die damit ausgelösten Folgen in diesem einfachen, zweidimensional dargestellten Versuchsaufbau.

Das reale System, um das es im Zusammenhang mit dem Virus Auto geht, ist aber mehrdimensional. Es gibt nicht nur *eine* Eule, deren Blickfeld so eingeschränkt ist wie das der auf dem Bild links abgebildeten, sondern viele, die auf unterschiedlichen Ebenen und zu unterschiedlichen Zeiten an unterschiedlichen

Punkten in das System eingreifen. Außerdem können manche der linken Eulen ihre Position verlassen und fühlen sich dann nicht mehr von dem über ihren Köpfen hängenden Gewicht bedroht. Wem aber das Gewicht letztlich auf den Kopf fällt, das ist einerseits immer die Bevölkerung, die bisher zwanghaft in das System eingebunden ist, und andererseits die Natur. Und beide wiederum reagieren – die Menschen im Rahmen ihrer Fähigkeiten und Erfahrungen und die Natur vor allem durch die Gesetze der Natur, die uns noch lange nicht alle bekannt sind. Die Menschen wollen oder können vom Auto nicht lassen und halten unbeirrt an ihrem Status quo fest, obwohl manche bereits erkannt haben, dass dieser auf Dauer nicht haltbar ist.

In diesem System sind aber auch bei jedem Element Gruppen beteiligt, die aus dem gegenwärtigen Zustand einen wirtschaftlichen oder persönlichen Nutzen ziehen, ohne die Langzeitfolgen verantworten zu müssen. Das gilt im Wesentlichen für alle Bereiche, in denen Konzerne tätig sind, die ihre Erfolge an Kurzzeitgewinnen messen und durch ihre Macht Einfluss auf die Entscheidungen der Politik und damit auch auf die Maßnahmen der Verwaltung nehmen.

Dem Bewusstseins- und Ausbildungsstand der 1960er-Jahre entsprechend, war ich damals wie die linke Eule und der Meinung, dass der »neuzeitliche Straßenbau« für das Verkehrssystem einen unvermeidlichen Fortschritt darstelle. Durch die Beschäftigung mit den Folgen, zunächst im Bereich der Unfallforschung, und danach mit den Grundlagen und Erfahrungen mit den Planungen für autofreie Zonen in Innenstädten, musste ich zwangsläufig auf die Position der rechten Eule wechseln, weil mir in den Jahren bis 1980 immer klarer wurde, dass die Zukunft in autofreien Städten und Siedlungen liegt, wenn wir eine nachhaltige Lebensweise anstreben, aus welchen Gründen auch immer.

Die Zusammenarbeit mit Psychologen, Medizinern in der Unfallforschung, Biologen und Evolutionstheoretikern wie

Verlegung der Autoabstellplätze aus der Stadtmitte an die Peripherie

Rupert Riedl und den Systemwissenschaftlern Dana und Dennis Meadows lieferte Möglichkeiten, die eigenen Forschungsergebnisse zu prüfen, zu widerlegen oder zu verbessern. Die in den 1970er-Jahren erarbeitete Position der Äquidistanz von Autoparkplätzen und Haltestellen des öffentlichen Verkehrs zu menschlichen Aktivitäten, erwies sich als nicht zu Ende gedacht. Mitte der 1980er-Jahre war es klar, dass es die autofreie Stadt sein musste. Aber auch das war nicht präzise genug, denn es muss die MIV-freie Stadt sein, wenn wir menschliche Siedlungen nahezu beliebiger Größe mit Fußgängern, dem Rad- und dem öffentlichen Verkehr nachhaltig gestalten und organisieren wollen.

Im Prinzip ist es bei einem System gleichgültig, wo man beginnt. Für die Lösung eines Problems ist es aber wichtig, dass einer der Verursacher anfängt und damit alles andere in Bewegung setzt. Und zwar in den Köpfen jener, in denen die Vernunft wieder die Herrschaft über den Atavismus des Genoms zurückerobert. Falls sich im Denken der Verantwortlichen der Pkw mit seinen Raumforderungen, Vorrechten gegenüber den Menschen, der Nähe zu den Aktivitäten seiner Besitzer, finanziellen Privilegien oder geförderter Energieversorgung meldet, sind sie befangen und somit für die erforderlichen Entscheidungsprozesse disqualifiziert. Denn nur wer geistig so fit ist, dass er den Verlockungen der bequemen räumlichen Mobilität durch individuelle Kraftfahrzeuge widersteht, beweist, dass er mehr in den Frontallappen des Neocortex hat, wo die Vernunft sitzen soll, als in den tiefen Schichten des Stammhirns, auf die das Auto zugreift und wo die Energieverrechnung der Beine stattfindet. Erst wenn das Auto fernbleibt, wird der Geist frei.

Richtige Lösungen auf der Ebene der Ursachen zeitigen viele positive Synergien

Eines der Probleme bei der Lösung komplexer dynamischer Systeme besteht darin, dass es offensichtlich sehr schwer zu verstehen ist, warum ein Eingriff auf der Ebene der Ursachen viele und vernetzte Wirkungen auf mehreren Ebenen der Symptome hat oder haben kann. Im Fall des Pkw kommt noch hinzu, dass jeder Versuch einer Veränderung der Beziehung zwischen dem Menschen und dessen Privatauto fast immer als ein Angriff auf diesen Menschen verstanden wird. Das ist durchaus nachvollziehbar, wenn man sich bewusst macht, wo das Auto im Hirn verankert ist und was es in den letzten 150 Jahren mit den Menschen und ihrer Gesellschaft angestellt hat. Ich möchte versuchen, an einem einfachen Beispiel begreiflich zu machen, welche Wirkungen die Entfernung der Pkw aus menschlichen Siedlungen hervorrufen wird – hier exemplarisch anhand einer Stadt, aus der die Autos verbannt und an den Stadtrand verlagert werden (s. Abbildung links) – und welche Prozesse der Wiederbelebung des städtischen Organismus dadurch ausgelöst werden, dass sich Menschen wieder frei bewegen können und nicht mehr mit einer halben Tonne oder mehr an Auto im Organismus der Stadt mobil sein müssen, wie es die Reichsgaragenordnung vorsieht.

Kennt man das Verhalten des Systems, liegen die Vorteile auf der Hand, nicht nur theoretisch, sondern auch in der Praxis erwiesen, wo man Ähnliches umgesetzt hat. Es ergeben sich Vorteile für die Menschen – Bewohner wie Besucher –, für die lokale Wirtschaft, für die sozialen Beziehungen, für die Kinder und für das Ökosystem. Abgesehen von der reinen Luft durch mehr Natur und weniger permanenten Autolärm zwingt diese Maßnahme zu Vielfalt und Durchmischung der Funktionen und zu einer Forderung nach Qualität in der Stadtplanung und Architektur. Schönheit – ein Begriff, der zwar das Leben bewegt und gerade im öffentlichen Raum mehr bewirkt als quantitative technokratische Argumente – wird wieder wichtig für die Stadtkultur. Dies, um nur einige der positiven Aspekte einer Entfernung des Autos aus unseren Siedlungen zu erwähnen.

Die Praxis zeigt zwar, dass diese Entwicklungen geradezu heraufbeschworen und herbeigewünscht werden, aber dennoch an massiven Widerständen scheitern können. Und diese Widerstände entstammen eben jenem Organ, in dem sich das Auto eingerichtet hat, um sich die Welt so zu gestalten, wie sie heute ist. Repräsentiert wird dieser Widerstand mehr oder weniger offen durch die vom Autovirus Befallenen in der Politik und der Fachwelt, den Medien, den Konzernen der Autoindustrie, bei den Energieerzeugern, den Bau- und Finanzkonzernen. Auch die Ansprüche an die Planungsdisziplinen – vom Verkehr über die Architektur, den Städtebau, die Stadtlogistik bis hin zur Politik – nehmen um Größenordnungen zu. Allein Letzteres kann dazu führen, dass man lieber weiter wie gewohnt an den Symptomen herumwerkelt. Doch die Macht der bestehenden Gewohnheit muss durch eine neue Gewohnheit ersetzt werden: den Menschen nicht nur verbal in den Mittelpunkt zu stellen, sondern durch Taten zu beweisen, dass man ihn mag, seine Würde respektiert und nicht unter die Räder kommen lässt.

Prüfung der Wirkungen

Die »15-Minuten-Stadt« ist eine logische Schlussfolgerung aus der Tatsache der Reisezeitkonstanz. Werden Dörfer und Städte wieder frei von Autos, geparkten wie auch fahrenden, beginnen die Menschen wahrzunehmen, was ihnen in ihrer Nähe fehlt, aber gleichzeitig auch, was sie damit gewonnen haben. Ersteres ergibt sich aus der Konstanz der Reisezeiten, die zur Verkürzung der Wege führt, nämlich genau zu dem, was die 15-Minuten-Stadt anstrebt, aber auf der Symptomebene nicht erreichen kann, solange das Privatauto Zugang zu jeder »lebenden Zelle« der Stadt hat, seien es die Wohnungen der Menschen, ihre Arbeitsplätze, Schulen, Geschäfte oder Freizeiteinrichtungen.

Revitalisierung der Dörfer und des Landes

Noch mehr gilt das für die inzwischen ihrer einstigen Funktionen beraubten Dörfer. Hier bieten sich neben den lokalen Kreisläufen für die Ressourcen des Ökosystems die heutigen Möglichkeiten digitaler Verkehrssysteme an, neue Funktionen für die Dörfer zu etablieren und damit die Vielfalt der Möglichkeiten im Gesamtsystem exponentiell zu vergrößern. Damit erhöhen sich die Chancen, die Erfahrungsbasis für die auf uns zukommenden Veränderungen zu verbreitern, indem aus den abhängigen Konsumenten und Arbeitnehmern Produzenten und Unternehmer werden, wie es sie einst in allen Dörfern gab. Ein wesentlicher Effekt ergibt sich auch aus dem Gewinn an qualitativ höherwertigem Lebensraum für Mensch und Natur ohne den permanenten Lärmterror des Straßenverkehrs, mit reiner Luft ohne Feinstaub und Abgasbelastungen aus dem öffentlichen Raum und ohne die soziale Isolierung durch den Autoverkehr, wie sie uns Jane Jacobs in ihrem Buch *Tod und Leben großer amerikanischer Städte* bewusst gemacht hat.

Tote, menschenleere Fahrbahnen werden wieder zu Lebensräumen

Die Menschen nutzen den öffentlichen Raum, der umzugestalten ist, die Siedlungen werden wieder kompakt und sozial, in ihnen entsteht wieder Leben, weil sie die Mobilitätszeit, die bisher aus ihnen abgesaugt wurde, nun wieder binden können. Vielfalt ist die Folge. Unter diesen neuen strukturellen Bedingungen ist der Autostau kein Thema mehr.

Die Faszination der dumpfen Macht des Genoms, die mit dem Auto entfesselt wurde, könnte von der Priorität des hellen Verstandes abgelöst werden, der die Menschen dazu bringt, sich wieder auf eine Welt mit einer lebenswerten Zukunft auch für ihre Nachkommen zu besinnen, wenn sie aus dem Energierausch der vergangenen 200 Jahre aufwachen.

Revitalisierung lokaler Wirtschaftskreisläufe

Gewinner in der Wirtschaft werden die kleineren Strukturen sein, und zwar auf Kosten der internationalen Konzerne, die sich den lokalen Bedingungen und dem Wettbewerb werden stellen müssen, den sie im vergangenen Jahrhundert mithilfe des Autos zu ihren Gunsten und auf Kosten der Natur und der Menschen ausgeschaltet haben. Da Geld nur wirksam ist, wenn es eingesetzt wird, führen lokale Wirtschaftskreisläufe zu neuen Beschäftigungs- und Wirtschaftsformen in intelligentem Maßstab und zu größerer Vielfalt.

Revitalisierung der Ökosysteme, insbesondere der urbanen

Ein Rückbau der flächenhaften Zersiedelung eröffnet die Chance, große Flächen wieder an die Natur zurückzugeben. Durch die Entsiegelung überflüssiger Fahrbahnen in den Städten können grüne Korridore wiederhergestellt und zugebaute Wasserläufe freigelegt werden, um hier nur einige der potenziellen neuen Möglichkeiten anzuführen.

Verkehrssicherheitswirkungen

In den »Urban Areas«, also den Gebieten innerhalb der Ortstafeln der EU, wurden 2021 bei Verkehrsunfällen 7.665 Menschen getötet, knapp 60 Prozent davon im Zusammenhang mit dem Pkw-Verkehr.[47] Die Verlegung der Autoabstellplätze an den Orts- bzw. Stadtrand würde daher jährlich etwa 4.500 Menschenleben in den Städten und Gemeinden retten.

Lärmreduktion

Das akustische Profil in den menschlichen Siedlungen wird nicht mehr wie heute vom Autolärm dominiert, sondern kehrt zurück zu den Geräuschen der Natur und der zivilisierten Gesellschaft. Ein wesentlicher Beitrag zur Umwelthygiene und auch zur öffentlichen Sicherheit, da nun wieder die Möglichkeit gegeben ist, bei offenem Fenster zu schlafen, was letztlich auch dazu beiträgt, eventuelle Hilferufe aus dem öffentlichen Raum besser wahrzunehmen. Durch die Befreiung der öffentlichen Räume vom Autolärm wird die zwischenmenschliche Kommunikation erleichtert, was wiederum zur Gemeinschaftsbildung beitragen kann.

Inklusion

Menschen mit Beeinträchtigungen, und dazu gehören auch Kinder und ältere Menschen, sowie die nicht Ortskundigen und Zielsuchenden müssen ihr Leben nicht mehr an vorhandene Strukturen anpassen, weil die Gesellschaft unter diesen Bedingungen nicht mehr dazu aufgefordert werden muss, Strukturen zu schaffen, die es allen Menschen – auch denen mit Beeinträchtigungen – ermöglichen, von Anfang an ein wertvoller Teil der Gesellschaft zu sein.

Prüfung am bestehenden Rechtssystem der Raumordnung

Die heutige Praxis des Rechts in den verkehrsrelevanten Disziplinen folgt der Logik des Autos im Stammhirn, wie es an den Beispielen der Begriffe und der Regelungen der Straßenverkehrsordnung bzw. dem Grundgesetz in Deutschland zu erklären versucht wurde. Anhand des Raumordnungsgesetzes des Bundeslandes Niederösterreich (die Raumordnung fällt in Österreich in die Kompetenz der Bundesländer – angesichts der Raumwirkung des heutigen Straßenverkehrs ein Unding) ist zu prüfen, welche Folgen der Vorschlag autofreier Siedlungen für die Praxis hat: Ich gehe dabei vom Stufenbau der österreichischen Rechtsordnung aus (s. Grafik rechts).

Gesetze stehen über Verordnungen; die Bauordnung ist daher gegenüber den Raumordnungsgesetzen nachrangig. Im Folgenden beschränke ich mich auf die verkehrsrelevanten Teile des Gesetzes und seiner Gedankenwelt. Das Niederösterreichische Raumordnungsgesetz formuliert die Ziele der Raumordnung wie folgt:

1. Generelle Leitziele:
   a) Vorrang der überörtlichen Interessen vor den örtlichen Interessen.
   Berücksichtigung der örtlichen Interessen bei überörtlichen Maßnahmen.
   Abstimmung der Ordnung benachbarter Räume (grenzüberschreitende Raumordnung).
   b) Ausrichtung der Maßnahmen der Raumordnung auf
   – **schonende Verwendung natürlicher Ressourcen**
   – Sicherung mineralischer Rohstoffvorkommen
   – nachhaltige Nutzbarkeit
   – **sparsame Verwendung von Energie, insbesondere von nicht erneuerbaren Energiequellen**

Stufenbau der österreichischen Rechtsordnung

– **wirtschaftlichen Einsatz von öffentlichen Mitteln.**

c) Ordnung der einzelnen Nutzungen in der Art, dass
   – **gegenseitige Störungen vermieden werden,**
   – sie jenen Standorten zugeordnet werden, die dafür die besten Eignungen besitzen.

d) Sicherung von Gebieten mit besonderen Standorteignungen für deren jeweiligen Zweck und Freihaltung dieser Gebiete von wesentlichen Beeinträchtigungen.

e) Bedachtnahme auf die Verkehrsauswirkungen bei allen Maßnahmen in Hinblick auf
   – **möglichst geringes Gesamtverkehrsaufkommen;**
   – **Verlagerung des Verkehrs zunehmend auf jene Verkehrsträger, welche die vergleichsweise geringsten negativen Auswirkungen haben (unter Berücksichtigung sozialer und volkswirtschaftlicher Vorgaben)**
   – **möglichst umweltfreundliche und sichere Abwicklung von nicht verlagerbarem Verkehr.**

f) Erhaltung und Verbesserung des Orts- und Landschaftsbildes.
g) Freier Zugang zu Wäldern, Bergen, Gewässern und sonstigen landschaftlichen Schönheiten sowie deren schonende Erschließung (Wanderwege, Promenaden, Freibadeplätze und dergleichen).
h) Unterstützung von Nationalparks durch Maßnahmen der Raumordnung im Umland dieser Nationalparks.
i) **Vermeidung von Gefahren für die Gesundheit und Sicherheit der Bevölkerung.** Sicherung bzw. Ausbau der Voraussetzungen für die Gesundheit der Bevölkerung insbesondere durch
   - Sicherung oder Wiederherstellung eines ausgewogenen Naturhaushaltes als Lebensgrundlage für die gegenwärtige und künftige Bevölkerung;
   - Sicherung des natürlichen Wasserhaushaltes einschließlich der Heilquellen;
   - **Sicherung der natürlichen Voraussetzungen zur Erhaltung des Kleinklimas einschließlich der Heilklimate und Reinheit der Luft;**
   - Sicherung einer ausreichenden Versorgung mit Trinkwasser sowie einer geordneten Abwasser- und Abfallbeseitigung;
   - Berücksichtigung vorhersehbarer Naturgewalten bei der Standortwahl für Raumordnungsmaßnahmen;
   - **Schutz vor Gefährdungen durch Lärm, Staub, Geruch, Strahlungen, Erschütterungen u. dgl.;**
   - Sicherstellung der medizinischen Versorgung.
j) Sicherung und Vernetzung wertvoller Grünlandbereiche und Biotope sowie Berücksichtigung der Europaschutzgebiete.

2. Besondere Leitziele für die überörtliche Raumordnung:
   a) Ausreichende Versorgung der Regionen mit technischen und sozialen Einrichtungen.
   b) Festlegung von Raumordnungsmaßnahmen
      – zur Unterstützung der wirtschaftlichen, sozialen und kulturellen Entwicklung
      – zur Gewährleistung einer ausreichenden Versorgung und einer umweltgerechten Entsorgung
      – für die Abstimmung von Verkehrserfordernissen
   c) Festlegung siedlungstrennender Grünzüge und Siedlungsgrenzen zur Sicherung regionaler Siedlungsstrukturen und typischer Landschaftselemente.
   d) Abstimmung des Materialabbaues auf den mittelfristigen Bedarf, auf die ökologischen Grundlagen und auf die anderen Nutzungsansprüche.

3. Besondere Leitziele für die örtliche Raumordnung:
   a) Planung der Siedlungsentwicklung innerhalb von oder im unmittelbaren Anschluss an Ortsbereiche.
   b) Anstreben einer möglichst flächensparenden verdichteten Siedlungsstruktur unter Berücksichtigung der örtlichen Gegebenheiten, sowie Bedachtnahme auf die Erreichbarkeit öffentlicher Verkehrsmittel und den verstärkten Einsatz von Alternativenergien.
   c) Sicherung und Entwicklung der Stadt- und Ortskerne als funktionaler Mittelpunkt der Siedlungseinheiten, insbesondere als Hauptstandort zentraler Einrichtungen, durch Erhaltung und Ausbau
      – einer Vielfalt an Nutzungen (einschließlich eines ausgewogenen Anteils an Wohnnutzung)
      – der Bedeutung als zentraler Handels- und Dienstleistungsstandort
      – als Schwerpunkt für Kultur- und Verwaltungseinrichtungen

– als attraktiver Treffpunkt für die Bewohner angrenzender Siedlungsbereiche
– als touristischer Anziehungspunkt.

d) Klare Abgrenzung von Ortsbereichen gegenüber der freien Landschaft.
e) Sicherstellung einer ordnungsgemäßen Wasserversorgung und einer ordnungsgemäßen Abwasserentsorgung.
f) Sicherstellung der räumlichen Voraussetzungen für eine leistungsfähige Wirtschaft (Land- und Forstwirtschaft, Gewerbe, Industrie, Dienstleistungen).
Sicherung von bestehenden Betriebsstandorten und Gebieten mit einer besonderen Standorteignung für die Ansiedlung von Betrieben sowie von Gebieten mit Vorkommen mineralischer Rohstoffe (einschließlich ihres Umfeldes) vor Widmungen, die diese Nutzung behindern.
Räumliche Konzentrationen von gewerblichen und industriellen Betriebsstätten innerhalb des Gemeindegebietes.
Bedachtnahme auf die Möglichkeit eines Bahnanschlusses bei Betriebs- und Industriezonen.
g) Verwendung von für die land- und forstwirtschaftliche Nutzung besonders gut geeigneten Böden für andere Widmungen nur dann, wenn geeignete andere Flächen nicht vorhanden sind. Dabei ist nicht nur auf die momentane Nahrungsmittelproduktion, sondern auch auf die Vorsorge in Krisenzeiten, auf die Erzeugung von Biomasse und auf die Erhaltung der Kulturlandschaft Bedacht zu nehmen.
h) Sicherung der Verfügbarkeit von Bauland für den gewidmeten Zweck durch geeignete Maßnahmen wie z. B. auch privatrechtliche Verträge.
i) Festlegung von Wohnbauland in der Art, dass Einrichtungen des täglichen Bedarfes, öffentliche Dienste sowie Einrichtungen zur medizinischen und sozialen Versor-

gung günstig zu erreichen sind. Sicherstellung geeigneter Standorte für diese Einrichtungen.

j) Planung eines Netzes von verschiedenartigen Spiel- und Freiräumen für Kinder und Erwachsene.
Zuordnung dieser Freiräume, sowie weiterer Freizeit- und Erholungseinrichtungen (Parkanlagen, Sportanlagen, Naherholungsgebiete u. dgl.) zu dem festgelegten oder geplanten Wohnbauland in der Art, dass sie ebenfalls eine den Bedürfnissen angepaßte und möglichst gefahrlose Erreichbarkeit aufweisen.

k) Erhaltung und Entwicklung der besonderen Eigenart und kulturellen Ausprägung der Dörfer und Städte. Bestmögliche Nutzung der bestehenden Siedlungen (insbesondere die Stadt- und Ortskerne) durch geeignete Maßnahmen (Stadt- **und Dorferneuerung**).*

Selbst bei extrem großzügiger Auslegung dieses Gesetzes verstößt die Anordnung von Parkplätzen – nach der aus der Reichsgaragenordnung in die Bauordnung übernommenen Bestimmung – eklatant gegen alle fett hervorgehobenen Leitziele. Die Zulassung, ja Anordnung von Parkplätzen bei Wohnungen, Arbeitsplätzen, Freizeit- oder Bildungseinrichtungen steht in krassem Widerspruch zu den Forderungen von Sicherheit und gesunder Umgebung, zerstört Spiel- und Freiräume von Kindern und Erwachsenen, verhindert kompakte Siedlungsentwicklung usw. Die heutige Praxis der Raumplanung und Rechtsauslegung erzeugt lebens- und gesundheitsgefährdende Strukturen. Das Ergebnis ist menschenverachtend und sorgt für unhygienische Lebensverhältnisse. Schon die Anwendung elementarer Hygienemaßnahmen verlangt die räumliche Trennung von Autos und menschlichen Aktivitäten jeder Art.

---

* NÖ Raumordnungsgesetz 1976[48]; Hervorhebungen (Fettgedrucktes) durch den Verfasser.

Die Praxis der Raumplanung steht also in krassem Widerspruch zu den im Gesetz geforderten Zielen, sowohl was die quantifizierbaren Indikatoren angeht als auch die qualitativen Kriterien. Das Ergebnis der tatsächlichen Raumplanung ist blanker Hohn gegenüber den Zielen des Raumplanungsgesetzes. Und das gilt nicht nur für das Bundesland Niederösterreich.

Wenn man die inneren Wirkungsmechanismen der Beziehungen zwischen Mensch und Auto kennt, so weiß man auch, dass sich die fett hervorgehobenen Leitziele des oben zitierten Raumordnungsgesetzes nur durch autofreie Dörfer und Städte erreichen lassen.

Der Weg zu den Zielen

Unter den heutigen Bedingungen der Dynamik des Klimawandels, des Artensterbens, der beginnenden Auseinandersetzungen um Ressourcen und der urbanen Konzentration im globalen Maßstab nimmt die Wahrscheinlichkeit einer »sanften Landung« aus den gewohnten Höhen unserer Anspruchsgesellschaft mit jedem Tag ab. Es gibt zwar einige Stadtteile in den historischen Zentren europäischer Städte, die bei entsprechender Kombination der Erfolgsformel für erfolgreiche Veränderungen in kurzer Zeit wirksame Maßnahmen schnell umsetzen können; viele der nach 1950 entstandenen Neubaugebiete und vor allem die ländlichen Regionen stehen jedoch vor großen Herausforderungen, wenn es um die Wiederherstellung einer nachhaltigen Entwicklung geht.

Eine unter den Bedingungen rationalen Handelns sofort wirksame Maßnahme ist die Senkung der zulässigen Höchstgeschwindigkeiten für den motorisierten Individualverkehr – innerhalb von Ortschaften auf 20 oder maximal 30 km/h und auf Landstraßen und Autobahnen auf maximal 60 km/h. Rational begründet sind diese Grenzen durch den damit in Städten und Dörfern erleichterten Umstieg vom Auto auf das Fahrrad und den öffentlichen Verkehr und durch das Faktum, dass der maximale Durchfluss von Autos auf Landstraßen und Autobahnen zwischen 40 und 80 km/h gegeben ist. Abgesehen von der Tatsache, dass durch höhere Geschwindigkeiten keine Zeiteinsparung im System möglich ist, beziehen sich die Werte der herkömmlichen Straßenplanung auf die Pkw-Einheit, und diese ist weitgehend leer, weil durchschnittlich 3,5 von 5 Sitzen in einem Pkw (= 70 Prozent) unbesetzt sind. Ineffizient ist der individuelle Autoverkehr also allemal. Die menschliche Gesellschaft würde von einer Absenkung der zulässigen Höchstgeschwindigkeiten in jedem Fall profitieren: durch weniger Unfälle, Verletzte, geringere Kosten für die Erhaltung der Verkehrsmittel und Fahrbahnen. Profitieren würde auch die Natur – durch weniger getötete Tiere, weniger Flächenverluste, um nur einige der Vorteile dieser Übergangmaßnahme anzuführen.

Eine Eingliederung des Autoverkehrs in die Mechanismen der Marktwirtschaft und des Verursacherprinzips gibt der Bevölkerung und der Wirtschaft die richtigen Impulse für die notwendigen Umstellungen. Ausgehend von den Marktpreisen für das Bauland, werden die Abstellkosten für Privatfahrzeuge anhand der benachbarten, auf der gleichen Fläche verrechneten Kosten für Wohnungen, Büros, Geschäfte und Betriebe in Form von Abgaben erhoben. Setzt man die Mieten in einem mehrgeschossigen Wohnbau pro Geschoss und Quadratmeter mit nur 10 Euro an, ergeben sich bei 20 Quadratmetern Platzbedarf im öffentlichen Raum monatliche Abgaben von mehr als 500 Euro pro Pkw und Monat. Dabei steigen die Kosten mit der jeweiligen Geschosszahl. Auch die zeitliche Inanspruchnahme öffentlicher Verkehrsflächen für private Zwecke kann mit den heute gegebenen technischen Möglichkeiten erfasst und im Display des Fahrzeughalters sichtbar gemacht und dokumentiert werden. Abgesehen davon können auch die sonstigen Abgaben direkt nach den jeweils zurückgelegten Kilometern und den dafür beanspruchten Zeitfenstern berechnet werden. Damit kann das verheißene und behauptete Potenzial von Industrie 4.0 im Verkehrssystem nutzbringend für die Menschheit und ihre Lebensgrundlagen eingesetzt werden. So kann die Gestaltung der Zukunft der Industrie, zu der Siemens mit »Industrie 4.0 – Digitale Transformation« einlädt, ganz praktisch zur Abschwächung des Autovirus beitragen. Auf dieser Ebene gibt es nahezu unbegrenzte Möglichkeiten für den Einbau und die Verstärkung von Ausstattungsmerkmalen, die sich dämpfend auf den Ankauf und den Betrieb privater Autos auswirken.

Wer zu Hause parkt, sollte auch für die dadurch entstehenden Kosten aufkommen. Wer sein Auto jedoch in ausgewiesenen Parkeinrichtungen abseits menschlicher Aktivitäten abstellt, sollte entsprechend weniger zahlen. Das wäre eine Strategie, um den notwendigen Umbau der Strukturen zu beschleunigen. Auch die peripheren Supermärkte müssen in die Pflicht genommen werden. Heute zerstören sie mit Unterstützung des Autos ihre kleineren Konkurrenten, die sich in der Nähe der Menschen befinden. Gefördert wird dies durch eine unfassbare Ungerechtigkeit bei der Festlegung der Parkgebühren. Diese werden nach dem Grundeigentum und nicht nach der jeweiligen Funktion die Parkplätze angesetzt. Im innerörtlichen öffentlichen Raum werden Parkgebühren erhoben, bei den großen Räubern auf der einst grünen Wiese aber nicht, obwohl deren Parkplätze wertlos wären, hätte nicht die Allgemeinheit alle Zufahrtsstraßen finanziert, meist Autobahnen mit Anschlüssen, an denen sie sich mit Vorliebe niederlassen. Auch für diese Parkplätze müssen gerechterweise Parkgebühren erhoben werden, zu berechnen nach ihrer Anzahl und den Öffnungszeiten der Einrichtung. Diese Gebühren sollten in einem Fonds verwaltet werden, mit dem die ortsgebundenen lokalen Geschäfte zu fördern sind. So wird in dem durch das Auto zugunsten der internationalen Konzerne verzerrten Wettbewerb wenigstens ein Mindestausgleich ermöglicht.

Es ist höchste Zeit, dass das Gehirn wieder die Herrschaft über das Genom und das Auto übernimmt

Das Geld als *causa efficiens* wurde in seiner Funktion als Energiequelle von der Ideologie des Neoliberalismus mit dem Bruttonationalprodukt in der Politik zur *causa finalis* erhoben und hat seitdem als Leitgröße die Entwicklung bestimmt und damit auch die Motorisierung vorangetrieben. Geld kann als Mittel niemals die Funktion des Zweckes übernehmen, will sich der Mensch als Schöpfer dieser Kunstform der Energie nicht zum Zauberlehrling machen. Und dennoch hat sich der Mensch durch das Auto selbst zum Mittel des Autos und des Autoverkehrs gemacht, indem er sich dessen Ansprüchen und Eigendynamik unterordnete. Ein Virus wird von der Zelle, an die er andockt, eingelassen – unabhängig davon, in welch komplexem System sie mitwirkt – und beginnt sein Zerstörungswerk von innen heraus, oft bis zum Zusammenbruch und der Zerstörung des gesamten Organismus. Die Wirkung des Autovirus ist damit durchaus vergleichbar, denn das Ankoppeln an die Zelle, in diesem Fall den Menschen, erfolgt ebenfalls unabhängig davon, in welcher Kultur, in welchem Sozialsystem und in welcher Zivilisation er lebt. In der Folge zerstört das Auto diese komplexen Strukturen wie ein Virus von innen heraus, bis zur Gefährdung der Lebensgrundlagen.

Die Lösung kann nicht in der fieberhaften Suche nach neuen Energiequellen oder einem »menschenverträglicheren« Auto liegen. Solche »Pseudolösungen« entspringen Gehirnen, in denen das Auto das Denken beherrscht, in denen die Lebensgrundlagen des Menschen dem Auto untergeordnet werden. Damit wird lediglich versucht, die Vorherrschaft des Genoms über das Gehirn und die Viruswirkung auf die Gesellschaft und die Menschen zu verteidigen, auszubauen und zu verlängern. Diese Bemühungen entsprechen der evolutionären Strategie gefährlicher Viren, die sich ihrem Wirt durch Mutationen immer wieder so anpassen, dass sie längerfristig an ihm parasitieren können. Die Lösung kann nur darin liegen, Strukturen zu schaffen, die die Menschen in einer menschengerechten Umgebung aufwachsen und in einer Art und Weise leben lassen, dass ihr wichtigstes Organ, das Gehirn, wieder zu seinem Recht kommt und die Vorherrschaft über die brutale Rücksichtslosigkeit des Genoms zurückerobert. So wie man die Gesundheit schützt, indem man Viren von den Zellen fernhält, ist das Auto von den Lebensräumen der Menschen fernzuhalten. Sobald es an die Menschen ankoppelt, beginnt der unaufhaltsame Zerstörungsprozess von innen, aus den ältesten Schichten unserer Evolution. Das Genom gewinnt die Herrschaft über das Gehirn.

Das Auto, das heute die menschliche Gesellschaft spaltet, muss durch eine Neuorganisation des Parkens physisch so weit von allen menschlichen Aktivitäten entfernt werden, dass sich neue lokale Strukturen ansiedeln können und soziale Netzwerke der Nähe entstehen, die Generationen, soziale Schichten und Kulturen wieder miteinander verbinden.

Der öffentliche Raum muss den Menschen zurückgegeben werden, damit Kinder, Berufstätige und ältere Menschen wieder zur Bildung einer Gemeinschaft befähigt werden, in der sie schließlich gelebt haben, bis das Auto diese gespalten und das Genom die gesamte Gesellschaft in das atavistische Verhalten hochmotorisierter Länder zurückgeworfen hat. Damit die Reizbilanz für eine menschliche Zukunft wieder positiv ausfällt, muss das Auto in die Marktwirtschaft integriert und der individuelle Nutzen durch die Kosten so ausgeglichen werden, dass es sich für die Menschen lohnt, billigere, ökologisch und sozial verträglichere Formen der Mobilität zu wählen.

Die vielen Millionen direkt und indirekt durch den Autoverkehr Getöteten in der Periode der Motorisierung sollten der Menschheit dahingehend eine Lehre sein, dass man mit technischen Entwicklungen behutsamer und vorsichtiger umgehen muss, als es in den vergangenen 200 Jahren der Fall war, die uns mehrfach an den Rand der Katastrophe gebracht haben. Das setzt Verantwortliche und Planer voraus, deren Gehirn nicht vom Autovirus befallen ist und die über die nötigen Kenntnisse verfügen, das Auto in den Gehirnen ihrer Mitmenschen zu entdecken – wozu nicht zuletzt auch dieses Buch beitragen soll.

Nachbemerkung

Von Ingenieuren wird erwartet, dass sie die Kräfte der Systeme, die sie bauen, beherrschen; von Lehrenden, dass sie den Studierenden Methoden und Maßnahmen beibringen, mit denen sie die Bauwerke, Maschinen, Systeme, die sie gebaut haben, nicht nur technisch beherrschen, sondern auch Verantwortung für die Folgen übernehmen, die diese in dem System, in dem sie eingesetzt werden, anrichten können. Von Medizinern erwartet man, dass sie Mittel und Methoden beherrschen, um die Entwicklung von Krankheiten zu verhindern oder die Dynamik einer Gesundheits- oder Lebensbedrohung zu stoppen oder zumindest einzudämmen.

Das moderne Verkehrswesen des letzten Jahrhunderts hingegen reduzierte und identifizierte sich mit der Eigendynamik des Autoverkehrs und dessen Kräften und hat Methoden entwickelt, um diese nicht nur zu erhalten, sondern noch zu verstärken. Es orientiert sich an der Zahl der Autos, wie sie beispielsweise an Querschnitten erfasst wird, und nimmt deren zeitliche Entwicklung zum Anlass, diese weiter zu extrapolieren, ohne sich zu fragen, woher diese Dynamik stammt und wie sie beschaffen ist. Dass es sich hier nicht um Kräfte handelt wie in der Physik, sondern um Erscheinungsformen eines komplexen, durch die Technik veränderten Systems, in dem Gesetze der Natur, der Gesellschaft und der Wirtschaft wechselwirkend zu berücksichtigen wären, wurde außer Acht gelassen. Denn die im System wirkenden Kräfte folgen keinem Naturgesetz, sondern werden durch die Arbeit mehrerer Disziplinen unter jeweiligen Annahmen erzeugt, ohne etwaige Folgewirkungen im System zu begreifen. Sie haben eine Eigendynamik entwickelt, die scheinbar unaufhaltsam ist, so sehr man sich auch darum bemüht, diese zu stoppen. Ist dies an einer Stelle gelungen, bricht sie sich anderswo Bahn, und während man auf »Klimagipfeln« fleißig Ziele und sogar Maßnahmen beschließt, werden diese außerhalb der Konferenzblasen gleich wieder verhindert. Was bei Gebäuden, in der Landwirtschaft und Industrie möglich scheint, funktioniert beim Verkehr nicht. Ein klares Indiz für Mängel im Kopf der zuständigen Akteure.

Nun handelt es sich bei allen künstlichen Systemen, die vom Menschen geplant, gebaut und betrieben werden, um Hirnprodukte, so auch das technische Verkehrssystem. Das beschriebene Verhalten der Entscheidungsträger lässt vermuten, dass ihr Denken und Handeln von dieser Eigendynamik beherrscht wird und sie sich selbst für das Verkehrsgeschöpf »Autofahrer« halten. Eine Chimäre, bestehend aus einer Metallkapsel und einem darin kauernden Menschen, ausgestattet mit evolutionären Fähigkeiten zur Beherrschung seines Körpers und einer Mobilitätsenergie von 0,1 bis 0,2 PS, in Wechselbeziehung mit einem Motor von bis zu 200 PS und einer Masse von zwei Tonnen und mehr. Eine bedrohliche Vorstellung für ein Wesen, das evolutionär weder für die von diesem System freigesetzten Kräfte ausgestattet noch in der Lage ist, deren Geschwindigkeit zu verstehen, gar nicht zu reden von der Vielzahl der Wirkungen, die es auslöst. Sie verhalten sich so wie der Autofahrer, der nach einem Verkehrsunfall, bei dem sein Fahrzeug ins Schleudern geraten war und sich mehrfach überschlagen hatte, der Meinung war, er hätte nie die Gewalt über sein Auto verloren, weil er das Lenkrad schließlich immer fest in der Hand gehabt hatte. Und wenn ganze Disziplinen einer ähnlichen Meinung sind, kommt dabei genau das heutige Verkehrs-, Siedlungs- und Wirtschaftssystem heraus.

Das Ergebnis eines paradoxen Prozesses, entstanden aus vernünftigen, innovativen Überlegungen, die dennoch zu dem mittlerweile als unvernünftig erkannten Selbst- und Naturzerstörerischen geführt haben. Es ist mehr als nur eine Inversion, es ist die Folge einer Umstülpung im Hirn, von innen nach außen, bewirkt durch das Auto, sodass die Vernunft zur Unvernunft wird, wie in der Steuerzentrale einer von einem Virus befallenen Zelle.

Die »Umgestülpten« finden sich in allen am System beteiligten Disziplinen, unter den Technikern, Ökonomen, Politikern, Entscheidungsträgern und in den Verwaltungen ebenso wie unter den Richtern, Juristen, Professoren, Lehrern, Eltern und Medienvertretern, wenn sie, ohne es zu merken, Autodenken, Autohandeln, Autowertung, Autowahrnehmung, Autointeressen verfolgen und erfüllen. Und das mit einer solchen Konsequenz und Überzeugung, dass viele, die um Vernunft bemüht sind, daran verzweifeln und mögliche Lösungen für nicht umsetzbar halten. Mit nüchternem Verstand betrachtet, besteht dazu aber gar kein Grund, denn die Misere ist schließlich menschengemacht und sollte daher auch von ihnen wieder behoben werden können. Das gilt allerdings nicht für die Folgen dieser Machbarkeitsfantasien und des quantitativen Wachstumsfundamentalismus des letzten Jahrhunderts. Diese sind das Ergebnis der technisch beschleunigten Lerngeschwindigkeit bei verspäteter oder ausgeschalteter Kontrolle über die aus den Lerninhalten gewonnenen Extrapolationen. Seit es den motorisierten Individualverkehr gibt, werden praktisch ständig Maßnahmen ersonnen und rechtskräftig beschlossen, bevor man deren Folgen auch nur annähernd erfassen kann. Hinzu kommt, dass jene Kontrollfunktion, die das Zweckvolle vom Unsinnigen unterscheidet, allein vom Menschen selbst beansprucht wird. Die verfügbare externe Energie hat eine Abkoppelung von der Realität der Welt möglich gemacht. Zumindest vorläufig, wie es die Fülle der nun anstehenden Probleme zeigt – vom Klimawandel über das Artensterben bis hin zu den wachsenden sozialen Problemen und den anschwellenden Migrationen der Flüchtlinge vom Süden in den Norden und der Urlauber in umgekehrter Richtung. Die einen fliehen vor Armut und Not, die anderen vor der Unwirtlichkeit ihres Lebensumfelds.

Erkenntnisgewinn in der Evolution erfolgt durch die Extrapolation der Erfahrungen und die Selektion durch das Umfeld und führt zur Anpassung des Neuen an das Bestehende, Bewährte der Welt. Auto und Autoverkehr sind als Kunstprodukte des Hirns das Ergebnis einer Extrapolation der Erfahrungen mit den Verkehrsmitteln Fuhrwerk und Fahrrad, die der Natur und den Siedlungen angepasst, also vernunftgeleitet waren. Im Zentrum der von Menschen definierten Nachhaltigkeit stehen die Umwelt sowie wirtschaftliche und soziale Aspekte. Wenden wir diese auf das Auto und den Autoverkehr an, so gelangen wir unweigerlich zu der Erkenntnis, dass diese die Umwelt ungleich mehr zerstören als ihre Vorläufer. Die Zwecke ihrer Benutzung sind die gleichen, der Flächenverbrauch durch bodenzerstörende Versiegelung ist aber um mindestens zwei Größenordnungen gestiegen, der Ressourcenverbrauch um viele Größenordnungen mehr. Bei einem Primat der Vernunft widerspricht daher das Auto den Bedingungen ökologischer Nachhaltigkeit, nicht nur im System, sondern bis in die einzelnen Projekte, mit denen man auf seine Ansprüche bezüglich Fläche und Energie reagiert. Die jahrtausendealte Zusammenarbeit der Straßenbauer mit der Natur – etwa erkennbar an alten Baumalleen mit ihren synergetischen Ingenieurleistungen der Stabilisierung des Straßenkörpers, der Klimatisierung des Verkehrsraumes, des Regen- und Windschutzes – wurde mit dem Aufkommen des Autos und des Autoverkehrs nicht nur wider jede Vernunft aufgegeben, sondern in das Gegenteil verkehrt. Alleen wurden und werden immer noch rücksichtslos beseitigt, um einer Größe zu huldigen, die es im System gar nicht gibt: der Zeiteinsparung durch Geschwindigkeit. Die Skala der Unvernunft ist nach oben offen, wenn die internen Grenzen der Vernunft erst einmal beseitigt sind.

Der schwedische Ökonom J. O. Jansson hat in seiner Analyse mit dem Titel *Counterfactual Analysis of Urban Transport Development*[49] nachgewiesen, dass allein aufgrund der Kosten der Verkehrsunfälle, hätte man sie dem Verursacherprinzip entsprechend dem Autoverkehr zugerechnet, eine Entwicklung und Verbreitung des Autos im Siedlungsraum aus ökonomischen Gründen nicht stattgefunden hätte. Dabei ist dies, verglichen mit den Gesamtkosten, die der Autoverkehr auf die Gesellschaft abwälzt, nur die Spitze des Eisberges. Offensichtlich ist bei dieser Entwicklung auch die ökonomische Vernunft auf der Strecke geblieben.

Bleibt noch der Sozialbereich. Angesichts der Zersiedelung und der damit einhergehenden sozialen Isolierung, der Benachteiligung der Fußgänger, Radfahrer und Nutzer des öffentlichen Verkehrs durch die Raum-, Stadt- und Verkehrsplaner ist die Verletzung des sozialen Nachhaltigkeitsprinzips offenkundig. Augenscheinlich versagte und versagt die Vernunft auch im Sozialbereich, was sich z. B. am Verhalten der Sozialpolitik in Bezug auf das Pendlerunwesen zeigt, das gewissermaßen als gegeben hingenommen und zugunsten der Konzerne und falscher Standortentscheidungen durch die Raumplanung aus Steuergeldern gefördert wird. Das Ergebnis der Unvernunft manifestiert sich auch in den gebauten Strukturen, die den Menschen, was ihre räumliche Mobilität angeht, durch die Priorität des Autos so enge Grenzen auferlegen wie nie zuvor in der Geschichte des menschlichen Siedlungswesens. Dass Fußgängerzonen im freien Netz des Autoverkehrs im Prinzip zu Ghettos geworden sind, wird von der Planung dennoch als Erfolg gewertet. Die Umstülpung der Vorgänge im Hirn ist einmal mehr nicht zu übersehen.

Die Wirkungen aus den Tiefenschichten unserer Evolution werden nicht wahrgenommen und, wenn doch, nicht verstanden, die emergenten Eigenschaften in allen Schichten darüber verdecken die Ursache. Dass der Mensch durch Artefakte der Technik sein Wesen ebenso ändert wie eine Zelle, deren Steuerzentrale von einem Virus besetzt wird, liegt außerhalb des Vorstellungsvermögens des Homo sapiens, das geprägt ist von der Annahme, dass der menschliche Geist unsere Technologie antreibt, nicht aber, dass umgekehrt unsere Technologie den menschlichen Geist in ihrem Sinne verändert und kontrolliert. Und dass das auf der Ebene der Beziehung zwischen Mensch und Technologie stattfindet, die evolutionär weit unterhalb der Bewusstseinsschwelle liegt. Nur indirekt, an den Wirkungen, den Symptomen, wird dies wahrgenommen. Analog zu viralen Erkrankungen. Und auch dort geht es bei der wirksamen Behandlung um die Verhinderung des Andockens der Viren an die Zellen.

Die aufgezeigte Lösung folgt dem Entstehungsweg, ausgehend von der Ursache, und erweist sich nicht nur theoretisch, sondern aufgrund der bisherigen Erfahrungen auch in praktischer Hinsicht als wirksam. Sie ist auch möglich und gangbar, wenn sich unter allen Beteiligten die dafür geeigneten Konstellationen ergeben. Die heute von der Politik und breiten Kreisen der Fachwelt verfolgten Bemühungen setzen allerdings meist lediglich auf einer Teilstrecke des Lösungsweges an, die von der Ursache mehr oder weniger weit entfernt ist. Denn dieser Lösungsweg ist nicht eindimensional und einfach, sondern durch mehrere Stränge in den verschiedenen Disziplinen verankert. Trotzdem sind hier vor allem drei Bereiche gefordert und müssen entsprechend in die Verantwortung genommen werden, weil sie primär über die notwendigen Eingriffe zu entscheiden haben: die Politik, die Verwaltung und die Wissenschaft.

Ist die Ausgangssituation bekannt, was zu hoffen ist, ist das Ziel zu definieren, was angesichts der anthropogen beschleunigten Dynamik der Entwicklung nur die Erhaltung der Lebensbedingungen für die Primatenspezies des Homo sapiens und seiner Mitlebewesen sein kann. Um die Kontrollen der bisherigen unerlaubten Extrapolationen wieder wirksam zu machen, muss die Eingriffstiefe und Veränderungsgeschwindigkeit auf jenes Maß reduziert werden, das der direkten Wahrnehmung unterliegt. Das bedeutet Veränderungen von unten und von oben. Bloße Beschwörungen der vielen »Wenden«, von der Energiewende bis zur Verkehrswende, sind dabei nicht mehr als aufmunternde Zurufe an jene, die sich ans Lenkrad klammern, sich nicht bewegen lassen und gleichzeitig fest am Gaspedal kleben, in der Erwartung, dass der Übergang von fossilen zu erneuerbaren Energien die Abwärtsspirale schon aufhalten werde.

Durch eine Rückkehr zur Vernunft in den Bereichen Wissenschaft, Verwaltung und Politik kann die Lösung nur durch deren richtige Kombination gefunden werden. Erfolge »von unten« gab es bisher nach der Formel:

Erfolg = Wissenschaft × Verwaltung × Politik × externe Kontrolle.

Oder, in einfacher mathematischer Form ausgedrückt:

1 = 1 × 1 × 1 × 1.

Dies setzt aber die Unabhängigkeit der vier Faktoren (Partner) voraus und bietet damit Angriffsflächen für Beharrungskräfte jeder Art. Denn die Unabhängigkeit von Experten, Verwaltung und Politik allein ist schon ein Bruch der heutigen linearen Hierarchie und einseitigen Abhängigkeiten, der aber durch Vernunft überbrückt werden kann, was bei den bislang erzielten Erfolgen auch gelungen ist.

Die externe Kontrolle muss selbstverständlich von den drei in die Systemeingriffe involvierten Gruppen unabhängig sein, was durch entsprechend überprüfbare Indikatoren ermöglicht werden kann. Für Be- und Verhinderungen, das zeigt die Formel deutlich, gibt es mindestens sieben direkte Ansatzpunkte bei den angeführten Gruppen und Verantwortlichen, und in Verbindung mit den inneren Beziehungen, den »x«, ergeben sich so unzählige Kombinationsmöglichkeiten, um den Erfolg zu verhindern. Ist nur eine Zahl im System eine Null, ist auch das Ergebnis null. Sind alles Nullen, fällt das dann schon gar nicht mehr auf, weil es normal erscheint.

Expertise bedeutet die Kenntnis des zu behandelnden Systems und seines Umfelds, in diesem Fall also die Kenntnis der Eigenschaften der Menschen und ihrer Beziehungen zu den Artefakten der technischen Entwicklung, um es vereinfacht zu formulieren.

Die Verwaltung muss die Fähigkeit besitzen, mit den Instrumenten der Ordnungspolitik diejenigen Maßnahmen um- und durchzusetzen, die zielführend sind, und jene Maßnahmen zu verhindern, die den Zielen zuwiderlaufen. Dazu gehört der verantwortungsvolle und qualifizierte Umgang mit den bestehenden Rechtsgrundlagen und den öffentlichen Mitteln, den Steuergeldern, wie auch die an die Politik zu richtende Forderung, gegebenenfalls Ergänzungen und Veränderungen an den Instrumenten der Umsetzung vorzunehmen. Zudem sollten jährliche Bilanzen über die erzielten oder versäumten Wirkungen der Maßnahmen veröffentlicht werden.

Die Politik braucht für ihre Entscheidungen wissenschaftlich aufbereitete und geprüfte Grundlagen in nachvollziehbarer Form, auch für den Nachweis der Verwendung der Steuermittel der Bürger entsprechend den Zielen und den zielführenden Gesetzen. Die Erhaltung der Lebensbedingungen stellt dabei die Herausforderung für alles dar, was als »Wende« angestrebt wird. Allein, dass dieser Begriff der Wende in diesem Kontext so häufig gebraucht wird, beweist, dass wir uns auf einem Weg in die Zerstörung befinden.

Eine externe Kontrolle setzt Unabhängigkeit von Einflüssen wirtschaftlicher und anderer strategischer Interessen voraus. In den Demokratien waren dies früher die unabhängigen Medien. In Europa wurden den Mitgliedstaaten der EU ihre einstigen Kompetenzen durch die EU-Verträge zum Großteil entzogen und in die nicht demokratischen Strukturen der EU-Kommission verlagert, die den Einflüssen der Konzerne nähersteht als den Bürgern. Die Medien wurden mittlerweile von den Interessen mächtiger Finanzstrukturen zentralistisch überformt. Jede Verlagerung von Entscheidungen »nach oben« hat eine Entmachtung der Bürger zur Folge. Nur eine Kontrolle vor Ort, möglichst nahe an den Eingriffen und der Sichtbarmachung ihrer Folgen, kann dem Erkenntnisprozess an den Grenzen der Milieus wirksam dienen.

Bildung und nicht Ausbildung bleibt uns als einigermaßen verlässlicher Weg aus diesem selbsterzeugten, wenn auch nicht selbstverschuldeten Dilemma, dessen Ausmaße, wie es die laufenden Erkenntnisse und Beobachtungsdaten bestätigen, weit größer sind, als es die Politik wahrhaben will. Und jene, die die Dringlichkeit erkennen und aktiv werden, werden derzeit noch von den Ordnungskräften handgreiflich daran gehindert.

Die Zerstörung begann mit der nicht reflektierten Extrapolation der durch die externe Energie gewonnenen physischen Kräfte und den nicht reflektierten positiven Erfahrungen mit der individuellen technischen Mobilität, die durch weitere Extrapolationen in Denken und Handeln zu der Situation führten, in der sich die Erde heute befindet. Das technische Verkehrssystem ist nur ein Teil davon und der hier behandelte Ausschnitt wiederum nur ein Teil dieses Teils. Aber die Prozesse sind die gleichen, wenn Menschen in sie eingebunden sind.

Virus Auto 4.0 soll einen Denkanstoß geben, der zumindest dazu anregen soll, den Füßen unsere Lebensgrundlage – den Boden – wieder begreifbar zu machen und dadurch vielleicht wieder zur aufrechten Haltung zurückzufinden.

Anmerkungen

1 Vgl.: Gerhard Fasching: *Objektive Illusionen. Ein Essay über das Wesen der naturwissenschaftlichen Wirklichkeit.* Peter Lang Verlag, Frankfurt a. M., 2014.

2 Vgl.: https://www.campfirecycling.com/blog/2017/01/30/how-the-bicycle-won-the-vietnam-war sowie https://www.historynet.com/pedal-power-bicycles-in-wartime-vietnam/ (jeweils zuletzt aufgerufen am 26.08.2023).

3 Vgl.: Snell, Bradford C.: *American Ground Transport: A Proposal for Restructuring the Automobile, Truck, Bus, and Rail Industries*, U.S. Government Printing Office, Washington, 1974.

4 Vgl.: https://inrix.com/press-releases/scorecard-2017/ (zuletzt aufgerufen am 26.08.2023).

5 Vgl.: https://www.faz.net/aktuell/gesellschaft/umwelt/verkehr-los-angeles-erstickt-an-den-autos-1354483.html (zuletzt aufgerufen am 26.08.2023).

6 Vgl.: Kopits, Elizabeth & Cropper, Maureen: »Traffic Fatalities and Economic Growth«, in: *Policy Research Working Paper Series 3035*, The World Bank, 2003.

7 https://de.wikipedia.org/wiki/Information (zuletzt aufgerufen am 14.07.2023).

8 https://www.fr.de/politik/fahrn-fahrn-fahrn-11731589.html (zuletzt aufgerufen am 26.08.2023).

9 Siehe: http://www.ak190x.de/Bauwerke/Die%20Reichsautobahnen.htm (zuletzt aufgerufen am 16.07.2023).

10 Vgl.: Zimmermann, Heinz: *Die künftige Entwicklung des Bestandes an Personenkraftwagen in der Bundesrepublik Deutschland.* Rheinisch-Westfälisches Institut für Wirtschaftsforschung (Schriftenreihe, Neue Folge, 10), Essen, 1955.

11 Vgl.: Zahavi, Yacov: *Traveltime Budgets and Mobility in Urban Areas*, U.S. Department of Transportation, Washington D.C., 1974, sowie Knoflacher, Hermann: *Katalysatoren für Nichtmotorisierte*, Wien, 1985.

12 Vgl.: https://www.forschungsinformationssystem.de/servlet/is/79638/?clsId0=276646&clsId1=276649&clsId2=0&clsId3=0 (zuletzt aufgerufen am 17.07.2023).

13 Vgl.: https://vcoe.at/service/fragen-und-antworten/wie-viele-ressourcen-werden-bei-der-pkw-produktion-verbraucht (zuletzt aufgerufen am 27.08.2023).

14 Vgl.: Packard, Vance: *Die ruhelose Gesellschaft. Ursachen und Folgen der heutigen Mobilität.* Econ Verlag, Düsseldorf, 1973.

15 Wieser, Wolfgang: *Gehirn und Genom. Ein neues Drehbuch für die Evolution.* Verlag C. H. Beck, München, 2007, S. 112.

16 Ebd., S. 113.
17 Ebd., Hervorhebungen im Original.
18 https://de.wikipedia.org/wiki/Pr%C3%A4gung_(Verhalten) (zuletzt aufgerufen am 22.07.2023).
19 Vgl.: Schindler, Peter: *Revitalisierung oder Zerstörung von Orten, Gemeinden und Städten durch Raum-, Stadt- und Verkehrsplanung*. Diplomarbeit, Institut für Verkehrswissenschaften der TU Wien, 2023.
20 Truman, Harry S.: *Statement by the President Upon Signing the Housing Act of 1949*, https://www.trumanlibrary.gov/library/public-papers/157/statement-president-upon-signing-housing-act-1949 (zuletzt aufgerufen am 24.07.2023), Übersetzung: H. Knoflacher.
21 Vgl.: https://www.statista.com/topics/5144/single-family-homes-in-the-us/#:~:text=In%20the%20United%20States%2C%20the,million%20occupied%20units%20in%202021. (zuletzt aufgerufen am 24.07.2023).
22 Vgl.: https://www.umweltbundesamt.de/daten/private-haushalte-konsum/mobilitaet-privater-haushalte#-hoher-motorisierungsgrad (zuletzt aufgerufen am 24.07.2023).
23 Vgl.: https://www.destatis.de/DE/Themen/Laender-Regionen/Internationales/Thema/bevoelkerung-arbeit-soziales/bevoelkerung/Stadtbevoelkerung.html#:~:text=Zur%20Jahresmitte%202023%20lebten%20weltweit,dieser%20Anteil%20bei%2060%20%25%20liegen (zuletzt aufgerufen am 25.07.2023).
24 https://www.cerclebruit.ch/studies/elektro/Factsheet_Elektromobilitaet_de.pdf (zuletzt aufgerufen am 28.08.2023).
25 Vgl.: https://www.trend.at/branchen/auto-mobilitaet/autokosten-im-monat (zuletzt aufgerufen am 28.08.2023).
26 Vgl.: https://vcoe.at/themen/klimavertraegliche-mobilitaet-senkt-die-mobilitaetskosten (zuletzt aufgerufen am 28.08.2023).
27 Vgl.: https://de.wikipedia.org/wiki/PKW-Einheit (zuletzt aufgerufen am 04.09.2023).
28 Aus dem Codex Hammurabi; vgl. z. B. https://sachjournal.blog/2018/05/sachcontrol-auf-den-geschichtlichen-spuren-der-versicherung/ (zuletzt aufgerufen am 27.07.2023).
29 http://www.zeno.org/Philosophie/M/Paracelsus/Septem+Defensiones/Die+dritte+Defension+wegen+des+Schreibens+der+neuen+Rezepte (zuletzt aufgerufen am 27.07.2023).
30 Friedell, Egon: *Kulturgeschichte der Neuzeit. Kulturgeschichte Ägyptens.* Zweitausendeins, Frankfurt a. M., 2009, S. 613.
31 »It is difficult to get a man to understand something, when his salary depends on his not understanding it!« Aus: Sinclair, Upton: *I, Candidate for Governor: And How I Got Licked*, University of California Press, 1994, S. 109.

32 Vgl.: https://blogs.worldbank.org/transport/500-million-vehicle-question-what-will-it-take-china-decarbonize-transport (zuletzt aufgerufen am 29.08.2023).

33 Vgl. u.a.: Pfaffenbichler, Paul Christian: »Energie- und Schadstoffbilanz bei der Herstellung und Verteilung verschiedener Verkehrsmittel bis zur Auslieferung an den Kunden«, in: *Beiträge zu einer ökologisch und sozial verträglichen Verkehrsplanung*, Nr. 1/1998. Institutsschriftenreihe TU Wien, 1998.

34 Vgl.: https://de.wikipedia.org/wiki/Liste_der_Länder_nach_CO2-Emission_pro_Kopf (zuletzt aufgerufen am 29.08.2023).

35 Vgl.: https://bmdv.bund.de/SharedDocs/DE/Anlage/G/mid-ergebnisbericht.pdf?__blob=publicationFile (zuletzt aufgerufen am 29.08.2023).

36 Vgl.: https://de.wikipedia.org/wiki/Kognitive_Dissonanz (zuletzt aufgerufen am 01.08.2023).

37 https://ti-austria.at/worum-es-geht/korruptions-grundwissen/definition-von-korruption/ (zuletzt aufgerufen am 01.08.2023).

38 Vgl.: https://de.wikipedia.org/wiki/Peter_Kafka_(Astrophysiker) (zuletzt aufgerufen am 01.08.2023).

39 Vgl.: https://bicycledutch.wordpress.com/2016/01/05/motorway-removed-to-bring-back-original-water/ (zuletzt aufgerufen am 29.08.2023).

40 Vgl.: https://www.lincolninst.edu/publications/articles/2020-03-deconstruction-ahead-urban-highway-removal-changing-cities (zuletzt aufgerufen am 29.08.2023).

41 Vgl.: https://www.cnu.org/highways-boulevards/freeways-without-futures/2021 (zuletzt aufgerufen am 29.08.2023).

42 https://de.wikipedia.org/wiki/Superblock_(Stadtplanung)#:~:text=Als%20Superblock%20wird%20in%20oder, durch%20größere%20Straßen%20begrenzt%20werden (zuletzt aufgerufen am 02.08.2023).

43 Vgl.: https://difu.de/nachrichten/was-ist-eigentlich-ein-superblock (zuletzt aufgerufen am 02.08.2023).

44 https://de.wikipedia.org/wiki/Hygiene (zuletzt aufgerufen am 03.08.2023).

45 Vgl.: https://de.wikipedia.org/wiki/Straßenkategorie#cite_note-hessen-mobil-4 (zuletzt aufgerufen am 03.08.2023).

46 Vgl.: https://de.wikipedia.org/wiki/Straßensystem_in_Österreich#Landesstraße_B_und_Hauptstraße_B (zuletzt aufgerufen am 30.08.2023).

47 Vgl.: https://transport.ec.europa.eu/system/files/2023-02/Collision%20matrix%20URBAN%202021.pdf (zuletzt aufgerufen am 04.08.2023).

48 NÖ ROG 1976, S. 2 ff., https://faolex.fao.org/docs/pdf/aut72949.pdf (zuletzt aufgerufen am 04.08.2023).

49 Jansson, J. O.: *Counterfactual Analysis of Urban Transport Development*. 16th International ECMT Symposium on Theory and Practice in Transport Economics. 29.–31. October 2003, Budapest.

Bildnachweise

S. 35: Foto: Autor | **S. 61:** https://commons.wikimedia.org/w/index.php?curid=81712654 | **S. 62:** Fotos: Autor | **S. 90:** Kopits, Elizabeth & Cropper, Maureen: »Traffic Fatalities and Economic Growth«, in: *Policy Research Working Paper Series 3035*, The World Bank, 2003 | **S. 175 o.:** https://de.wikipedia.org/wiki/Gehweg | **S. 175 u.:** Foto: Autor | **S. 218:** © Max-Planck-Institut für evolutionäre Anthropologie, https://www.mpg.de/8953555/mpi_evan_jb_2014b | **S. 220:** https://www.mpg.de/8953555/mpi_evan_jb_2014 | **S. 248:** Quelle: Shoup, Donald: *The High Cost of Free Parking*. Planners Press, Chicago, 2005, Fig. 1-1 | **S. 274:** Images: New York Municipal Archives #bigoniontours #fifthavenue #horses #automobile #traffic #technology #1913 #1900 #change | **S. 287:** Aus: *Verkehrslichtsignalanlagen*, RVS 05. 04. 31, Forschungsgemeinschaft Straße und Verkehr, Wien, 1996 / *Knotenpunkte ohne Lichtsignalanlage*, Forschungsgesellschaft für Straßen- und Verkehrswesen e.V., 2015. https://www.fgsv-verlag.de/pub/media/pdf/299_Miltner.pdf | **S. 293:** Grafik: H. Knoflacher auf Grundlage von Appleyard, Donald: *Livable Streets*. University of California Press, Berkeley, 1981, S. 21 | **S. 304:** Knoflacher, Hermann: *Katlysatoren für Nichtmotorisierte*, Eigenverlag, Wien, 1985 | **S. 309:** Prognosen zum Motorisierungsgrad in Deutschland seit 1950 (nach Wilhelm Leutzbach) | **S. 315:** https://de.wikipedia.org/wiki/Der_Hase_und_der_Igel | **S. 319:** https://blogs.worldbank.org/transport/500-million-vehicle-question-what-will-it-take-china-decarbonize-transport | **S. 334:** Fotos: Autor | **S. 336:** Fotos: Autor | **S. 359:** http://www.rainway.ca/river-daylighting | **S. 367:** https://ra-doerfer.de/wp-content/uploads/2022/02/Spielstrasse-stock-scaled-e1647774553555-1024x678.jpeg | **S. 368:** https://nullbarriere.de/images/wissenswert/aussenanlagen/wikipedia-share-space-schild.jpg | **S. 371:** Gehl: *Car Parking Strategy*. Fonds Kirchberg, Kopenhagen, 2019, https://fondskirchberg.public.lu/dam-assets/gehl/20190710-Kirchberg-Parking-Strategy-Final-For-Print-File.pdf | **S. 382:** https://de.wikipedia.org/wiki/Der_Hase_und_der_Igel#/media/Datei:Wettloopsweg.JPG | **S. 385:** https://commons.wikimedia.org/wiki/File:Campain-_One_false_move_and_you%27re_dead.png | **S. 398:** https://www.systemaerasmus.eu/wp/linear-thinking-anti-systems-thinking-for-fragile-systems-organizations-and-plans | **S. 407:** Nach: Urbanek, Sigrid/Hrncir, Markus: »Der demokratische Rechtsstaat Österreich«, in: Forum Politische Bildung (Hg.): *Justiz – Recht – Staat. Informationen zur Politischen Bildung*, Sonderband, Innsbruck/Wien, 1999, S. 7–20

Danksagung

Ein Buch zu schreiben, ist an sich schon eine undankbare Aufgabe, aber eines zu überarbeiten, ist nahezu unerträglich, weil man auf diese Weise dazu gezwungen wird, den eigenen Text mit seinen Fehlern und Mängeln noch einmal zu lesen, während es doch so viele sinnvollere Aktivitäten gäbe, wie die Gartenarbeit, die Beobachtung der »Schulbildung« junger Meisen nach dem Flüggewerden, die Weiterbearbeitung interessanter Datenbestände, die Aufarbeitung von Feuerholz, das Pflegen der Beerensträucher und der unzähligen Blumen oder auch die Kommunikation mit den Mitbewohnern auf zwei oder vier Beinen, in Federkleid, Pelz oder Kleidung. Doch da hatte mich Alexander Wewerka bereits überredet, einer Neuauflage meines Buches *Virus Auto* zuzustimmen, aus der sich dann diese von mir so nicht geplante Neubearbeitung ergeben sollte.

Danken muss ich zuallererst meiner Frau, dass sie diese Zeit mit mir ausgehalten hat, obwohl sie ungleich weiser ist als ich und mich von der Tat mit »Du weißt ja, wie unangenehm das ist. Warum tust du dir das an?« abhalten wollte. Und sie hatte wieder einmal Recht. Katja Karau als Lektorin gebührt der Dank, dass nicht nur die Mängel und Schwächen im Text aufgedeckt wurden, sondern auch einige der Gedankensprünge durch Kürzungen und Ergänzungen nachvollziehbare Brücken erhielten. Eine sonst unangenehme Phase der Nachbearbeitung wurde so zur interessanten, angenehmen und anregenden Zusammenarbeit.

Markus Knoflacher war eine Quelle für die Erkenntnisse und Irrungen in der stürmischen Entwicklung der Biologie. Das Milieu des Club of Vienna, des Umweltforums und der vielen Bürgerinitiativen gegen die Diktatur der Autogesellschaft war und ist stets Quelle der Energie – ebenso wie jene Entscheidungsträger, mit denen die praktische Umsetzung von

Maßnahmen so gelungen ist, dass der aufrechte Gang mehr Freude macht als das apathische Sitzen in einer Zellkapsel. Der Paradigmenwechsel findet statt und kann selbst von denen, die noch glauben, mit Gewalt gegen die »Klimakleber« vorgehen zu müssen, nicht mehr aufgehalten werden.

Dass jede nicht zärtliche oder respektvolle Erwähnung des Autos als Angriff auf die Persönlichkeit des Fahrzeughalters empfunden wird, ist mir aus mehr als fünf Jahrzehnten praktischer Erfahrung durchaus vertraut, hat das Auto doch die Steuerzentrale im Hirn der Menschen so erobert wie ein Virus die der Zelle und manipuliert nun das Immunsystem in seinem Sinne – in unserem Fall zunächst auf den Ebenen des Verstandes und der Vernunft –, um sich global und ungehemmt zu vermehren. Dass das auf Regierungen ebenso zutrifft wie auf nationale und internationale Organisationen, das Ausbildungs-, Rechts- und Finanzsystem sowie die Wirtschaft, beweisen deren Handlungen. Mit welcher künstlichen Energie eine Welt für die Autos eingerichtet und betrieben wird, ist unwesentlich. Das Autovirus lebt von der Energie der Menschen, die diese in Geld umwandeln; daher wird mit diesem Virus, das eine Welt aus Beton und Asphalt braucht und keinerlei Bezug zur Natur hat, kein Klimawandel möglich sein. Umso mehr gilt mein Dank all jenen, die sich darum bemühen, die Vorherrschaft über ihren Verstand und ihre Vernunft wiederzugewinnen, um diesen evolutionären Rückschritt vom aufrechten Gang zur Immobilität der sitzenden Auto-Gesellschaft zu überwinden.